ジョン・W・ダワー

昭　和

戦争と平和の日本

明田川融 監訳

みすず書房

JAPAN IN WAR & PEACE

Selected Essays

by

John W. Dower

First published by The New Press, New York, 1993

Japanese translation rights arranged with
John W. Dower c/o Georges Borchardt, Inc., New York through
Tuttle-Mori Agency, Inc., Tokyo

靖子に捧げる

目次

日本語版まえがき

二〇〇九年秋のこと。さまざまな職業を題材に作品を撮っている一人の映画制作者が投げかけた質問は、私の意表をつくものだった。

「「歴史」と聞いて、どんな言葉を想い浮かべますか」

歴史について、何十年にもわたり、幾万言をついやしてきた私が、とつぜん一語で答えてみよと問われたのだ。監督は、カメラがまわっているあいだに答を色紙に書くよう言った。私はこうしたためた。

"complexity"（複雑さ）

それから、私は歴史家になるとはどういうことか話しながら、ふたたび色紙と太いフェルトペンをとって、二語を書きくわえた。こんどは次のようになった。

"patterns in complexity"（複雑さのなかのパターン）

私は、このように簡潔な応答を予定していなかったので、いささか面喰った。とはいえ、いま振り返っても、何十年もかけて二十世紀の日本とアメリカについて書きながらみつけだそうとしてきたことをかなり的確に表現できたように思う。私は、遠くない過去の時代が織りなす複雑さのなかにあるパターンを探しだそうとしてきたのだ。

過去のできごとに魅せられた歴史家もまた彼らの時代の産物であることは、いうまでもない。私たちが発する問いはみずから暮らす世界への応対によって影響される。私の場合、主観的に影響を受けたものはたくさんあるが、ふたつのことがらが際立っている。ひとつは、若いころに魅了された日本文化であり、もうひとつは、アメリカがインドシナの戦争でおこなった戦慄すべき残虐行為だった。

一九五八年に大学生としてはじめて日本を訪れた私は、視覚にうったえる色彩ゆたかで文学的造詣のふかい文化や伝統宗教に魅せられた。その思いはいまも色褪せることがない。一〇年後、私の関心をふたたび学問研究の方向へ駆りたてたのはヴェトナム戦争だった。その戦争でアメリカは、日本政府から言行両面にわたる絶対的な支援を受けていた。そのわずか三〇年ほど前、慈悲なき戦いをくりひろげたのは、ほかならない日米両国だった。今や両国は同盟関係――それが対等な関係でないことは明らかだが――にあった。両者はまた、六〇年代と七〇年代のはじめに、反戦運動やその他の草の根の抵抗によって国論が二分されている点で似ていた。

そのとき私は自分が無知であることを悟った。過去と現在、戦争と平和、国家主義と国際主義、無慈悲な反面寛容で理想主義的な行動、そうしたことのすべてがどのように絡みあっているのか、わかっていなかったのだ。日本と母国アメリカとの複雑な関係について大した見地を持ちあわせていないことも確かだった。戦後、日本人は軍国主義を拒否した。対照的にアメリカは、広島・長崎に最初にもちいた核兵器の拡散を含めて、新たな方向に暴力を配置してきた。このようなことはいったいどうして起こったのだろう。

ここに日本語版が上梓される論文選は、今では遠くなってしまったが、私が新たな疑問に関心を向けていた時期におこなった研究調査をいくばくか反映している。さいわい、本書に収められた論稿は、日米両国を舞台とする私たちの近代に秘められたパターンや力学を、ささやかではあるが提示している。事物は変転するものだが、また、変わらないものでもある。歴史は、私たちが科学技術や生活様式の革命的変化を経験した今も、私たちとともに生きつづける。

私がこのまえがきを書いている瞬間も、私の母国は戦争をしている。今回はイラクとアフガニスタンでの戦争である――そして、日本政府はまたも支持を表明している。沖縄やその他の土地に設けられたアメリカの軍事基地は、アジア・太平洋戦争から六〇年以上が経過してもなお日本人を悩ませている。日本と近隣諸国は、アジア・太平洋戦争の遺産をめぐって今も争っているし、日本人自身もおなじことで争っている。他方、アメリカでは「爆心地《グラウンド・ゼロ》」という言葉がもはや人びとに一九四五年八月の原爆投下を想い起こさせなくなった。こんにち、アメリカ人にとってその言葉が意味するところは、二〇〇一年九月十一日にニューヨークで起きた世界貿易センターへのテロ攻撃だ。

このような正気を失った行為に単純なパターンはない。それでも私は、一九六〇年代にはじめて確信したときのように、この複雑さを理解し整理する努力をあきらめてはいけないと、今も固く信じている。

ジョン・W・ダワー

二〇〇九年十二月二十二日

まえがき

日本人には、イデオロギー上の理由から、他の民族とちがった年代の数え方がある。日本人は時代を天皇の治世と結びつけるのだ。したがって、このまえがきが書かれている一九九三年は日本式の数え方によれば平成五年で、これは平成の天皇である明仁天皇の時代の五年目ということになる。明仁天皇が即位した一九八九年より前は、彼の父親である裕仁天皇の時代で、日本の呼び方によると昭和時代である。それにしたがえば、一九二六年は昭和元年だったということになる。満州事変が起き、日本が中国北部の三省を占領し、ここに傀儡国家を樹立した一九三一年は昭和六年である。中国との総力戦は昭和十二（一九三七）年にはじまった。そして真珠湾攻撃は昭和十六（一九四一）年である。裕仁天皇は、昭和二十年八月十五日、かん高い声をパチパチと雑音の入った放送電波に乗せて、みずから日本の降伏を臣民に知らせた。そして、その後も四四年にわたって威厳のある君主として君臨しつづけた。裕仁天皇が一九八九年一月七日に亡くなるまで、この画期となる年は昭和六十四年として識別された。

このように天皇の在位と結びつけた暦というものは日本の伝統的な年代法というわけではなく、むしろ象徴をもちいた政治につきもののすぐれて近代的な方法である。成り上がりの武士たちが旧体制の支配を倒した一八六八年まで、たしかに日本には「年号」による年代の数え方があったが、たいていは天皇による支配とはほとんど関係のないものだった。支配者はたんに占いなどの儀式をとおして漢字二文字からなる縁起のいい名前（たとえば「天平」）を選び、その年を元年とし、飢饉、旱魃、インフレ、腐敗の蔓延、農民反乱、あるいはそれに匹敵するような不快な事件が起きると、あらためて年号を選定したことを宣明し、さらなる幸運を願って一から出なおした。このすべてにおいて天皇は端役にすぎなかった。じっさい、ほとんどの日本人は天皇の存在に気づかないか、少なくとも無関心であった。

これも、一八六八年以降、「近代化勢力」と「西洋化勢力」が権力を掌握したのを境に変わった。というのも、ほどなく日本の新しい指導者たちが、この新興国家を思想的にまとめるために、西洋における神やキリスト教に相当する存在が必要だという結論に達したからだ。指導者たちは、そのような存在を、長く無視されてきた天皇家と皇祖皇統にかかわる古代神話のなかに見出したのである。この、古い信条にしがみつくよりは、伝統を再発明する抜け目なさは、なぜ日本人が近代になって時代を現在のように数えるにいたったかを物語っている。昭和天皇は、日本語では「元号」として知られる「年号」とその在位が完全に重なりあう三人目の君主にすぎなかった。そして一九七九年、日本の保守政権は元号の継続的な使用を義務づける法律を成立させ、天皇中心の年代法を恒久化しようと図った。

昭和という漢字二字の文字どおりの意味は「煌めき」と「調和」であり、そのはじめの二〇年が抑圧、攻撃、残虐行為、苦難と暗黒の対立に満ちていた時代の呼称としてはおよそ似つかわしくない。それでも、興味ぶかい偶然だが、歴史家にとって二十世紀なかばの時代を表現するには、この「昭和時代」という天皇中心の時代区分のほうが従来の西洋方式より意味がある。私たち西洋人は、何か自明の理由から一九四五年という大きな分岐点で二十世紀を区分し、「戦前」と「戦後」というふうに時代をとらえる傾向がある。これは合理的な発想だが、誤解を招くおそれもある。日本だけではなく世界の他の地域にもみられた、戦前、戦中、戦後の経験のあいだにあるダイナミックな連続性をあいまいにしがちだからである。その意味では、昭和という包括的な概念——それは、日本でもっとも由緒正しい家柄に生まれた一人の男性の若き日の即位式から、長期におよぶ健康と幸運とに運よく結びついている——のほうが示唆に富んでいる。「昭和」は二十世紀なかばの重大な数十年を結びつけると同時に、過去と現在、「戦前」と「戦後」、戦争と平和がいかに密接に絡み合っているかを、われわれに思い起こさせてくれるのである。

全面的な感謝といわないまでも、この日本特有の時の数え方が生き残ったことについては、ダグラス・マッカーサー元帥という一人の保守的なアメリカ人にいくばくかの感謝を捧げるべきかもしれない。一九四五年八月から五二年四月まで、日本を占領した連合国最高司令官として、天皇制を「日本国の象徴であり日本国民統合の象徴」として存置しただけでなく、裕仁天皇を退位させ、悲惨だった二〇年間の昭和時代に幕を引く可能性を即座にしりぞけた立役者こそマッカーサーだったからである。天皇退位の提案は天皇自身の側近のなかからさえ現われた。降伏後の日本で、その機会は三度——敗戦直後の一九四五—四六年、東京裁判結審後の一九四八年後半、そして占領が最終段階を迎えていた一九五一年——あり、それぞれの機会ごとに、マッカーサーは天皇の側近と天皇自身に退位という選択肢を選ばないよう説得した。他のコースがとられていたなら、戦後日本における政治の心理と神話は大きく異なっていただろう。そして、政治的および道義的責任、さらには民主主義自体の根本問題もそれほど簡単に無視されることはなかっただろう。ここでもまた、ペリー提督が一八五三年に封建的な日本の鎖国を力ずくで終わらせて以来しばしばおこなわれてきたように、日本近代史の重要な一章がアメリカ人の手によって書かれることになったのである。

　以上はすべて本書に収めた論文を紹介するための、いわば前置きである。これらの論文は昭和という時代の日本、そして、ここ半世紀の日米関係の特徴である相互の憎悪と敬意、対立と協力の交錯した歴史をテーマとしており、ここ一五年ほどのあいだに書かれた。ごく限られたアカデミックな場で発表されたものもあれば、日本語訳のみで発表された論文もある。長文で、全体の中心となる一編（第4章「造言飛語・不穏落書・特高警察の悪夢」）は、二〇〇頁ほどもある古い手書き原稿が母体である。それをわずか一五頁に凝縮したものが一九七九年に出版された拙著（*Empire and Aftermath: Yoshida Shigeru and the Japanese Experience, 1878–1954*（Harvard East Asian monographs, 84）Cambridge, Mass.: Harvard University Asian Center, 1979, pp. 278–292.『吉田茂とその時代』下、大窪愿二訳、ティビーエス・ブリタニカ、一九八一年、九―二三頁）に収められている。すべてというわけにはいかなかったが、大半の論文は本書に収録するにあたって加筆修正した。

　これらの論文を執筆するにあたって遠大な計画があったわけではないが、振り返ってみれば、論文は時間の経過とともに、歴史家としての私を魅了したある考えを反映している。二十世紀中葉の日本および日米関係にかんする研究が、途方もなく大きな二項対立（過去と現在、戦争と平和、「東洋」と「西洋」）と争点（なかでも人種差別主義と資本主義のモデル）と取り組むのに理想的なフィールドであることはいうまでもない。同時に、もう一方の極には、過去を発掘して詳細に再構築すること、また、そうすることによってわれわれとはちがう時代にちがう場所で生きた人びとにたいする洞察を得るという素朴な満足感がある。このような方法によってわれわれは、とりわけ、われわれ自身について多くを学ぶことができるのだ。ともあれ、ここに収めた諸論文は、そうした極と極の中間に位置するものだが、私はそのような位置に立って、いくつかのテーマに取り組もうと、あるいは少なくともいくつかのテーマを提起しようと試みた。

　ひとつは、日本で戦争を乗りこえて生き残った遺産のダイナミズムだ——すなわち、経済面ばかりでなく、国民大衆のあいだにある反軍国主義的感情の活力という戦後日本の偉大な業績が、どの程度まで戦時期に根ざしているかというテーマである。この点は巻頭の「役に立った戦争」と題する論文で取りあげているし、また、日本を占領から独立へと導いた保守的な老外交官である吉田茂の重みを「歴史という秤」を使って測定した第6章（「吉田茂の史的評価」）でものべている。

二番目の、本書に広く染みわたっているテーマ——ここでおこなっている探究の多くにみられるもので、いわば異説として通奏低音を奏でている——は、日本近代史を特徴づける近代日本社会の異種混交性、並外れた混乱、そして内部緊張である。これは、日本語だけでなく日本語以外の文献でも力説されてきた、日本人の思想と行動の中核としての調和、合意、「集団モデル」という考え方に異議を唱えるものだ。私は他の著作で、第二次大戦における日本人の教化（と残虐行為）、さらには、一九六〇年前後にはじまる高度経済成長の「離陸」にともなっていたと思われる画一的管理について論じてきた。本書所収の諸論文はそれと対照をなし、戦時中にすらみられた、日本の政治的、社会的、イデオロギー的な緊張にいっそうの注意を向けたものである。

それゆえ、第2章の「日本映画、戦争へ行く」は、一九四五年以来、ほとんど顧みられることのなかった偉大な文化資源のひとつを分析し、粗野なプロパガンダのなかに、あいまいだが、じつに人間的な緊張があったことがわかる。これにつづく、戦時中の日本の原子爆弾研究にかんする論文は、日本のイデオローグが「一億一心」と称揚した社会に存在する大きな緊張と対立（と明白な無秩序）に目を向ける。戦時中の造言飛語と落書について論じた第4章は、特高警察の極秘記録をもちいて、軍国主義者だけでなく反軍国主義の保守派までもが、敗戦は日本における革命につながるかもしれないと恐れた理由の解明を試みる。そして第7章は、被爆体験をテーマにした三種類の芸術作品、すなわち、被爆生存者による絵画作品、子供むけの本、そして、丸木位里と丸木俊が共同で描いた壁画作品をとおして、戦後日本における草の根の反戦運動の一端を紹介する。長いあいだ、保守的な日本政府が、文部省を中心として、第二次大戦における日本の侵略と残虐行為についての説明から毒を抜くキャンペーンをおこなってきたのはまったく事実である。そこで私の関心は、日本人の目をとおして見た広島と長崎に加えて、政府が洗脳しようとしているおおむね反軍国主義的な日本の民衆のささやかな事例を紹介することとなる。

本書に収められた論文のもうひとつの焦点は、日米間で種類の異なる緊張と対立である。昭和の六〇年間にわたってアメリカが日本に振りまわされていたとするのは的外れだが、その逆は本質において的を射ている。日本はアメリカに取り憑かれていたのであり、日本の命運は太平洋を隔てたその大国と不可分に結びついていた。何千万という日本人にとって、昭和という時代は、善きにつけ悪しきにつけ、実質的にアメリカとの関係によって規定されていた――すなわち、戦争と占領をとおして、数十年におよぶあいまいな主従関係をとおして、そして、ここ数十年は奇妙で筋書きのない現代の資本主義国どうしの協力と衝突というかたちで結びついていたのである。

第5章「占領下の日本とアジアにおける冷戦」は、主としてこれまで非公開とされてきたアメリカの公文書にもとづいて、戦後初期の日米関係を綿密でかなり伝統的な手法をもちいておこなった政策分析の試みである。この論文は、日本降伏後のアメリカの対日政策を世界的な文脈においてとらえることにより、日本占領を基本的には孤立した純粋に理想主義的な「社会工学」の実験、いわば、民主主義的なアメリカの改革者にとっての試験管ベビーであったととらえる、アメリカの従来の研究にたいする反証を示している。第6章の吉田茂にかんする論文は、日本側から占領への接近を試みたもので、降伏後の保守派の首相をとおして、変革が敗戦日本のエリートたちからどれほど強い抵抗を受けたかということを明らかにしている。同時にそれは、戦後の日本にとって「従属的独立」という遺産がどれほど心理的な重荷になっていたのかを示唆している。第二次大戦の苦い遺産ばかりでなく、占領とその後の数十年間、日本はアメリカに黙々と付き従い、利益にはなったが神経も擦りへらしたという両義的な遺産にも目を向けなければ、現在の日米間に存在する緊張を理解することは期待できない。

これらを考慮することにより、従来の政策立案や政治経済の分析によって得られるものとは異次元の探求にいたることができる。歴史における感情と不条理、純粋に心底感じる魅力と（もっと多くの場合）憎しみ、という核心に目が向くのである。また、意識的あるいは無意識的におこなわれる象徴操作の力――すなわち一般にわれわれが自己と他者を定義するのにもちいる認識のパターン、レトリック、視覚と言葉による定式化にも注意が向けられる。日本および日米関係にかんしていえば、この本能的で象徴的な次元が誇張され、極端に走ることも少なくない。その理由は明白である。人種差別主義が絡んでいるからだ。またおなじように、共産主義と社会主義が崩壊したあとに残された唯一のゲーム――すなわち、資本主義どうしの競争における権力、覇権、支配もかかわっている。こうした問題は、しばしばその土地に特有の言いまわしによって現われること を明らかにしたのが、「ふたつの文化における人種、言語、戦争」(第8章)という比較研究である。この論文では、第二次大戦中に日米が描いた自己と他者についての認識を分析している。そして、「日米関係における恐怖と偏見」(第10章)はそれを補完する論文である。この論文は、戦争にかんする人種差別的な慣用表現を、現代の対立(すなわち「貿易戦争」)にかかわる同種の表現と結びつけ、さらに、これを資本主義の競合モデルや現代世界において方向感覚を麻痺させるような技術変革の加速性と関係づけて分析したものである。

二〇年あまり前、私が歴史学者として研究をはじめたころは、噂話や落書、映画や庶民の絵画、あるいは、ありのままの口語表現といった非公式の材料や大衆的な材料を本格的な歴史資料として利用することなど考えもしなかった。それが今や、このような資料を活用することにより、意識と文化、さらには、大衆心理と消費社会についてどれほど深く洞察しうるか理解できるようになっている。第8章と10章のあいだにある、日本と英米の風刺漫画やその他の視覚的な資料を中心とした「グラフィック・エッセー」は、生の素材を系統立てて並べ、日本および欧米の自己と相互の認識において、ある特定の典型的なイメージがいかに持続するかを示している。たとえば、脅威の欧米と清貧な自己という日本人が抱く認識、そして、「ちっぽけな連中」であると同時に不吉な黄色い超人《スーパーマン》という欧米の描く日本人像がそうである。このようなイメージが、戦争と平和を経ても、さらには大変革とおぼしき変化を経ても変わらないということは、偏見を乗り越えようとするわれわれの想像力と能力についてあまり大きな期待を抱かせない。われわれは危険を覚悟で、印象にもとづく性急なこれらのイメージを無視している。こうした文化的所産が、(第1章と5章でみられるように)機構や政策過程などにかんする、より伝統的で学問的な関心に取って代わることはできないが、本能的なもの、象徴的なもの、イデオロギー的なものから機構や政策過程を切り離して取り扱うことはもはや不可能である。そして、学者にとって悲しいことに、イメージが重視されるこの現代にあっては、このように単純で主観的で印象的な概念が、手押し車いっぱいの学術書より影響力をもつ場合が少なくないのである。

もちろん、手堅い歴史とより大衆的なイメージとはいずれも容易に利用されうるものであり、われわれはここで歴史の利用と象徴《シンボル》の操作という問題に直面する。これは日米関係を直接の対象とする論文にとどまらず、他の論文にも現われる。たとえば、第3章の日本の原爆研究にかんする論文は、じっさいにはふたつの異なる次元のことを対象にしたものである。ひとつは、この研究プロジェクトから戦時日本の科学と社会についてわれわれが何を学びうるかが対象であり、もう一方で、日本人の二面性というイメージを増幅するため、一九七〇年代後半に、アメリカの主要メディアがこうした古い時代の活動にかんする情報をいかに不誠実に提示したかという問題にも取り組んでいる。本書に収めた最後のふたつの論文は、歴史と象徴について思索する最高の瞬間へわれわれを引き戻す。一九八九年の裕仁天皇の死とそれにつづく昭和という時代の終焉の意味をとらえようと苦闘した論文だからである。このふたつの短い論文は天皇の死にさいして日本で発表したものだが、その後、いっさい手を加えていない。読者はここで、おそらくは他のどこよりも明白に、ただ歴史を研究するだけでなく、それを活用しようという私自身の明快な姿勢に気づかれるだろう。そのことは、楽しい仕事であり挑戦に値する課題であるとともに、不断の再考を要する責務でもあると、私は考えている。

本書に収めた論文を長年にわたり準備するにあたっては、多くの方々のお世話になった。そのうち幾人かにたいしては、正確を期して註のなかで謝辞をのべた。ここでは、デーヴィッド・ボードウェル、平野京子、イシカワ・ヤスオ、加藤洋子、ジョン・ラッセル、袖井林二郎、竹前栄治、そして、チャールズ・ワイナーにとくに感謝の意を表したい。さらに、長年にわたって資料を分かち合ってきた故ハワード・ションバーガーにたいしては、その死への深い喪失感とともに謝意を表したい。版元のニュープレス社にあっては、テッド・バイフィールド、ドーン・デーヴィス、アキコ・タカノの助力に感謝している。

また、一部の大幅に加筆修正した論文をタイプしてくれた娘のカナ、そして、草稿の段階からすべての論文に目を通し、数えきれない方法で助けてくれた妻の靖子にも感謝している。本書を妻に捧げる。

マサチューセッツ州ボストンにて
一九九三年四月十四日

1 役に立った戦争

昭和の日本を叙述する多くの言いまわしのなかでも、つぎの三つの成句はとくに人口に膾炙し、さまざまな想いを呼び起こす。まず、日本でよく知られている「暗い谷間」は、一九四五年の日本降伏以前の十五年にもおよぶ軍国主義と抑圧の時代のことである。あとのふたつは降伏後に言及している。占領（一九四五—五二年）初期の非軍事化および民主化政策と密接に関連するのが「新生日本」である。もうひとつは、日本が高い成長率を記録した一九六〇年代や超経済大国として登場した一九七〇年代によく聞かれた「日本の奇跡」である。

　この三つの成句の由来を調べることは容易だが、それらは等しく的確な言いまわしではない。日本の侵略に苦しめられたアジアの諸国民にとって、そしてほかでもない日本人の大多数にとって、一九三一年から一九四五年までは、じっさいに暗く悲惨であった。その後の数年間で広範囲にわたる改革がおこなわれたが、「新生日本」が旧い時代の廃墟から生まれたとするのは誤解をまねく。また戦後の「奇跡」という考え方は、まじめな歴史というより神話に属するものである。事実、戦後の日本の特質やなしとげたことの多くは、戦前だけでなく、もっと正確には、昭和初期の「暗い谷間」に深く根をおろしている。われわれがようやく理解しはじめたのは、日本の十五年戦争に関連して起こったさまざまな展開が、明らかに、戦後日本の国家機構にすこぶる役に立ったということである。

　このことは一般的な議論ではないので誤解をまねきやすい。昭和初期の日本の政策と実践が、数えきれない何百万という人びとに不幸をもたらしたことは、ちょうど戦後日本が旧来よりも民主的で軍国主義的でない国に生まれかわったというのとおなじくらい論争の余地がない。昭和初期の、軍国主義的だった年月はまた、途方もなく複雑で多様性に富み、そのことが戦後日本社会の性格や力学に正負両面で影響をあたえたというのはいっそう理解しにくい。しかし、多くの点で昭和初期の暗い谷間は、それに先立って日本の劇的な革新と変化を画した動乱期、すなわち、一八五三年から一八六六年までの幕末とよく似ている。幕末は、封建的な日本が西洋への開国を強いられたことにはじまり、明治維新と旧体制の打倒をもって終わった。

われわれは、幕末と昭和初期の双方に、過去の「根ぶかい」遺産だけでなく危急存亡のときに生じる急速な変革の過程をも目にする。明治時代（一八六六―一九一二年）の広範な改革と業績は、幕末の力学を理解しないことには説明できない――そして、ほぼ同様のことを、戦後の日本と降伏前の一五年間の力学との関係についても議論することができる。当時は、幕末に匹敵する危機的な空気のなかで日本全体が総力戦に動員されていた。二十世紀の事例における連鎖と影響力は、十九世紀の事例と同様に、ほぼいたるところではっきりと目にすることができる。すなわち、人事と諸制度の連続性、技術的また経済的遺産、官僚とテクノクラートの活動、エリートと大衆というふたつのレベルにおける意識やイデオロギーの入れ替えと変革に、それらはみられる。戦後の日本人は、明治時代の先達たちと同様に、自分自身を再発明したのかもしれないが、それには手近な材料をもちいることを余儀なくされたのだった。(1)

これらの連鎖のうちには、人事と諸制度の連続性のような、かなり歴然としているケースがある。振り返ってみると、軍部の将校団はべつとしても、占領下におこなわれた軍国主義者や超国家主義者と目された人びとの追放は、長期的にみると、公的な領域あるいは民間の領域における実力者たちの構成に比較的小さな影響しかあたえなかった。追放は当初こそ政党に新しい血を注入したが、一九五〇年代はじめになると、国政レベルから地方政治にいたるまで、追放されていた保守派の政治家たちが大量に復帰したことで相殺されてしまった。官界では、追放は最初から取るに足りないもので、数百人の旧内務官僚が、警察国家の組織運営に深くかかわったとの理由で一時的に公職から除かれたにすぎなかった。経済界でも、追放はおよそ四〇〇社の一六〇〇名ほどにおよんだだけで、その混乱は穏やかなもので済んだ。見渡せば、戦後日本の権力の回廊はいたるところ、戦時中にその優れた才能を認められた人びとでひしめいており、彼らは「新」日本でもおなじ手腕を高く評価されることになった。(2)

戦後の国家機構がほとんどあらゆるレベルで過去に確立されていた強固な組織の柱によりかかっていたという事実が、こうした権力者の連続性を容易にした。この制度上の連続性の多くは火を見るより明らかであり、それは、皇位の存置、さまざまな思想信条を越えて戦前政党の系譜が復活したこと、大蔵省や日本銀行といった強力な公的組織がそのまま持ち越されたことに看て取れる。とはいえ、組織上の系図が、一見したところよりずっと複雑な場合のほうがしばしばである。たとえば、一九五五年に置かれた有力官庁である経済企画庁は、日本降伏後の猛烈なインフレのさなか一九四六年に設立された経済安定本部にさかのぼり、それは、一九三七年に設立されて戦時中の重要官庁だった企画院を前身とする。同様に、一九四九年に設立された通商産業省は、一九二五年から一九四三年までと、一九四五年から一九四九年まで存続し、その間の一九四三年から終戦までは軍需省として機能した商工省の後継機構にとどまるものではない。通産省は、占領期の貿易庁の機能をも吸収したのだったが、同庁は、一九三七年に戦争目的で設立された半ば自治権をもった貿易局の後継機関であった――こうして通産省は、軍国主義者のもとでさえ手に入れられなかった産業および通商政策にまでおよぶ権限を併せ持つことになった(3)。

おなじように、民間部門でも組織の連続性は一見したところより込み入っているのがふつうだ。たとえば経団連、すなわち、きわめて大きい影響力をもつ経済団体連合会は一九四六年に設立されているが、じっさいにその系図は戦前の日本経済連盟会（一九二二年創設）にさかのぼるだけでなく、さらに意味ぶかいことに、戦争の最終段階で国家と民間の経済的利益をひとつに糾合しようとした政府が、最後に必死の努力を傾注して設立した「統制会」にたどり着くのである。また同様に、現代の日本経済界はその系譜において、戦時経済に起源をもつ大企業ばかりでなく、昭和以前に設立されていたものの、その規模と市場占有率を一九三〇年代から四〇年代はじめにかけて大幅に拡大した古参企業によって構成されている。こうした分析では見落とされがちなマスメディアにも、この現象はみられる。今日の全国紙五紙のうち、二紙（ときに日本の『ウォールストリート・ジャーナル』と形容される『日本経済新聞』と『サンケイ新聞』）は概して戦時中の合併の所産であり、残る三紙（『読売』『朝日』『毎日』）は十九世紀に創刊されているものの、部数と影響力を大幅に伸長したのは、やはり戦争中のことだ(4)。

しかし、個々の組織の事例より重要なのは、戦時動員が戦後の経済全般におよぼした強力な遺産である。廃墟と化した街と停止した生産体制という、終戦時に人びとの意識に刻まれた絵図はまちがってはいない。というより、それは誤解をまねきやすいのだ。たしかに広島と長崎を含む主要六六都市の中心は戦争の最後の年に激しい爆撃を受け、日本政府はのちに、戦争による被害総額は国富の四分の一に相当すると試算した。これは降伏までの一〇年間に生みだされた動産が一掃されたのに等しく――しかも、この試算にはやはり敗戦によって失われた二〇〇億ドル前後の海外資産が含まれていない。しかし、はるか昔にジョン・スチュアート・ミルがのべたように、経済生産という観点からすれば、たとえ国が「戦火と剣によって」焼尽に帰したとしてもさほど問題ではない。数年で富の再生産を期待できるからである。重要なのは、破壊された物質的な財ではなく、むしろ生き残っている人びと――より正確には人びとのもつ技能と彼らが入手可能な資源である。日本経済は、アメリカによる空襲がはじまる前から崩壊しつつあったが、一九四五年の瓦礫の山と疲弊の前には、一九三〇年代と真珠湾後の何年間かに進行した急速な成長もかすんでしまった。(5)

一九三〇年代、世界の多くの国々が大恐慌から立ちなおろうともがいているとき、日本のGNPの年平均成長率は五パーセントだった（これと対照的にアメリカは、一九三〇年代後半になっても一九二九年の水準を取り戻そうと努力していた）。急速な成長は、とくに金属製品、化学製品、工業部門でみられた。消費財にたいする指数が一九三〇年から三七年までのあいだに一〇〇から一五四に上がり、一方、投資財にたいする指数は一〇〇から二六四に上がった。一九三七年までに日本は、自前の工場のほとんどを建設中で、そのなかには多種多様な工作機械や科学機器も含まれ、基本的な化学製品の大半は自給自足していた。イギリスの経済史家であるG・C・アレンは、当時の日本の工業生産が、他のアジア諸国の合計（ソ連を除く）の二倍にのぼっていたと推計している。通商国家として日本は、大量生産による製品（ただし半分以上は依然として繊維だった）の主要輸出国となっており、また、原材料の主要輸入国ともなっていた。日本の商船保有は世界第三位で、輸出国として日本を上まわっていたのはアメリカ、イギリス、ドイツだけだった。さらに、これらの実績は日本本土の発展を反映したものであった――つまり、台湾や朝鮮などの植民地、あるいは急速に工業化しつつあった傀儡国家・満州国での成長は含まれていなかった。(6)

このように、真珠湾前夜、日本は世界でもっとも急速な成長をとげていた経済体制のひとつだった。一九三七年七月に中国と、それから一九四一年十二月には連合国と戦争をはじめたあと政府が統制を強化するにつれ、新たに登場した工業部門の多くは引き続き加速度的な成長を経験した。一九三七年から一九四四年までの生産指数を例にとると、製造業は二四パーセント、鉄鋼は四六パーセント、非鉄金属は七〇パーセント、機械類は二五二パーセントの増加を示した。べつの推計によれば、機械類（造船と工作機械を含む）に投じられた支払い済み資本は、一九三七年の総投資額の七パーセントから一九四五年の二四パーセントに増加し、同様に金属部門では、一九三七年の五パーセントが一九四五年には一二パーセントに増加した。製造業と建設業の労働力は、一九三〇年の五八〇万人が一九四〇年には八一〇万人に、一九四四年には九四〇万人に増加し、このことによって、軽工業と重工業における雇用労働者の割合に劇的な変化がもたらされた。一九三〇年には工業労働力の二七パーセントしか重工業に従事していなかったのが、一九三七年には四七パーセントまで、そして一九四二年には六八パーセントまで上昇したのだ(7)。

日本はアメリカにくらべて依然として後発国であり、終戦までに——アメリカが巨大な戦争ブームを経験したのち——その格差は前よりいっそう大きくなった。にもかかわらず、大恐慌から一九四五年までのあいだに日本は「第二次産業革命」を実現させ、資本と労働双方の基本構造に大変革をなしとげた。戦後、日本人はまったく異なった環境のなかで経済の遅れを取り戻すことを求められたが、それを実行するための経験やノウハウという強固な基盤はもっていたのである。長期的な観点からみると、日本人は敗戦によって得をしたとさえ言えるかもしれない。冷戦という文脈のなかで、日本人は、いち早くアメリカ好みのお得意さんになり、共産主義国がアメリカの先進技術（その多くもまた戦時中に飛躍的に進歩した）へのアクセスを「封じ込め」られているなかで、その獲得を許されるという見返りを得ていた。さらに、いくつかの例では、空襲によって工場の基盤設備の多くが破壊されたことで、戦後の最新式の工場建設が実際に早まることとなった。そして、敗北の代価のひとつだった旧帝国の解体は、世界が今まさにゆっくりと苦悶のうちに脱植民地化へ向かいつつあるなかで、独自の方法によって新たな市場戦略を打ち出すというたいへんな努力に専心することを日本人に強いた。こうして、まもなく明らかになった戦略のひとつは、繊維のほかに、大量に機械生産できる製品の輸出を促進すること——つまり、戦時中の新技術を平時の貿易での優位性へと転換することだったのである。これは、降伏から数年のうちに日本の計画書のなかで強調されはじめ、一九五〇年代には現実のものとなった。

戦後の発展という観点からすると、この決定的な一五年間でしだいに軍事化の度合いを深めていった経済について重視すべきは、それが軍事化したことにあるのではなく、平時の活動への転換を容易にするようなやり方で、多様化し高性能化していったことである。自動車産業がこれを例証している。戦後日本の主要な自動車メーカー一一社のうち一〇社は戦時中に現われ、純粋に降伏後の所産であるのはホンダだけだ。これら一〇社のうちの三社——すなわちトヨタ、日産、いすゞ——は軍用トラックの主要メーカーとして繁栄したが、それは、一九三六年に成立した法律がフォード社とゼネラル・モーターズ社を日本市場から駆逐したあとのことだった。他の七社にとって、戦後の自動車生産は、飛行機、戦車、軍艦、精密機械などの分野での戦時中の生産活動から派生した事例がほとんどだった。戦後の自動車メーカーの主要な圧力団体（日本自動車工業会）は一九四八年に設立され、一九五〇年代と六〇年代には保護主義政策と低金利ローンを支持するよう政府にはたらきかけたさいに重要な役割を果たしたが、その団体でさえ、戦時中の諸機関と間接的に関係があった。その前身は、車輛の生産と配給を調整するため一九四一年と四二年に設立されたふたつの「統制会」にみることができる。どちらの戦時統制会も、政府といっしょになって活動していた企業の幹部がトップの座を占めていた(8)。

戦後に経済の表舞台に踊りでた他の巨大企業も、匹敵するような競争の優位性を戦時中に確保した。たとえば、野村証券は今や日本でトヨタに次ぐ二番目に富裕な企業だが、債券を専門にあつかう企業として設立されたのは一九二五年のことだ。同社の証券会社としての躍進は、一九三八年に株式へ、一九四一年に投資信託へ業務を拡大したことによってもたらされた。日本最大の電気機械メーカーである日立は一九一〇年の設立だが、日産をも含めた鮎川ひきいる企業複合体《コングロマリット》の一員となり、垂直的に統合された総合電気機械メーカーとして登場したのは一九三〇年代である。同様に、日立に次ぐ第二位の電機メーカーである東芝も設立は一九〇四年だが、電気製品の総合メーカーになったのは、軍部による生産の強化と合理化運動のもとで一九三九年におこなわれた合併後である。電通は、一九七〇年代には世界最大の広告代理店と評せられるにいたるが、現在の社名になったのは一九五五年にすぎない。とはいっても、戦後における同社の成功の中心人物である吉田秀雄は、戦時中に日本の広告会社を一八六社から一二社にまで減らした整理統合に深くかかわっていた。さらに、人脈面での連続性を示す好例がある。電通は戦後きわめて多数の旧軍将校と旧満州国官僚を雇ったため、その本社が「第二満鉄ビル」として知られるようになったのだ(9)。

戦後、あらゆる製造部門は、戦時中の発展に基礎をおくことによって離陸することができた。たとえば、一九五六年までに日本が世界の商船の主要建造国として登場したのは、それ以前の何十年かに戦艦（そして、大和や武蔵などの超大型戦艦）の建造能力を、ほとんど正気の沙汰とは思えないほどに高めていったことと直接に関係している。日本が戦後復興の初期段階で頼りにした他の製造部門——たとえばカメラ、双眼鏡、腕時計など——も同様に、戦時中に優先順位をあたえられた技術を基礎としていた。いくつかの事例では兵器生産から平和産業への転換が涙ぐましいほど徹底していた。たとえば、ミシンが機関銃製造から転換した工場で生産されたのはその一例である。[10]

これらの実例は、人びとの能力こそが最大の問題なのだという、ジョン・スチュワート・ミルの鋭敏な観察を裏づけている。日本の軍国主義者による人員配置政策は、しばしば能率のあがらないことでよく知られており、戦争の最後の二年間までに労働市場は混沌状態に近くなっていた。にもかかわらず、一九四五年には、非農業部門の労働力は一五年前にくらべて増大したばかりか、いちじるしく熟練の度を深めていた。ほぼ四〇〇万人の新たな労働者が、一九三〇年から四五年までのあいだに工業労働に駆りだされた——そして、軍紀の洗礼をうけて生き残った何百万という男子が、戦後経済のなかに再統合されていった。工業専門学校は、一九三五年から四五年までに一一校から四〇〇校あまりに増え、同時期には、高度な技能を身につけたブルーカラーの養成を目指した企業内の専門訓練も広く実施されるようになった。

科学と工学もやはり戦争から刺激を受けた。これらの分野を専攻する大学生は徴兵を免除され、その卒業生の数は、一九四一年から四五年までのあいだに一〇年前の三倍にのぼった。さらに、欧米の科学者との相互交流から隔絶されたことは、日本の一流研究者にとっては耐えがたい打撃であったが、威信ある「理研」のような機関を中心として、基礎科学および応用科学のための固有の研究施設を拡充するという、コインのもう片方の面もあった。と同時に、軍部が信頼性ある製品の大量生産を必要としたことは、画一的な基準というものを設けることにつながった。今日の日本であまりにも有名になった「QC」（品質管理）という観念が、戦後にW・エドワーズ・デミングのようなアメリカ人の技術顧問から決定的な影響を受けたものであることは確かだが、一九八〇年代なかばになっても通産省がもちいていた品質維持のための公式の指針は、依然として一九四〇年に軍閥政府が導入した工業の標準化にかんする法律であった。[11]

中村隆英らの経済史家が実証しているように、戦時経済の膨張的圧力は、産業資本と金融資本との混交や労使関係における根本的な変化をもたらした。戦争のための動員はめざましい資本の集中を刺激した。経済において軍の命令がますます幅を利かせるようになるにつれて、四つの「旧財閥」——三井、三菱、住友、安田——の覇権は、もっぱら軍との契約に頼る、いわゆる「新興財閥」の台頭によって脅かされるようになった。新興財閥を牛耳っていたのは、浅野、古河、鮎川、大倉、野村、中島、の六つの複合企業体である。一九三七年には、これら十大財閥で日本における支払い済み資本の一五パーセントを支配しており、戦争終結までにこの比率は三五パーセントを超すにいたった(12)。

これらの大資本は、日本が降伏したあとも消え去りはしなかった。財閥の集中は、占領初期における持株会社の解散と株式保有の分散により弱められはしたが、依然として主要企業の多くは正式の、または半ば正式の多様な関係をつうじて密接に結びついたままである。たとえば、戦後日本の名高い「六大」企業集団と関連の「金融系列」は、三つの旧財閥（三井、三菱、住友）と巨大銀行（富士、第一勧業、三和）を頂点とする三つのグループで構成されている。富士銀行はじっさいのところ旧安田財閥の中核をなしていた銀行で、いわゆる芙蓉グループには安田系企業の多数が名を連ねている。「六大」グループの系列企業は一九五五年に大企業の資産の二三パーセントを占め、一九七〇年には三〇パーセント近くに達した。一九八〇年代はじめには、全企業資産の一七パーセント以上がこの六大企業グループに関連するものであった(13)。

戦後の日本経済で、高度に集中した銀行体系が果たしてきた中心的な役割は、それ自体が戦時の際立った遺産である。一九二七年の金融恐慌以前、日本にはおよそ一四〇〇の通常の商業銀行があった。それが一九三一年末には六八三に減っていた。一九三六年末には四一八になった。それから第二次大戦の終わりまでのあいだに、銀行の数は吸収合併によって六一行にまで激減し、それ以来、その数に大きな変動はない。しかも、戦後の系列の中心に位置する強力な「都市銀行」（じっさいには全国銀行）は、ほとんどの場合、一九四二年から四四年のあいだに導入された決定的に重要な法制度によって大幅に強化された。この法制により、少数の「認可金融機関」が指定され、戦略物資を生産する六〇〇余りの主要企業へ大型融資を実施するために政府と日銀から特別支援を受けたのである。戦後日本の融資業務の特徴として有名な「オーバーローン」や「借入資金」政策も、元をたどれば戦時経済に行きつく。榊原英資と野口悠紀雄が示しているように、その数字はきわめて印象的である。たとえば、一九三一年、産業界の直接資金（自己資本）と間接資金（銀行ローン）の調達比率は、ざっと九対一だった。それが一九三五年には七対三、一九四〇年には五対五となり、そして一九四五年には一九三一年のまさしく反対に転じ――そして、高度成長期の一九六〇年代とほとんどおなじ――すなわち一対九となったのである(14)。

経済の集中がみられなかった部門では、戦時中に何万という中小企業の出現を見、それらもまた戦後成長の動力に大きな影響をおよぼした。この産業界の「二重構造」という負の面は、一九五〇年代と六〇年代に広範な批判を呼ぶようになった。というのは、それが賃金と所得全体の格差に結びつき、海外でのダンピングを助長するおもな原因として認識されたからである。しかし、こうした正当な批判があるからといって、集中がみられなかった部門の活力をうやむやにすべきではない。戦時経済下でも、多数の小企業が独立した存在であったばかりでなく、下請け業者として繁栄し、戦後もそのような状態はつづいた。たとえば、一九六〇年代後半にトヨタへ部品を供給していた子会社の四〇パーセント以上は、その下請け関係が戦時中にさかのぼる。また、機械工業界のような基幹部門では、小規模企業が比較的に高度な技能を要する生産の大部分を担うことが多かった。戦時中、中小の企業家たちは、政官界から効果的な後ろ楯を得るためのネットワークを張りめぐらせており、一般にこうした企業家たちは軍閥政府への強い支持で応えていた。降伏後、一九五五年に自由民主党を結成することになる保守政治家たちは、この支持を上手に掘り起こしていったのである。さらにいえば、戦後日本経済が離陸する背景にあった真に革新的な企業家エネルギーの多くが、このような小さな企業から生まれたのだった(15)。

必然的に、戦争に刺激された「第二次産業革命」は、労働力の規模、構成、能力を変えたばかりでなく、産業におけるさまざまな関係の基本的性格をも変化させた。ここ何十年か、ユニークと評判の「日本型雇用システム」の存在に大きな関心が寄せらせており、日本の内外の評論家は、これにたいする深みのある独特の文化的説明をみつけて喜んでいる。その議論によれば、この論稿でのべている日本の労使関係は、古い儒教の価値観である和や序列、親方＝徒弟関係や封建時代の商家にみられた生涯にわたる忠誠、儒教を超越した「家族的」価値観などを反映しており、さらに日本人の意識の精髄のような「家」を反映しているのだという。じつは、現代日本の労使関係にまつわる三つの特徴——終身雇用、年功序列賃金、会社別または企業別組合——は、産業労働者の多数には当てはまらず、おもに大企業の労働者について妥当することなのだ。それらは、何かの古い文化遺産というよりも、労働力の二重構造という特殊性を反映している。しかも、それらが現在のかたちで定着したのは、一九五〇年代に入ってからのことだ。しかし、この二重構造と同様に、大企業の労使関係における三つの顕著な特徴すべてが強固な根をはったのは戦中のことだった。

終戦以前のいかなる時期においても、日本の安定した労働市場というものについてのべることは不可能である。一九三七年の日中戦争から四年後の真珠湾攻撃までのあいだに政府が実施した調査によれば、重要産業における転職率は驚くほど高く、転職は終戦の瞬間までつづいた。軍事政権が産業労働力をより強い規律と統制のもとに置くことを企図して介入したのは、こうした不安定さに対処するためにほかならない。かくして、一九三九年から四二年までに当局は、職場の無許可変更を禁ずる一連の布告を発した。そして一九三九年から四三年までのあいだには、労働者を職場にとどめるようなやり方で賃金構造の安定化を目指した、内容が濃くて詳細な法律や規制が矢継ぎばやに導入された。そのなかには、一定の初任給や定期昇給の明確な規定が含まれていた。政府がこれらの措置を講じた結果、「日本型雇用システム」の三本柱のうちの二本——熟練従業員および半熟練従業員にたいする終身雇用および年功賃金——が一般的な慣行となった。これらとともに、実地訓練《オン・ザ・ジョブ・トレイニング》の重視や家族手当などの補助的な社内福利といった、戦後の大企業における労使関係を特徴づける慣行も成立した。

大企業の戦後の雇用システムにみられる第三の特色——企業別労働組合主義——の起源については、日本の労使関係研究者のあいだでも論議が分かれており、彼らのなかには、戦後初期の展開が決定的な影響力をもったと強調する者もある。しかしここで、かの悪名高い産業報国会（産報）のもとにおこなわれた戦時労働力動員の組織的・思想的影響を無視することはいかなる場合においてもできない。産報は政府主導のもとに一九三八年に設立され、協調主義の理念、会社中心のやり方、「事業一家」というレトリックによって、全国八万七〇〇〇社の労働者およそ六〇〇万人を傘下におさめた。日本では、このようなイデオロギーへの執着が、過去よりも将来にたいして大きな意味をもつことになった[16]。

戦争のための動員は、近代的な領域でのさまざまな潮流を加速する一方で、同時に、戦前の経済のもっとも基本的で逆行的な特徴のひとつを掘り崩していた。すなわち、地方で広く普及していた地主制度である。地方では全国の総労働力の四〇パーセント以上が農業生産に従事していた。真珠湾攻撃の時点において、日本の農民でみずから耕す土地をすべて所有している者は全体の三六パーセントにすぎず、農耕地の四六パーセントは小作人が耕作していた。米作地の小作料は通常は現物納で、平均的な作柄の五〇パーセント強であり、発展しつつある経済のなかでも巨大な「半封建」部門として長く存続していた。父権的温情主義の地主もいたかもしれないが、日本の農村部には貧困と社会不安が蔓延していた。大恐慌の後、軍国主義者たちは、とくに農村危機の是正を約束して権力の座についた。そして、意図的か否かいずれにしても、彼らの政策は地主階級への弔鐘を鳴らすこととなった。

　一九四六年から四八年のあいだに実施された農地改革は、地主の地位を奪い、借地は事実上一掃された。これは、国内市場の拡大と日本の成熟したブルジョア資本主義の達成においては決定的な一歩であり、それが非常に迅速かつ円滑になしとげられた原因は、戦争と敗北という例外的な状況にあらかた帰すことができる。農地改革は、戦勝国であるアメリカによって導入された「非軍事化と民主化」計画の中核をなすもので、勝者のふりかざす権威が、改革の徹底的な履行を確実にするのに不可欠だったことは議論の余地がない。とはいえ、アメリカ人自身が認めたように、結局のところ農地改革の成功は彼らのコントロールのおよばない諸事情に依存するものだった。地方の住民の大多数がそのような地主＝小作関係の劇的な変革を歓迎したことが不可欠なのはむろんだが、農地改革を容易にしたのはふたつの追加的な状況であった。第一に、農地改革にかかわった日本人の学者や戦時中の官僚からなる中心的グループが存在し、彼らが、改革を実行に移す技術的および行政的専門知識をもっていたことである。そして第二には、戦時中、とくに一九四〇年以降の展開が、地主の伝統的な権力に深刻な打撃を加えていたことである。

　この第二の点はしばしば見落とされがちだ。地主の権威の急速な失墜は一九四一年にさかのぼることができる。この年、政府は農業生産の増大と出荷の促進を企図した「食糧管理制度」を導入した。基本的に政府は、小作人にたいして生産に応じた一定額を直接支払うことで、地主を経済的に弱体化させ、地主と小作人との直接的な関係を破壊した。戦後日本の農地改革の立案に携わったアンドルー・グラッドは、このことが有する重大な波及効果を、初期の業績にかんする摘要《レジュメ》のなかで認めている。すなわち、グラッドは戦中にかんして、「地主を土地から切り離したことは、その結果に甚大な影響をおよぼした」と記し、さらにつぎのようにつづける。「彼〔地主〕の土地の農産物を入手することが許されず、地主に支払われる米の代価は小作人に支払われる額よりかなり低く、そして戦時中、小作人を立ち退かせることは許されていなかったため、地主とその土地との結びつきは断たれたも同然だった。政府の目からみれば、地主はろくでなしの不労所得生活者とほとんど変わらず――このような見方が戦後の土地改革を容易にした。彼らが土地、農産物、さらに地代さえ自分のものだと主張できなくなると、地主からの土地の取り上げはいっそう容易になった」。そしてグラッドは結んでいる。「農地改革は、占領軍当局の支持があったにせよ、戦時中にその行程が地均《なら》しされていなかったなら、保守的な政府によってあれほど成功裏に遂行されたものか疑わしい(17)」。

■

こうした展開のほとんどの局面で、見える手がはたらいていた。より正確には、目に見える手は何本もあって、そのなかでもっとも露骨に事態を操作したのが軍官僚と文民官僚から伸びる手であった。当時は、日本という国家にたいする途方もない干渉と実験の時代であり、そこに生々しく現われている官僚支配の実践と思想は、たしかに戦時から現代日本へ引き継がれた遺産のなかでももっとも目を惹くものであり、また、議論を呼ぶものでもある。

官僚制は戦争によって強化され、その後の七年ちかくにおよぶ占領によってさらに強化された。戦争と平和はどちらも、それぞれ独自の方法で、極度の危機感と国家安全保障への強烈な関心を抱かせた。戦争と平和は、官僚たちのあいだに革新主義的な考え方――指導された変革の必要性への傾倒――を鼓舞し、そしてこの意味で降伏以前と降伏以後のあいだになんら真の断絶はなかった。もちろん、眼前の任務は「戦争」から「平和」へと劇的に変化した。変わらなかったのは、現状維持にたいする根強い不満であり、新らしい世界秩序のなかで強い国を創造するためのトップダウン方式による長期計画への傾倒である。

文民官僚のエリートたる地位にも、知的熱意にも断絶はなかった。一九四五年の前も後も、もっとも聡明な大学卒業生たちが官界でのキャリアに惹きつけられていった。これこそがエリートコースだったのであり、戦争中には、外来の知的で観念的な思考を和洋折衷かつ貪欲に身につけた何千という野心的な若き政策立案者たちが、そのエリートコースに魅了された――それら、外来の思考とは、すなわち、ナチス、ファシスト、国家社会主義の思想はむろんのこと、マルクス主義、レーニン主義、スターリン主義、さらにフォード主義、科学的経営、ニューディール的干渉主義まで、およそ不況や戦争という危機への処方箋を示すと思われるものすべてであった。これらの「新官僚」や「革新官僚」には、軍内部のみならず知識階級と経済界にも盟友がいた。アメリカとは対照的に、こうした柔軟で若いテクノクラートの大半にとっては戦時の政府任務に携わることも、通常のキャリアを一時的に逸脱することにはならなかった。頭脳明晰で鋭敏な彼らは降伏を軽々と踏み越え、戦後の国家においても引き続き行政に携わったのである。

降伏前の革新官僚による遺産のなかでも全体像が把握されておらず、また見落とされがちなもののひとつに、社会保障および社会福祉立法がある。その背景には、一部の官僚の純粋にポピュリスト的な理想主義があったのかもしれない。もっと頻繁におこなわれたのは、社会改革が強力な防衛国家づくりには不可欠だという合理化であった。というのも、大恐慌と戦争の危機によって、いかに日本の民衆全般が実際に身体的な不健康さと心理的な士気阻喪にさらされているかがあらわになっていたからである。たとえば、一九三六年に徴兵年齢にある男性を対象に陸軍が実施した全国調査から、衝撃的なほど高い割合の男性が栄養不良や伝染病、それに仕事に起因する身体障害のため兵役不適格であることが判明した。日本人は身体条件では欧米人のそれよりもずっと貧弱だったのであり、陸軍はこの原因を、低所得、栄養不足、過度の労働時間、危険な労働条件などの諸条件に求めた。これはけっして目新しい発見ではなかったが、その規模と意味するところはかつてないほど大きかった。軍の徴兵は妨げられ、民間の労働力も弱体化した。親、年長者、さらには若い軍人や労働者の士気は低下した。共産主義者が蜂起する可能性――一九一七年以後、支配層がつねに危惧してきた――は強まった。民間部門は何十年もそうした条件の改善に手をつけてこなかったため、その任務は官僚機構にゆだねられた。

こうした報告はこれまで明らかになっていたことを確認したにすぎないものだが、この社会危機にたいする官僚機構の反応は熱心だった。一九三八年に厚生省が新設された。そのおなじ年、中国侵略のあと、医療保険の対象が拡大された。終戦時までに、日本人の半数以上がその資格対象者となり、このことが戦後の医療保険制度の土台となった。同様に、戦後の年金制度も、一九三九年から四四年までに制定された一連の法律にもとづいており、ほんらい、それらは労働者の転職を防ぐのがねらいだったが、同時に政府が戦争の資金として転用できるような資金を創設する意図もあった(18)。

日本降伏後、戦時中の革新主義的な法律の策定にかかわった「社会官僚」たちは、複雑な役まわりを演じた。彼らは一方で、新たな労働関係基本法（一九四五年の労働組合法と一九四七年の労働基準法）、改正民法、劇的な教育制度改革のような占領初期の革新的な立法の起草に一役買った。彼らは、農地改革の実施にあたっても重要な役割を演じた。もう一方で、かつての戦時の社会官僚たちは、アメリカ占領当局が導入した改革立法の初期の草案のいくつかを緩和することもできた――ただし、全体を骨抜きにしようとはしなかった。これは、新憲法や地方自治の大幅な増進を目的とする立法のような基本改革にみられた。ひとたび冷戦が激化し、アメリカによる占領の優先事項が改革から経済復興へ転換すると、日米のテクノクラートは、一九四九年と五〇年におきたマッカーシー流の「レッドパージ」などの反左翼活動に共通の大義を見出し、その結果、公的および民間部門で二万人を超す被雇用者が解雇された。日本の降伏後に追放されていた旧内務官僚の多くは、一九五二年の占領終了以前に追放を解除され、保守的な自由民主党(アメリカのアジアにおける新たな盟友)のもとで、重要かついちじるしく反動的な「社会統制」をおこないうる地位へと駆け足で昇っていった。あらゆることが、予期せざる同衾者《どうきん》たちのために「収斂」していった。[19]

しかし、社会官僚の影響力よりもずっと広範囲におよんだのは、戦時経済の運営に直接あたっていた彼らの同僚が、戦後にあたえた影響力であった。降伏後の軍部および内務省の解体は、経済官僚にとってもっとも強力なふたつの制度上のライバルを取り除くことになった。同時に、財閥の持株会社を解体して独占禁止法を導入した初期の占領政策によって、民間部門は一時的に不利な立場におかれた。降伏後まもない過渡期の混沌とした状況のなかで、アメリカは戦時中に民間部門がとにかく保持しようと懸命だった経済統制機能のいくつかを、官僚機構に移行することさえした。アメリカ占領軍スタッフによる上からの支配という方式は、官僚による指示を受容しやすくし、より徹底させた。すなわち、日本政府をつうじて占領を「間接的に」おこなうという政策は、キャリア官僚の実力を強め、一九五二年のまさに占領が終わるその時まで日本を覆っていたじつに野放図な経済の無秩序と混乱によって、経済的な専門知識や官僚的な専門知識が重んじられることになった。経済官僚が、戦時中に軍事指導者のもとで保持したよりもずっと大きな影響力を、アメリカ人のもとで保持したことは一般に認められている。

さらに一九五二年以降も、対日講和が帯びていた重苦しい冷戦的性格に助けられて、経済官僚制はその優越的な立場を維持した。日本は軍事的にも外交的にも徹頭徹尾アメリカに従属したため、独自の外交政策をまったくもたなかった。その結果は、誇り高い外務省でさえ通産省の後塵を拝している有様である。その通産省は、経済官僚の息の長さを示す事例としてもっともよく知られている。一九七〇年代なかばまで、通産省のトップの役人たちはすべて降伏前の官僚機構の出身であった。彼らの経歴がりっぱなものであることはいうまでもない。たとえば、チャーマーズ・

ジョンソンが実証しているように、通産省が一九五〇年代から七〇年代にかけて産業政策を首尾よく指揮することを可能にした通商と外国為替にたいする管理は、まず一九三〇年代に成文化され、そののち、日本がまだアメリカの指令下にあった一九四九年にほとんど嫌応なしに外国為替及び外国貿易管理法として制定され、恒久的なものになった。通産省の仕事ぶりのもうひとつの特徴は、特定産業に的を絞って行政指導なり支援なりをする手腕で、これは一九三〇年代後半におこなわれた機構改革とともに、一九三四年から四一年までに導入された一連の業法にまでさかのぼることができる——その多くは、通産省全盛期の一九五〇年代から六〇年代に「復活」した。[20]

経済官僚は、軍需省や企画院などの機構をつうじて戦争を取り仕切るにせよ、通産省や経済企画庁などをつうじて平和を取り仕切るにせよ、政治評論家に向かって挑戦的な問いを投げかける。それは、日本人が一九三〇年代から実践している資本主義とは、どのような種類の資本主義かという問いである。アダム・スミスと結びつくやり方の自由放任でないことは明らかである。さりとて国有が争点ではない。じっさい、国有は日本では最小限でしかない。問題は、箱入りの自由放任——つまり、市場にたいしてどのような（そして、どれほどの）管理がおこなわれているかということ——であり、近年では、その箱がじつに周到に組み立てられていることをこぞって示すたくさんの言いまわしが登場している。日本は市場合理性の対極にある計画合理性の国、混合資本主義国、資本主義開発国家、官僚国家、新重商主義国家、「スマート」国家、ネットワーク国家、協調組合主義（または労働者不在の協調組合主義）国家である、と。日本はつぎのことを実践しているともいわれる。産業政策、行政指導、「窓口」指導、パターン化された多元主義、方向づけられた多元主義、官僚主導による大衆＝中間所得層重視型多元主義、管理された競争、部門分けされた競争、誘導された自由企業、管理された資本主義、準資本主義、国家が指導する資本主義、である。チャーマーズ・ジョンソンの言いまわしによれば、一九三〇年代以来、日本の発展は「経済参謀本部」——いわゆる日本の奇跡の背後にある、戦争と平和が織りあげた歴史的にも思想的にも複雑な機構を説明するのにもっとも有効な比喩——による強力な指導を受けてきたのである。

人目を惹くこれらの文句は真に迫っており有用でもあるが、日本がまず何をおいても官僚国家であると受け取られるなら、それは誤解を招くおそれがある。事実は、日本が強力な資本主義国家であり、その資本主義のかたちは、「過当」競争を抑制し、国家主義的目標を増進しながら市場を維持している保守的な利害関係者たちがブローカーとして取り仕切る資本主義であるというのが、より当を得た説明であろう。経済官僚は、この壮大な事業でじっさいに影響力をもつ行為者であるが、大企業と保守政治家もしかりである。この、黒幕たちが取り仕切る資本主義というのは、新しいものでも古いものでもない。一九五〇年代に焼け跡から出現した「日本株式会社」や「新日本資本主義」は、たんなる戦後の現象ではない。他方、それは、明治時代の経済ナショナリズムとか、もっと昔の島国的な価値観や、合意にもとづく価値観に根ざした伝統的な「閉鎖」システムでもない。日本の仕切り型資本主義は、基本的には両大戦にまたがる現象である。いま、そのシステムを動かしている保守派のエリートたちは、もはや軍国主義的ではない。しかし、これまでみてきたように、彼らの機構、考え方、実践——そして指導者たち——の大半は、戦争という坩堝のなかで形成されたのだった。

戦時とおなじく平和のときも、この権力を取り仕切る行為は荒々しくまた高価につく。第二次大戦の必死の歳月のなかでさえ日本の指導者たちは、全体主義国家、あるいは総意にもとづく政体、あるいは和合した統治体をつくることにけっして成功しなかった。戦争努力の背後には、熱狂した一心同体の忠実な大衆がいるという一般のイメージとは逆に、激しい競争と軋轢がさまざまな集団の内部および集団のあいだで絶えなかった——それらの集団とは、軍部、文民官僚、旧財閥と新興財閥、政党、中小企業、地方対都市の利害関係者などである。「事業一家」の神話と同様に、「一億一心」という戦時スローガンは、現実描写というよりは錯覚のなせる目標で、この内的な緊張と競争こそが、戦後へ伝えられた他のあらゆる遺産とおなじく重要である。それは、高水準の実績と、とりわけ近年になって国際社会で、しばしば優柔不断で二心ある行動とさえ思われることがらを説明する助けとなる。一九八〇年代、日本が経済的な卓抜さにともなう責任を引き受ける段になったとき、強力だがクビのない姿をした国家という日本にあたえられた奇妙なイメージは、この内部衝突によっていくらか説明がつく。

戦争以来、ナショナリズムと父権的エリート主義によって、日本の仕切り型資本主義の思想的統一性が保たれてきたことには、多くの観察者が同意するだろう。そうだとすれば、つぎにわれわれは戦後日本の民主主義について何を言いうるだろうか。これまた、民主主義の形式は尊重するものの、その精神はしばしば抹殺するというやり方で、取り仕切られてきたと言うことができる。

戦争の知的遺産や思想的遺産は矛盾をはらんでいる。一方で、完膚なきまでに敗北したことで日本国民は全体としてほとんど本能的に軍事活動を忌避するようになった。主要な報道機関はさまざまな方法をつかって昭和初期の「暗い谷間」の記憶を風化させないように努めている。そうした記憶は、国内外での苦しみの追想ばかりでなく、悲惨な戦争の一因となったある種の権威主義と強烈なナショナリズムにたいする持続的な用心ぶかさをともなっている。日本では、占領初期の理想である「非軍事化と民主化」は、すでに戦争終結のずっと前から抑圧と死に倦んでいた日本人の琴線に触れた。冷戦が激化してアメリカ人自身が当初の改革主義的なプログラムから身をひいてしまった後でさえ、何百万という日本人は引き続きこの双子の理想を大切にし、ふたつを切り離すことはできないと考えたのだ。

戦後の日本における反軍国主義と民主主義のもっとも劇的な表現は、アメリカによる占領下で一九四六年に採択された自由主義的な「平和憲法」である。この憲章を際立たせている特徴は三つある。第九条の有名な「戦争放棄」（憲法前文で力強く表明された反軍国主義的な理想によって支持されている）、包括的な人権保障（フェミニストの「ＥＲＡ」（男女平等憲法修正条項）に匹敵する内容を含む）、そして、天皇を、たんなる「日本国の象徴であり日本国民統合の象徴」と位置づけたことである。権力の座にある保守政党は一九五〇年代なかば以来、公然と改憲に取り組んでおり、さらに第九条の徹底した反戦の意思は（アメリカの強力な支持を背景に）日本の漸増的再軍備を認めるために歪められてきたが、民衆の感情は、半世紀近くにわたってこの類例のない進歩的な憲法のいかなる修正をも許していない。近い将来に予見されるように、保守派が改憲にいするこのタブーを破ることに成功するにしても、彼らの試みが、国連の旗のもとで戦闘部隊を海外に派遣することを含め、一定の限界内で再軍備を合法化するような第九条の修正に焦点をあててくることは予測がつく。憲法のほかの基本理念――三権分立、選挙による二院制議会、天皇の象徴的地位、人権規定の明記などは、保守派のあいだでも強く支持されている。議会制民主主義の「美徳」だけでなく、その実効性にたいする評価も、敗戦がもたらしたもうひとつの永続的な遺産である。

しかし同時に、一定のかたちをした柔らかな教化へむかう組織化と感染性が、戦中からの遺産として生き残っていることも否定できない。企業への忠誠と国家に捧げる犠牲は依然として効果的な訴求力をもつ。これらの訴求力に黙々としたがうことが真に相互的な義務感を表わす事例もの遺産であった。

あるかもしれないが、多くの場合、平均的な労働者や市民にとって、それはたんに倦怠と実存への諦観を映しているだけである。いずれにせよ、自己否定の倫理観は、用心ぶかく仕込まれた社会的タブーから企業の社員訓練や「新兵訓練」のような明らかに準軍事的な儀式にまでおよぶ、巨大な圧力を維持すること——さらには再発明さえすること——に依存する。さらに、一九八〇年代には、日本の経済大国化と経済ナショナリズムに応じて国際的緊張が高まるにつれ、戦中の耳障りな思想的遺産が、「大和民族」の同質性と優越性という不穏な新国家主義者の主張となって現われている。

黒幕に取り仕切られた日本の戦後民主主義の特質は、今なお歴史家を待ち受けるテーマである。しかし、そのテーマは示唆的な方法でわれわれを本稿冒頭の観察に引き戻す。すなわち、日本が十九世紀なかばに経験した封建主義から工業化と「西洋化」へ移行する過程と、二十世紀なかばに経験した戦争から平和へ移行する過程との共鳴である。いずれの事例においても、遠大かつ革命的とさえいえる変革が起こった。そして、双方とも「上からの」革命であった。民主主義の理念は、一般民衆によって定義されたのでも勝ち取られたのでもない場合には比較的弱いものだ。日本の文民エリートの見地からすれば、これもまた役に立つ戦争

2 日本映画、戦争へ行く

アジアにおける第二次世界大戦は、一部の人びとが考えるように、文化の衝突を本質としていたのだろうか。

そうではない。それは国益の衝突であり、その衝突のなかで日本は途方もなく多様な文化的背景をもつ敵——中国、アジアの植民地、オーストラリアおよびニュージーランドを含む英連邦諸国——と戦ったのである。欧米人は、真珠湾や「太平洋戦争」という言葉でものごとを考える習慣があるので、アジアにおける大変動という、もっと広い文脈をしばしば無視してしまう。その文脈とは、一九二〇年代後半にはじまる世界規模の大恐慌とそれにつづく経済戦争、一九三〇年のロンドン海軍軍縮会議が挫折したのちに強まった戦略上の恐怖と軍備論争、一九三一年にはじまる破滅的な日中「十五年戦争」、さらには、南アジアと東南アジアにおける植民地闘争の次元にまでおよぶものである。そこでは、文化は決定的な問題ではなかった。権力、富、安全こそが重大な問題であった。

にもかかわらず、この多面的な闘いには、もっとも広い意味における「文化」が介在した。戦争という大釜のなかで、どの国でも戦争にかかわった者は彼ら国民の独自性を定義し、国民としての特性を言いたてることに精をだした。彼らは、古い文化的価値を仕立てなおし、新たな神話を創りだし、人びとの心に訴えるようなイデオロギーを説き、大衆むけのプロパガンダ技術を以前は夢想だにしなかったほどの水準にまで高めた。

アメリカでは、映画制作者以上にこれを民衆レベルでみごとにやってのけた者はいなかった。今日、ハリウッドの創りだした戦意昂揚イメージや、軍部がつくった巧妙なドキュメンタリー映画についてくわしく論じることなしに、戦時下のアメリカについて語ることなどまったく考えられない。同様に、日本の戦時映画も、日本人の眼をとおして見た時代の情熱や緊張をとらえていたのに、アメリカとは異なる運命をたどり、日本の敗北後はほとんど忘れ去られてしまった。敗者がふたたびそれらの映画をスクリーンに映しだすことはなかった。[1]

日本の戦争映画が人びとの意識から消えたことは、日本人が戦争に動員されていった文化的および情緒的環境にたいする私たちの理解に欠落部分を残した。真珠湾後も、アメリカ人のなかには少数ながらも、これらの日本映画の感性は鋭く、技術も優れていると認める者たちがいた。一九四三年春、ハリウッドで活動する映画監督のグループは、一九三七年から四一年のあいだに製作された二〇本ほどの日本映画を観なおして、それらが欧米でつくられた秀作に肩をならべるみごとな作品だという点で意見が一致した。グループの一員であったフランク・キャプラ――アメリカ陸軍の有名なシリーズ映画『何故われわれは戦うのか』を製作した――が、一九三八年にもっとも人気を博した日本映画のひとつである『チョコレートと兵隊』を観た直後にしぶしぶ語った賛辞は広く引用されるところとなった。キャプラは声をあげて言ったものである。「こんな映画にわれわれは勝てない。あんな映画をわれわれがつくれるのは一〇年に一度だろう。われわれにはこんな俳優たちもいない」と。(2)

キャプラが言わんとしたのは、多数のカリスマ的俳優に依存してきたハリウッドも、観客がたちどころに感情移入できるような個性的な性格俳優を起用することにおいては、とうてい日本に太刀打ちできないということであった。なぜ、民主的なアメリカが人気俳優を崇拝し、非民主的な日本が大衆の共感をつかむ術を心得ていたのかは、キャプラがくわしくのべていない逆説であった。

おなじように、一九四四年三月にアメリカの戦争情報局と戦略事務局が作成した洞察に富む研究のなかで、人類学者のルース・ベネディクトは、日本の戦争映画が芸術作品として卓越していることを称賛し、また、心理戦のきわめて洗練された道具であることを認めている。ベネディクトは、「犠牲の精神または様式にたいする自己の従属」こそが、これらの映画を支配するテーマであると結論づけた。ベネディクトはまた、日本の献納のリアリズムとハリウッドの誇張やよく練られた結末とを対照させることによって、十分には展開されていないけれども興味をかきたてられるような、もうひとつの日米映画比較法を提示した。ベネディクトは、「日本映画が、たいていのアメリカ映画に欠落している勇敢なプロパガンダをそなえている」ことも発見したのだ。対日要員として訓練を受けていた多くの米国諜報員にとって、押収したこの種の日本映画は「汝の敵を知」るための総合的な学習教材であった。(3)

この、芸術、思想、プロパガンダが混然一体となった、忘れ去られた映画フィルムの世界は、戦時下の日本にたいして西洋人が通常抱くステレオタイプに反する、多くの驚きをあたえる。まず、日本が戦争にいたった理由については、最低限のレトリックがあるにすぎない。そして、おざなりの言いまわしや所作を別とすれば、天皇への言及は驚くほどわずかである。英雄たちは純粋で、敵は形がない。そして民族を超えた恋愛は、その当時の欧米映画におけるほどタブー視されていない。敗北の苦しみと勝利の歓喜とのあいだに激しい落差はない。熱狂は控えめであり、日本のスクリーンに映しだされた決死的な使命はどれも、人びとにハリウッド映画の似たようなエピソードのひとつやふたつは思い当たらせるにちがいない。生命は、「万歳突撃」という像のうえに欧米人がふくらませてきたものよりはるかに貴い。

　これらの映画は総じてプロパガンダ映画ではあるものの、人道主義の芽や平和主義の芽を宿しており、戦中ほど軍国主義的でもなく抑圧的でもない時代の映画制作者が根づくことを予示し、日本敗北後の時代へむけた力強い遺産となっている。技術的には——そして少なくともこれは、なんら驚くにあたらないものとして現われるが——動作がこのうえなく自然で、また、ほとんど無作為にコマを止めても完璧な構図をみつけることができる、そのような瞬間が無数にある。

　日本人ではない者の大方にとって最初に打ち砕かれる予想は、おそらく日本映画に出てくる戦争の英雄たちの性格であろう。その英雄たちは、ハリウッドの筋骨隆々たる英雄にも、しばしば私たちが日本独自の伝統文化の英雄と考える、空威張りしたサムライ型の英雄とも異なっている。むしろ、戦争で闘う典型的な日本人の特徴とは、若い将校か、疑いもせず自分の任務を遂行する謙虚な徴募兵であり、腹黒くない点が人びとに訴える。

　「純潔」は、この時代の英雄にそなわった至高の特性である。アメリカ人は、アメリカの「無垢」という広く浸透した神話のなかに、これと相似形をなす独自のものをもっている。しかし日本人は、国民の文化や個人の純粋さという神秘を途方もない水準にまで高める。純潔は、個人の資質として他のすべての美徳を包含し、その美徳は義務と忠誠、質素と誠実、勇気と自己犠牲からなる。これは、一九三八年の古典的な映画『五人の斥候兵』に登場する素朴だが魅力的な歩兵たち、『チョコレートと兵隊』で中国の前線から息子にチョコレートの包みを送る下級兵の父親、『支那の夜』（一九四一年）の理想主義的な曳舟《タグボート》船長、『愛機南へ飛ぶ』（一九四三年）の純朴な飛行士、そして、黒澤明による一九四三年の時代劇映画『姿三四郎』に登場する情熱的な若き柔道家、これらの人びとに共通する特徴である。純潔が、すべての日本人女性に期待されたことはいうまでもないが、この美徳は男女不問で、じっさいに戦場の男性においてその極致に達する。

反対のことも起こった。すなわち、戦争の純化である。これは、女にも男にも、銃後でも前線でもおなじように妥当する。かくして、日本の状況が悪化し、銃後がますます耐乏と犠牲を迫られるにつれ、戦争の純化は、経験の純化や高尚化としても現われた。出版メディアでは煽動家たちが、このような苦難を日本独自の美徳に変える適当な用語を創りだすために、過去の文化的な語彙を集めた用語集を調べつくした。そして彼らは、そのような用語としてヤセ我慢という言葉をみつけだした。映画では、困窮と悲惨をつうじて達成される精神的純潔が、光学機器工場で働く女性たちの苦難を描いた一九四四年の黒澤映画『一番美しく』のなかで完璧に表現されることとなった。ドナルド・リチーがのべているように、このころまでにメッセージとメディアはほとんど不可分の関係になっていた。戦争が終わるまで日本の映画制作者たちが働かねばならなかった厳しい条件が『一番美しく』のような映画を生みだしたのだったが、まさにその映画自体は、まれにしかない素朴な「真実」が、欠乏という条件のなかからいかにして現われうるかという見本のようなものである。(4) この映画は、登場するヒロインたちのように、苦難から生まれる美しさというものを表現している。『一番美しく』はまた、「リヴェット打ちのロージー」という米国の銃後における風俗画——覚えやすい歌とピンクの頬をしたポスター・ガールの絵をロマンチックに描いた米国のプロパガンダ装置——よりもはるかに謹厳な世界をわかりやすく表現している。

日本の映画制作者たちは、実在する戦争の英雄を賛美するところでさえ、ハリウッド風の戦場顕彰録まがいになることを避けた。例を挙げれば、一九四〇年にもっとも喝采をあびた映画のひとつである『西住戦車長伝』のなかで、観衆は一人の若い将校と対面することになるが、その将校は一九三八年に中国で戦死し、のちに日本政府からもっとも高い位のひとつを贈られたのだった。つまり、彼は軍神の名を贈られたのである（強調は原文。以下おなじ）。この映画は、西住の故郷のシーンで幕をあけるが、そのシーンでは彼が少年時代を過ごした学校と彼の墓が映しだされ、そのあいだ、彼が生まれ故郷で穏やかな実直な若者として人びとの心に記憶されていたという語りが入る。それとおなじ性格こそ、私たちが中国でのその死を追っていく男を特徴づけるのである。

『西住戦車長伝』には劇的な戦闘シーンがあり、そこには肝をつぶすような夜戦シーンも含まれている。そしてこの映画は、部下に身代わりを命令することもできたのに、何度も危険を引き受ける勇敢な男としての西住を苦心して描いている。しかし最後には、この若い将校を「軍神」に祀りあげた事情が、国家と部下とにたいする、静かだが揺らぐことのない彼の献身にあったことが明らかになる。彼の死は、その人格とおなじく、地味である。西住は、竿で川の深さを調べているあいだに瀕死の中国兵に撃たれ、出血多量で絶命する。彼は、こと切れるまでしばらく息があるが、美辞麗句をならべた別れの挨拶をするでもなく、天皇の名を口にのぼせるでもなく死んでゆく。われわれは、彼がじっさいに死ぬ瞬間さえ目にすることがない。映画の終わりで、西住の指揮官が、死者の枕元に蠟燭を持って座り、「彼はよく眠っている……彼はいい奴だった……まるで生きているようだ」とつぶやくだけである。

　アメリカ側でこのような「軍神」に相当するものは、おそらく〔連邦議会〕名誉勲章を授けられる兵士であろう。しかし対照的なことに、こうしたアメリカの英雄たちは、ほとんどいつもおびただしい数の敵を倒すことを必要とする、途方もなく勇敢な一回きりの行動で栄誉を手にする。

　西住の平凡な人生とありふれた死は、ルース・ベネディクトが日本の戦争映画のリアリズムを語るさいに念頭においたことや、日本映画が日本の観客の心の琴線に触れる力を示す好例である。西住の部下たちは彼が死んだことを知ってすすり泣く——じっさいには、嗚咽している——つまり、このような涙は当該シーンに真実味をあたえるだけでなく、同時に戦争を闘っている他のすべての日本人男性の純粋な感情を集約しているのである。銃後でもたくさんの涙が流される。『チョコレートと兵隊』のなかの父親の葬儀の場面で、だれかが子供を慰めようと、君のお父さんは勇敢な人だったと言うとき、少年は「うん。でも、もう父さんとはいっしょに釣りに行けないんだ」と答える。ここにいたって、観衆が一人残らずすすり泣いていることは想像に難くない。そして、フランク・キャプラが日本の映画制作者たちに脱帽している姿を想いうかべることもまた然りである。

　これらの映画にみられる「リアリズム」が他のかたちで現われることもある。作品のなかには、それが日本軍当局の肚にすえかねた例もある。たとえば、消耗を強いる、果てしない中国行軍のようすが、中国の広大な土地のゆっくりとしたパンによって、また、どこまでつづくかしれない道を行進する兵士たちにカメラの焦点を合わせつづけることによって伝えられる。亀井文夫が一九三九年につくった傑作『戦う兵隊』は、日本による中国侵略のうんざりするような感情の疲弊をあまりにも容赦なく描いたので「疲れた兵隊」と呼ばれ、政府に上映を禁止されたほどであった。いささか驚くべきことに、止むことのない日中戦争の非情さを描いたロケ映画——田坂具隆の『土と兵隊』——がおなじ年に制作されているが、こちらのほうは検閲官の怒りを買わずに賞をあたえられるほどの作品となった。

亀井の一本筋のとおったドキュメンタリー映画のスタイルは、彼個人の左翼的共感を反映する一方、それ以前の時代に日本の映画界に地歩を得ていた人道主義と社会現実主義の伝統の根強い影響をも反映していた。それは、より素朴でほとんど無意識的といってよい「現実主義」となって、五年後にある松竹映画にたいする官憲の怒りを買う。木下恵介の『陸軍』は、母親と理想主義的な息子を犠牲にするということでは、ほぼ全編をとおしてありきたりの形式を踏襲している。しかし、最後にある長撮りの場面では、特攻兵になる息子を送りだす母親の絶望を、心が痛むような調子でたたみこむように描く。ここでは、戦争が最後の年に入り、人びとの目の前で神話が砕け散りつつあるという鮮烈な印象を禁じえない。

他の戦争映画は、もっと伝統的な部類にはいる現実主義を示している。『西住戦車長伝』は、ひとつに、日本国民に戦車隊など新たな部隊による「軍隊機械化の重要性」という考えを導入する目的で、陸軍省の後援を受けた作品であり、その戦闘シーンのなかには、あまりにも真に迫ったドキュメンタリー映画のような場面がある。『支那の夜』は、臆面ないことこの上ない宣伝用メロドラマだが(この映画は日本人男性と中国人女性の恋愛と結婚を描いている)、それでも戦争で瓦礫と化した上海の街並みの落ち着いたシーンがある。東宝が一九四二年につくった「国策映画」である『ハワイ・マレー沖海戦』は、あまりにも効果的な模擬戦(スタジオのミニチュアを使っておこなわれた)を収めていたので、戦後やってきたアメリカ占領軍当局が本物の戦闘シーンを撮ったものと信じこみ、オリジナル・フィルムを探すのにわざわざ時間を割いたほどである。

しかし戦闘場面は、日本の戦争映画全体の仕事のなかではほんの小さな役割を演じるにすぎない。そしてじつに、敵が演じた役割もまた同様なのである。日本の戦争映画の多くには、はっきりとした敵の姿がまったく現われない。どういうことかといえば、焦点はほとんどもっぱら純粋な自己にあてられたままなのだ。それ以外の映画も、敵をただ抽象的に、遠くを飛ぶ飛行機や、走る人影や、機関銃の発射音や、野戦砲の炸裂音といったかたちで描く。敵はたんに「彼ら」あるいは漠然と「敵」「敵兵」「敵軍」などとして単純に認識されるのがしばしばである。中国人や朝鮮人の共産主義者は「匪賊」として片づけられている。『愛機南へ飛ぶ』では、「米軍機」という簡単な言い方がされている。『西住戦車長伝』のなかの敵は、その背後にひそむべつの「大国」（イギリスとソ連）が糸を引く「蔣介石軍」として認識されている。私たちが『西住戦車長伝』のなかでじっさいに中国人の敵（彼らはその戦闘用ヘルメットによって見分けることができる）を目にするとき、その敵は――彼らはまぎれもなく勇敢ではあるが――無表情でおよそロボットのような群像である。

対照的にハリウッド映画は一貫して日本人を、とりわけ卑劣で残虐な敵として描くことで評判が悪かった。日本人の戯画化はほぼお決まりのもので、むしろ復讐に燃えた残忍な十字軍の一味と言ったほうがよい。典型的な例は『ビルマ作戦』で、切断されたGIの遺体に一人のアメリカ兵が近づいていく有名なシーンである。彼は呪う。「退化した、道徳のない大バカ者よ、いまいましいちっぽけな野蛮人め、やつらを抹殺してしまえ、そうさ、やつらを地球上から抹殺しろ、やつらを地球上から抹殺しろ」。

このように胸の悪くなるような憎悪に相当するものが、日本の戦争映画にないとはしばしばいわれることである。ルース・ベネディクトが提示するように、「敵の人格化というものがなく、それゆえ、敵にたいする憎しみがない」のである。これはおおむね真実だが、しかしそれでは問題を閑却したことになり、誤解をあたえよう。なんといっても日本人は、他の形式のプロパガンダではじっさいに敵を非人間化して描き、その殲滅を求めていたのだから。例をあげれば、戦時の風刺漫画や民衆の話す言葉では、アメリカ人やイギリス人を鬼・悪鬼・悪魔、怪物と呼ぶのがありふれた表現であった。「鬼畜英米」をやっつけろという文句は、連合国が日本本土を包囲するにつれ、熱を帯びながら声高に叫ばれたものである。

これらのことにもかかわらず、前述の暴力的な敵イメージが映画――また、この問題について付言すれば、大衆歌謡やたくさんの大衆戦記文学（もっとも、ここでは例外のほうが多いのだが）にさえ持ちこまれることはまれであった。プロパガンダ・イメージはメディアによって微妙に異なり、そして理由がなんであれ、日本人にとって映画の敵イメージは穏やかなほうであった。ハリウッドお気に入りの、残虐で人間以下の「ジャップ」に並ぶような「敵」に相当するものは日本映画には登場しない。日本人は、あからさまな「敵愾心昂揚」映画の制作に乗りだしたときでさえ、何世代も前に西洋の帝国主義者がアジアではたらいた忌まわしい行為を描くという史劇のかたちを借りて大体はこれをおこなったのである。一九四五年に封切られた『阿

田坂具隆監督の先駆的映画『五人の斥候兵』は誠実と無私の観念を確立した.

片戦争』は、このようなプロパガンダ映画の古典的な例である。そして、これらの「歴史にかたちを借りた」敵愾心昂揚映画の多くが、アメリカよりもイギリスを攻撃していたことは注目に値する。[5]

しかしながら、概して日本の戦争映画は「善き日本人」なるものを空想的に描くことに専心するあまり、敵にたいする関心が比較的に希薄であったなどと結論づけるのは誤りであろう。暗示的にせよ明示的にせよ、純粋な自己の防衛は、手強い陣容を誇る敵軍との不断の闘争を必要とした。また、日本へ向けて陣容を整えていたのは敵の陸軍や海軍だけではない。日本の国土や「国体」は、強力な文化的脅威や心理的脅威にも直面していると信じられていた。じっさい、もっとも広い意味での「敵」を解釈すれば、それは少なくとも五つの外観を装って日本の戦争映画に登場すると論じることができる。

第一は、形のない、非人格化された敵である——この敵は目に見えないことがしばしばであり、ルース・ベネディクトや他の学者たちも注目した。

亀井文夫が製作した『戦う兵隊』(1939 年) は「疲れた兵隊」とあだ名されるほどで, 陸軍の委嘱をうけた作品ではあったが, 公開されなかった.

第二は、贖うことのできる敵であり、日本側に引き入れることが可能な敵対者である。

第三は、文化上の敵——あるいは、より正確には、日本および日本人にたいする真の脅威としての英米的価値(または「西洋化」)という認識である。

第四は、日本人一人ひとりの心情にひそむ敵、または潜在的な敵である。日本の論客が、非常に熱っぽく説いた自己犠牲的な「純潔性」を堕落させかねないと、つねに恐れた人間感情である。

最後は——そして、戦後日本への移行にとってもっとも示唆的であり、戦時のように軍国主義的でない映画にとっても示唆的なのだが、一九三〇年代および四〇年代の日本映画の多くにおいては、戦争自体が究極の敵である。

五つの敵のうち、人びとの関心を惹くのはまちがいなく第一の敵である。というのも、それが幻影のような敵になるからである。そのようなものとしての第一の敵は、対極にあるものによってもっともうまく説明できるかもしれない。おなじ闘いをあつかっているアメリカ映画では、戦争は大

伏水修監督，長谷川一夫・山口淑子主演で製作された古典的作品『支那の夜』（1940 年）は異民族間の恋愛を描く．魅力的な女優の山口は当時，李香蘭という中国名で知られていた．

義（「民主主義のための闘い」など）であり、敵は（日本なら「ジャップ」というふうに）明確であった。対照的に、日本の映画制作者たちにとって、戦争は自然災害（これを、ベネディクトは嵐や地震のようなものだと提起し、ジョセフ・アンダーソンとドナルド・リチーは火事や洪水にたとえた）に近い。問題となるのは、だれにたいして闘うかではなく、いかによく闘うかであった。この点において、アメリカ諜報機関の分析官たちは、真珠湾以前に製作された『日本人』という映画にとくによく顕れていることに気づいた。この映画は、一八七〇年代の日本の内戦のシーンに始まり、一八九四年から九五年にかけての日清戦争、一九〇四年から〇五年までの日露戦争、そして一九三一年の満州事変、さらに一九三七年の日中戦争へと展開する。アメリカの分析官たちは、日本の反乱軍兵士、ロシア人、中国人――つまりいっさいの敵というものが、「ずっと影のままであり、彼らの性格、国籍、人種等は戦争の職務にとってはまったく二次的なもので、彼らがだれなのかということは重要ではない」と結論づけた。

ほとんどおなじ結論を、日本のかなり多くの戦

上原謙の演じる人道的な「軍神」は中国戦線で落命する．写真は，吉村健三郎監督の作品で広く称賛された『西住戦車長伝』（1940 年）の一場面．

争映画から引きだすことができる。それらの作品には、戦争が絶望的となった最後の年に、民心を糾合するために帝国陸海軍が共同で上映した、金に糸目をつけない狂騒劇も含まれていた。一九四四年に大映が公開した『神風は吹く』では、じっさいに敵が——十三世紀後半に二度にわたって日本を侵略しようと試みた蒙古軍の姿をして——スクリーンに現われる。この時代劇のキャストは圧巻である。おもな役まわりを日本のもっとも有名な映画俳優の何人かが演じ、躍動的な騎馬シーンや蒙古船団の効果的な再現などが盛りこまれ、撮影方法の多くは印象的で、製作費のかかっていることは明らかである——そのすべては、日本がノドから手がでるほど資源のほしいときに巨額の投資を

「匪賊」(抗日ゲリラ)にたいする日本と朝鮮の協力を描いた今井正監督の活劇『望楼の決死隊』(1943年)から,そのクライマックス・シーン.

おこなったことを示す証拠である。七世紀前の蒙古襲来と、当時存在した連合国による脅威との対比は万人に有効な手法であった。しかし、この映画の主眼はべつのところにあって、それは明らかに心の内面に向かっていった。日本は特別な国、じっさいには「神国」といわれているが、そのことは日本人が神の支援を当然のものとして期待していることを意味するのではない。この映画は、「だれもが力の限り努力してはじめて、伊勢の神風は吹く」ということを詠唱している。このように、神性に言及することは日本の戦争映画ではじつにめずらしい(神を出演させることでは、ハリウッドのほうがはるかに頻繁であった)のだが、ここでも強調されているのは自己犠牲である。敵は来たりて、敵は去る——しかし、これからも敵が去るのは、日本人が不屈の精神を持ちつづけるかぎりにおいてなのだ。

主要な敵はたいてい形がなく非人格化されたままであったが、それにもかかわらず日本の映画制作者たちは、贖うことのできる敵——すなわち、日本の大義に改宗できる敵対者——を描くという都合のよい筋書きをみつけた。贖うことのできる

溝口健二監督の作品『元禄忠臣蔵』（1942 年）は，封建時代の名誉や復讐を題材とした古典的な筋書きであったが，興行的には振るわなかった．

敵は決まってアジア人であった。たとえば、一九四三年の東宝映画『望楼の決死隊』では、そのような贖うことのできる敵は、日本の大義の正しさを理解し、かつての同志に銃を向ける朝鮮の「匪賊」である。また、一九四一年に封切られた『熱砂の誓い』では、共産主義者の中国人暗殺者が、彼の手にかかった瀕死の日本人の器の大きさを見て日本流の汎アジア主義へ転向する。

　中国人は、日本の映画制作者が好んでもちいた贖うことのできる敵であった。そして、この主題でもっとも魅力的な映画では、日本人の男と中国人の女とのあいだの民族を超えた愛という寓話がもちいられた。魅惑的で、日中二カ国語を話し、四つの名前（中国人としては李香蘭《リ・シャンラン》、日本化された中国人としては李香蘭《リ・コウラン》、戦後、彼女がアメリカ人の姿で登場したときにはシャーリー・ヤマグチ）をもつ日本人女優山口淑子は、一九三九年以来、そのような種類の映画に何本か出演した。一連の作品のなかで偉大な古典的作品となった一九四〇年の『支那の夜』

木下恵介監督による映画『陸軍』(1944年)の論争的なラスト・シーン．田中絹代演じる苦悩にみちた母親が，出征する息子をどこまでも見送る．

は、おそらく戦中の、もっとも恥知らずだが魅力的なプロパガンダ行為であったろう。『支那の夜』は、中国人孤児の信頼を、そして最後には愛を手に入れる理想主義的な日本人船員の物語で、なかばミュージカル仕立てになっており（その主題歌は日本でたいへん流行した）、じつは三様に異なる観客のために、三つの異なる幕切れになるようつくられていた。中国の観客むけには、映画は結婚式で終わる。日本版では、主人公が結婚したあと危険な任務に召集され、中国の共産主義者に殺される。彼の花嫁は、傷心の身となって酒びたりになる。東南アジアへの輸出版は、負傷した花婿が死地から生還し、自殺しようとする花嫁を間一髪で助けるというものだ。

民族を超えた愛というのは、それ自体大胆なテーマである。アメリカ人はこのテーマを避けた（二十世紀フォックスの『チャイナ・ガール』はあえてそのテーマに触れた数少ないハリウッド映画のひとつであったが、そのさいもきわめて慎重に触れた程度であった）。そして日本政府は、精神の純潔と同様に民族の純潔についても懸念していたので、異民族間の通婚には反対した。しかし、民族

銃後を題材とした黒澤明監督の『一番美しく』（1944 年）のなかで，工場の若い女性労働者で構成される鼓笛隊を指揮する矢口陽子．

を超えた恋物語がもつ象徴的な力は抵抗しがたいものであり、想像力をかきたてるのにはもっとも大胆で率直であった。日本は、強く、統制がとれ、理性的で、忍耐づよく、優秀で、庇護的で、意志強固で、しかし、情けぶかい男性である。対照的に中国は、女性的で、弱々しく、依存心の強い、誤導された、疑いぶかい、少しヒステリックなところのある、理性的でない――けれども、途方もなく魅力的で、最終的には味方につけることのできる存在である。さらに、民族と性差《ジェンダー》の組み合わせは、じつは一見するほど因習を打破するようなものではなかった。日本人のヒーローと中国人のヒロインが結婚するのは『支那の夜』のなかだけだが、そこ（つまり日本公開版のなか）でさえ結婚はけっして成就しない。異民族間の恋をあつかった他の物語でも（日本人とドイツ人をあつかった映画も何作かある）、愛が結婚にまでいたるものはない。つねに義務が求めるのは、愛や結婚より他のものなのだ[6]。

第三の、また、日本に脅威をあたえると認

識された「文化上の」敵は、西洋化それ自体、とりわけ英米の価値の影響力が日本を腐蝕させることであった。これは、日本のあらゆる形態のプロパガンダから標的にされた。これは当時、一貫してもちいられた言葉でいえば、英米的な態度は日本の純潔の精神を「汚す」というので、追放が当たり前とされた価値の一覧はきわめて具体的であった。そのもっともくわしい一覧には、つぎのような価値が含まれていた。すなわち、個人主義、利己主義、自己中心主義、物質主義、快楽主義、贅沢、拝金主義、自由主義、民主主義、そして「英米思想」一般である。

科学の、あるいは科学技術の「西洋化」も、またべつの問題としてあったことはいうまでもない。日本人はこの分野で自負をもっており、プロパガンダ映画は日本の近代的な実力を誇示するのに全力を尽くした。航空機、銃、艦船はたんなる戦争シーンの一部にとどまらない。それらは、日本の科学技術の到達点を象徴しており、日本人自身だけでなく、それらの映画を観る日本以外のアジアの観客からも称賛されるべきものであった。しかしながら、西洋文明の粧《めか》しこんだ装具は、反対に西洋の精神的退廃一般を表わす象徴となった。プロパガンダ映画（そこにほんとうの西洋人はほとんど現われない）における歪曲は、西洋人の代理として――すなわち、いちじるしく「西洋化された」個人として――弱々しく自堕落なアジア人を示すことである。黒澤の崇拝者は、これを『姿三四郎』の話に登場する悪役に認めることだろう。ルース・ベネディクトと彼女の同僚は、彼らが分析したあらゆる映画のなかに、臆病で堕落したアジア人は西洋的な行為にふけっていることを発見した。

支配層の目には、西洋化はすべての日本人を脅威にさらさらすものと映っていた。西洋化とは、つまるところ、民衆がすでに曝され、魅了されている何物かであった。さらに英米思想は、そのもっとも有害なかたちでは、あらゆるものの「内側から」この最大の脅威に勢いをあたえるもの――つまり、個人的で私的な幸福の追求――と認識されていた。これが五つの敵のうちの第四の敵であった。プロパガンダの唱道者たちがよく心得ていたように、じっさいには、国家のための自己犠牲に喜びなどほとんど存在しなかった。それよりもはるかに自然な感情は、個人の快楽を追求し、家族の内で親密な関係を大切に育むことであった。封建時代末期のドラマに緊張と活力をあたえてきた義理と人情の葛藤は、戦争映画のなかでもかなりの程度再演された。義理は、妻が夫を諦めることを、母が息子を諦めることを要求し、夫、父、息子には、求められればみずからの命を投げだすことを要求した。義理は、本質において、家族愛という自然な紐帯を捨て去ることを要求したのである。

家族の代用物としての国家や軍隊という頑固な観念が、あまりにも多くの日本の戦争映画に浸透していた暗黙のテーマであったことをもっともよく理解できるのは、まさにこのような文脈においてである。将校は父親や兄の役割を果たす。兵士たちはおたがいに兄弟のようなものだ。天皇は、(『五人の斥候兵』におけるように) 遠く離れて畏怖の念をもって想い起こされる場合には、偉大な家父長である。結局のところ、なぜこの圧倒的に強力で神秘につつまれた「家族国家」は必要だったのだろうか。それは、権威主義的な軍事国家が、核となる家族をほとんど破壊してしまったからである。

この義理と人情との緊張、そして国家と家族との緊張は、表面的には戦争映画の純潔の英雄によって解消される。この英雄たちは、個人的な愛着を抑圧することによって超絶した業をなしとげる。じっさいには、こうした緊張が解かれることはごくまれである。犠牲と義理は厄介なものだ。戦場の友情はほろ苦い。映画評論家の佐藤忠男がのべたように、西住戦車長のような「軍神」の微笑さえも物悲しい。日本の戦争映画で、戦争賛美とみられるものはほとんど一作もない――そして、なかには作品の内部での相克が垣間みられるものもある。このことは、『チョコレートと兵隊』や『五人の斥候兵』といった、真珠湾以前の中国との戦争を題材にした映画でとくにはっきりしている。それらの映画では、しばしば人道的な感情や反戦的な感情が、煽情的なメッセージを圧倒する脅威となった。われわれは、一九四四年に松竹が公開した『陸軍』の終幕で、禁欲的な誇りをもって、「堪え難きを堪え」ながら、わが子を戦場へ送りだすことなどできないと悟る母親に出会うとき、驚くほどの、そして予期せぬ――ほとんど映画制作者も計画していなかったかのような――激しい苦しみが突きぬけるのを感じることになる。結局、若者は、彼の母親がそうするよう何度も勧めていたとおりに出征していくのだが、そのとき母親は、出征部隊を歓呼激励する群衆をかきわけ、命運の尽きた息子の影を絶望感とともに見送りながら、どこまでも走っていくのだった。戦争は、どの母親にとっても、また、その息子にとっても、義理なのかもしれないが、それはまた最後の、そして究極の敵なのである。

この『陸軍』の終幕のような、戦争の悲惨と自己犠牲にたいする凝視こそ、日本降伏ののちに、明らかに反軍国主義的な、あるいは平和主義的、共産主義的でさえあるキャストの映画が早期に現われた(思想上の御都合主義や浅薄な流行という理屈にとどまらない) 事情を説明する助けとなる。一九四六年は、黒澤の『わが青春に悔いなし』、溝口健二『女性の勝利』、木下恵介『大曽根家の朝』、今井正

『民衆の敵』をはじめ、この種のすぐれた作品が何本も登場した。一九四七年には、亀井文夫と山本薩夫が、痛烈な反戦劇である『戦争と平和』を共同で監督したが、同作品には、亀井が検閲を受けた一九三九年のドキュメンタリー映画『戦う兵隊』のフィルムがほんとうに挿入されていた。ひとつの、もっとも示唆に富む転向の過程において、これらの、そしてその後の日本の反戦映画は、新たに生じた一塊の没落勢力——ある者にとっては「軍国主義」であり、また、ある者にとっては「封建主義」や「封建遺制」——にたいする浄化の過程をひたすら撮りなおすことによって、「純潔」というものを現実に凝視しつづけたのだった。

ここに書いてきたことは、日本の降伏前につくられた戦争映画が基本的には誠実であったとか親切であったという意味に解釈されるべきではまったくない。それらの戦争映画は誠実でも親切でもなかった。たとえば、これらの映画にたいして最近アメリカで示されている新たな関心は、中国人および中国系アメリカ人の抗議を喚起するにいたったが、彼らは今でもこうした映画を、中国で日本がおこなった侵略のほんとうの性格を無害化するひとつの試みとみている。彼らの苦痛は理解できるものだ。これらの映画にほんとうの中国人はまったく出ていない。形のない、非人格化された敵は、人間性を奪われた敵であり、抽象物に等しい——それだから簡単に殺され、無視される。『五人の斥候兵』『チョコレートと兵隊』『西住戦車長伝』、そして『戦う兵隊』——これらはみな中国を舞台としている——などの「人道的」な映画を観る者にとって、南京は日本人が苦難を経験した場所にすぎないであろう。ある者は、何十万人もの中国人兵士と民間人がそこで理不尽に虐殺されたことをけっして知ることはないだろう。

その他の領域でも、日本の戦争映画の酷いプロパガンダ性に留意しなければならないものがある。現在では悪名高い戦前期日本の軍事訓練にみられる身体への残虐行為や精神的な虐待は完全に閑却された。反対に、『愛機南へ飛ぶ』や『燃ゆる大空』(一九四〇年)などの代表的な作品は、若手将校の訓練をほとんど牧歌的な訓練として描いている。さらに、日本の戦争映画の多くでは、戦争の悲惨さや倦怠感が映しだされるいっぽうで、戦闘の恐怖の全体像は、戦闘の大映しや真に身の毛もよだつような場面を禁じた内務省の映画制作規制によって削除されていた。言うまでもないことだが、「家族国家」の堕落や抑圧がカメラに記録されることもなかった。

私たちは、こうしたことのすべてが、戦争をしているどんな国のプロパガンダについても、多かれ少なかれあると考えるだろう。しかし、ふたたび「純潔」にたいする日本人の尋常ならざる執着ぶりに注意を喚起するような、日本の戦争映画が最後に残した有害な遺産がある。これらの戦争映画を観た人ならだれもがもつ圧倒的なイメージは、純粋で、苦しみに耐える、自己犠牲的な国民としての日本人である。それは結局、永遠の犠牲者——戦争の犠牲者、運命の犠牲者、高貴な義務の犠牲者、あいまいな敵の犠牲者、誤導された敵対者の犠牲者、ある者が想像しようとするかもしれない一切のものの犠牲者——としての日本人像である。このようなイメージが浸透していることは明らかだ。それは、戦争にたいする個人的責任感の欠落であり、また集団的責任感の欠落であり、あるいは、日本人は他の諸国民を犠牲者にもしたのだという認識があらゆるレベルで欠落していることを意味する。

第二次世界大戦における普通の日本人を被害者であると同時に加害者としてもみることは、私たちの従来の道義観に背くものだが、それでも、アジアにおける大戦争はそれに巻きこまれたすべての者にとって悲劇であったという認識にいたるための重要な一歩である。このことを戦争映画それ自体が独自に伝えるにはいたらなかった。しかし、このように悲劇的だが、なお批判的な視点を築こうとする私たちの能力には寄与している。それらの映画は、日本で戦争がどのように表現され、また歪曲されたのか、あるいは国家のための犠牲や死がどのように祀りあげられていったのか、ということを並大抵ではない活力で私たちに示している。そして私たちは、戦争映画を観るたびに、破壊と死のただなかにあってさえ創造的な才能が残されていたことを思い起こさせる芸術の光芒を目のあたりにする。戦時の日本にかんするいかなる歴史——政治史、思想史、のみならず社会史、文化史——も、このようにその時代を力強く呼び覚ますものを精査することなしに真の完結をみることはありえない。そして、日本映画史にかんするいかなる本格研究も、あの恐ろしい戦乱のなかでつくられた作品を無視することはもはやできないのだ(7)。

3 「二号研究」と「F研究」

日本の戦時原爆研究

一九七八年一月七日、『ニューヨーク・タイムズ』紙の第一面に、「第二次大戦時、東京で原爆研究、日本側資料から明らかに」という見出しが踊った。同様の記事は『ワシントン・ポスト』紙にも掲載されたばかりではなく、『ポスト』と『タイムズ』両紙の配信網をつうじて世界じゅうで報道された。これら両紙およびアメリカのナショナル・パブリック・ラジオで報じられたこの話は、近刊の『サイエンス』誌にスタッフライターのデボラ・シャプリーが掲載することになっていた記事にもとづくもので、そのシャプリーから特ダネとして提供されていたのである。シャプリーの記事、そして彼女の暴露記事なるものをめぐるメディアの広範な報道は――やがて明らかになるように、ほかにも多くの誤りがあるが――、この情報がアメリカの二人の著名な研究者によっておこなわれている研究にもとづくものであるかのような、誤った印象をあたえた。

これはニュースのかたちをとった歴史であった。しかし、それは政治的に重大な結果をもたらす類の歴史であった。もっとも、その用い方にはさまざまなやり方があるだろう。日本の原爆計画に関心をもつのは、たとえば、核拡散の制限に関心をもつ科学、技術、国家の研究者たちである。それと同時に、容易に予想されたことだが、この歴史は反日感情をいっそう煽るものとなった。そうした反日感情は、経済問題が原因で一九七〇年代のはじめからアメリカでしだいに勢いをましてきたのだった。

前者の立場からこのニュースにもっとも大きな関心を寄せたのは、当時ひときわ大きく引用されたカリフォルニア大学サンディエゴ校のハーバート・ヨークであった。アイゼンハワー政権で国防総省の首席科学顧問を務めたヨーク教授は兵器の専門家であり、軍縮問題のスポークスマンとしても知られる人物である。彼は、日本の原爆計画の意味についてのコメントでふたつの結論をくだした。すなわち第一に、第二次世界大戦時に原爆製造を計画した他のすべての国の場合と同様、日本においても計画を始動させたのは、軍部や政府の高官ではなく、科学者および技術者であった。そして第二に、日本の原爆計画が明らかになったことで（アメリカ、ソ連、イギリス、ドイツ、フランス、そしていま《ママ》や日本と)、第二次大戦時の状況を描いたジグソーパズルの「セットが完成した」が、この日本の計画もまた「技術のもつ推進力」あるいは「技術が求める普遍的要請」を例証している、というものであった。

他方、シャプリーが引き出したのは、明らかに反日的な教訓であった。

この計画の歴史的重要性は、日本が失敗したという事実にあるのではなく、日本がそれをおこなったという事実、また、戦後の日本がとってきた、原子兵器の犠牲となった唯一の被爆国としてみずからそれを保有することはないとする姿勢が、歴史的に正確ではないという事実にある。歴史記録から明らかなことは——軍部の熱意と科学者たちの積極的協力という根拠から推して——他の要因によって爆弾の製造が可能であったなら、指導者層——戦争末期に自国の若者を魚雷に乗せて操縦させ、前進してくるアメリカ艦隊に突っこませた——がアメリカにたいしてその爆弾の使用をためらうことはなかっただろうということである。

ヨークの見解が、技術的要請が果たした役割を主因とし、民族的ないし社会的・政治的考慮の重要性を軽視しているのにたいし、『サイエンス』誌の記事に反映されている解釈では、国家的、民族的、そしてまた間接的に人種差別的考慮が前面に押し出される一方で、そこでもやはり社会的および政治的文脈は極小化されている(1)。

日本が原爆を所有していたなら、それを使用したであろうことは疑いない。そして、そのことは、たとえわずかにせよヒロシマ・ナガサキのことで罪悪感を感じているアメリカ人にとっては慰めとなるかもしれない。だが、この議論に潜在的に含まれている反日的な矛先は、べつのところにある。すなわち、日本は、自分たち自身が戦時中に原爆研究をおこなっていたことを三〇年にわたって意図的かつ効果的に隠蔽し、そうすることによって、自分たちのほうが道義的に優れているとする偽善的な態度をとってきたという印象をあたえるところに狙いがあるのだ。『サイエンス』誌が日本の「社会的秘密」と名づけたことがらをめぐる報道は、容易に、日本は二枚舌だという考えへと変容し、とかくそう思いたがる人びとにとっては、まさにその確証となった(2)。

技術重視と外国嫌いの立場からする反応はいずれもまちがっている。その結果、われわれはここで「二重の」問題に直面することになる。まず核心にあるのは、戦時下日本の原子核研究において現実に何が起こったのかという物語である。そして、今やそれに関連して、そこに重ね合わされている物語は、今日の社会において――この事例にかんするかぎり日本というよりアメリカにおいて――歴史の操作が現代の神話を構成し、国家主義的、文化的、人種的偏見を煽るということである。

最初にいくつかのことを指摘しておくのが有用であろう。日本の戦時原爆研究は、じつのところ、一九七八年には「ニュース」ではなく、再発見され、装いを変えた古い話だった。また、第二次大戦時の日本の計画が明らかになったことでパズルの「セット」は完成したかもしれないが、このセットのなかでの日本という断片《ピース》は、大幅に、ほとんどグロテスクなまでにバランスを欠いたものになっている。この領域における日本の活動は、取るに足りない、ほとんど哀れをさそうようなものにすぎなかった。そればかりではなく、技術的要請というテーゼが魅力的なものであるにしても、それは日本という事例の研究のみから強調できるような結論ではない。

そもそも、「社会的秘密」とか、沈黙を決めこんだ戦後日本の陰謀といった暗示を無条件に受け入れるわけにはいかない。戦後のもっとも早い時期に書かれた日本史研究のひとつは一九四九年に出版されたが、そのなかでイェール大学のチトシ・ヤナガは原爆による広島の破壊を論じて「日本の科学者には、ただちにそれが原子爆弾であることがわかった。なぜなら彼らもまた何年にもわたってその研究に取り組んでいたからである」と記した[3]。その一〇年後に出版されたソ連の原子力エネルギーにかんするランド研究所の報告には、実を結ぶことのなかった戦時下日本の原爆研究について、概括的ながらもきわめて正確な一節が含まれていたし、「間に合わなかった日本の原爆」と題する日本語の記事が引用されてもいた[4]。以後、こうした研究は英語で書かれたもっと一般的な書物のなかで、かならずしもつねに完全に正確なかたちではなかったが、何度も言及されることになった[5]。

この情報がアメリカ人にたいした印象をあたえなかったこと――また、それが西洋人によって書かれた標準的な日本史からやがて蒸発してしまったこと――の原因を日本人の陰謀に帰することはできない。じつのところ、日本の研究者や出版社は、英語で書かれた多くの文献のなかで原爆をめぐる戦時研究の事実を認めてきたのである。それは、一九七八年の「暴露記事」より一〇年以上も前に日本の何人かの科学史家によって取り上げられていた[6]。日本人研究者のグループによって書かれ、一九七二年に日本の大手出版社が欧米で出版した英語版『原爆の落ちた日』のなかでもかなり詳細に記述されていた。ごく細かな点を除けば、

『サイエンス』誌や『タイムズ』『ポスト』両紙が報じた「暴露」なるものには、なんら新しい事実はみられない。(7)

しかも、日本語で書かれた資料についていえば、アメリカのメディアがこの問題を発見するはるか以前から、大量のデータを入手することが可能だった。日本政府がこの問題について公式に語ったことがないのははっきりしているが(あとで触れるように、終戦直後に米軍当局にたいしては説明をおこなっている)、日本国内ではアメリカによる占領が一九五二年に終わる以前から、戦時中の日本の原爆研究にかんする議論がはじまっていた。たとえば、一九四九年の暮れに、戦時計画に指導的な物理学者として関与した仁科芳雄が、大衆雑誌『キング』のインタビューに応じ、日本人科学者たちが核兵器の研究に取り組んでいたこと、しかし日本が製造することは不可能であると結論していたことを率直に認めている。(8) 一九三〇年代に湯川秀樹とともに中間子論の研究をおこない、積極的に発言する左翼の理論物理学者として知られる武谷三男は、戦時原爆研究の一環として核分裂の臨界量にかんする計算をみずからおこなったことを一九五一年ごろからさまざまな場所で語っていた。(9)

じつのところ、占領期の大半をつうじて、日本で原爆について論議することは米軍当局によって厳しく抑えられていた。この政策は一九四九年ごろから緩和されるようになったが、広島・長崎の写真といった映像資料や、原爆が人体におよぼす影響についての科学的研究を自由に公表することができるようになったのは、一九五二年四月に日本が独立を回復して以後のことである。(10) このように、秘密にされてきた自国の原爆研究が一般の日本人によって広く「発見」されるようになったのはじつに一九五〇年代のことで、これによって日本人は、現実に核の破壊を被ったことによってもたらされたトラウマにふたたび襲われることになった。しかも、一九五〇年代から六〇年代にこうした暴露がおこなわれるにつれて、もうひとつ明らかになったのは、このことが実際的な性格の論争を引き起こす糸口となったことである。すなわち、日本がなぜ原爆の製造に失敗したのかを理解することは、日本がアメリカにくらべて物質的にいちじるしい劣勢に甘んじざるをえなかった原因、つまり科学、技術、そして科学技術政策における根本的な脆弱さを解明するのに役立つ、ささやかな事例研究とみなすことができるとされたのであった。

公平にみるなら、日本の戦時原爆研究の輪郭は一九五〇年代の末までに明らかとなり、六〇年代の終わりにはそれが回想記や技術的データなどによって肉づけされ、さらに、一九七〇年代ともなるとこの問題は近代史の標準的テーマになっていた、ということができる。たとえば、先にふれたランド研究所の論文にのちに引用されることになる「間に合わなかった日本の原爆」の記事が掲載されたのは、有名な月刊誌『改造』の一九五二年十一月（臨時増刊）号であった。[11] その翌年に出版された戦時中の「機密兵器」をあつかった一般むけ書物には、海軍技術将校として原子エネルギーの軍事利用にかんする初期の研究会を組織した伊藤庸二の回想記が収録された。[12] おなじく五三年には、ウラン鉱の探索にかかわった元陸軍技術将校である山本洋一による長大かつ詳細な回想記が発表された。その内容たるやきわめて独断的で、とりわけ、日本にたいするアメリカの原爆使用を擁護する（彼にいわせるなら、戦争は戦争なのだ）とともに、日本の原爆計画を組織するにあたって純粋科学のみを重視し、応用理論や技術にたいする理解を欠いていたとして、仁科のような民間科学者を厳しく批判するものであった。[13] 一九五九年になると、一般むけの週刊誌『週刊文春』が、広島・長崎への原爆投下十四周年の記念日に合わせて、日本の戦時原爆製造計画の失敗をテーマとする冷静な特集を組んだ。その記事であつかわれたのは原爆をめぐる道義性の問題ではなく、アメリカやイギリスのような民主国が原爆製造という途方もない規模の科学的挑戦にとりくむために科学者と資源を動員できたのにたいし、専制国である日本帝国やナチス・ドイツがそれに失敗したのはなぜかという興味ぶかい問題であった（その答えは、山本洋一が六年前に指摘していたのとほぼおなじく、国際的クラスの科学者と技術・産業の脆弱な基盤とのあいだに心理的および物質的ギャップがあったためだというものであった）。[14]

たしかに一九七〇年までに、日本においてこの問題は徹底的に調査され、暴露されていたのである。『原爆の落ちた日』の日本語版は一九六八年に出版されたものであったし、おなじ年に出版され大々的に宣伝された一般読者むけの昭和史では、「日本の原爆」に一五〇頁が割かれており、その大半は戦時計画の関係者たちによる証言からなっていた。[15] 一九七〇年には、新たに編纂された二六巻からなる百科事典に匹敵する規模の『日本科学技術史大系』の一巻に、原爆計画にかんする一章が設けられ、概説および資料解説を添えて、原資料の抜粋が収録された。[16] その四年後には、仁科のもとで研究に携わった中心人物の一人である木越邦彦が、戦時中に取り組んだ六フッ化ウランにかんするみずからの実験について、率直でおもしろい回想記を発表した。一九七六年ともなると、これらの活動は周知のものとなっており、小中学生を対象とする伝記シリーズにおさめられた仁科の巻にも、仁科の戦時軍事研究についての章が設けられ、「ニ号」——原爆研究の暗号名——にかんする項も含まれたほどだった。[18]

一九四五年八月十五日に日本が降伏し、その二週間後にアメリカの占領軍が進駐するまでのあいだ、日本の軍部および文民政府の諸機関は、戦犯裁判の証拠とされかねない文書の大量廃棄をおこなった。原爆研究にかんする基本資料もこの大規模な（そして周知の）偽装工作の対象となったわけで、このことにかんするかぎり、これを日本人の隠蔽工作と呼ぶなら、まさにそのとおりである[19]。しかしながら、これに引き続いて、一九四九年ごろからこの問題にたいする一般の人びとの関心が高まり、しかもこの問題を取り上げたのが大部数の出版物から研究資料にまでおよぶという事情を考えるなら、日本の「社会的秘密」なるものにたいする非難は、非難される側より、むしろ非難する側にこそ向けられねばならない。なじみのない言語や社会は、それを知らない人間にとっては、それ自体が「秘密」に見えるものであり、英語になっていない情報や理念など、良くても無価値か、悪ければ二枚舌のいかさまと受け取ってしまうことがアメリカ人のおなじみの偏狭性の一側面である。日本の原爆研究にかんする一九七八年の「暴露記事」の奇妙な点のひとつは、秘密データなるもののすべてが、何年も前から人びとの共有財産となっていた日本側資料から取られたものだったことである。『サイエンス』誌はそれらのデータを一人のアメリカ人研究者から得たのだが、もとはといえば、その研究者も物理学や科学史を専門とする日本人研究者たちから入手していたのである[20]。

じつは、『サイエンス』誌が依拠した資料のひとつは、さきにふれた一九七〇年刊行の『日本科学技術史大系』に収録されていたものだった。そしてこの『大系』に収められている短い一文書は、秘密主義という観念にべつの角度から光を投げかける。すなわち、この文書は一九四五年十月十日付覚書の日本語版であり、その英文原本は日本駐留の米軍に提出されたものであった。この文書で日本側は、海軍と京都帝国大学がかかわった戦時研究について簡潔に説明している。この文書は、一般にはほとんど忘れ去られたことだが、戦争終結後にアメリカの諜報機関が組織的かつ極秘に広範な軍事関連事項について日本側に報告を求めた事実に注意を喚起するのである。それらの事項のなかには原子核研究（および医学・生物学的な生体実験研究）も含まれていた。降伏後、日本の原子核関連分野の研究者たちは拘束され、厳しい監視下に置かれた。日本の保有するウラン化合物および原子核関連の鉱石について綿密な調査がおこなわれるとともに、中国および東南アジアにおける日本の旧植民地や占領地域の潜在資源にかんする情報が集められた。冷戦という環境にあっては、これらのことがらについて国家レベルで相当の「社会的秘密」が存在し、ほとんどの場合、そうした秘密は日米両国の合作だったのである[21]。

このように、日本の原爆計画については、そしてまたこの計画からは、じつに多くを学ぶことができる。だが、一九七八年にこの計画が一般の人びとに提示された時点でもっとも顕著に学ぶことができたのは、黄過論的ジャーナリズムとアメリカのイデオロギーについての教訓であった。俗受けをねらった歴史利用の教訓的な事例として、強調しておかなければならないのは、『サイエンス』誌、『タイムズ』紙、そして『ポスト』紙がもったいぶって記事にした「ニュース」は古い話だったことである。そこで提示された詳細は、英語で書かれた記録からみた場合でさえ、明らかに新しいものではなかった。しかも、骨の折れる基礎研究をおこなったのは日本人自身であったにもかかわらず、その彼らが今度は問題を葬ったとして非難されることになったのである。日本の戦時原爆研究は戦後の隠蔽工作の事例としてそれほど興味をそそるような問題でもなければ、日米間に原爆をめぐるなんらかの競争があったことを示しているわけでもない。それとは逆に、日本の計画は一貫性のない試みにすぎず、明らかに失敗であった。そして計画それ自体、戦時日本の科学と社会について洞察をあたえるものとして、まずわれわれは関心をそそるのである。

日本が核兵器開発に失敗したのは、何よりもまず、人的および物質的資源の欠乏が、負け戦にともなう混乱と物資の消耗とによっていっそう悪化したことを反映するものであった。だが、この失敗はまた、科学界内部に制約条件があったこと、戦時指導層の全体構造において対立があったことをも示している。これらの緊張や軋轢は少なからず興味ぶかい。というのも、集団の和と団結を尊ぶ国民という、戦時には日本のイデオローグも反日論者も好んで持ちだしてきた日本人イメージと矛盾するからである。戦時の日本は、他のあらゆる複雑な官僚制や社会とも同様に——おそらくはアメリカを含む他のすべての国家以上に——対立と軋轢に支配された国家であったし、無秩序な原爆研究はその一例にすぎないのである。

それればかりではなく、仔細に検討してみるなら、原爆開発を主導したのは、他の国と同様に日本においても「科学者および技術者集団」であったとするヨーク教授の結論を、日本の計画は裏づけているようには思われない。むしろ反対に、開発の主導権が軍部にあったことはもっとも容易に確認できるところであり、日本の指導的科学者の多くは、計画にたいしてせいぜいのところあいまいな態度しか示さず、結局誰一人主導権を握った者はいなかった。これは、科学者が全体として戦争遂行努力のために動員されなかったということを意味するのでもなければ、核兵器開発に携わった人びとが欧米の科学者以上に倫理的問題に真っ正面から取り組んだということを意味するのでもない。しかしながら、日本の状況は欧米のそれとはいちじるしい対照をなしていたのであり、『サイエンス』誌が提起した説明、すなわち、日本の科学者は「盲目的愛国心」に駆り立てられていたか、ロバート・オッペンハイマー言うところの原子に秘められた破壊力という「甘美な問題」に抗しがたいほど魅せられていたかのいずれかであったとする説明を裏づけるような証拠は乏しい。

戦時下日本の科学研究は、よく見ても、ほろ苦いものでしかなかった。厳然たる国家主義的要請があったことはたしかである。実利的・財政的要請もあった。つまり、研究費を獲得し、組織再編《リストラ》を実現するとともに、広くは第一級の研究、とりわけ確固たる基礎研究をおこなうため長きにわたって求められてきた研究規模に近づくためには、軍事的危機（そして、それによってもたらされた日本科学界と他の国々との事実上の断絶）が必要だったのである。[22] 分野によっては、戦時の緊迫した情勢と軍部による支援のおかげで、研究者たちはかつて享受したよりも——あるいは、その後占領期にアメリカ軍の保護下で享受したよりも——大きな自由をあたえられたのであった。[23] くわえて、単純に個人的かつ機会主義的な動機がはたらくこともしばしばであった。つまり、有能な研究者が前線に送られることはまれだったのだ。かくして、若手の研究者にとって、実験室で戦争遂行の任務に従事することは、人文・社会科学系の研究者には望みえない自己保存の道となった。年輩の研究者にとっては、より高度なレベルの組織で協力することは、戦死の可能性から若い同僚を救うための手段となった。このことは、原爆計画におけるひとつの動機となっていたように思われる。そして、これは人間感情の絆と、日本における科学——この事例では物理学——の未来を救おうとする絶望的な願いというふたつのレベルで考えることができる。[24]

日本の研究者のなかには戦時中こそ疑いなく良き時代であったと考える人もいる。挑みがいのある知的問題はほんらい魅力的なものであり、先端研究にたいする前例のない支援は願ってもない幸運だった。じっさい、第二次世界大戦が日本にもたらしたさまざまな皮肉《アイロニー》のひとつは、軍国主義と侵略とが——国土の荒廃と二七〇万に近い日本人の生命を代償に——、とりわけ科学研究の範囲と規模における飛躍的発展を強制し、それが戦後の経済的「奇跡」の基盤を提供したことである。とはいえ、破壊的な戦争という危機的文脈のなかの軍事化された新しい科学研究においては、画期的な飛躍が見込まれたのはいくつかの分野（遅まきながらも、日本はレーダーやペニシリンの開発にも取り組んでいた）に限られていたし、新たな優先順位が既存の有望な研究（たとえば宇宙線研究）に破壊的な影響をおよぼすこともしばしばであった。

原爆計画について発言の場を得た日本人研究者のほとんどすべてが一致しているのは、それが近い将来には――日本はもちろんのこと、アメリカを含むすべての交戦国にとっても――完成する望みのない研究だったということである。[25]彼らは広島の爆弾が何を意味しているかをただちに悟ったが、日本が敗北するまで、そんな爆弾はできっこないと確信していたのである。とすれば、日本の計画のなかに、真の意味での時間との競争、敵との競争、あるいはさし迫った科学の新時代を目指す競争、といった意識を見出すことはむずかしい。連合国側の原爆計画においては、すべてのレベルで、膨大な数の、最高の技能をもつ人びとの国際的集団が結成されていた。彼らはみな成功を予期して有頂天になっていたが、やはり、みなほとんど最後まで、ドイツのヴェルナー・ハイゼンベルクとその同僚たちによって結局は打ち負かされてしまうのではないかという恐怖におののいていた。日本人は孤立のなかで研究しており、現実に照らして見通しはきわめて悲観的であったが、そんなことは大して問題ではないと無邪気なまでに確信していた。たしかな理由から、連合国側の諜報機関は、日本の核の脅威の可能性など問題にもしなかった。[26]しかし、まさにその理由から、そしてまた以下に示すべつの理由からわかるのだが、日本は他の国々における研究とは量的にも質的にもきわだって異なる潜在的な核爆弾、あるいはウラン爆弾にかんする研究をおこなっていたのだった。

もっとも一般的な言葉をもちいるなら、要点はこうなるだろう。すなわち、経済的、技術的、物質的な理由から、日本は、アメリカ、イギリス、そしてドイツの原爆計画とわずかなりとも比較しうるようなことにはなんら着手することができなかった。しかも、核兵器の実現可能性を調査することに決定をみた後でさえ、日本は、利用可能な限られた資源を効果的に動員し調整することができなかった。日本の研究はいかんともしがたいほど細分化され、人員の配分も不適切なら、研究の方向性も描く、個人レベルでの疑念と心理的な葛藤とにさいなまれていた。このようにさまざまな点で、日本の原爆研究は、同国にたいして一般にもっとも広く貼られてきたステレオタイプのレッテル――いわく「合意」社会、ロボットのような「効率性」、戦時の団結心を表わす「一億一心」、戦前のきっちりと組織化された「全体主義的」体制など——を否定している。

核兵器開発計画はいくつかの矛盾を照らしだすが、そのひとつは、戦前および戦中の日本における科学研究の特質にかかわる。一方において、日本の科学者たちは先駆的な理論研究をおこなうことができたが、他方において、日本の科学界は、制度的、経済的な厳しい制約を免れることができなかったのである。前者については、日本の核物理学の発展における主要なできごとを年代順にいくつか追ってみれば明らかである。[27]

＊一九〇三年、長岡半太郎が「土星型」の有核原子模型を提唱（長岡は電子の個数を過大に見積もっていたが、原子核の存在は、一九一一年にアーネスト・ラザフォード卿によって確証された）。

＊一九一一年から一五年までヨーロッパに留学し、アルバート・アインシュタインらのもとで学んだ理論物理学者の石原純が、相対性理論を日本に紹介。

＊戦前の日本における純正科学（基礎研究）の発展にとって最初の大きな飛躍とみなされる「理研」（理化学研究所）が——第一次世界大戦によってもたらされた経済好況と産業発展の波に乗って——一九一七年に東京に設立される。

＊のちに戦時原爆研究の中心人物となる仁科芳雄が、一九二一年から二二年までラザフォードのもとで、次いで一九二三年から二八年までニールス・ボーアのもとで学んだあと、一九三一年に理研内に有名な仁科研究室を設立。一九二七年には他ならぬアインシュタインが訪日した。日本で量子力学や核物理学の本格的な研究が開始されたのは一般に一九三一—三二年ごろのこととされている。アジア史の研究者にとって注目されるのは、これが、世界恐慌、満州事変、中国を相手とする日本の「十五年戦争」の開始、さらには「総力戦」遂行能力確立へ向けた経済政策の転換などと同時に起こっていることである。科学史家なら、一九三二年を核物理学の分野それ自体における一大飛躍の年、いわゆる「驚異の年《アヌス・ミラビリス》」として強調するとともに、あたかも世界の物理学が核エネルギーの制御された解放へ向かう道に踏みだそうとする時期に日本の物理学が成熟期に達したことを強調するであろう。

＊このような状況下で、一九三二年十二月には、官民の助成金を基礎に日本学術振興会が設立された。この

機関は、研究費の配分と研究の合理化に大きな役割を果たすことになった。

＊一九三四年、湯川秀樹が中間子理論を発表（中間子は一九三七年に発見され、一九四九年、湯川の先駆的研究にたいしてノーベル賞があたえられた）。

＊一九三五年、理研に原子核研究実験室が設けられ、一九三七年には理研で巨大サイクロトロンによる研究が開始される（六〇インチの磁石は、アーネスト・O・ローレンスから提供されたもので、それはローレンスによって最初のサイクロトロンの原型が建造されてから七年後のことであった）。宇宙線にかんする大規模な研究が一九三五年から主として仁科のもとで開始されていたが、一九三七年三月には、同プロジェクトが再編され、原子核研究を含むことになった。

このように、一九三七年の日中戦争までには――そして一九三八年末に核分裂が発見されるのに先立って――すでに日本は物理学において実質的な進歩をなしとげ、指導的科学者の何人かは国際的な名声を得ていた。仁科は、若い有能な研究者たちを集め、日本では異例ともいえる民主的なやり方で研究室を運営した人物として知られている。一九四一年にアメリカとの戦争が勃発したとき、仁科研には約一一〇名の研究者が所属し、その多くは物理学者であった[28]。しかも一九三三年からは、宇宙線および核物理学研究にたいする多額の助成金が、日本学術振興会や民間産業界をとおして得られるようになっていた。

このような進展にもかかわらず、研究者たちの技能水準は均質ではなく、学術体制の旧態依然とした体質や相対的に発展途上にあった経済にともなう制約によって、科学研究の進歩は阻害されていた。いまだに実験研究のほとんどは小さなグループによって個々ばらばらにおこなわれていた。研究が全国的な規模でうまく調整されることはなく、研究費の規模も国際水準にくらべると小さかった。しかも、ほんらい連携して取り組むべきプログラム――理論研究、実験研究、技術的応用、製品化――のさまざまなレベルにおいても、協調・調整がはかられないままであった[29]。

どこの国にでもみられたことだが、古典物理学と決別しようとする科学者は、専門家仲間からも社会からもある程度の抵抗を受けるのがつねだった。日本では、そうした抵抗が特異なかたちをとり、長くつづいたように思われる。一九〇三年に有核原子模型を提唱した長岡は、科学ではなく形而上学を弄ぶものと国内の専門家たちから批判され、後年は戦時中まで日本物理学界の大御所としての地位にとどまったものの、これによって意欲をくじかれた彼は他の専門分野（磁気学）に転じている。日本に量子論を紹介した石原も、恋愛事件のために東北大学を追われた[30]。

第一次大戦後においてさえ、そしてまた、指導的科学者のあいだにかなり協力関係が生まれ成果が挙げられるようになってからも、科学界は、大学間の対抗意識や（悪名高い「学閥」という）エリート主義、さらには一般に「封建的」と表現される講座制度の弊害に悩まされていた。講座制は、厳格に規定された大学各部における予算や研究にかんして古参教授一人に事実上の独裁権をあたえるものであった。学閥とエリート主義が大学間の共同研究を妨げたのにたいし、講座制のほうは、ときに若手研究者の創造性や自発性を抑えつけることになった。

坂田昌一——この人物もまた戦前の偉大な物理学者であり、やはり急進的な政治的見解の持ち主として知られていた——は、真に本格的な理論研究は湯川が一時期いた大阪帝国大学でしかできなかったとのちに回想している[31]。だが、この大阪帝大での関係も長続きはせず、最終的に坂田は新設の名古屋大学に移った。坂田が名古屋大学物理学教室の「民主化」をおこなった人物としていまなお記憶されているという事実は、日本の戦前の——そしてじっさいには戦後もほとんど変わることのない——大学内部における圧力の大きさを象徴するものである。しかし同時に、科学界の前衛たちによる最先端の理論的・実験的研究と、民間企業や軍機関の援助のもとで進められていた応用研究とのあいだに溝があったのも、指導的研究者自身の側にエリートの超然的態度や誇り高き「アカデミズム」があったことをある程度は反映している。

戦前の物理学界を振り返るにあたっては、もうひとつべつの問題についても考慮するのが適当なのだが、ここではひとまずごく簡単なかたちで示唆するにとどめる。すなわち、科学、政治、そしてイデオロギーのあいだの関係にかかわるもので、科学史家のあいだで「外的科学史《エクスターナリスト》対内的科学史《インターナリスト》」論争を呼び起こした問題である。マルクス主義が西欧における指導的理論物理学者の何人かの政治上の、また科学上の思考のいずれにも影響をおよぼしたことはよく知られている。おそらくアインシュタインがもっともよく知られた例であろう。一九三〇年代の日本の原子核研究を導いた理論物理学者のなかにも何人か妥当する者があり、その一人である武谷三男が書いた啓発的でなかば自伝的な論文は英訳もされている[32]。一九三〇年代なかばの武谷は、湯川や坂田と緊密に協力し、中間子理論にみがきをかけていたが、同時に彼は京都の急進的な若手研究者グループに参加していた。彼らは「抵抗運動をめぐって活発な議論をおこなっていた」。一九三五年のはじめにこのグループは

『世界文化』と題する雑誌を創刊したが、そこには、科学や方法論にかんするものばかりではなく、ヨーロッパのファシズムに抵抗する人民戦線運動についての論文も収められていた。こうした議論は、日本帝国主義に抵抗する拠点づくりのための試みと考えられていた——雑誌は一九三七年に発売禁止となり、武谷は一九三八年九月から翌三九年四月まで投獄された——が、武谷はみずからの傾倒するマルクス主義的思考を中間子にかんする理論研究に直接適用し、ついには大きな成果を挙げたという。いわく、「この暗い圧迫の時代をとおして、われわれの研究を導き、困難を克服する決意の拠りどころとなったのは唯物論的弁証法にもとづく三段階論であった」。

坂田もまた戦後まもなく発表した論文で、二十世紀における古典物理学以後の物理学の発展によって弁証法的唯物論の有効性は裏づけられたと論じている——そして、坂田自身の進歩的態度や活動はすでに注目されるところとなっていた[33]。政治意識と自然科学における理論研究の最高レベルでの統合を示す鮮やかで具体的な事例はおおいに興味をそそられるところだ。ここで浮かびあがってくるのは、日本が軍事関連の研究や生産のための動員をおこなうにあたって、科学界と国家との協力体制の性格におよぼした影響において、政治的次元というものがどれほど染みわたり、また、重要性をもっていたかという限定的な問題である。体制に異を唱え迫害されたヨーロッパの多くの科学者が、たとえば英米諸国に逃れることができたのにたいして——また、連合国側の原爆計画に参加した人びとが強い使命感に支えられていたのにたいして——、日本人科学者が国を捨てることはなかった、あるいは捨てることはできなかったが、すくなくともいくつかの事例では、彼らが自国政府および社会の掲げる目標や行動に共鳴したわけではなかったことは明らかである。

このように、日本の戦時原爆研究の特徴である科学的才能の場当たり的な動員については、政治的およびイデオロギー的な考慮も作用したのではないかと考えられるようにも思われる。だが、この解釈を証明することが容易でないことは武谷自身の事例が示している。戦争末期、その武谷のところに仁科と特別高等警察、いわゆる特高（思想警察）が相次いでやってきた。仁科の目的は難航する原爆研究のために理論計算を手伝うよう要請することであった。後者は、危険思想の持ち主として武谷をふたたび逮捕したのだった。そこで武谷は、特高の監視のもと、警察の取調室で方程式の計算に取り組む——そしてじっさい、以前の計算の誤りを発見する——ことになった。前線にいるよりはましだと彼は考えていた。それは知的挑戦といえる仕事だった。そして、彼が罪の意識を感じることはまったくなかった。日本が現実に原爆を製造できる可能性などまったくないと確信していたからである(34)。

これらのエピソードは、戦前の物理学界における束縛やあいまいな空気を伝えてくれる。原爆計画の事例では、そうした物理学界内部の問題と、政府レベルでの緊張、派閥争い、混乱とがからみあっていた。いま議論している核物理学からの比喩をもちいるなら、学界、政府いずれのレベルにおいても、専門技能と効率性の臨界量の創出を妨げるさまざまな力が作用したということができる。

これを資料によって裏づけるのは退屈なことだが、その要点をのべるのは比較的容易だ。最近の日本研究は、日本社会には対立が満ちていることについてしだいに認識を深めていることを示しているが、国家の統一性が最高度に試された第二次世界大戦時にも対立が存続した——むしろ激化さえした——ことは明らかである。戦前には、科学界と同様、権力と権威をもつ政府や官僚の側にも大きな対立が存在した。一九三七年以降、とりわけ一九四一年からは中央による統制機構が強化されたにもかかわらず、日本には激しい派閥争いと強固な党派中心主義がはびこっていた。世界戦争のさなかにあって、日本はまさに内部対立の渦巻く国家だったのである。

たとえば軍事史家なら、陸軍参謀本部と前線指揮官との緊張関係、統制派と皇道派の対立、海軍のさまざまな指揮系統間の対立、さらには極度に激烈な陸軍と海軍の対立関係を指摘するだろう。この時代をあつかう経済史家なら、一握りの巨大独占資本にたいする何万もの中小企業という「二重構造」、旧財閥と新興財閥の対立、統制経済論者と資本主義的「自由経済」の信奉者との対立などを取り上げるにちがいない。官僚政治の研究者は、省庁間にみられる通常の対立ばかりではなく、伝統的なテクノクラートの役割と対立的なことをもって自分たちの役割とする、いわゆる新官僚ないし「革新官僚」グループの進出という現象とも取り組まねばならない。外交史家なら、一方で自給自足経済および汎アジア主義の信奉者と、他方で西洋列強と結ぶ協調的帝国主義政策の推進論者とのあいだでくり広げられた争いを強調する。思想史家は、論争を呼ぶ逆説をはらむ国家社会主義（どう国家主義的なのか？　どう社会主義的なのか？）や右翼急進主義（どう保守的なのか？　どう急進的なのか？）の問題に取り組む。スパイを追跡する研究者は、内務省の特高が陸軍の憲兵隊を尾行することや、その逆の場合はあっても、両者間にほとんどやりとりがなかったことを知っている。こうした事例は枚挙にいとまがない。

これはたしかに権威主義が支配的な体制における党派主

義であった。そして太平洋での戦いがクライマックスに近づくにつれて、統制の経路はしだいに明確にされ狭められていった。だが、科学研究がただひとつの機関（日本学術研究会議）のもとに多少とも調整されるようになるのはようやく一九四五年のことであり、それ以後も、研究の優先順位をめぐる、陸軍、海軍、軍需省、文部省といった諸集団のあいだの競争や不一致は日本の降伏までつづいた。[35]

　情勢がこのようなものであったとするなら、日本の原爆計画という言い方が、じつに誤解を招きかねないものだとわかっても驚くにはあたらない。陸軍は、いったん表に出たあと引きさがり、ふたたび現われて、東京にいる仁科のもとに問題を委託した。海軍は早くから核兵器に関心を示していたが、いったん水面下に姿を消したあと、べつの指揮系統のもとに再浮上し、京都における原爆計画の後援者となった。科学界そのものの内部では、乏しい資源を核兵器研究に振り向ける価値があるか否かについての合意はおよそなかったし、一方の計画に動員された人物が他方の計画には背を向けることもありえた。現実にそうした対立が一九四四年十二月にいささか意外なかたちで表面化した。このとき長岡半太郎——物理学界の長老であり、当時、日本のもっとも権威ある学術機関である帝国学士院の院長を務めていた——が軍事雑誌に寄稿し、核研究を中止して、資源をもっと可能性のある兵器開発に振り向けるよう説いたのである。長岡によれば、日本の情勢では、原子爆弾は「空中の楼閣」であり、その製造を試みようとするのは「雲をつかむ」ようなものだった。長岡自身は、原爆製造をめぐる「愚論」に我慢がならず、もっと現実的で見通しのついた兵器の完成に専念するよう他の科学者や計画立案者に求めた。[36]

　まさにこのような当局の不統一と学界の混乱という文脈のなかで、仁科は政府側の要請と優先順位の調整および明確化を求めたのである（ある文書では「一本化」とあり、他の文書では「唯一の窓口」と表現されている）。これが実現することはなかったが、アメリカ側の解釈、すなわち、研究の主導権をとったのは科学者側である（「技術的要請」）とする議論の根拠は、わずかこの一片の言葉にすぎないように思われる。[37]

　ドイツの科学者、オットー・ハーンとフリッツ・シュトラースマンが核分裂、すなわちウラン原子核の崩壊を発見したのは、一九三八年もあと数週間で暮れようとするころであった。分裂による爆発の雪崩、つまり放出された中性子が引き起こす連鎖反応の可能性はその後ただちに認識されるところとなった。そして、ハーンはこのことがもつ恐るべき軍事的意味に直面したとき自殺を考えた、とのちに回想している。じっさいには彼は自殺を思いとどまり、戦中はドイツの核研究に参加し、また広島・長崎の原爆投下から二、三カ月後には核分裂にかんする自身の先駆的研究にたいしてノーベル賞が授与されることを知ったのである(38)。

ドイツの科学者たちは、ただちに原子核分裂がもつ軍事的可能性の研究に着手したが、彼らの活動は他の国々の注目するところとなり、それに追随する動きの例もいくつかみられるようになった。たとえば日本でも、一九三九年八月に、「ウラニウム原子エネルギー利用の最新鋭兵器――不気味なドイツ学界の沈黙」と題する科学記事が書かれている(39)。また、世の中を驚かす「原子爆弾」への見通しはただちに日本の大衆文化や意識の一部となっていった。たとえば、真珠湾攻撃の少し前に、貴族院議員であった著名な科学者が、想像もつかないほどの破壊力をもつマッチ箱大の爆弾が登場する世界について警告を発していた。このような世界の終末論的光景は空想科学小説作家の好んで描くところとなったし、じっさい、太平洋戦争の真っ最中に「原子爆弾」と題する小説が人気少年雑誌に掲載された(40)。

アメリカとイギリスでは、ドイツの成果はいっそう現実的な脅威の前兆と受けとめられていた。ナチズムやファシズムを逃れたアインシュタインやエンリコ・フェルミのような偉大な亡命物理学者たちが、英米においてもドイツの潜在的な核の脅威に対抗する計画を策定すべきことを訴えた。ここには、(技術的要請を超えた)きわめて強い個人的・政治的動機をみることもできようが、これはまたべつの論点である。とはいえ、日本の活動を、そのころ世界の他の場所で進められていた原爆研究と対比してみることは有益である。

ドイツでは、国内にとどまった著名な物理学者や化学者の多くが核分裂のもつ軍事的可能性の開発に協力してはいたものの、彼らにナチ政府の全面的支持があたえられていたわけではなかった。ヒトラーは「ユダヤ科学」に敵意を抱いていたし、電撃作戦《ブリッツ・クリーク》を最上の策と考えるドイツ人戦略家にとって、不確かなうえに、長期的展望に立たなければならない核兵器など受け入れがたいものだった。さらに、ドイツ人科学者自身にしても、そのすべてが等しく現実に核兵器を製造する段階にまで達していたわけではなかった。たとえば、ドイツのもっとも傑出した理論物理学者であるハイゼンベルクも、近い将来にドイツが核兵器を手にすることはまったく不可能であると早くから結論し、連鎖反応を引き起こすために必要な臨界量を本格的に計算してみようともしなかったらしい。そのうえ、計画の進展を妨げる要因として、日本の場合にもみられたように、アメリカの能力にたいする過小評価、中枢におけるさまざまな利益と権威の競合、応用研究より純粋研究を好む研究者の気風、死に瀕した体制のもとで爆弾が降り注ぐなか作業に従事しなければならないなどの事情があった。ドイツが核兵器開発に充てたのは、全部で約一〇〇〇万ドルと一〇〇人にみたない研究者であった。西側諸国はドイツの原爆の可能性を心底から警戒していたが、それも杞憂にすぎなかった。戦後にアメリカが派遣した調査団の団長がこの問題について語っているように、「全体的にみて、ドイツのウラン製造施設は滑稽なほど小規模なものだった[41]」。しかし、このような事業を「比較」の目安とするなら、ひるがえって、日本が試みたことは、ドイツの核物理学者の活動とくらべてさえ滑稽なものにすぎなかったことになる。

英米諸国や西側の亡命科学者とは対照的に、ソ連ではドイツの核の脅威が深刻に受けとめられることはなく、ヒトラーがロシアを侵略した一九四一年の夏には、本格的な核研究はじっさいに中断されていた。この時期までにロシアの核物理学はすでに高度な水準に達していたが、中断の決定がなされたのは、自国領土で生きるか死ぬかの戦いが迫っているという絶望的な難局に対処しなければならなかった（また、ソヴィエトの軍事戦略には戦略爆撃の思想がなかった）ことや、諜報活動によってもたらされた情報から、ドイツの核の脅威はありえないという楽観的な評価がくだされたことを反映していた。原子核研究が再開されたのは、スターリングラードの攻防戦が終わり、戦局がドイツ軍に不利に傾くようになった一九四三年のことである。近年のソ連邦崩壊後に明らかになってきたことだが、核研究の再開を促進させる大きな要因となったのは、ソヴィエトがアメリカのマンハッタン計画に潜入させた、「ペルセウス」という暗号名の、いまなお正体が明かされていない諜報員《エージェント》であった。ペルセウスによってもたらされた超秘密情報にもとづいて、核物理学者イーゴリ・クルチャトフに率いられたソヴィエトの計画は、爆弾の基本材料としてプルトニウムをもちいるという決定的な技術上の問題をあらかじめ解決して進むことができたのである。「他の人間が爆弾を開発しているという情報がなかったなら」「戦争が終わる前にわれわれ自身がその試みを開始することはなかっただろう」と、この計画に参加したソヴィエトのスパイ活動統括者が一九九二年に語っている[42]。

ソ連とは対照的に、やはりナチの脅威に直面していたイギリスは、原子がもつ軍事的潜在能力の研究と開発に決然として乗りだした。当初、イギリスの科学者や当局者は超高性能核爆弾の実現可能性について懐疑的だったが——たとえば、一九三九年四月に、防空科学調査委員会の委員長はそうした兵器が実現する確率は一〇万分の一しかないと考えていた——、一九四〇年の春までには「ウラン爆弾」製造の現実的可能性を基本的に確信するにいたっていた。一九四〇年四月には、イギリスでもっとも著名な何人かの科学者で構成される有名なモード委員会が設置され、今次の大戦中に原子爆弾が開発される可能性について緊急に報告する任務があたえられた。また、これと同時並行して大がかりな研究が開始され、多くの研究所から集められた第一級の物理学者や化学者たちが、関係する多くの問題にさまざまな方法で取り組んだ。一九四〇年の末までにイギリス人が最小限の費用で達成した研究の進展はめざましいものだった。彼らは、原子核研究にかかわる多くの分野でアメリカのはるか先を行っており、日本人なら数年はかかったであろう以上のことを、ものの数カ月でなしとげたのだった。

一九四一年七月までに、モード委員会は、ウラン爆弾は大いに有望である（「その物質的および精神的な破壊効果は非常に大きいがゆえに、いかなる努力を払ってもこの種の爆弾を製造すべきである」）ことをあふれんばかりに強調するとともに、最初の爆弾が完成する時期（一九四三年の終わりまで）について、きわめて楽観的な見通しを示す報告書をまとめあげていた。すべての点——スピード、協調体制、研究の幅、創意、そして断固たる熱意など——でイギリスの原爆開発は、日本の状況とはもちろん、現実に一九四一年時点における他のいかなる国とも劇的なまでの対照をなしていた。イギリスの戦時原子力政策にかんする公式の歴史はこうのべている。「疑いもなく、モード委員会の活動のおかげでイギリスは原爆開発競争で先頭に立つことができた。……モード委員会の活動、すなわち、その明晰な分析、理論と実際の両面を統合したその計画、そして緊急事態に対処するその姿勢がなかったならば、第二次世界大戦が終結する前に、原爆が投下されることはなかったであろう[43]」。

このように先陣を切り、陶酔するような楽観的見通しをもっていたにもかかわらず、さまざまな理由からイギリスはアメリカにバトンを渡さなければならないと考えるようになり、以後まもなく、アメリカが開発競争で唯一の本格的な参加国となる。マンハッタン計画の規模はよく知られている。すなわち、最終的に、参加人員およそ一五万人による仕事量は五三万九〇〇〇人年、さまざまな州とカナダにまで建設された製造施設の面積は数万エーカー、投じられた経費はおよそ二〇億ドルにおよんだ。ここでは、日本の「原爆計画」なるものは、マンハッタン計画が正式に発足する一九四二年九月までにアメリカがおこなっていた実験やその成果とくらべても取るに足りないものだったということだけを記しておけば十分であろう。

日本の原爆研究の活動は四つの部分、ないしはある程度重なりあう四つの段階に分けることができる。すなわち、1一九四〇年から四二年まで軍部によっておこなわれた、いささか散漫な予備的調査、2一九四二年七月から四三年三月まで、海軍主導のもとで専門家委員会によっておこなわれた、原爆実現の可能性にかんする評価研究、3陸軍の支援を受けて一九四二年の暮れから四五年四月まで東京でおこなわれた「ニ号研究」、4海軍の後援により、おそらくは一九四三年なかばに開始されたものの、ほとんど成果を挙げることなく敗戦を迎えることになった京都の「F研究」、である。[45]

初期調査

日本で核兵器にかんする研究が本格的に開始されたのは、一九四〇年四月に、陸軍航空技術研究所所長の安田武雄中将が鈴木辰三郎中佐にこの問題の調査を命じたことが契機であったらしい。鈴木は東京帝国大学での恩師、嵯峨根遼吉の助言を仰ぎ、同年十月に、原子爆弾の製造は可能性があり、これを推進するに足るウラン鉱石を日本が入手することは可能であろうとする二〇頁の報告書を作成した。この報告書はさして秘密扱いされることもなく、軍部、大学、企業などきわめて広い範囲に配布された。一九四一年四月ごろ、安田は鈴木を介して理研所長の大河内正敏に近づき、正式に専門家の意見を求めた。大河内はこの件を仁科にまわしたが、表面的にみるかぎり、たしかに仁科は陸軍にたいして熱意を示さず、非公式な対応に終始したようだ。その後、一年以上経ってはじめてこの問題を審議するための専門家委員会が実際に招集されることになるが、この委員会を主導したのは陸軍ではなく海軍であった。[46]

海軍はすでに日米関係の破局が迫っていた一九四一年の十一月に、核兵器にかんする意見を求めて科学界に接近していた。海軍の動きは、陸軍の動きと並行していた。海軍の調査を指揮したのは、海軍技術研究所電気研究部所属の伊藤庸二大佐である。はじめは、嵯峨根とやはり東大教授であった日野寿一の意見が、電気研究部長であった佐々木清恭少将を介して求められた。両教授がともに問題の調査の必要性を認めたことが契機となって「核物理応用研究委員会」が発足することとなる。同委員会の調査をおこなうために海軍からあたえられた経費は、年間二〇〇〇円というわずかな金額だった(47)。

核物理応用研究委員会

仁科芳雄を委員長とする、一一名の著名な科学者からなる専門家委員会がようやく初会合を開いたのは、海軍と科学者たちとの本格的な交渉が開始されてから半年以上が経過した一九四二年七月八日のことである。翌四三年の三月六日まで「十数回」の会合が重ねられた。伊藤庸二は委員会の結論を一九五三年につぎのように書き残している。

（a）原子爆弾は明らかに出来る筈だと云う事であつた。問題は只

（b）米英両国は果して之を今次の戦争に間に合はせ得るや否や、そして日本が之に先んじて作り得るや否やにかゝつて居た。

長岡老先生も大いに勉強された。仁科博士も真面目に検討された。そして

（c）日本には原鉱石がない。朝鮮はいさゝか有望であるが、未開発である。日本占領下の地域では、ビルマが最も有望である

と云う事になつた。此のビルマの問題は長岡老博士の着想であつたように記憶する。重い物質のウラニウムは地球のシワのあるところに露頭が出やすい筈だと先生が説明を加えたのである。

之より早く陸軍では既に此の研究を理化学研究所と協同して推進して居たのである。之と対立して海軍が研究を開始しようとする意志は毛頭もなかつた。只調査だけは改めて為し、結果を以つて陸軍との協議に入ろうとする考えであつたのである。又此の問題はそれだけの大問題であることを初めから自覚して居たのであつた。事実、委員を委嘱された学者の内、陸軍の研究に関係があつたのは仁科博士のみで、他の委員は何れも専門的な見地から事の推移を見守る立場に居られたのである。云わば国防的な見地からは手あきで居られたのである。

委員会ではフィッション〔核分裂〕の問題も審議した。連鎖反応の極量〔臨界量〕の問題も検討された。ビルマへの調査団派遣の事も取り上げられた。併し大勢は

（d）米国と雖も今次の戦争に於いては、恐らく原子力活用を実現することは困難ならむ

との結論に到達して来た。

この結論を受けた海軍技術研究所は、資源をべつの方面（とくに電探《レーダー》研究）に集中するほうがよいと判断し、原爆

開発構想から撤退することになった[48]。のちに海軍はふたたび核兵器に関心を示すことになるが、その計画は別系統から出たもので、研究の委託先もべつの研究者グループであった。

ニ号研究

一九四二年の終わりまでに、陸軍と海軍からそれぞれ別個の要請を受けた仁科がどのような研究を開始していたか、正確なところはわかっていない。何人かの研究者が彼のためにデータを用意することはあったが、本格的にかかりきりで研究に取り組む態勢になったのはまさにこの年の暮れ以後であったと思われる。十月ごろになって、仁科は理研の木越邦彦という若い研究員に、六フッ化ウランの製造実験をやってみる気はないかとたずねた。のちに木越が回想するところによれば、仁科の口調は何気ない無造作なものだった（「あれをいじっておれば戦争に行かなくてもすむぞ」）。事実、これに飛びついた木越は召集を免除され、それから数カ月は、理研ならウラン金属があるだろうと倉庫を「くまなく」探すことで明け暮れた。一九四三年二月のある日、彼は陶器の色付けにもちいる釉薬を四五〇グラム入りのビンで一〇〇本ほど購入しているが、これで金属ウランが得られるかもしれないと期待してのことであった。

一九四三年の夏になっても、仁科といえどもこの計画が実現すると本気で考えているわけではない、というのが木越の受けた印象であった[49]。

一九四二年十二月末——今日ではシカゴ大学のスクワッシュ・コートとして知られる場所に建造されたウラン原子炉でフェルミが最初の連鎖反応を引き起こしたのとおなじ月——、仁科は竹内柾というもう一人の若い研究員にウラン同位元素の分離をやってみないかと持ちかけた。竹内は日本のフェルミではなかった——そして、じつのところ核物理学者ですらなかった。宇宙線の専門家である竹内は、木越と同様、戸惑いながらも仁科の命令に応じたのである[50]。

竹内は、仁科をはじめとする何人かの研究員とともに同位元素の分離方式をめぐる全般的な問題を二、三カ月のあいだ検討した。一九四三年三月なかば——専門家委員会がその悲観的な結論を伝えた直後——から理研の仁科のもとで開始された基礎的実験は、分離装置が据えられていた建物が空襲で被災し焼失する一九四五年四月までつづけられた。この分離研究はすべて陸軍の資金で賄われ、一九四三年五月ごろから「ニ号研究」と呼ばれていた。陸軍の研究はしばしばカタカナの符号で呼ばれていたが、この場合は便宜的に仁科の名前から「ニ」が付けられることになったと一般には理解されている[51]。「ニ号研究」——そして、これにともなっておこなわれたものの、ほとんど徒労に終わった、日本本土、朝鮮、日本軍占領地域におけるウラン鉱調査——が日本の原爆研究のおおよそであった。

二号研究はただ一本の路線の上をささやかな規模で進められた。それは、稀少かつ決定的に重要なウラン二三五同位元素を分離する方法の開発を目的とするものであったが、可能な四つの分離方法のうち熱拡散法ただひとつの研究しかおこなわれなかった。この方法しか試行しないという決定は、一九四三年三月十七日に仁科によってなされ、その二日後には陸軍に伝えられた(52)。技術と資金の双方の事情によって、東京の計画は、同位元素分離法として考えられる他の三つの方式(電磁法、超遠心法、気体拡散法)を最初から排除して進められ、ウラン原子炉を建造する試みもなされることはなかった。じっさいにウラン二三五を熱拡散法によって生産するためには、「カスケード」を数多く並べた複雑な工場を建設しなければならないが、日本はそうした工場を本格的に計画する段階に達していなかった。このように、二号研究はウラン二三五の分離技術についての初歩的研究以上のものではなかったから、日本はウラン爆弾をじっさいに計画したり、ましてや製造する段階には到達していなかったのである。

二号研究の名簿によれば、研究グループは三二名(理研の研究員二五名、大阪帝国大学の研究者六名、軍との連絡役を務める大佐一名)による編成であった(53)。しかし、これは誤解を招く。そこに挙げられたなかには研究にほとんど寄与しなかったと思われる人がいる一方で、名前は記されていなくても、わずかでもそのときどきの研究活動にかかわった研究員、実験助手、技術将校の名を多数挙げることができる。しかし、もっと意味のある数字を挙げるならつぎのようになる。一九四四年三月まで、二号研究は基本的に木越と竹内に委ねられていた。同年三月になって、物理学科を卒業したばかりで二人を補佐するために陸軍が任命した一〇名がやってきた。彼ら若い研究者たちは卒業して理研に入ったが、すぐに召集されていた。彼らは軍事訓練を済ませたあと、二号研究に配属されたのである。一九四五年四月前半に焼夷弾爆撃によって二号研究は破壊されるが、その時点での常勤の研究員は一五人にみたなかった——みな若く、名の通った人間もいなければ、核物理学で認められていた者もいなかった(54)。

一九四三年六月の開始から、二号研究がおこなわれていたのは、一部を食堂としてもちいることを目的に一九四二年に理研構内に建てられた木造モルタル二階建ての「四九号館」であった。延べ床面積は三三〇平方メートルで、各階にそれぞれ五つの部屋があった。一階では、竹内——

九四二年十二月に仁科によって指名されたときは三十一歳――が同位元素分離装置の設計・製作に没頭した。二階では、二十歳代なかばの若さだった木越が、六フッ化ウランを製造するために骨の折れる一連の面倒な実験をおこなっていた。六フッ化ウランのガスは金属、ガラス、そして人体を腐食させる強烈な性質をもつことで知られているが、このやっかいな化合物を竹内の分離装置に入れてガス状にし、温度を正確に調整して熱すると、貴重なウラン二三五の分離がはじまるはずだった。

木越が一年以上も苦労を重ねたすえに、彼の記述によれば、米粒ほどの六フッ化ウランのきれいな結晶がたったひとつできたのは一九四四年のはじめだった。実験室で実験をするうちに、危うく失明しそうになったこともあった。三月には竹内の分離器がほぼ時をおなじくして完成し、アルゴンをもちいたテストがおこなわれたのは五月なかばのことである。アルゴン・テストは失敗だったが、ともかく研究を続行し、いまや少量ずつできあがってくる木越のウラン化合物をテストしてみることが決まった。一九四四年七月から六カ月のあいだ、四九号館の小グループは木越が手ずから作った結晶を竹内のお手製の装置で分離する作業をつづけた。その間に、連合国による日本への空襲がはじまり、熱拡散装置でできた化合物の貴重なサンプルを入れた小さなビン数本が、退避させているうちになくなってしまった。防空壕もろともやられてしまったのである。一九四五年二月までに研究班は少量の「何物」かを手にしたが、マス・スペクトロメーター（質量分析計）をもちいてそれを分析したいと願ったところで、そのような装置はまだなかった。そのかわりに理研の小サイクロトロンがもちいられたが、分析の結果は実験が失敗だったことを示した。ウラン二三五は分離されていなかったのである。のちに木越がのべているように、もともとこの作業は望みがなかったのだ――しかしこれは、彼や竹内にとってなんら驚くにあたらないことだった。[55]

一九四五年四月十三日、東京に焼夷弾が降りそそぎ、理研の建物群の一部が焼失した。四九号館は空襲を免れたかにみえた。だが数時間後、明けがたの薄暗がりのなかで建物は炎に包まれた。竹内のささやかな、そしてまだ成果をみぬ分離装置は灰燼に帰してしまった。これより前に、木越は安全な場所を求めて山形県に疎開し、旧制山形高校の教室に自分の実験装置を設置しようとしていたし、大阪帝国大学と住友金属尼崎工場で分離装置をもちいる計画も浮上していた。田舎住まいの木越はほとんど成果をあげることができず（彼の時間は、自分と家族のための食糧を農家から物々交換で手に入れることに大半を費やされた）、大阪と尼崎への移転案もまた机上の計画に終わった。あらゆる実際的な目的からすれば、ニ号計画は一九四五年五月に崩壊したのである。[56]

ウラン鉱石を求めて

竹内と木越、そして配属された一〇名の技術将校たちが成果の思わしくない実験に取り組んでいるころ、陸軍と海軍は、ウランを含有する鉱石と化合物を求めて帝国の新旧領土を捜しまわっていた。この探索を指導したのは飯盛里安で、彼は二十世紀初頭にラザフォードと共同で原子にかんする有名な実験をおこなった化学者であるオックスフォードのフレデリック・ソディのもとで一九一九年から二二年まで学んだ、理研がほこる稀元素の専門家であった。

野外の探索が徒労に終わったことは、実験室での実を結ばぬ探究にまさに見合うものだった。福島県の石川鉱山に良質の鉱石が豊富にあると期待され、ワラ草履をはいた一五〇人の中学生が採掘を手伝うために勤労動員された。しかし、石川鉱山は埋蔵量も少なく低品位であることが判明した。大きな期待がかけられたのは京城（ソウル）に近い菊根鉱山であったが、ここはすでに閉山となっており、毎日一〇〇〇人の労働者を投入して一年間掘ったところで、シャベル程度の道具しかなく、精錬してもせいぜい一〇キログラムほどのウランにしかならないことが明らかとなった。東京から探索チームが中国や南方各地に派遣されたが、いずれも成果は取るに足りないものだった。満州から数トンのウラン原石が来るという話もあったが、実現はしなかった。ビルマのシワも結局のところただのシワにすぎなかった。マレー半島で錫をとったあとのカスにモナザイトとジルコンが含まれていることがわかり、日本は一九四三年ごろからこのカスを内地に船で運ぶ準備を進めたが、アメリカの潜水艦が輸送船を攻撃しはじめるまでに、およそ四五〇〇トンが到着しただけだった。朝鮮では黒砂《ブラックサンド》の調査がおこなわれたが、発見された黒砂のほとんどはウラン含有率が一パーセントのそのまた一〇分の一以下というありさまだった。一九四五年のはじめには中国から日本へモナザイトを運んでくる計画が立てられたが、産出する場所はいわゆる「匪《ひ》区」内にあり、多くを運ばぬうちに終戦でうやむやになってしまった。[57]

こうして、鉱石探査がめまぐるしくつづけられているさなかにあって、日本は瀕死状態にあった枢軸同盟の強化を図り、ドイツに要請してピッチブレンドを入手しようとさえ試みた（キュリー夫人がラジウムの実験にこれをもちい、ドイツはチェコスロヴァキアの鉱山を支配下に置いていた）。伝えられるところによれば、この緊急要請は大島浩駐独大使によって一九四三年末にナチス高官に伝達され、二トンの鉱石が二隻の潜水艦によって送られる約束がとりつけられたという。だが、その後なんの音沙汰もなかった。第一艦は途中で撃沈され、第二艦は出航できなかったと伝えられている[58]。これよりいっそう芝居がかった任務が敢行されたのは一九四五年五月のことだった。五六〇キログラムと伝えられる酸化ウランを積んで日本へ向かっていたUボート潜水艦が、ドイツの降伏を知った直後、大西洋上でアメリカ軍に投降したのである。たとえ偶然であったにせよ、みごとな喜劇といわざるをえないのは、潜水艦の識別番号がU二三四だったことである[59]。ちなみに、この一件は基本的に商取引であったが、たとえ周縁的な動きであったにせよ、原爆開発をめぐって日本とドイツがかかわった唯一の接触点であったように思われる。日独両国の科学者のあいだにはいかなるかたちの接触もなかったらしく、また、公式のレベルで核兵器開発の問題が論じられることもなかった。他の多くの領域と同様に、ここでも「戦線」あるいは「陣営」という、連合国の場合には現実に意味をもった観念をもって見てしまうと、日独「枢軸国」関係の実態を歪めてしまうのは明らかである。

F研究

専門家委員会が一九四三年にまとめた開発の見込みはないとする報告を受けて、海軍技術研究所が核兵器の開発構想から手を引いていたにもかかわらず、戦争の終局になって——もちろん、このときまでに艦隊は事実上体裁をなさなくなっていたが——、今度は海軍のべつの部門である艦政本部の主導のもとに原爆の研究が委託されることになった。この委託研究の中心となったのは京都帝国大学の荒勝文策教授のチームで、研究は核分裂を意味する“fission”のFをとって「F研究」と名づけられた[60]。

戦中における荒勝の協力者たちの回想録を読んでも、F研究がじっさいに産声をあげた時期についてはきわめてあいまいだが、公式の記録（一九四五年十月十日付で海軍がアメリカに提出した覚書）では、一九四三年五月に「原子エネルギー利用に関する研究」のための資金を荒勝が受け取ったことになっている。これはもっともらしい話のように思われる。そして、参加者によって食い違う開始時期——早くは一九四二年の末、遅くは一九四五年のはじめ——は、京都の研究が、当初は差しせまった問題としてではなく比較的軽い気持ちでおこなわれていたことを反映しているだけであろう。F研究の科学者と海軍側担当者とのあいだに最初で最後の公式合同会議がもたれたのは一九四五年七月二十一日——じつに研究の「公式の」開始から二年余、日本降伏の二五日前であった。

いくつかの情報交換はあったにせよ、海軍の研究と陸軍のそれとのあいだに緊密な協力関係はなかった。京都グループの研究が陸軍の研究と基本的な技術で異なっていたのは、ウラン二三五同位体の分離に、熱拡散法ではなく、超遠心分離法を採用することに踏みきった点である（ただし、ここでもやはり六フッ化ウランがもちいられた）。このためには一分間に一五万回転の能力をもつ分離器が必要と試算された。しかし、日本にあった機械の回転スピードはその四分の一か五分の一どまりだった。このため、F研究の多くは超高速回転をする遠心分離器の「設計」に割かれることとなった。設計は一九四五年七月に完成した。だが、この分離器が組み立てられることはなかった[61]。

書類上では、荒勝チームは一九名の科学者からなっていた。実際に中心となって研究にあたったのは、荒勝のほかに五名の研究者であったらしい。湯川研究室にいた小林稔は、連鎖反応を引き起こすのに必要なウラン二三五の臨界量など理論面の問題を提示した。荒勝研究室の木村毅一助教授と清水栄講師は遠心分離器の設計に集中した。化学の問題、とくにウラン二三五を分離するためのガス化などは佐々木申二に託された。また、じっさいの爆弾をつくるにあたって不可欠となる金属ウランの製造研究には工学部の岡田辰三があたった[62]。

F研究の具体的成果は、理論研究にかんする数篇の論文と、安定した純粋な金属ウランの製造に日本ではじめて成功したことであった。その金属サンプルは三センチ角の切手ほどの大きさで、厚さは一ミリだった[63]。

■

以上に記した概要はおおむね日本側関係者の回想録や証言にもとづいているが、その多くは、一九六〇年代後半に読売新聞取材班によって集められたものである。仁科自身は一九五一年に亡くなり、これといった証言を残すことはなかったが、他のおもだった関係者たちは読売新聞にたいして自由に語り、しばしばかなり長い証言をおこなっている。彼らのなかには、竹内、木越、飯盛、武谷、そして「二〇人の配属技術将校」の何人かなど二号研究の参加者、また、荒勝、木村、清水、小林をはじめとするF研究の関係者、そして原爆研究の重要な連絡役を務めた陸海軍の元将校が数多く含まれていた。彼らの証言はかならずしも正確ではなく、また一貫しておらず、回想に頼ることにつきものの危険性がここでもみられる。しかしながらこれらの回想には、確実なことがらもあれば、一定のパターンも存在し、いくつか結論的な所見を示唆している。

第一に、ウラン爆弾を製造しようとする気運を促進したのは軍部であり、民間の科学者や技術者ではなかったらしいことである。陸軍も海軍も、一九四〇年ごろから核エネルギーの軍事利用の可能性をそれぞれ独自に探求しはじめた。陸軍航空技術研究所は、一九四一年のはじめに理研に近づいた。海軍技術研究所は、一九四一年の末ないし四二年のはじめに、原爆の可能性についての研究を委託した。海軍艦政本部は、おそらく一九四三年なかばに、ウラン爆弾の可能性について急いで研究するよう荒勝に委託した。読売新聞社編『昭和史の天皇』で大げさに日本の原爆計画の「〔レスリー・〕グローブス少将」と形容されている、当時陸軍大佐だった川島虎之輔によれば、ニ号研究の発足は東條英機首相直々の命令によるものだったという[64]。関係者のなかには、天皇の弟である高松、三笠の両宮――軍服を着て、多くの戦時活動の背後に影のようにいた人物――も計画のことを知っており、ウラン鉱石探索に格別の関心を抱いていたと証言する人もいる[65]。

第二に、原爆開発計画にかんするデータはコンサティーナ〔手風琴の一種〕のように伸縮自在にあつかうことができ、人員や経費にかんする数字を限度いっぱいにまで引き伸ばすなら、日本はかなりの規模で原爆開発に取り組んでいたかのようにみえてくる。ニ号研究とF研究の公式な編成表に載っている研究者の総数は五〇名にのぼる。この数に、一九四二年から四三年まで開かれた核物理応用研究委員会を加えることができるし、その他にも、さまざまな問題点について相談を持ちかけられた物理や化学の専門家たちがいた。竹内は、長期間にわたって熱拡散分離装置の建造に取り組んでいるあいだに、おそらく三、四〇人いた理研の技師や職工たちの手助けを受けたと見積もっている[66]。くわえて、多数の軍将校や民間企業関係者が、さまざまな局面でふたつの研究計画に関与していた。

日本の戦時原爆研究に投じられた金額――総額については諸説あって定かでなく、客観的な数値を見通すのはきわめて困難だが――は比較的大きかった。当時、陸軍航空本部の技術課員としてニ号研究を担当していた小山健二によれば、ニ号研究のために理研に渡された費用は二〇〇万円であり、その四分の一がじっさいに理研に支払われたのは敗戦直後のことだったという[67]。F研究の支持経費については矛盾するいくつかの数字がある。一説によれば、海軍の委託直後、荒勝が年間三〇〇〇円の資金保証を求めたのにたいし、海軍はただちにこれに応じたとされている。この小口の助成金は、じっさいの実験研究のためというより、基礎研究のために支給されたのだろう。だが、F研究は理論研究の域を超える進展はほとんどみせなかったにもかかわらず、一九四五年十月に日本海軍が米軍当局に提出した覚書によれば、一九四三年五月から降伏までに総額六〇万円が二回に分けて京都大学の研究グループに渡されたことになっている[68]。これらの数字が大きいとみるか小さいとみるかは、比較の対象次第である。たとえば、概算で二六〇万円という数字は、日本学術振興会が一九四二年から四五年までに交付した研究費総額の四分の一に相当する。他方でこの数字は、一九四二年から四五年までに陸軍と海軍がつかった総研究費の一パーセントの半分にもみたない[69]。

しかし、最終的な分析が示すところ、戦時日本のウラン爆弾研究はあまりに小規模で実質的に意味をなさなかったことは争う余地がないように思われる。研究に常勤で従事した人員は数十名を超えることはなかった。同位元素の分離にかんするたったひとつの予備的実験しかおこなわなかった東京の計画は失敗に終わった。京都の計画は実験段階にさえいたらなかった。けっきょく、骨折り損のあげくに日本が手にすることができたのは、理論にかんする論文二、三編と、金属ウランの小さな薄片だけであった。

これらの研究の組織化には計画性もなければ、ペースも遅く、無視できるほどに小規模であったこと、そして、役に立つ人材の効果的な動員ないし配置に失敗したことから導かれる所見の三つ目は、すでに提起したことだが、計画にたいする科学者自身の関心が相対的に低かったということである。留意すべきことは、真珠湾攻撃の時点で仁科研究室だけでも一〇〇人以上の物理学者が所属していたにもかかわらず、軍部から研究を要請されるまで、核エネルギーの応用にたいする関心はほとんど——そして、爆弾にたいする関心はまったく——みられなかったことである。当時、湯川と坂田を擁して、原子についての先端的な理論的・実験的研究がおこなわれていた京都帝国大学でも事情はおなじだった。要するに、科学者が爆弾製造の必要性を政府に訴えるという、イギリス、ドイツ、アメリカにみられたような状況は日本の記録には再現されていないのである。

むしろ反対に、日本の事例から浮かびあがるのは逆の印象である。すなわち、最良の物理学者や化学者は爆弾研究に無関心な態度しか示さなかった——あるいは、ひとたび課題が命じられるや、軍部とは対照的に、「学問」として、つまり純粋に学術的な営みとしてそれに取り組んだ——のである。この学問というのは、研究に参加した科学者たちの回想に共通する言葉だが、それを疑う理由はないように思われる。その含意は、倫理的というよりも実際的なものなのだから。原子爆弾を現実に製造しうる可能性が日本にほんとうにあるなどと信じていた科学者を挙げるのは困難である。日程表を押しつけられたとき、彼らは不可能だということの比喩として、何十年という言葉を持ち出したものだ。一〇年、二〇年、五〇年、あるいは一〇〇年くらいかけなければ、日本の現状からみて核兵器はつくれないだろう、と。その結果、日本が爆弾そのものの理論について本格的に取り組む段階にまで進むことはなかったし、それによって、実用性や道義性というやっかいな問題にかかわらずにすんだのである。

このことは、しばしば相反する両義的な状況をもたらした。たとえば海軍が京都グループに計画をもちかけたときに返ってきたのは、研究体制や工業力、資材や資源などからみて、とうてい今度の戦争中に日本が原爆をもちうる望みはないというにべもない答えであった。これにたいする海軍の返事として伝えられている言葉からは、長期計画についての新たな認識がうかがわれる。「この戦争に間に合わなくても、つぎの戦争に間に合えばいいんだ」。これはまさに相手の心をとらえる当意即妙の答えではあったが、研究の中心にいた人びとの側の雰囲気を正確に伝えているわけではない。たとえば、このエピソードを読売の取材陣に語った木村毅一は、すぐにつづけて、荒勝と仁科にしてみれば——木村自身やF研究の参加者たちと同様に——、原爆に「名をかりて」原子物理学を継続し、若手研究者を戦後に温存しようという配慮から引き受けたのであろう、とのべている。しかし同時に木村は、戦局が悪化し同僚たちが命を捧げようとしているときに比較的安全な銃後でブラブラしているのでは申し訳ない気持ちだったとも語っている。そこで彼は、そうした気持ちを吹き飛ばそうという心構えで爆弾研究に懸命に取り組んだのであった[70]。

仁科という人物は、この動機と要請という一般的な問題の複雑さを示す典型例と考えることができる。まず第一に、彼は爆弾研究に携わることを「命じられて」いた。しかし彼が愛国者でもあったことは疑いないところであり、彼が正気を失った日本の軍事的野望に失望しつつも、祖国を救おうと努めていたことを例証するのは容易である。だからこそ彼は、スタッフを鼓舞するような訓辞をおこなったり、陸軍と海軍が協調するよう求めたりしたのだった。だが、ニ号研究にかんして目をひくのは、仁科が具体的な研究業務にあまり関与しなかったことである。彼は核エネルギー利用の研究をみずから促進しようとはしなかった。彼はまた、ウラン爆弾にかんする陸軍や海軍の強い要請に迅速に応えもしなかった。そして、原爆計画にかかわったあとでさえ、最良の人材を投入するどころか、じつは放っておいて、人員を充てようともしなかった。仁科の下にいて中心となった二人の研究員、竹内と木越はいずれも抜群の最適任者だったというわけではないし、竹内は同位元素分離の専門家ですらなかった。二号研究にかんするもっとも貴重な基本文書のひとつは、竹内が日記や実験日誌《ノート》にもとづいて降伏後にまとめた記録《クロニクル》である。彼はそのなかのある箇所で、原子エネルギーの分野にかんして自分は「白紙」であると記しているし、べつの箇所では、自分が指名されるいちばん最初の段階で、なぜ任務が原子核研究にじっさいに携わっている何人かの研究員たちに命じられなかったのかと修辞的に問うている。「第一に皆は自分の仕事がしたかつたのである」というのが、みずから発した問いにたいする彼自身の答えであった。(71)

じっさい、日本の原爆研究でもっとも注目すべき点のひとつは、わずかなりとも国家的規模での本格的な人材動員といえるようなものが起こらなかったことである。何人もの専門家が来ては去っていったが、たいていは入ってくるより出ていく者のほうが多かった。委託されたふたつの研究でさえ、東京あるいは京都・大阪にあるそれぞれの研究機関の縄張りに押しこめられたままで、たがいに連絡しあうこともほとんどなければ、それぞれの周りで活用できるすべての人材を本気で探そうと試みられることもなかった。たしかに、竹内と木越の場合には、仁科研究室および理研という一大研究機構の内部や外部の学界に専門的な意見を仰ぐこともできた。二人はしばしばそのような利点を活用したし、外部の施設や設備を利用させてもらうこともあったが、そうした努力は真に組織的なものではなかった。理研の同僚から寄せられた助言の多くは昼食時間に持ちかけた類のものであったし、重要な基本問題にかんする助言がかならずしも容易に得られたわけではなかった。たとえば、実験日誌のなかで竹内は、熱拡散装置の製作は自分にできるとしても、「確率」と中性子の振るまいにかんする基礎的な理論数値計算はまったくべつの人間にやってもらわなければならないと記している。「原子核の人にやらせてくれと力説したがこれは原子核の人にやる意志がないらしく、此の実験の終期（昭一九・一〇）になつて行はれた」というのである。あるとき竹内は、大阪帝国大学の物理学者である武田榮一に助言を求めたのを機に、武田にも二号研究のメンバーに加わってもらうよう運動した。しかし、仁科には熱意がなく、武田も提案に気乗りしない様子だった。(72)

これらの活動にはちょっとした絶望感がただよっており、そこからは研究事業全体が帯びたいっそう大きな悲喜劇性がうかがわれる。竹内と木越は明らかに四九号館で単独飛行を強いられる定めにあった。木越は彼の実験にともなうひとつの問題点について専門的助言が得られなかったばかりに、六フッ化ウランの製造が、おそらくはまる一年遅れたと見積もっているが[73]、彼にしても、階下にいる彼の同僚にしても、「個人」で資材集めに奔走しなければならなかったためにどれほど莫大な時間を無駄にしたかは疑問の余地がない。二人はともに、まるで廃品あさりのような自分たちの活動について印象的なエピソードをいくつか残している。なかでもおもしろいのは、加熱実験に必要な砂糖を陸軍から確保するための苦労を描いた木越の文章（「原爆を作るのに砂糖がいるから特配してほしい」）である。軍がなかなか提供してくれないことに業を煮やした木越は、自宅の台所から配給の砂糖をくすねるという手段に訴え、母親の怒りを買った。一九四四年五月にようやく二〇キロの砂糖を陸軍から手に入れるや、木越はたちまち理研の人気者になった。同僚たち（「服を着た大きな蟻」と木越は呼んだ）が「オレにも舐めさせろ」と押しよせたのである。当時、砂糖は希少な贅沢品であった[74]。

一九四四年末から翌四五年はじめともなると、状況の不条理さはあたかもカフカ的世界の様相を呈していった。木越は二階で少量ずつ有害な六フッ化ウランの製造をつづけていた。階下では、なんらめぼしい物を分離することもないままに、竹内の分離装置が昼夜ぶっ通しで動いていた。目に見えない気体の振るまいを観察するために、目覚まし時計を片手に陸軍の技術将校たちがオンボロの建物に泊まりこんでいた。食堂への道すがら、味噌汁の具になるものはないかと目を皿のようにして食べられる野草を捜すのが、腹をすかした理研研究員たちの日課だった。山形高校の校舎に研究を疎開させた木越も、毎日かなりの時間を草刈りに費やしていた。それから木越は刈った草を農家で牛乳と交換してもらい、家族にチーズを作ってやるのだった。彼の回想によれば、一九四五年には、空腹のあまり、複雑な計算になると精神が集中できず、試験管を持つ手にも力が入らなかったという。その間にも、日本物理学界の大御所である長岡半太郎が、貴重な時間と資源を無駄にするものであるとして原爆研究を公然と批判し、他方では、左翼の物理学者である武谷三男が思想警察の留置場の取調室で複雑な数値計算に取り組み、遅まきながら、以前の計算まちがいを明らかにしていた。地質学者たちは鉱石捜しに帝国領土を草の根かきわけ歩いては、自分の髪をかきむしっていた。海軍艦船は沈められ、航空隊は爆弾の代わりに若者たちを乗せた飛行機を片道飛行に送り出していた。陸軍は本土防衛の竹槍作戦に備えて身がまえていた。そして、原爆を本気で開発するためには、日本の電力の一〇分の一、軍事的に決定的に重要な銅のストックの二分の一が必要になると計算されていた[75]。何をしようにもウランはほとんどなかった。日本の諸都市への焼夷弾集中爆撃が平和と民主主義の名において開始されようとしていた。

そして、実現性にかんする科学者たちの確信に反して、核による破壊はまもなくこの日本で現実のものになろうとしていた。

4 造言飛語・不穏落書・特高警察の悪夢

第二次世界大戦のあいだ、日本国内でも、また日本の敵である連合国のあいだでも、「大和魂」の神秘性が喧伝された。論証的といわれる西洋人とちがって、日本人はおたがいを理解する直観的な方法を身につけている。つまり、日本人は言葉というものにあまり頼らないといわれたのである。くわえて、日本人は民族、文化、社会として、並外れて調和していた。そして彼らはとことんまで戦った。

じっさいには、戦争の全期間をつうじて、日本の論客、評論家、いわゆる知識人たちは、斬新な言いまわしをつくり、スローガンを提起し、同胞に向かって何を考えるべきかを語ることに鎬をけずっていたとさえいえる。ほんの一例を挙げれば、真珠湾後の数カ月にわたってある人気雑誌は、毎号各ページの端に異なる愛国的スローガンを載せられるよう奮闘した。[1] 戦時日本の、公の、また半ば公けのスローガンを集めたら、まるまる一冊の本になったことであろう——また、事実そうなった。[2] 連合国側も、自分たちの愛国的な修辞《レトリック》というものをもっていたが、たえず声高に唱える同一のスローガンやキャッチフレーズはもたずに、どうにか戦地へ赴いていった。[3]

この日本人の多弁さには、直観的な神道信奉者の共同体、寡黙な禅宗信仰者——そしてもっとも重要なことだが、根っから誠実な愛国者にして天皇の兵士というイメージを投影する巧妙なところがあった。調和と同質性を表わすもっとも重要なイメージは、一個のよく鳴り響くフレーズ、すなわち一億という言葉で言いあらわされた。これは文字どおりの誇張（終戦時の日本の人口は約七〇〇〇万人）であったが、民族的・文化的連帯感に根ざした力強い共通の目的意識を喚起した。「一億一心」「一億火玉」「一億はみな家族」、と。

そして、「一億玉砕」もそうしたフレーズであった。この、とりわけ自滅的なスローガンは、連合国の軍隊が本土に迫った戦争の最終段階で帝国政府によってつくりだされたが、論客たちが戦争の当初から強調していた集団的自己犠牲のレトリックを利用したものだった。玉砕は、死へ誘う他の多くの戦争スローガンとおなじように古典的なフレーズであった。たとえば、「死ぬまで戦いぬく」ことを表わすもっとも一般的な表現は撃ちてし止まんであり、これもまた、古代の文書から掘り起こされた。おなじようなやり方で、日本でいちばん感情を喚起する軍歌「海行かば」は、八世紀の偉大な歌人である大伴家持によって詠まれ、日本のあらゆる歌集のなかでもっとも偉大でもっとも古い歌集である『万葉集』に収められている歌の一節から引かれたものである。

海行かば水漬く屍
山行かば草生す屍
大君の辺にこそ死なめ
かへりみはせじ

これは巧みなプロパガンダであった。というのも、理想化された前近代の過去を、近代的な国民動員に役立つ方法で呼び覚ましたからである。つまり、この古代の響きをもったスローガンと詩歌は、集団的自己犠牲が、深く浸透した永続的な日本の伝統であるかのような印象を伝えたのだった。これはほんとうではない。この古い言葉は、少数の選りすぐられた戦士に妥当するものであり、じっさいの活動よりも難局においてしばしば称賛されてきた理想を反映していたからである。しかし、すべての優れた煽動家のように、日本の論客たちも忠誠と自己犠牲という戦士の理想をたえずくり返すことによって、それらの理想が現実になるよう望んだのだった。[4]

そのようなことが、ある程度までは生じた。日本の兵士や水兵たちは粘りづよく闘い、降伏はしないという彼らの倫理は世界を仰天させた。[5] 一九四四年十月はじめ、捨て身の帝国軍隊は「神風」特攻戦術を正式の政策として採用した。その戦術は、じっさいに人が死ぬまで闘いぬく準備に思われた。米国戦争情報局外国軍士気分析課のメンバーに率いられた欧米のごく少数の諜報分析専門家は、この戦術はそのようなものではないと議論していた。一九四五年までに分析官たちは、日本人の士気はひどく分裂しており、日本国内は深刻な緊張に襲われていると結論づけた。[6]

日本側の秘密戦争資料でも、このようにいちじるしく士気が低下しているという印象を確認することができる。事実、一億一心という大衆むけのレトリックに反して、一九四二年以降の警察記録は、士気の阻喪や敗北主義の台頭にとどまらず、天皇自身にまでおよぶ既存の権威にたいする侮辱行為が増大していくありさまを伝えている。内務省の悪名高い思想警察（特高警察）のみたところでは、日本は、敗北が近づくにつれて、迫りくる混沌と革命の大変動にさえ直面しているのだった。

警察国家の手先は、誇張のうえにはびこるものだ。しかし、日本帝国に革命が迫っているという不吉な未来図は、軍国主義体制を批判する日本の保守派の多くにも受容された。これらのグループ内では、黙示録的な仮説が、今では有名な一九四五年二月の「近衛上奏文」にみられるような極端な表現で受け入れられるまでになっていた。上奏文のなかで近衛文麿公爵（一九三七年から四一年まで首相）は、「共産主義革命から」日本を守るための早期和平の効用を天皇に内々に進言した。警鐘を鳴らすような近衛の上奏文は激越でもなければ簡略でもない。上奏文は、公爵が個人的に、また職業上の接触からはりめぐらした情報網によって、数年間にわたって収集した巷談《ゴシップ》や情報を反映していた。そして上奏文は天皇にたいして、日本で革命的変動の機が熟しつつあることを、緻密な方法で事細かに示していた[7]。

近衛と彼のグループによる観察では、また特高の観察でも、日本は三方向からの、すなわち、外から、上から、そして下からの革命的変動の脅威にさらされていた。最初の、外からの脅威は、国際共産主義運動から広がり、一九一七年のロシア革命ののちまもなく日本へやってきた。そしてこの脅威は、最近の戦争の混沌のなかで、うなぎ登りの勢いでアジア（たとえば中国をみよ）、およびヨーロッパで台頭しつつあるように思われた。近衛自身、首相として一九三八年に「新秩序」演説をおこなっていたが、そのなかで、中国にたいする日本の侵略行為は、白人の帝国主義とアジアにおける赤色ボリシェヴィキ革命というふたつの悪夢から日本を守るために不可欠なものとして正当化されていた。一九四四年までに、近衛公爵および他の多くの日本人は、アメリカへの降伏よりも、共産主義のほうが今やはるかに重大な危機を日本にもたらしているという結論に達していた。上層部の長老たち——たとえば首相経験者、枢密顧問官などの人たち——は、「世界共産主義」に警戒する勉強会を開いた[8]。降伏の少し前には、天皇みずから、日本にたいするソヴィエトの脅威に警告をうながす情報機関の情勢判断を聞いていた[9]。

真珠湾前夜、リヒャルト・ゾルゲを首謀者とするソヴィエトのスパイ団が摘発されて世間の耳目を驚かせたことにより、日本のなかにはすでにソ連に準じる第五列が存在するという事実を支配層は痛感した。もっと衝撃的だったのは、ゾルゲ自身の摘発よりも、彼がおもに接触していた日本人が尾崎秀実であるという事実が発覚したことであった。尾崎は、評判のジャーナリストであり、また、高位のシンクタンクに容易に出入りできる中国問題専門家であり、さらに、近衛が信頼する助言者の一人だったのだ[10]。尾崎の見通し——一九四四年十一月に処刑される前に、数年にわたり、尋問官にたいして、みごとなほど詳細に説明されている――によれば、「社会革命」は第二次世界大戦で敗れた国々で起こるだろうというものだった。尾崎は、これが日本についてはまちがいなく真実であると断言した。そして死の瞬間にあっても、「日本は偉大な戦争に突き進んでいる。この国は混沌のなかに在って、革命は間近い。自分の仕事は九割がた達成されたが、ただひとつ心残りなのは、革命が成就するのを見ずに死ぬことだ」と「赤い」日本の創設に貢献した自身の誇りを示した。尾崎は、戦後の新しい時代に新しい日本はソ連および共産中国と連携し、「東亜新秩序社会」を主導していくであろう、とつづけた。さらに尾崎は、尋問官にたいして幸福そうに語った。アジアにおけるこの根本的な新秩序が「世界革命の一環をなすべきものであることは申す迄もありません」[11]と。

尾崎の夢が、帝国主義国家にとっての悪夢であったことはいうまでもない。そしてそのことは、日本におけるふたつの事態の進展が尾崎の夢に信憑性をあたえるように思われたがゆえに、深刻に受けとめられた。第一は、将校団と官僚のなかに若くて急進的な改革者たちが存在したことである――批評家のなかには彼らを「赤いファシスト」と呼ぶ者もあり、また他の批評家にとって、彼らは「天皇制共産主義者」であった。これらのレッテルにみられる意図的な矛盾は、当時広まりつつあった思想的な混乱と恐怖を適切に伝えている。ここでは、革命の脅威は、いわば「上から」――表面的には、純粋な国家社会主義の創出を望む忠良な官僚から――発生するものと捉えられているのだ。

その他の展開で、究極的に何よりも警戒すべきは、民衆の疲弊と厭世気分の出現であった。それは、民衆一般のあいだに急進的変革を支持する用意ができていることを示すかのようだった。彼らの生活はまさに破壊されつつあったのだが、だれもが洗脳され、それが宝石のように大切なものだとは気づかなくなっていた。彼らは最期まで戦うことを望んでいなかった。彼らは、愛する人たちの辛い死、家を爆弾で焼かれること、食物が目の前から消えること、身の安全、あるいはたんに楽しむということさえなくなってしまうのはおしまいになればよいと心から望んでいた。このような幻滅のなかで、下からの急進的な大変動が起こることに向けて、一億の民衆はすっかり熟しているように思われた。

上からの革命が懸念されるところについては、特高警察ならびに国家のその他の監視組織が、現状打破を決意していそうな多数の「革新主義的」将校や官僚の個別案件に眼を光らせることができた。たとえば、満州国という傀儡国家は、「思想《イデオロギー》としての満州国」という考えを抱き、この新境地を「国家資本主義」の模範《モデル》づくりのための理想郷とみなす数多くの元共産主義者や隠れマルキストを魅きつけた。内地の天皇制官僚機構では、「新官僚」および「革新官僚」の幹部たちが燎原の火のごとく席捲していた。両者は等しく自由放任の古典資本主義が破綻したものとみなし、できるだけ広範な国家統制を民間部門に強制したいと考えていた。(尾崎のような)左翼知識人たちは、当面の安全を、昭和研究会などの時流に乗ったシンクタンクに見出していたが、そこでは新たに民間部門と公共部門を混合する可能性が探求されていた。軍部では、「総力戦」のための動員を説くもっとも聡明な立案者たちが、経済発展の途上にある国家の役割にかんする根本的な問題に避けがたく直面していることに気づいていた——そして、おなじく国家統制を強化する方向に答えを見出した。東條英機将軍——のちの首相——も名をつらねていた軍閥が統制派と呼ばれたのはたんなる偶然の産物ではない。

こうした環境はさまざまなブラック・ユーモアを生みだしたが、一例は、一九四四年にエリートたちのあいだに広まったものだ。それは、東京に駐在するソ連の武官が、最近日本はとても共産主義的なので、これではソ連は日本にたいして防共の立場をとらなければならないと冗談を飛ばした、というものであった[12]。ただし、話のかぎりでは、だれも笑わなかったようだが。しかしながら、もっとも政治的でもっとも思想的な争点とおなじように、上からの革命の亡霊は、きわめて鮮烈な人格化によって日本人の意識にはっきりとした姿を現わした。それは、偶然にも真珠湾の前に発覚した——一九四一年四月のいわゆる企画院事件である。この事件で特高警察は、二年をかけた捜査のすえ、政府のもっとも高位のところでアカの一味が暴かれたと発表した。

企画院は戦争国家の異彩を放つ落とし子のひとつであり、もっとも高いレベルで政府・軍部の政策調整をおこなうことを目的として、一九三七年に創設された「スーパー官庁」であった。創設当初から企画院のメンバーは、穏やかにいえば英米型資本主義に幻滅を感じていたが、これは、大恐慌のあとで世界の多くの場所でみられた共通の感情であった。たとえば、特高警察が解明した状況はつぎのようなものである。一九三七年までに、企画院のメンバーたちは、不可避的に満州国が(彼らの言葉でいえば)「資本主義的産業体制の全面的改変」をともなうような計画を提案していたという[13]。特高警察が驚きの色を隠さなかったのは、このスーパー官庁の官僚たちが、資本主義が超克される「必然的歴史的段階」について、戦争状態によって増大する資本主義の諸矛盾について、さらに、客観的必然的要請としての「社会主義社会実現」について常日ごろ語っていたことである。[14] 思想警察にふさわしく、特高警察は書誌学者にもなって、企画院のメンバーたちが真剣に読んださまざまなマルクス主義の教科書の明細を作成した。それらは、レーニンのふたつの著作（『ロシアに於ける資本主義の発達』および『農業に於ける資本主義』）、ローザ・ルクセンブルク『資本蓄積論』、カール・カウツキー『農業問題』、スターリン『レーニン主義の基礎』、そして山田盛太郎『日本資本主義分析』など、日本の講座派マルクス主義の教科書であった。[15]

特高警察が明らかにしたように、企画院のメンバーたちは「左翼的進歩性」を信奉していた。それは、共産主義の綱領にかならずしも従うものではないが、それでも、「結合さる可き」ものではあった。特高警察はつぎのように結論づけている。「斯して若し斯の状態を以て推移し一は国家機関内部に於て上からの国家崩壊を促進し一は外部に於て下からの変革を促進せんか、その結果は実に恐るべきものあるは火を睹るよりも明かなりと云ふべし」[16]。この捜査の結果、企画院の一七名が逮捕された。戦後、彼らのなかでもっとも有名な農業経済学者である和田博雄は、アメリカによる占領のもとで策定された画期的な農地改革の実施にさいして中心的な人物となったが、この農地改革は、降伏前の地主階級をほとんど完全に一掃した。つまるところ、特高警察の予感や旧エリート層の恐怖はまったく理にかなわないものではなかったのだ。

しかし結局、戦時の反革命および反共ヒステリーの心情をもっとも強くとらえた見方は、下からの革命が「上からの革命」を煽動するだろう——じっさい、起こりえよう——という予兆に胚胎していた。これは根拠のない予測ではなかった。というのも、共産主義的ではないが急進的な変革は降伏後の日本でじっさいに起こったからである。そしてそれらの変革は、普通の人びとがそうした変革を望み支持したことが大きな理由となって、占領期のあいだつづけられた。特高警察や近衛のような保守エリート層は、共産主義革命を予感することについては軽い妄想にとらわれていたといってよいだろう。しかし彼らは、計画のずさんな負け戦が、一億のあいだに劇的な変化を受け入れる無制限の受容力をつくりだしてしまったという認識においてはまったく一致していた。

これこそ尾崎の結論の本質部分であり、尾崎の革命にかける情熱は、一九三〇年代から四〇年代はじめの、まさに典型的な左翼の議論であった。例をあげれば、日本共産党のもっとも重要な論文が一九二八年と三二年にコミンテルンの承認を得て出されているが、それらの論文は「近い将来における自発的な大衆抗議と闘争」を想定していた[17]。そして、みずから永続革命の偉大な使徒であったレオン・トロツキーは、戦争による抑圧は大混乱に変わり、そのなかで日本の革命的変動は起こるだろうと、一九三〇年代をつうじて予言していた。たとえば一九三一年の満州事変のあと、トロツキーは「エジソンと孔子との性急な結合」が、日本において革命が確実に差し迫るような緊張をつくりだした、と高らかに宣言している[18]。一九三七年七月の日中戦争勃発から数週間のあいだに、彼はつぎのような言葉で状況を分析した。

現在日本は、資本主義者の連鎖のなかのもっとも弱い環であることを示している。日本の軍事＝財政の上部構造は、半封建的な農業の未熟性という土台の上に成り立っている。日本軍の周期的な暴発は、この国のなかにある耐えがたい社会関係の緊張を反映しているにすぎない。……おそらく、日本は中国にたいして軍事的成功をおさめるであろうが、それは歴史上の挿話としての重要性しかもたないであろう。中国の抵抗は、同国の再生と密接に結びついており、年々強固になっていくことであろう。日本が抱えることになる国難は次第に大きくなり、軍事的な破滅と社会革命というかたちで終わることになろう[19]。

トロツキーはつづけて、日本の状況と革命まぎわのロシア帝国の状況とを比較することで、さらに圧力をかける。

この状況のもとで、日本におけるプロレタリア革命の危機は疑いを差しはさむ余地がなく、それは基本的には他の国々とまったくおなじ淵源——独占資本主義の支配から生じている。日本において封建主義の残滓を放置すれば、小作農と地主階級との利害対立は尖鋭化し、革命的な農民運動の危機が創りだされ、かくして、農民戦争によるプロレタリア革命を支持するための諸条件が創りだされる[20]。

戦争で張りつめた日本で革命が起こることを比較によって予告する見解は、毛沢東、共産主義の理論家カール・ラデック、コミンテルンの日本専門家O・タニンとE・ヨハン、そして欧米の反共的批評家など、海外のあらゆる範囲の観察者によって発表された[21]。一九四五年一月にホット・スプリングスで開かれた太平洋問題調査会（アジア研究を専門とする代表的な国際研究グループ）の会合で、参加者たちは、降伏後に日本の労働者階級が「ソ連の二番煎じ」をする可能性があり、そして日本の小作農が、歴史的には

「安定的」にも「革命的」にもなる「二連銃の観を呈し」、かくして現代世界の他の地域でも十分に明白になっている農民の急進的抗議行動の途をたどる可能性がある、と注意を促した[22]。ここで明らかな歴史論的および比較論的な見通しは、日本における民衆蜂起の可能性にかんしてもっとも説得力ある議論の特徴を示していた。このような見通しは、他の国々より日本を多かれ少なかれ「独特なもの」としてあつかうのではなく、前近代の農民反乱にさかのぼる国内紛争の歴史や、日本の急速な「近代化」と工業化の過程に一貫する地方紛争や都市紛争の持続的な影響に注意をうながすものであった。

内務省は、国内の安寧に責任を負い、膨大な不平や煽動の潜在的な源泉には徹底的に目をひからせた。たとえば、一九四一年なかば、日本がアメリカとのあいだで勃発するおそれのある戦争に備えていたとき、内務大臣は政府の最高レベルの会議(七月二十九日の連絡会議)で、民衆の士気についてはあらためて保証したが、警戒を怠らない態度が維持されなければならないとものべた。とりわけ、共産主義者の秘密活動、朝鮮人、元兵士、中小企業関係者、「農民運動」に注意をうながした。内務大臣は、真珠湾の前でさえ、増大する階級闘争の恐怖の一面を明らかにする啓発的な論評のなかで、「富裕な者は支那事変でますます豊かになったが、その一方で中小企業者は出征したために困難な状況にある」ことに注目していた[23]。まさに太平洋戦争前夜、東條は天皇が臨席する御前会議の席上、おなじような言葉で、民衆が食糧と経済の問題に直面するのは必至であると警告した。内務大臣は、憤懣や煽動の隠れた温床を記した目録に、とくに労働者と宗教指導者を加えた[24]。三年以上のち、降伏が目前に迫ったことが否定できなくなると、天皇にたいして以下のような報告が慇懃におこなわれた。「国民は胸底に忠誠心を存し敵の侵寇に対しては抵抗するの気構を有しあるも他面局面の転回を冀求するの気分あり　軍部及政府に対する批判逐次盛となり動もすれば指導層に対する信頼感に動揺を来しつつある傾向あり……[25]」。

一九四四年のなかばまでに、すなわち空襲がはじまる前でさえ、特高警察の高官は、社会情勢が「枯草を積みたる有様なれば、之にマッチで火をつければ、直に燃えると云ふこととなり」と内々にのべるにいたっていた[26]。彼の警告は、内務省に保管されている、破壊的な潜在力をもった「社会運動」にかんする書類に知悉していることを示していた。こうした秘密報告は、特高警察の内部では日常的に回覧されていたもので、「左翼」と、「右翼」または「超国家主義者」の活動をあつかっており、通常はつぎのような範疇に分類されていた。すなわち、共産主義者、その他の急進的

表 1　治安維持法違反事件（自 1928 年 至 1943 年 4 月）

年	1928	1929	1930	1931	1932	1933	1934	1935	1936	1937	1938	1939	1940	1941	1942	1943（1 月–4 月）
検挙人員	3,426	4,942	6,124	10,422	13,938	14,822	3,994	1,785	2,067	1,312	982	722	817	1,212	698	159
1. 左翼	3,426	4,942	6,124	10,422	13,938	14,822	3,994	1,718	1,207	1,292	789	389	713	849	332	87
2. 宗教	—	—	—	—	—	—	—	67	860	13	193	325	33	107	163	19
3. 独立	—	—	—	—	—	—	—	—	—	7	—	8	71	256	203	53
処理人員	713	368	809	838	2,198	3,850	1,986	581	562	529	674	874	568	659	1,054	166
起　訴	525	339	461	307	646	1,285	496	113	158	210	240	388	229	236	339	52
1. 左翼	525	339	461	307	646	1,285	496	113	97	210	237	163	128	205	217	18
2. 宗教	—	—	—	—	—	—	—	—	61	—	—	225	89	2	60	19
3. 独立	—	—	—	—	—	—	—	—	—	—	3	—	12	29	62	15

出典：奥平康弘解説『現代史資料 45　治安維持法』（みすず書房，1973），pp. 646–649．検挙人員と処理人員が一致していないのは，おそらく，実際の起訴にいたらなかった逮捕または検挙まで，苦痛をあたえる行為にはばがあることを反映しているのであろう．本表中の処理人員で，起訴または告発にいたらないものには，起訴猶予，留保処分，無嫌疑，「其ノ他」が該当する．所定の年次における処理人員は，かならずしも同年中に検挙された者のみを含むのではなく，それ以前から処分留保となっている者の件数をも含んでいる．

左翼主義者（社会民主主義者、無政府主義者、無産運動活動家など）、労働者、小作人、少数民族（とりわけ朝鮮人ならびに中国人）、宗教団体（とりわけキリスト者、ならびに特定の新興宗教）、および愛国主義的団体（すなわち、その超国家主義が、公的に認められている行動規範を逸脱していたり、右翼急進主義を助長する集団）などである。監視の目は、実業界や専門家層のなかの「自由主義的」分子や、戦争動員のために要求された強制的な合併の結果、苦境にあった農村部ならびに都市部の中産階級にも向けられていた。国民の士気にとって有害と思われる「流言蜚語」や「造言飛語」を書いた犯人を突きとめることにはとくに注意が払われた。さらに、官憲による「落書き、落書」の収集は、きわめて詳細にわたっており、聖戦遂行中に官憲の目にふれなかったトイレや工場の壁や電柱はめずらしかったのではないかという印象をあたえるほどだ。

日本国内が、ヨーロッパやアジアの被占領国の状況と比較できる状況になかったことはいうまでもない。それらの国々では、外国の侵略者とその協力者に対抗するために、急進化するイデオロギーと結びついた武装反抗を手段とするパルチザンやレジスタンス運動が現われた。日本では、組織化された反抗や一斉抗議は不可能であった。結果として、広範な不満感は、どうしても散弾銃のように、そして点描画を描くような具合に警察へ向けられる。しかし同時に、その数も含めて、民衆の憤りが現状維持に反対する力強い運動へ向かって、どれほど容易に流れこむかを示す一連の情報に気づくことはできた。

はじめに、地下に潜った共産主義者の問題があった。日本共産党は一九三二年に解散させられ、旧党員の多くは劇的に公然たる「転向」を遂げた。それにもかかわらず、こうした変節のどれほどが本物で、どれほどの人間がいまだにモスクワに忠誠を誓っていたり、あるいは少なくともマルクス主義に共感しているのかは定かでなかった。この時点までに内務省の挙げた数字が楽観できないものであることは確かである。というのも、一九二八年をはじめとして、かの悪名高い治安維持法のもとで六万人以上の「左翼主義者」が検挙され、じっさいに起訴された者も数千人にのぼっていたからである（表1参照）。起訴された左翼主義者は戦争のあいだじゅう拘束されたが、計りしれない問題は、破滅的な敗北ののちどれほどの人間が共産主義者や社会主義者の訴えを支持して結集するかということであった。

このような懸念はべつの考慮によって強まった。統計のうえでも、また印象としても、データは民衆のあいだに不穏な不満感が深く根をおろしていることを伝えていた。このことは、警察や不安にかられた保守層がみたところでは、

表2　小作争議（自 1917 年　至 1944 年）

年	争議件数	参加地主数	参加小作人数	関係農地面積 (ha)
1917	85	—	—	—
1918	256	—	—	—
1919	326	—	—	—
1920	408	5,236	34,605	27,390
1921	1,680	33,985	145,898	—
1922	1,578	29,077	125,750	90,253
1923	1,917	37,712	134,503	89,080
1924	1,532	27,223	110,920	70,387
1925	2,206	33,001	134,646	95,941
1926	2,751	39,705	151,061	95,652
1927	2,053	24,136	91,336	59,168
1928	1,866	19,474	75,136	48,694
1929	2,434	23,505	81,998	56,831
1930	2,478	14,159	58,565	39,799
1931	3,419	23,768	81,135	60,365
1932	3,414	16,706	61,499	39,028
1933	4,000	14,312	48,073	30,596
1934	5,828	34,035	121,031	85,838
1935	6,824	28,574	113,164	70,745
1936	6,804	23,293	77,187	46,420
1937	6,170	20,236	63,246	39,582
1938	4,615	15,422	52,817	34,359
1939	3,578	9,065	25,904	16,623
1940	3,165	11,082	38,614	27,625
1941	3,308	2,037	32,289	21,898
1942	2,756	11,139	33,185	25,544
1943	2,424	6,968	17,738	11,442
1944	2,160	3,778	8,213	5,096

出典：Tsutomu Takizawa, *The Developing Economies* 10, 3（1973）, p.295. なお，遠山茂樹，今井清一，藤原彰『昭和史』改訂版（岩波書店，1959），pp. 23, 65, 142, 220 も参照せよ．

くまなく――農村部および都市部で、諸階層にわたり老若男女をとわず――妥当するように思われた。たとえば、まさに伝統的な価値と滅私の愛国主義の宝庫と考えられる農村部では、十九世紀までさかのぼり、さらに、近代経済の「封建的」側面をも含むひとつの問題が「社会運動」の不安に反映していた。すなわち、膨大な小作地――それはしばしば搾取的な小作料を含んだ――の創出である。真珠湾の時点で耕地の四六パーセントが小作人によって耕作され、みずから耕作する土地をすべて所有する農民はわずか三〇パーセントにすぎなかった[27]。一九一七年（ロシア革命の年）ごろから、地主と小作人とのあいだの争議は急激に増加しはじめ、しばしば派手な共産主義運動の色合いを帯びた。これらの争議は一九三〇年代のなかばにピークに達したが、基本的な問題は改善されることなく、農村での衝突は戦中をとおしてつづいた[28]（表2参照）。

特定の戦時措置――小作料の統制、現物貸から賃貸への転換、公定米価など――は、むしろ地主に影響をあたえ、小作人のなかには戦時インフレによって利益をあげる者もあり、このインフレは小作人の負債を減少させるのとおなじ効果になった。戦争の最終段階では、農村は空襲による破壊もまぬがれ、農民は都市の食糧不足から闇で儲けることもできた[29]。しかしながら、地主と小作人との基本的な摩擦は残った。そして戦争は、政府の生産割当て（これは闇市で売る自家製の食糧や物資に食いこんだ）にたいする憤懣、くわえて、空襲によりやむなく都市を立ち退かざるをえなかった親戚が突然入りこんできたことにたいする憤懣など、農村における新たな不平の種も生みだしていた[30]。戦争が大団円へ近づくにつれ、本土防衛計画に必要な約二四〇万人におよぶ動員も農村の負担を増加させた。農村の住民は、これらの民兵組織を各戸でまかなうことを期待されたからである[31]。内務省の監視人たちが、農村部の民衆のあいだに利己心や自己中心主義が増大しつつあることに密かな懸念を表わしていたのは、ほかでもなくこのような文脈においてである。戦争中期の秘密報告がのべているように、「大和民族培養の源泉たる農村の農魂も根柢より崩壊さる、に非らずやと懸念さる、」ありさまであった[32]。農村の情勢にかんするべつの報告（一九四五年四月）は、農村部に高まっていた緊張の背景に破壊思想が根をはっているとまではいえないものの、「差し迫った階級闘争の萌芽は、じつに悩みの種である」と観察していた[33]。

農村部の情勢が不安定だとすれば、都市や産業部門にたいする戦争の影響は、その何倍も警戒を要するものであった。ここでまず挙げるべきは、内務官僚たちが近年の労働煽動《アジテーション》にみられる顕著な傾向に深刻な警戒心を抱いていた

表 3　労働争議（自 1897 年 至 1945 年）

年	件数	参加人員	年	件数	参加人員
1897（7 月−12 月）	32	3,517	1922	584	85,909
1898	43	6,293	1923	647	68,814
1899	15	4,284	1924	933	94,047
1900	11	2,316	1925	816	89,387
1901	18	1,948	1926	1,260	127,267
1902	8	1,849	1927	1,202	103,350
1903	9	1,359	1928	1,021	101,893
1904	6	879	1929	1,420	172,144
1905	19	5,013	1930	2,290	191,834
1906	13	2,037	1931	2,456	154,528
1907	57	9,855	1932	2,217	123,313
1908	13	822	1933	1,897	116,733
1909	11	310	1934	1,915	120,307
1910	10	2,937	1935	1,872	103,962
1911	22	2,100	1936	1,975	92,724
1912	49	5,736	1937	2,126	213,622
1913	47	5,242	1938	1,050	55,565
1914	50	6,904	1939	1,120	128,294
1915	64	7,852	1940	732	55,003
1916	108	8,418	1941	334	17,285
1917	398	57,309	1942	268	14,373
1918	417	66,457	1943	417	14,791
1919	2,388	335,225	1944	296	10,026
1920	1,069	127,491	1945（降伏まで）	13	382
1921	896	170,889			

出典：山崎五郎『日本労働運動史』改訂増補版（労務行政研究所，1966），pp. 25, 28, 34, 37, 45, 53, 62, 71. また，Iwao F. Ayusawa, *A History of Labor in Modern Japan*（Honolulu: East-West Center, University of Hawaii, 1966）p. 154 をも参照のこと．

表 4　産業部門別労働争議統計（自 1943 年 1 月 至 1944 年 11 月）

（特別高等警察調べ）

	争議件数計	罷怠業および工場閉鎖	労働争議未然閉鎖
産業別			
1. 機械器具工業	231（108/123）*	150（64/86）	249（164/85）
2. 交通業	80（50/30）	53（35/18）	78（55/23）
3. 鉱　業	74（44/30）	53（28/25）	49（34/15）
4. 金属工業	67（41/26）	49（29/20）	64（35/29）
5. 製材および木製品工業	45（20/25）	28（13/15）	18（14/4）
6. 紡織工業	44（23/21）	37（21/16）	32（23/9）
7. 化学工業	43（28/15）	31（20/11）	32（22/10）
8. 土木建築業	40（29/11）	24（19/5）	16（8/8）
9. 窯業および土石業	26（13/13）	21（10/11）	7（3/4）
10. 商　業	19（15/4）	11（8/3）	11（11/0）
11. 公　務	14（9/5）	10（5/5）	3（2/1）
12. 水産業	11（6/5）	6（3/3）	2（2/0）
13. 印刷業および製本業	9（7/2）	7（6/1）	5（2/3）
14. 食料品工業	6（5/1）	3（2/1）	8（7/1）
15. ガス電気および水道業	5（3/2）	4（3/1）	5（4/1）
16. 農　業	2（1/1）	1（0/1）	0
17. その他の産業	24（16/8）	18（11/7）	33（26/7）
争議件数統計	740（418/322）	506（277/229）	612（412/200）
参加人員計	26.037（14,697/11,340）	16,714（9,634/7,080）	

＊括弧内の数字は，1943 年および 1944 年 1 月から同年 11 月までの小計

出典：内務省警保局保安部『特高月報』1943 年 12 月分：71 および同 1944 年 11 月分：45 より作成.

表5　戦時日本の人員転換（概数）

徴兵された男子の総数	10,000,000
降伏時の陸海軍総兵力	7,200,000
平時産業から軍需生産に転換された人員の数	3,000,000
学徒の勤労動員数（工場および農村）	3,500,000
労働力として工場に駆りだされた女性の数	3,000,000
軍需産業における女子勤労「挺身隊」	470,000
日本人以外の労働力	
朝鮮人の「契約労働」(1939年-1945年)	667,000
朝鮮人労働力の合計（1945年）	1,300,000
中国人の「契約労働」(1943年-1945年)	40,000
空襲で家を失った者の数	15,000,000
降伏後に職を失った者の数（引揚者および復員兵を含む）	13,240,000

出典：遠山茂樹・今井清一・藤原彰『昭和史』（岩波書店，1959），pp. 220および246-247．また，Jerome B. Cohen, *Japan's Economy in War and Reconstraction*（Minneapolis: University of Minnesota Press, 1949），pp. 288-290, 318,321, 323-326，さらに吉田内閣刊行会『吉田内閣』（1954），p. 56による．

ことである。日本型企業システムの「美風」を喧伝する経営者側のスローガンに反して、工業化により労働争議は年々増加しており、それは農村部の小作争議とおなじく戦時統制によって抑えられてはいたが、それでも太平洋戦争期まで止むことがなかった（表3参照）。そのうえ、これらの労働争議は、もっとも戦略的な部門、すなわち、機械および工作機械、輸送、鉱山、ならびに金属の部門でいちじるしかった。たとえば、内務省の統計によれば、一九四三年一月から翌四四年十一月までのあいだに、工業部門では七四〇件の争議を数え、争議へ発展する可能性のあった六一二件が未然に抑えこまれた（表4参照）。

そのうえ、表立った労働者の煽動も氷山の一角にすぎなかったようである。一九四三年ないし四四年まで、労働力は概して混沌に近い様相を呈していた。およそ一〇〇〇万人の男子が徴兵され、ほかに何百万人もの男子が正業から戦争関連産業へと配置転換された。女性の新たな基幹組織が（繊維、その他の軽工業における伝統的な女工という枠を越えて）工場労働に駆りだされ、学生は教室から動員されて工業や農業に従事した。もっともやっかいな仕事である鉱業やその他の苛酷な肉体労働の多くは、連行されてきた外国人労働者に振りむけられた（表5参照）。一九四五年の時点で一〇〇万人を数えていた朝鮮人労働者は、とくに

表6　移入朝鮮人労務者の各種紛争・争議発生状況

（自 1944 年 1 月　至同 11 月）

	発生件数	参加人員
労働紛争・争議		
1. 罷業	32	1,745
2. 怠業	35	1,926
3. 集団暴行	36	3,176
4. その他の直接行動	1	5
5. その他	53	3,986
計	157	10,838
朝鮮人闘争事件		
1. 集団暴行	95	3,632
2. その他の直接行動	27	70
3. その他	25	1,384
計	147	5,086
合計		
1. 紛争・争議・闘争事件合計	304	15,924
2. 集団暴行を含む事件の合計	131	6,808

出典：内務省警保局保安部『特高月報』1944 年 11 月分：67 より．合計は，同資料所載の月例統計から算出されているが，その累計表にはたくさんの誤りが含まれている．

虐待を受け、多様な暴力的および非暴力的抗議に訴えた（表6参照）。

警察国家においては、表立った抗議行動に出ることが並外れた勇気を必要とすることは論をまたないが、そうした争議の発生率は、疲弊、敗北主義、最終的にとらざるをえなかった身体健康上の職場放棄の数字の前には影が薄くなった。このことも、すでに一九四四年後半に都市部への空襲がはじまる以前に明らかになっていた。たとえば一九四四年八月、ある工場が、その労働力のうち三〇パーセントの女性と少年が脚気に罹っていると報告したのは、その典型例である[34]。空襲がはじまる以前に、日本の工場における欠勤率は約二〇パーセントに達していた。そして一九四五年七月までに、日本は潜在的に労働可能な人時（一人が一時間でおこなうことのできる作業量の単位）の半分を奪われていたのである（表7参照）。

この途方もない崩壊の原因は、ひとつには、工場が物理的に破壊されたことに、

表7　日本の産業における欠勤率（自 1943 年 至 1945 年）

地域	欠勤率（1943 年 10 月-1944 年 9 月）	欠勤率（1945 年 7 月）
全国：空襲により被害を受けた工場	—	56
全国：被害を受けていない工場	20	34
全国：被害を受けた工場 および被害を受けていない工場	20	49
東京：被害を受けていない工場	17	40
京都（爆撃されず）	24	40
北海道（1945 年 7 月に空襲を受ける．2 番目の欄の数字は 1945 年 6 月のもの）	28	44
広島（1945 年 8 月被爆）	25	40

出典：U.S. Strategic Bombing Survey, *The Effects of Air Attack on Japanese Urban Economy*（March 1947）, p. 25. なお，Jerome B. Cohen, *Japan's Economy in War and Reconstruction*（Minneapolis: University of Minnesota Press, 1949）, p. 343 をも参照のこと．

またひとつには、労働者の疾病に帰することができよう。しかし、前述のような欠勤の多くは、労働者が個人の必要を国家の要求の上位に位置づけ、農村で食糧を手に入れるために、あるいはたんにより高い給料が得られる仕事をみつけるために仕事を放棄したことに起因する。理由がなんであれ、今ひとたび一心がおなじ鼓動を打つことはなかったのであり、労働者は最期まで闘いぬくことよりも生き残るつもりであったことを示すりっぱな証拠がここに提出されたわけである。さらに警察にとってこうした事態は、ひとたび日本が敗北すれば真に過激な転覆行動が容易に培養され、国家が抑圧と教化の巨大装置のコントロールを失ってしまうような一触即発の状態にあることを示していた。外務省のなかでも、産業サボタージュにかんする報告が深刻に受けとめられ、「スターリン万歳」と叫ぶ酔っぱらい労働者の流言について話す者があったほどだ[35]。工場労働に動員された学生たちでさえ——彼らは一九二〇年代および三〇年代初期のマルクス主義の教説に触れるには若すぎたけれども——階級意識というものをほとんど直観的に吸収しているようであった。かくして、さきほどの外交官は、中島飛行機製作所へ徴用された学生が、大資本家を儲けさせるために働く必要はないと臆せず放言したという噂話を伝えることになったのだ[36]。

表 8　主要財閥管理会社の支払い済み資本率

（全国を 100 とする）

	1937		1946	
	四大財閥	十大財閥	四大財閥	十大財閥
鉱業，重化学工業				
鉱　業	20.9%	35.5%	28.3%	50.5%
金属工業	9.2	14.7	26.4	41.8
機械および造船業	18.6	27.2	37.5	56.2
化学工業	11.3	18.3	31.4	38.5
計	14.6	24.9	32.4	49.0
その他の産業				
窯　業	21.5	46.6	28.4	55.8
繊維産業	8.2	10.3	17.4	18.8
製紙業	4.9	12.1	4.5	4.7
食料品工業，農林業	3.7	12.1	2.7	10.4
その他	2.3	8.4	9.7	16.2
計	7.0	13.5	10.7	16.8
金融業および保険業				
銀行業	21.0	21.8	48.0	50.4
信託業	37.2	43.6	85.4	85.4
保険業	49.0	50.5	51.2	60.3
計	22.5	23.6	49.7	53.0
その他の会社				
公益事業	3.0	3.6	0.5	0.5
陸運業	5.4	6.4	4.9	5.6
海運業	16.2	19.2	60.8	61.4
不動産業および倉庫業	16.1	21.2	22.7	29.4
貿易業	5.3	6.4	13.6	20.3
計	6.1	7.5	12.9	15.5
総　計	10.4	15.1	24.5	35.2

註：四大財閥とは，三井，三菱，住友，安田財閥をいう．十大財閥とは上記の四大財閥に浅野，古河，鮎川，大倉，野村，中島（1937 年の数値は中島を除く）を加えたもの．

出典：Mitsubishi Economic Research Institute, ed., *Mitsui-Mitsubishi-Sumitomo* [1955], p.6, based on the 1950 report of the Japanese Holding Company Liquidation Commission. Companies referred to as under the control of the *zaibatsu* groups are domestic concerns only, controlled by their holding companies.

表 9　日本の戦死者数

軍の戦死者数	
日中戦争（1937 年–1941 年）	185,647
帝国陸軍（1941 年–1945 年）	1,140,429
帝国海軍（1941 年–1945 年）	414,879
	1,740,955
空襲による民間人の死亡者数	
東　京	97,031
広　島	140,000
長　崎	70,000
その他の 63 都市	86,336
	393,367
その他の死亡者数	
沖縄の民間人	150,000
サイパンの民間人	10,000
満州の軍人，民間人（1945 年冬–1946 年）	100,000
ソ連の戦争捕虜	300,000
	560,000
日本の総戦死者数	**2,694,322**
罹病または負傷した軍人（1945 年）	4,470,000
傷痍軍人恩給受給者	300,000

出典：John W.Dower, *War Without Mercy: Race and Power in the Pacific War* (New York: Pantheon, 1986), pp. 297–299〔ダワー『容赦なき戦争』〕およびそこに付された注釈による．正確な数値と概数の混用を避けえなかった．

表 10　日本の戦争被害

資産的一般国富の破壊率		**25.4%**
船　舶	80.6%	
自動車	36.8%	
工業用機械器具	34.2%	
建築物	24.6%	
生産品	23.9%	
諸車（鉄道車輌，普通自動車ほか）	21.9%	
家具家財	20.6%	
電気およびガス供給設備	10.8%	
鉄道および軌道	7.1%	
爆撃被災都市		
総　数	66	
破壊区域	40%	
家を失った者	30%	
破壊された都市住居		
空襲によるもの	2,510,000 戸（総住居数の 51%）	
破壊消防によるもの	600,000 戸（総住居数の 13%）	
東　京	1,066,000 戸（総住居数の 65%）	
1 人あたりカロリー摂取量		
1941 年 12 月以前	2,000	
1944 年	1,900	
1945 年（夏）	1,680	

出典：経済安定本部『太平洋戦争によるわが国の被害総合報告書』．1949 年にまとめられたこの報告は，大蔵省財政史室編『昭和財政史：終戦から講和まで』第 19 巻〈統計〉（東洋経済新報社，1978），pp. 15–19 など多くの資料に採録されている．なお，以下の資料も参照のこと．U.S. Strategic Bombing Survey, *Summary Report* (*Pacific War*) (Washington, 1946), pp. 17–20; Takafusa Nakamura, *The Postwar Japanese Economy: Its Development and Structure* (Tokyo: Tokyo University Press, 1981), p. 15. 家屋の破壊については Harry Emerson Wildes, *Typhoon in Tokyo: The Occupation and Its Aftermath* (New York: Macmillan, 1954), p. 2 を参照．

同等の警告が「中産階級」内の傾向についても喚起されていた。そして、日本の状況が悪化の一途をたどるにつれ、この中産階級が一掃される脅威に直面しているという議論さえ起こりはじめた。そして、いくつかの事態の進展がこの懸念を増大させた。たとえば、戦争機構の下請けとして少なからぬ中小企業が栄える一方で、それ以外の非常に多くの中小企業は歓迎せざる合併や、あるいは単純に大資本への併呑を余儀なくされていった。じっさいにこの過程は、一九二〇年代後半の景気下降期（大恐慌ならびに満州事変の前夜）にはじまり、「総力戦」を目的とした動員によって一九三〇年代をつうじて速度を増していた。一九三七年の日中戦争勃発と一九四五年の日本敗北のあいだに、日本の十大寡占企業（四つの「旧財閥」と六つの「新興財閥」）は、それらで形成する支払い済み資本の占有率を劇的に増大させている（表8参照）。

　このような傾向にたいする中産階級の憤懣は、文字どおり戦争が日本へ押しよせたとき何倍にも増幅された。そして、何万という小規模工場、零細企業、中規模工場が消えていった。日本降伏のときまでに聖戦に費やされた物的費用と人的損害はじつに甚大なものになった（表9および表10参照）。警察国家の番人たちは、こうした荒廃がもたらす心理的な重大性をよく心得ていた。そして降伏前の数カ月のあいだに彼らは、空襲が現に階級序列を一掃し、脆弱な中産階級を完全な窮乏と絶望へと打ちのめし、持てる者と持たざる者に二極化された社会をつくりだす脅威となっていることへの恐怖を表明しだした。かくして、その時代の観察者の言葉を借りればつぎのとおりである。

> 中流階層は空襲により一夜にして家を焼かれ産を失い、下層生活者へ転落しつつある。社会構成に著しき変動を惹起し戦争指導上、注意を要す。[37]

あるいは、ふたたびさきの観察を引いてみよう。

> 上下対立の階級的観念が漸次濃化しつつあること。一般に刹那的気風び漫し、自棄的傾向濃化しつつあること。[38]

降伏後まもなく、一人の憲兵隊将校が二極化の状況についておなじような見通しをのべたが、いくぶん異なった解釈を示している。

> 上層階級の人間はとても利己的で、下層階級の人間は喰いたいだけだった。日本の中産階級は膨大な数だった。その中産階級は戦火により破壊されて下層階級になり、

上層階級と下層階級は相携えて戦争の終結を望みはじめた。彼らは反政府的になった[39]。

結局、日本で革命的大変動は起こらなかった。そしておそらく、じっさいには近づいてもいなかっただろう。しかし、総じて人びとは試練を経て変わっていた。彼らの日常生活は破壊され、信念は土台ごと掘りくずされ、現状から解放されたいという欲望が広がっていた。もっとも原初的なレベルでは、このような解放はたんに苦難や個人的な悲劇の休止と思われたかもしれないが、大多数の個人にとって今や解放の意味は、体制の変革や劇的に変革された社会の創造という要求にまでおよんでいた。国家はすでに信用を失い、日本が降伏するずっと前からはなはだしく傷ついていた。くわえて、新しい出発と新しい社会にたいする民衆の受容性は、そのうえに戦後の変革を打ち建てることのできる、戦時期がのこした大きな遺産となった。

特高警察の悪夢が最大限の重大性を帯びるのは、まさにこの点においてである。特高警察が監視した多様な「社会運動」、すなわち、彼らが収集した造言飛語、不穏落書、彼らが目にした労働者の工場からの逃亡——こうしたことのすべてが、社会の団結や帝国の大義のために命を捧げる集団的自発性について流布された戦中のプロパガンダが偽りであることを証明していた。そして振り返ってみるとき、それらの何もかもが、混乱し、不確実で、受容性に富んだ社会環境をもっとよく理解するための手助けとなる。米軍が敗戦後の日本に到着し、「非軍事化と民主化」という他にくらべて急進的な占領計画の促進に着手したのは、まさしくそうした社会であった。

このように、天皇制国家は個人的な異議を公けに表明することを許さなかったが、特高警察は、太平洋戦争勃発のそのときから、いたるところに書きつけられた意見の表出をみつけだしていた。それは、苦難と疲弊とのあいだで境界のはっきりしない感覚、禁欲主義と厭世主義、悲観主義と敗北主義、憤懣と徹底した急進主義などを生々しく示す落書というかたちで現われていた。ここでは、ひとつの例として、一九四一年十二月から四四年はじめにかけて、特高警察が私有地や公共の場所にある壁などから収集した作者不詳の落書を紹介することとしよう。もちろん、特高警察は、だれがそれを書いたかを探るだけではなく、どれくらいの人間がそれを読み、そして、黙って同意したり頷いたりしたかというところまで探っていた[40]。

一九四一年十二月

天皇を殺せ

日本は支那に敗〔ママ〕けてゐる

我が祖国日本は何故敢て侵略行為をするのだらうか

支那ヲ何故侵略セントスルカ指導者ヨ答へ〔ママ〕

共産主義　共産主義

万国ノ労働者

イザ　大革命ダ

天皇陛下モ……

食糧不足国民ノミジメナ姿ヲ見ヨ

日本政府ヲ倒セ

前首相国賊近衛ヲ銃殺セヨ

一九四二年一月

帝国主義戦争絶対反対！

日独が世界に覇を唱えた処で

民族は幸福になれぬ

真の平和はソ聯が勝利を得た時にこそ訪れるのだ！

全国の軍需工業労働者諸君よ今こそ自覚せよ

今に飯が喰へなくなるぞ

産業戦士とおだてられ良い気になつている馬鹿野郎

戦争に勝つても負けても俺達の生活に変りない

戦争をやめろ（職工）

ブルジョアを増長させるばかりだ（プロレタリヤ）

一九四二年三月

戦争ハヤメロ最後ハマケル国民ハ苦デエ〔ママ〕

皇后陛下ハ助平ナリ

我等工員ノ血ト汗ヲ安クシボリトルワ〔ママ〕住友金属ノインチキ会社ダ加給ヲキメル奴ヲコロセ

一九四二年六月

兵隊トハ殺人器具ヲ持テイル、人格ナンテドコニアル、

馬鹿ラシイ一層ノコト自殺セン

資本家は盗賊なり財産は強奪の果なり　一社会主義者

米ガナイ、戦争ヤメロ

戦争ヲヤメロ俺達ニ自由ヲ与ヘヨ

一九四二年七月

財閥共ハ戦争ヲ放火シテ富ヲ得テイルノダ買溜ヲシ
国民ニ平和自由パンヲ与ヘヨ
単ナル消費的寄生虫＝貴族階級廃止
人民革命　日本共産党万歳
俺達ノ奉ズルノハ理想主義ダ自由主義ダ、個人主義ダ、
　ソレ以上ノ何物デモナイ「オリヂナリテイ」ノアル
　　青年ニナレ

一九四二年八月

政府倒せ
　賃金ハアがルど〔ママ〕

一九四二年十一月

キガと戦死
労働強化の帝国主義戦争
戦争を内乱に転化せよ
共産党万歳
マルキシズム万歳
我々は治安維持法の撤廃を要求す、
我々労働者農民はブルジョアたる地主達の好き奴隷とし
　て搾取されつゝあり
此の際我々は従来の服従的精神を　すて一致団結し日本
　帝国主義打倒をして　我々に対して搾取圧迫を加へ
　る資本家を打倒せよ
打倒　資本主義　帝国主義
戦争勝つ見込無し　近衛文麿を殺せよ
センソウヤメロ

一九四二年十二月

天皇オ〔ママ〕コロセ
ほう〔ママ〕むれ政治家、倒せ資本家

一九四三年二月

天皇バカ　コロセ
百姓を泣かすな　農相を葬れ
井野農相を殺せ
東條　コロセ

一九四三年三月

兵隊ナンカバカバカシイ

一日三十五銭

一九四三年五月

共産主義万歳

戦争反対

戦争破カイ主義軍人共を日本から叩き出せ

一殺多生之剣

戦争ヤメロ

一九四三年六月

天皇ノ頭切つた者二千円

皇后……者二千円アゲル

日本はアメリカと共に世界平和に貢献すべきである

戦争は厭だ

一九四三年七月

金持を殺せ

勇士ヨ！　赤色革命断行！　ソヴイエト万歳

大日本共産党万歳

祖国ロシア

政府ノ犬警官ヲ攻撃セヨ

日本帝国ノ政治ニ不服ノアル者ハ同志ヲ連レ赤キ旗ノ下
ニ集レ

アナキスト、アナキスト

立テプロレタリアン打倒ブルジュア〔ママ〕

君たちは何んの為に七年も戦争して居るのだ

一九四三年八月

共産党万才

全国の同志よ団結しろ

共産主義の旗の下に　そして

そうだやるぞ　生命だ

そして進め　資本家を倒せ

相互扶助の人生観、共同責務の人生観、階級闘争の人生
観

……ニ依リ生活ヲセシモノト信ズ

一九四三年九月

何時まで続く大東亜戦
三年半年食糧なく
餓死続出の銃後国民……
元気な者は絶へ果てゝ……

一九四三年十月

米英勝、日独負
国家の美名に隠れて戦争で儲けてゐるのは軍人と官僚だ

一九四三年十一月

貧乏神　東條内閣　自由平等
一将功成つて国民亡ぶ
特権階級と軍部の
始まつた〔ママ〕戦争のために
吾々は誰のため戦つているか

一九四三年十二月

自由主義、共産主義何故悪いのか
我等は再考すべきだ

一九四四年三月

日本帝国ニモ愈々来ルベキモノガ来タ、ナンデアルカ、
　マルクス主義

以上のような「公然たる落書」のかなりのものが、訓練された左翼主義者の熟練した手になることをはっきりと示していた。そして、このことは、地方や中央の主要官吏に送られたはがきや封書など、他の形式の差出人不詳の書き物についてもあてはまることであった。また、あけっぴろげで大胆な言説と造言飛語は、たんに戦争による疲弊を表現したものにとどまらないこともしばしばだった。それは、軍法に違反すると思われるような、明らかに反戦的または反軍国主義的な声明、あるいは「不穏事件」――「不敬事件」にいたるものもあった――という、既存体制の打破を求め、治安維持法とはべつの法令によって処罰される事例におよんだ。これらの問題にかんする戦時中の統計は、不完全なこともしょっちゅうで、矛盾していることさえあるが、このような犯罪の発生率が明かす全体的な意味は伝えている。たとえば、ある資料によれば一九三七年八月から四三年四月のあいだに当局は、十分に軍法違反に該当すると思われる合計一六〇三件の造言飛語を捜査し、二一三九名がこれらの造言飛語に関与していると認めた。そして、

これらのうち五五七件（関係者六四六名）がじっさいに起訴された。一九四二年一月から四三年四月のあいだには、一九四一年三月に新たに発布された治安と秩序の維持にかんする勅令違反の容疑で二二七の造言飛語が捜査を受け、うち八七件（関係者一一五名）が起訴中であった(41)。

日本降伏前夜にまとめられた内務省の秘密調査は、民衆の態度の「甚だしい退廃」をとりあげ、もっとも深刻な案件が着実に数を増していることについて、つぎのように報告している。

最近に於ける不敬、反戦反軍、其他不穏に亘る言辞、投書、落書等の発生の状況を概観するに、昭和十七年四月より同十八年三月迄……に於ては総件数三〇八件、月平均二五件弱。昭和十八年四月より同十九年三月迄……に於ては総件数四〇六件、月平均三四件に対し、昭和十九年四月より本年三月迄……に於ては総件数六〇七件、月平均五一件弱と急激に増加を示して居る(42)。

その他の場合でも、一九四二年四月から一九四五年四月のあいだに異見不平を含む七三五の事件がじっさいに起訴されたが、不穏な手紙や落書と考えられるものの大半は作者不詳で、相当数にのぼると見積もられた(43)。降伏後、京都のあるジャーナリストは、このような広範にわたる作者不詳の不満表明がもつ意味を広い視野から示したが、自分の勤める新聞社が戦時中は一日二〇〇通もの手紙を受けとっていたとのべている。当初、これらの手紙は愛国主義的傾向をもっていたが、戦争が進むにつれて大多数は批判的となり、「民衆の苦難を分かちあっていないと思われる官僚や軍人にたいする多くの非難」を含むようになった。もちろん、これらの手紙が公けにされることはけっしてなかった(44)。警察は、一九四五年三月の機密文書のなかで、つぎのようにいっそう率直な内容をまとめている。

最近、造言飛語・落書・および（その他の）不平を表明する書き物が増大している。人びとは、日本の戦争指導者あるいは支配層に本土決戦の責任があるとのべているが、それは空襲の強化、食糧の不足、インフレの深化などにおよび、そうしたことすべてが国民生活を困難に陥れているからである。この、支配階級にたいする憤懣は、軍事戦略や軍指導層の誤った態度表明への批判となって示されてきた。ほかには、政府の措置ならびに政府の声明にたいする批判がみられる。それらは、支配層にたいしてあからさまな敵対的態度をとっている。さらに、あえて階級対立に言及するものもある(45)。

公然たる煽動的言辞は、広範に広がった革命意識の先端のようにみえたが、概してこのような革命意識は浸みだしてくる刺激的な「造言飛語」が煽りたてたものでもあった。日本じゅうのお隣さんや共同体が巷談《ゴシップ》の虜《とりこ》になり、戦争が本土に押しよせ、日本の情勢にかんする政府の嘘が明白になってくるにつれて、その傾向はますます強まった。のちの推計によれば、一九四四年十一月までに民衆の一〇分の一が、一九四五年六月までに半数が、さらに、じっさいに降伏するときまでに三分の二が、降伏は現実になると確信するにいたっていた。一九四五年七月までには、都市部で住民の四分の三が日本の勝利に疑問を抱くようになっていた[46]。政府が信用を失ったとき、巷談と流言だけが政府に代わる唯一の情報源となり、それらは理不尽なものとわかりきっていても、情報源としての役割を果たした。流言には、ありそうもない勝利（たとえば、沖縄における日本の勝利）や敗北尚早論が数多く含まれていた。あるいは、スパイや隣に諜報部員がいるとか、警察が闇米の捜査で背負い荷物を割いたとき誤って子供を殺したという話や、人物にかかわる流言でいえば、朝鮮人について典型的にいわれたように、女子を犯したり殺したり、さらには食べさえしたなどという話まであった[47]。

「流言」があてはまる範囲それ自体はあいまいだったが、そのことを理由に特高警察が市場の人騒がせな流言の源をいちいち突きとめる努力をやめることはなかった。これは怠け者には務まらない任務であった。東京だけでも、一九四一年から四五年のあいだに、警視庁は二〇二〇件の「流言」を捜査した。他方、憲兵隊は、一九四四年だけで全国で六〇〇〇件以上の「造言飛語」が氾濫していることを把握していたが、この数は一日当たりおよそ一五ないし二〇件に相当した（表11参照）。

「流言」のささやき声が、国民の信念を試す試金石として浸透していた忠心に取って代わるとき、支配層が脅威を感じるのはもっともなことである。しばしば作者不詳の意思表明には、特高警察をたいそうイライラさせるような、大胆な反抗と嘲りの気持ちを愉快だと言わんばかりに示すものがあった。例をあげれば、紙幣に簡明な反対論が走り書きされ、それが引き締めの厳しい戦時経済に抗してこっそり忍びこませてあることもたびたびあった。こうした事件のなかには、皇室の菊の紋章のうえに、「バカ」と書かれた五〇銭紙幣をみつけることもある[48]。一九四三年におこなわれた東京都議会議員選挙は、一票が「我主レーニン」に投じられ、またべつの一票に「東條不信任」と記されていたことからわかるように、抵抗の意思を表明するべつの捌け口を提供することになった。その他の票は、米の配給、戦争の終結、帝国主義戦争または資本家の代理戦争終結、欺瞞的政府の廃止、闇市を庇護し物資を隠匿する上流階級の打破、などを求めていた。「万歳」と記された一票がソ連の勝利と日本滅亡のために投じられた。そしてべつの投票には、「早く戦争を止めろ軍人馬鹿」と記され、またべつの票は、「日本労働運動史の第一頁を血を以てかざれる輝ける非戦論者幸徳秋水に捧」げられていた。さらにべつの票には「反戦論者」という署名があった[49]。

もっと体系的に調べてみると、こうしたさまざまな不平不満と異論の表明は、いくつかの一般的な類型を踏襲していた。多くは、見たところ反戦的で反軍国主義的なことを素朴な方法でのべていた。つまり、戦争をやめろ、戦争反対、この戦争は良くない、というわけである。もっとも単純なレベルでいえば、「米英ト即時和平セヨ　我々はもうこれ以上戦争は出来ぬ[50]」という壁の落書にその典型が表われていた。これは疲弊と敗北主義に解釈することもできよう。しかし、このような敗北主義は、進んで戦争努力の犠牲になろうという意志の衰えを示しており、それを確認する具体例も記録されている。たとえば、日本降伏後に、東京のある小事業主は交換用の金《きん》を隠匿していた嫌疑で訴えられ、他方で、埼玉県の一村会議員は、お上の教説に従ったり、破れつつある大義のために金を供出するのは馬鹿々々しいと公言したために検挙されてしまった[51]（敗北主義者でも、もっと商魂たくましい輩は、今にも消滅しそうな政府よりも、彼に貯金をあずけるよう知人たちを熱心に口説いているところを捕らえられている[52]）。

さらに、戦争終結を望むことは、その闘いのより高度な国家目標いっさいを拒むことを意味した。「何故今度の戦争をやつてゐるんでせう　苛烈な戦争を幾万の同胞の生命物資を消費して何が聖戦でせうか」「誰が兵隊に行きたいなんて考へてゐる奴があるものか[53]」と。かくして、ある父親は、「自分の子供はシンガポールで戦死したと通知があつたが幾ら国家の為とは云へ親の身として之が泣かずに居られるものか」と言っているところを盗み聞きされ、送局されたのである[54]。その他の人たち（若い徴募兵をふくむ）のなかには、愛する人から別離させられた悲しみを詠う俗歌を書いたために厳戒処分を受けた者もいた[55]。ある日雇い労働者は、化学肥料の不足によって農業生産が落ちこんでいることについて、「早く蔣介石に頭を下げて肥料を外国から送つて貰つたら良いのだ[56]」という明快な解決策を提案しているのを盗聴されていた。岡山の一農民は、かなり不遜なことを冗舌に話して罪に問われたが、そのなかでは国

表 11　太平洋戦争中に憲兵の捜査を受けた流言

年	1943	1944												1945				
月	12	1	2	3	4	5	6	7	8	9	10	11	12	1	2	3	4	5
流言の話題（%）																		
軍　事	38.2	—	—	—	—	53.1	65.8	53.7	55.3	—	43.5	53.0	55.7	—	—	67.9	65.0	62.3
政治／外交	3.5	—	—	—	—	2.3	3.9	9.1	6.4	—	7.7	5.0	2.5	—	—	2.9	3.1	3.3
経済／生活	44.3	—	—	—	—	26.8	16.4	12.6	13.1	—	14.6	18.8	11.3	—	—	5.3	4.0	4.0
法および秩序	14.0	—	—	—	—	12.8	13.9	24.6	25.2	—	34.2	23.2	22.9	—	—	23.9	27.3	30.4
その他	—	—	—	—	—	—	—	—	—	—	—	—	7.6	—	—	—	—	—
計	100	—	—	—	—	95	100	100	100	—	100	100	100	—	—	100	99.4	100
件　数	343	343	405	401	357	394	445	596	673	636	660	564	760			623	546	579
1943 年 12 月を 100 とした場合の増加率	100	100	118	117	104	115	130	174	196	186	193	166	222			182	159	169

出典：池内一「太平洋戦争中の戦時流言」『社会学評論』（1951 年 6 月号）：41．理由は不明だが，ふたつの月（1944 年 5 月ならびに 1945 年 4 月）の公式数字が 100 パーセントに達していない．

家にたいする個人の優越が力説されていた。特高警察は、彼が「民主々義的個人主義的思想」の影響を受けていると記した。(57)

市民のあいだでは、敗北も戦時下で長引く悲惨な状況も、厄介さという点ではおなじだと思う者が増大していったようだ。なかには、じつは敗北したほうがよいと思う者もあった。特高警察が捜査した事件にくり返し現われる世評は、日本が勝とうが負けようが、普通の人びとにとってはまったくちがいがないということであった。このことを、ある会社員はつぎのようにのべている。「戦争がこう永引いては国民の生活が非常に苦しくなつて来るので戦争に敗〔ママ〕ければ敗けてもよい、我々は何処の国の支配下になつても同じだ」。(58)長野の一農民は、同様の理由で検挙されたが、差し迫った日本の敗北によっても農民は不利な影響をこうむらないだろう、困るのは官僚と政治家だけだと公言した。(59)

こうした世評の多くは労働者階級から出ていたが、造船業に携わる若い労働者のつぎの発言は、その典型的な例である。彼は、物価高、長時間労働、低賃金について同僚にこぼしたあと、のらくら仕事をするのは妥当な対応だと思うとのべ、つぎのようにつづけている。

会社の重役は仕事もせずにブラ〳〵して居り乍ら良い給料を貰つて居るが自分等の様な安い日給で働いて居る職工はコキ使はれるのみだ

自分等の様な職工はまるで捕虜か奴隷の様な状態だえらいめばかりして居る、此の戦争が長引けば長引く丈け自分等の様な労働者は益益困る一方だから此の戦争は勝つても負けても働いて其の日の生活をして居る自分達の様な労働者や其の日稼ぎの小商人達には何の影響もないのだから早く日本が負けて戦争が済めば良い

どうせ困るのは金持や上の人丈けで自分等はどちらになつても大した変りはない(60)

他の労働者は、政治的にもっとはっきりしており、また悲観的であった。すなわち、戦争の結果は彼らには関係のないことで、この議論は彼らが資本主義のもとにあるかぎりつづくと言った。(61)しかし、その他の者は、より積極的で達観した理由から敗北という見通しを冷静に受けとめた。千葉に住むある農民は、「アメリカ人だつて魂は持つている、したがって、彼らはまさにそのような性質ゆえに日本人を奴隷にすることはなく、「憎むべきは戦争戦争は罪悪」だとのべている。(62)じっさい日本人のなかには「米国勝て勝て」といったスローガンを落書して敗北を歓迎した者もいたし、(63)地方によっては、連合国に征服されるという見

通しに積極的な喜びを表明する差出人不詳の手紙を、当の特高警察が受けとったところもあった。そうした手紙の一通には、「国民は全部が米英の属国になる事を喜んで希望して居る」「負けよ日本！　勝て米英‼」とあった[64]。

なかには、敗北主義、厭世気分、あるいは絶望から、この不首尾な戦争を国家的犯罪行為とみる人たちもいたが、多くの者は、みずからの困難な運命の原因を日本の軍事機構による虐待や無能に帰した。ある上級軍人に宛てられた差出人不明の手紙は「日本は敵だ」と結んでいた。やはり上級軍人に送られたべつの手紙には、「日本良イ国何ガ良イ国ダ東洋ノ敵ハ此日本ダ」と書かれてあった[65]。しかしもっと頻繁に、軍部にたいして嘲りや憎しみさえ表明しているものがみられた。いわく「陸軍将校は大部分馬鹿なり」「軍人ガ胸ニ大キナ玩具ノ様ナ勲章ヲツケテオルアノ馬鹿サ」「東條英機を殺せ……我々を破滅に導くのは外敵ではないそれは……日本軍閥共〔ママ〕である[66]」。ときおりこうした言説は、一工場労働者によるつぎの短歌のように、皮肉《アイロニー》のツボを衝くこともあった。

　働け、働け、わが同胞兵士よ
　君らの苦労と汗で
　司令官殿は
　金鵄勲章を貰うだろう[67]

またべつの者は、軍事高速道路の傍らに立つ電信柱に、古典となっている漢詩を書くことで彼の意見をのべている。「万骨枯れ　一将功成る[68]」と。

軍の指導者が戦争から物的な利益を得たという信念は、「成金」東條は「三十万円ノ邸宅」を新築したという喩えばなしや、「大東亜戦争ハ軍閥ノ功利ナリ」という警句や、「今ノ日本ハ軍、官、翼政〔翼賛政治会〕、顔、闇ノ順序ニ物ガ手ニ入ルノダ」という告発などに現われた[69]。ある十六歳の少年は、駅の公衆便所の壁に「僕ハ軍人ハキライ」と書いて説諭され[70]、べつの若者は、一九四三年三月に東條首相に宛ててつぎのような無署名の手紙を送った。

　僕は北支で戦死したものの遺児であるが大切な父や兄を戦場でむごたらしく殺したのは東條初め陸海軍大臣だ馬鹿何が聖戦だ平和だ僕等の家族の見じめ〔ママ〕さを見よ父は北支の荒野で露と消え兄は失職祖母は真黒な飯に眼を白黒してやつと飲込み赤子はかまきりの如く痩細りピイピイ泣いてゐる[71]。

このような辛辣な批判は、ときにあからさまな反軍的行為となって噴出した。たとえば、今しがた爆撃された隣家の瓦礫のなかに悄然と腰をついていた人びとは、軍の車輌が被害調査にやってくるや、怒りで立ちあがり、これは軍の犯した誤りであり、軍はどうして今ごろになってノコノコこのありさまを調べに来られるのかと叫んだ[72]。

人道主義的な関心も、伝統的な価値体系のスローガンとともに、軍事体制を批判する基礎となった。例をあげれば、東京でみつかった塀の落書きは、たいていの事例よりも教育水準の高いことを反映していた。それはつぎのように書かれている。

（打倒東條）
打倒軍国主義
文化と個人の真の意味を認識せよ
個の充実と文化の充実なき膨大なる領域は第二の蒙古人種と化し終るであらう[73]。

別方面では、一九四二年三月までにまとめられた特高警察の書類綴りに、四国の高知に住む某からさまざまな当局者に送られた差出人不詳の膨大な手紙をみることができる。これらの手紙はきちんと形式を踏まえた「伝統的な」言葉で書かれており、まさにこうした事実ゆえに当局者たちを狼狽させた。その批判投書はのべる。政府は恩典にもっとも値する人々、すなわち子供を前線に送った家族に恩典を充てぬ。あべこべに、これらの家族は彼らが被った価値剝奪には釣り合わない補償しか受けられず、馬鹿あつかいされている。このような不平等によって国体が紊れ、内乱が起こりますぞ、と。こうした内乱のもっとも顕著なかたちは、左からではなく、むしろ戦死者の遺族で過少な補償しか受けていない人びと、そしていまだに子供が戦線で戦い、食い物にされている家族から起こると想定されているのだ[74]。

一九四三年九月、大阪府知事に、家族主義と急進主義のレトリックを混ぜ合わせたような訴えが寄せられた。この時期知事には、「徴用ハ家族ノ破壊ナリ」「徴用ハ国家ノ奴隷ナリ」といった反戦的言辞のたくさん書かれたはがきが送られていた[75]。一九四三年五月には、東條首相自身も、内乱が差し迫っていることをいくぶん矛盾した心境で警告する差出人不詳の手紙の受取人となった。「我国民はもうこれ以上は忍ばれない、今に内乱が起きるから見てゐろ、今その準備をしてゐるのだ気をつけろ[76]」。

内務官僚と憲兵は、一方の単刀直入な反戦的・反軍的言辞と、それとはべつの不穏落書または不穏言辞とのあいだに明確な区別を設けようとした。その明確な一線というのは、軍部にたいする批判が支配層や国体の批判にまでおよぶ場合に、また、内乱のたんなる予測が組織的暴力へのあからさまな参加呼びかけとなった場合に引かれた。このレベルの批判をみれば、政府がたんなる士気の低下という問題にとどまらない事態に直面していることは明らかだった。はっきりと行動を呼びかけていない場合でも、階級対立という方向性が先鋭に打ち出されていたからである。

大臣の嬶は食物が宜いからよく肥へて居るなー、国民の大多数は食料不足で顔色菜色を呈す……(77)

農民の窮状　資本家うら(78)〔ママ〕

日米英戦挑発者ハ軍閥財閥ダ
吾等困苦ニ悩ミ日米英戦吾等自滅ノミ(79)

　商人丸々と肥り
農村子弟戦場に血を流す(80)

何ノ為ニ戦争ヲスルカ其レハ皆大資本家ト少数ノ上級軍人ノ為デアル一般中産以下ノ者ハ最大ノ犠牲ヲ払テ最少ノ生活デアル(81)

　このような認識は、時に国家自体を神聖化したレトリックのなかに巧く言いつくされることもあったが、急進的な政治反応であることはまちがいなかった。つぎは、一九四二年に大阪府警〔大阪府知事〕に宛てられた手紙である。

この決戦時に特権階級や軍人ばかりぜいたくして一般民にばかり犠牲を払はす、貴族政治をやめよ
　本当に一億一心を叫ぶなら共産主義を徹底してみんな平等に扱へ、大和運動なんてチャンチャラおかしくて物が言へない、民心は政府と反対の方へ〳〵と動いて行く(82)

「不穏事件」にかんする当局のリストは、大部分がまちがえようもない共産主義者のレトリックで埋めつくされた——封建的残滓としての財閥、資本主義の走狗としての軍閥、帝国主義者の戦争および資本主義の最終段階としての「聖戦」、「日の丸の思想と赤の思想」との闘い、というぐあいである(83)。第二次世界大戦は、しばしば日本においてソヴィエト型社会主義化への途をひらく「決戦」として記された(84)。そして、殺さねばならない標的が数多く挙げられた——東條、近衛、農相、資本家、金持ち、「給料を決める奴ら」、そして天皇、と。打倒ないし破壊されるべきは、政府、軍閥、貴族制、財閥、そしてブルジョアであった。ここでの最終目標は明確で簡潔に表現された——すなわち、革命、共産主義、日本共産党である。

興味ぶかいことに、こうした異端的言辞の作者が特定できた場合、それはほとんどいつも下層階級の人間で、もっともよくみられたのは農民と労働者であり[85]、共産主義者の立場にたいする彼らの理解がかなり洗練されていることもよくあった。三十五歳の一農民は、数名の隣人にたいして、この戦争は唯物史観の予言どおりであると説明している[86]。特高警察が捜査した事件のなかには、「上からの革命」という考えに似た用語で状況を分析しているものもあった。この「上からの革命」こそ、近衛公と彼の保守的な仲間たちが非常に恐れたものであり、一九四二年一月に書かれた差出人不詳の上機嫌な手紙では、つぎのように示されている。

レーニンの精神《エスプリ》今や資本主義制《キャピタリズムシステム》の中に再現す
「社界〔ママ〕組織の根本的変革」
商工省令によつて現わる
資本主義的官僚者の手に依る
　権力革命の実現フ、、、
今や本体を現出無限数の無産階級者を生むフ、、、
　レーニン万歳　革命《レボリューション》万歳
岸商工大臣検事局に召喚フ、、、
　宜敷腹切つて全社界にわびヨ[87]

しかし、支配層にとってもっとも破滅的な予兆は、まさに彼らの体制の冠石である天皇が嘲笑と侮辱の標的となっていることだった。一九四五年の内務省報告は、「反厭戦思想感情の赴くところ遂に畏くも至尊を呪詛怨嗟し奉るに至」ったことを強調した[88]。じつはこの内容は誤解をまねく。表12に示したが、不敬事件は少なくとも一九三六年以降ひんぱんに発生し、一九四一年にもっとも激しく増加した。一九三六年から四三年四月までに、公式には四四一件の不敬事件と参加人員六二二名が受理されている。一九四一年以前は、これらの受理件数はほぼ一貫して年間五〇件であったが、一九四一年は七五件、一九四二年は九一件と増加する。その後のまとまった統計は入手がむずかしいが、じっさいに起訴された人員は増加した可能性がある[89]。

不敬事件として捜査を受けた落書、言辞、行動の全般が、形式的で過激な批判の影響を反映していたわけではない。ただし、過激な批判の影響がなかったわけでもないのだ。「天皇は資本家の中心であるから天皇は国民を搾取して居る」という言辞によって、一九四二年に京都市役所吏員が起訴された一件がそれを示している[90]。そして、公けの場に書かれた「天皇を殺せ」というスローガンのいくつかが、

非合法の共産主義者によって書かれたものであることも疑う余地がない。しかし、まちがいなく当局者の眼をより覚醒させたのは、天皇にたいする不敬を示す多くの事例が自然発生的な噴出として現われている事実であった。十二歳の少年が（差出人「敵」として）宮城宛に「天皇陛下のばか」と書いたはがきを出し[91]、また、二人の息子を戦争で亡くした母親が、天皇は「無情」なものだと呪って天皇の肖像を足蹴にして燃やし[92]、あるいは中学の最終学年にいる十九歳の学生が満州の母親につぎのような手紙を書いたことが発見されているときに、共産党支部を捜査しても無駄であろう。

何が天皇陛下の赤子だ赤子だつたら天皇陛下はこのあわれな不幸な子供をたすけようとはしないのだそれは天皇の赤子だとうそをいつて自分の下におこうとするのに他ならないのだ何が天皇だ天皇が何が現人神だよくまあこしらへたものだ学校の修身の時間ふき出さずにはおれないよ自由主義を世界に啓めるのは我々の力だそれを何にも天皇なんかに圧迫せられる必要があらうか天皇などは死んでしまつたらいゝのだ何が天皇だ[93]

捜査がおこなわれた事件で、人びとが天皇を一人の普通の人間、しかも哀れで無能な人間としてあつかっている――ときには、まさにその事実が強調されることもある――のはかなり普通にみられることであった。天皇がもっとも広く受けた侮辱の言葉は、馬鹿、馬鹿野郎、大馬鹿野郎、さらに、坊ちゃん、飾り物、穀潰し、偶像、「経費ノカヽル印形」であった[94]。天皇は自分の傘も持つことができないという説を唱える者があり、また、天皇は国民のことがわからないから東條を大臣にして内閣をやらせているのだと言う者もあった。戦争中でさえ、学生が仲間うちで天皇を軽々しく「天ちゃん」などと呼ぶこともめずらしくなかった――もっとも、警察がこのレベルまで捜査することもなかったが[95]。

しかしながら人びとは、彼らの忠良な庶民性と称するものが生みだす或種の直截的な天皇イメージをみつけだしていた。二十七歳のある農民は、蔣介石が世界でいちばんえらい人で、それにくらべれば天皇は付き人に支えられている押立て棒のようなものだとのべて、懲役六カ月の判決を受けた。この農民は、（天皇は）「立てて貰へば誰にも出来るし大して偉いものではない」と結んでいる[96]。そして一九四二年九月、特高警察は前科四犯で三十四歳の男を逮捕したが、そのとき、このルンペン・プロレタリアートからかなり興味ぶかい意見を聴取した。この男は、「社会のドン

表 12　不敬事件調査票

（自 1936 年 至 1943 年 4 月）

年度別	受理件数	受理人員	起訴件数	起訴人員
1936	50	61	7	7
1937	45	70	6	11
1938	53	96	19	20
1939	47	68	13	13
1940	54	83	21	26
1941	75	106	22	28
1942	91	112	38	39
1943（1 月–4 月）	26	26	8	8
計	441	622	134	152

出典：奥平康弘解説『現代史資料 45　治安維持法』（みすず書房，1973），p. 653.

底」生活で性格を形成され、それまでに店員、船員、沖人足、ダンサーなどを転々とし、逮捕されたときは万年筆修繕業を営んでいた――男は、特高警察の事件簿には、「極端なる個人主義的拝金的思想」を抱懐していたと記録されているが、こうした思想が個人を離れて国家なしという結論へ彼を導いていた。男の罪状は、海岸で二〇名ほどの青少年に「天皇陛下は人民がなくては何にもならない、丁度床の間の置物の様なものだ」と話して聞かせたことである[97]。じっさいにたくさんの、いわゆる不敬事件が、人民は天皇や国家のために存在するのではなく、その反対であるという主張を含んでいた[98]。

一般民衆が苦しむ一方で上流階級はよい生活をしているという観察の対象は、皇族を含むところにまでおよんだ。たとえば、ある農民は、一般民衆が「働け」といわれるときに天皇は働かないと、悲しまんばかりの不満を漏らす。そして彼は、天皇が「二、三時間働いたら国民はどんなに喜ぶだらう」「天皇陛下もちつと百姓の仕事をしなやはつても好いじやけど」と提案するのだった[99]。ある写真屋は翼賛壮年団の会合に出席したが、その席で、新聞に掲載される御真影を切り抜いて各家庭で奉安することが提唱されたのにたいし、皇族は配給米では生活していないのだから天皇を奉安する必要はないと反論した[100]。さらに、ある若い農民は「皇室の経費も吾々国民から出す税金から四百万円も費つて居る、皇族は吾々が養つて居る様なものだ」と言い放って、父権主義的な神秘性をあべこべにひっくりかえしてみせた[101]。またべつの男性は、彼の称賛すべき君主をもちいて、自分の貪欲さを正当化した。いわく「何を言ふのや慾せい〔ママ〕じや天皇陛下でも慾の為に大東亜戦争をやつとるやないか　おいら慾するのは当り前や[102]」。じっさい、大衆が減るいっぽうの配給で生活しているとき、天皇とその閣僚たちは腹いっぱい食べていただけでなく、年老いた人びとからまさに生計の源、すなわち彼らの息子たちをも奪っていた。ある母親は言った。「こんなに骨折つて子供を育てても大きくなると天皇陛下の子だと言つて持つて行かれて仕舞ふのだもの嫌になつて仕舞いますよ、子供を育てても別に天皇陛下から一銭だつて貰ふ訳でないのに大きく育ててから持つて行くなんてことするんだもの天皇陛下にだつて罰が当るよ[103]」。

さらにいっそう不吉なことに、個人のなかには、戦争がほかでもない天皇のせいで起きたという意見を示す者がある一方で[104]、自分自身の悲惨さや戦争における日本の明らかな劣勢を、天皇制そのものが孕む相対的な劣等性と結びつける者も出はじめた。たしかに、このような見解はかならずしも首尾一貫したものではなかったし、またかならずしも過激というのでもなかった。たとえば、ある事例では、天皇をヒトラーやムッソリーニと比較して、それほど偉くないとのべていたが、それは、後の二者が実力で下から這いあがってきたからで、おなじように否定的な比較は天皇と蔣介石とのあいだでもおこなわれた[105]。べつの事件では、地方の一製炭業者が、天皇は米国やソ連の統領がしているように陣頭に立っていないという理由で天皇を批判している。「日本の家族制度では戦争は出来ぬ」とする批判は、いささか論理を飛躍させながら、さらに主張する。「ソ連の様な共産制にして仕舞はねば戦争に勝てるものか、此の戦争が済んだら何もならぬ上御一人を養ふ必要はないのでいらぬものじやからやり替へて仕舞へばよい[106]」と。一九四三年十月に逮捕されたある記者は、前年に満州国中央警察学校で同僚の学生につぎのように言ったために送局されている。

天皇の奴は暑い目寒い目知らずに山海の珍味を並べ国民を奴隷扱ひにして太へ面しやがつてしやくに障つて仕様がない、何時かは政体が変る、道理から言つて大統領政治が正しい、一国の長に立つ者は其れ丈の学識と才能を兼ね備へたものが立つのが当り前だ、人民の総てがこの人ならと思ふ人を大統領に立つべきだ、大統領になる

人も一年毎に変へなければいかぬ、あれが此の世の本当の穀潰しだ……(107)

大衆の自然発生的な不敬は、最終的には明確な不敬行為――通常は天皇の肖像が安置してある学校の奉安殿にたいする冒瀆――、そして激しい噴出の仕方としては、天皇個人および天皇制への憎悪となって現われた。(108)「天皇を殺せ」という言辞はめずらしいことではなく、露骨なこともしょっちゅうであった。酔漢として悪名を馳せていたある農民は、「天皇陛下はイラヌものじや、鉄砲を持つて来い撃ち殺してやる」と叫んだ。また、ある鉱夫は、やはり酔っぱらって、天皇を打ち殺してやると放言した。(109)製鉄会社の工員一〇名は、長時間会合し、農民と労働者が自分たちの天下をつくるさいには、ロシア革命軍が皇帝とその家族を雪中に棄てたように、天皇もシベリアの雪のなかへ棄ててしまえばよいなどと発言したことを探知され、検挙された。(110)

農村の民衆も年輩者も（おそらく彼らは天皇にたいする崇敬の基盤だったであろう）安全とみなすことはできなかった。かくして、ある四十九歳の農夫は、一九四三年に高知で開かれた農村集会に何度か出席して懐疑的な意見をのべたが、そのなかで政府の農業政策についてつぎのように論じた。

俺は日本の国に生れた有難味がない、日本に生れた事が情無く思ふ斯様な事だつたら俺は天皇を恨む
兵隊は人殺ぢや、青訓の生徒は人殺の卵ぢや、兵隊は戦地で天皇陛下万歳と言つて死んで行きよると言ふがそうぢや無い、必ず恨んで死による(111)

とある小さな村落に住む六十八歳の女性は、その窮状から、政治体制を比較して理解することを飛び越えてしまい、「若しアメリカ等がこんな有様になつたら直ぐ天皇陛下に銃を向けるのだが日本も向けたら良い」などと発言した。(112)

戦時下の日本でもっとも広く知られた不敬事件には最高齢犯罪者、すなわち齢《よわい》八十をこえた代議士の尾崎行雄が関係していたが、尾崎は一九四二年におこなったある演説のなかで、明治天皇と大正天皇ならびに昭和天皇を好ましくないかたちで比較し、日本は歴史的にだんだん劣っていく元首のもとで悪くなる一方だとのべたのである。(113)

そのほか、いよいよ動揺する特高警察がまとめた書類綴りは、つぎのような不敬言辞で埋められている。

天皇はのんきに写真にうつっているが、人の子供をう

んと殺して、こげな大きな顔をしている。[114]

天皇ヲ廃シ共和国トセヨ。支那事変ヲ即時打切レ。全国ノ御陵ヲ潰シ耕作地トセヨ[115]

あんなに東京を焼いてしまって、天皇陛下もクソもない、戦に勝つからがまんしろといいやがって、百姓はとった米も自由にならぬ、骨が折れるだけだ。[116]

毎日供出供出、おれなんか天皇陛下が死んだら丁度よいと思ってる。[117]

今の世の中はとてもつまってきた、われわれがろくに食うことのできないのは、戦争をしているためだ、米が足りないのは市長さんがわるいのではない、みんな天皇陛下がやらしているからわるいのである。[118]

戦争に負けたところでわれわれは殺される心配はない、殺されるのは天皇や大臣などの幹部ばかりだ[119]

生産機関ヲ社会ノ手ニマカセヨ
天皇ハ経費ノカヽル印形ナリ
資本家ノ国ヲ倒セ
資本家ノ為ニ血税ヲ払〔ママ〕[120]

宮城に爆弾が二つ三つも落つこつたら奴等大騒ぎして
面白かんべな[121]

独裁者タル天皇ヲ倒セ　自由ダ
自由主義者集レ　永久ニ奴隷ニ非ス[122]

俺は召集されても天皇陛下の為めに死ぬのは厭だ
日本は皇室を倒さんとほんとうの幸福は来ないのだ
天皇陛下はユダヤ財閥の傀儡だぞ[123]

戦争は多くの人や惜しい人が沢山殺傷される惨酷なものである故戦争はするものではない
何の為に戦争をして居るのか戦争は誰がして居るのか、それは天皇陛下がしてゐるのである
天皇陛下が無ければ斯んな戦争をやる必要はない[124]

天皇さんて良いものだ、皆に有難いと拝まれに良く〔ママ〕て、是等のために戦争して居るから米を出させられたり物が不足になつたりして生活に苦しまなければならないのだ[125]

真珠湾の九勇士が命を棄てて国を護つたことは立派だが銃後の一部では闇行為をやつてゐるものがある実情だが此の点を見ると命を棄てる者は馬鹿げて見える
天皇の御為と言つて死んで行くと日本の国民が無くな

つて仕舞ふ、天皇陛下だつて同じ人間ではないか[126]

> 日本ガ負ケ天皇ガ米国ノホリヨトナリドレイトナツタ時ノカホガ見タイ
>
> 戦争好キノ日本ノ運命ハ天罰デ必ズ負ケル
>
> 即時米英ト手ヲ握リ一億国民ヲ戦争ヨリスクエサスレバ我子良夫父戦地ニ送ル事ハイラナイ又空襲ヲウケル心配モナク飯モ腹一杯食ヘル……[127]

結論になるが、天皇への冒瀆や不敬へと変化するこのような不平も、天皇制にたいする大規模な幻滅を示すものとは考えられない。というのも、日本人の多数派は依然として天皇を尊敬していたからである[128]。しかし同時に、こうした言辞をなした人びとにおよぶ危険は相当なものであったし、摘発された事件のいずれをとってみても、さらにどれほどの不敬言辞が未捜査なのか――または、どれほどの人間がおなじような感情を心ひそかに抱いていたのか、あるいは、悲惨な負け戦がすぐに終わらなかったとしたら、どれほどの人間が不敬の感情を抱くにいたったのか、そうしたことはだれにもわからなかった。不敬は、聖戦にたいする民衆の支持に顕在化してきた数多くの亀裂のうちでも、もっとも目をみはる現象であった。そして、特高警察やその他のたくさんの人びと――保守層ばかりでなく、トロツキーや尾崎秀実のような急進的左翼、そして多くの影の文士たち――がみたように、破滅的敗北という圧力のもとで、この亀裂は一点に収斂して天皇制国家を破壊してしまうかもしれなかった。以上のように、煽動家や論客たちは、「一億」の和や、「一億」が最後まで戦い、そして必要とあれば「玉砕」する義務を賞揚していたのだが、彼らが砕け散ることを想定したほんとうの玉こそ、大げさに賞揚されている「国体」にたいする民衆の献身それ自体にほかならなかった[129]。

降伏後の日本で革命が起きていたとしたら、この大変動を指導するにあたっては、まちがいなくインテリ層が前衛の役割をになうだろうと理解されていた。その点で、わずか一〇年か二〇年前の日本共産党全盛期に知識人が果たした主導的役割や、マルクス主義が一九二〇年代そして三〇年代まで知識人の世界にずっと訴えつづけた魅力に、特高警察が大きな不快感を抱いていたことはいうまでもない。すでにみたように、戦時下での不穏な流言や差出人不詳の手紙のうち、かなりの割合が、マルクス主義の立派でお定まりの評価ばかりでなく――もっと騒々しく不穏な――敗戦は日本における資本家と支配層の貪欲を暴き、マルクス主義者がおこなった分析の正しさを明確にするという誘惑に満ちた議論を伝えていた。敗戦（それは恐れられていた）は、従来かならずしも左翼に魅力を感じていなかった知識人や学者を急進化させつつあった——このことこそ降伏時の日本にあって正しさが証明された予兆であり、そのとき大多数のインテリ層は雪崩をうってマルクス主義を受容したのだった。

一九四五年六月、帝国陸軍は天皇にたいして、その性格からして婉曲な表現ではあるが、指導的知識層のあいだに「焦燥和平冀求気分底流しつつある」危険性について考究してもらうべく民心動向の現状を内奏した[130]。しかし、このような見通しが守旧派の心を直撃したものとして、はるかに生々しく的確で、心底抱いた恐れを、細川護貞の日記にみつけることができる。細川は、近衛が活躍した上層部に巷談や情報を提供する非公式な収集役を務める若い貴族であった。一九四三年十二月二十日、細川は電車のなかで酔眼をした「インテリ風」の男がつぎのような歌を大声で唱っているのに遭遇した。

負けるに決つてゐる戦争を、
勝つ〳〵云ひやがつて、
大馬鹿野郎だ。
見てろ、キット負けるぞ。
負けりや欧州赤化だ。
アジヤの赤化なんか朝飯前だ。
そんな時俺が出るんだ。

細川はこの短い歌を上層部の仲間たちに聞かせようと記録し、日記に書きとめた。それほど細川にとってこの歌は衝撃的で、予言めいて感じられたのだった[131]。

5 占領下の日本とアジアにおける冷戦

任期なかばで倒れたフランクリン・ルーズヴェルトに代わってハリー・トルーマンが一九四五年四月に大統領に就任したのは、アメリカが日本の都市にたいする低空からの集中爆撃を組織的に開始した直後のことだった。新政権発足から三カ月目に入り、アラモゴードでの原爆実験成功の報に接した新大統領は、聖書に書かれた終末の予言を真っ先に思い浮かべ、そして、すぐに日本への原爆の使用を許可した。かなり後になって発見されたトルーマン自身の「ポツダム日記」の原爆実験成功を知ったころの記録には、日本人は「野蛮で、残酷かつ無慈悲で、狂信的」だとある。広島と長崎が破壊された数日後に書かれた私信では、「野獣を相手にするときは野獣としてあつかわなくてはならない」と、トルーマンは弁明した。一九四五年八月中旬に日本が降伏したのを受けて、アメリカは日本を占領した。名目上は「連合国による」占領だったが、アメリカは圧倒的な力をもって大胆な「非軍事化と民主化」[1]の政策に着手した。

それから五年とたたないうちに、トルーマン政権はアジアにおける勢力均衡に不可欠の存在として日本を位置づけるようになる。そして、アジアはソ連寄りに世界の均衡を崩しかねない存在であるととらえた。一九五〇年六月二十五日に朝鮮戦争が勃発する前から、沖縄は極東におけるアメリカの重要な核兵器基地として接収され、日本国内の飛行場の滑走路はアメリカの最新鋭の重爆撃機が離着陸できるように延長され、日本占領政策の重点は改革から経済復興に移され、軍需品を含む輸出むけ資本財の日本での生産が計画され、そしてアメリカは日本に再軍備を迫っていた。くわえて、ワシントンの政策立案当局は、アジアにおける共産主義を封じ込める「偉大な三日月」を形成するために、日本と東南アジアを経済的、軍事的に緊急に統合する必要があるという認識でおおむね一致していた。最近、何人かの研究者が、皮肉っぽく、また苦々しく指摘しているように、遠大な「共栄圏」を形成すべく南方を統合しようとした一九三〇年代から四〇年代はじめの日本の構想を、アメリカは持ち出しているかにみえた。そもそも、その構想こそが、アジアを第二次大戦に巻きこむきっかけになったというのに。

一九五一年九月、アメリカおよび他の四七カ国はサンフランシスコにおいて、日本と非制限的で比較的簡潔な講和条約を結んだ。これにより（本国政府による批准の手続きは残されているものの）連合国と日本のあいだの戦争状態は正式に終結した。同時に、アメリカの立場からみれば「寛大な」講和条約との重要な交換条件として、日米の二国間で相互安全保障条約が調印され、主権国家日本の全土に米軍基地を維持することが認められ、将来における日本の実質的な再軍備を先取りすることになった。この事実上の軍事的な追加条項ゆえに、ソ連は講和条約に調印しなかった。さらには、連合国のあいだで対中国政策に食い違いがあったために、中華人民共和国も台湾に本拠を移していた国民党政府も講和会議には招かれなかった。ところが、サンフランシスコ会議のあと、日本の占領がまだつづいているあいだに、保守的な吉田茂内閣は国民党政府との二国間の平和条約に事実上調印させられ、共産主義中国を孤立させ経済的に圧殺するというアメリカの政策に追随していた。アジアにおける第二次大戦が終結してから六年八カ月後の一九五二年四月、日本の占領は正式に終了し、日本はアジアでのアメリカの同盟国として国際社会に復帰した。占領は太平洋戦争自体の二倍近い期間にわたってつづいていたことになる。

占領が終わったとき、大半の観察者、とりわけ日本側の観察者の目には、不当に長過ぎた占領と映った。じっさいのところ、日本の主権を回復すべきだというワシントン側の主要な論拠のひとつは、それ以上遅らせれば、アメリカにたいする日本の善意はじわじわと薄れ、日本がソ連に擦り寄っていく可能性が高まるだけだというものだった。もちろん、後になってみれば、人は時間の重みをともすると忘れ、占領の時期は、重大な変化が起きた比較的短い期間だったととらえがちだ。また、おなじく後になって考えれば、日本が二五〇〇万の国民と一大帝国を犠牲にして七年と経たないうちに、急激な経済成長の時代に突入しようとしていたことは、今や明白である。しかも、一九三〇年代にはじまった「全面戦争」への動員をつうじて、工業技術と労働技能は飛躍的に進歩していた。一九四四年と四五年のアメリカの空襲によって古い産業施設が破壊され、戦後にもっと近代的で合理的な水準の工場に生まれ変わらせる道が開けた。戦争関連の「特需」、そして一九五〇年の朝鮮戦争勃発にともなうアメリカからの「新特需」によって、日本経済は刺激を受けた。さらには、アジアにおける新たなパクス・アメリカーナに日本を経済的・軍事的に組みこもうというアメリカの政策のなかで、アメリカのもつ技術と特許がかなり気前よく日本の産業界に移転された。このように、じっさいには日本の目をみはるような経済成長は戦争を踏み台にしていたのである。

「野蛮な」敵国から「自由を愛する」同盟国へ、というこの変化は、多くの点で意表をつくものだった。しかし、大半のアメリカ人にとって、概念としても、心理の面でもかならずしも混乱を招くものではなかった。第二次大戦中の基本的な言葉づかいの多くがあらためてもちいられたにすぎなかったからだ。ただしこんどは共産主義者が、世界征服を企む野蛮人として描かれた（戦争中のアメリカでは、日本がたんに世界制覇を目指しているばかりか、それを実現するために「一〇〇年計画」を立てていると宣伝されていた）。アジアという文脈でもっと奇妙だったのは、戦争中には中国の同盟者に付与されていた「民主的でビジネス志向」という特性を、今や日本がわがものとし、その一方で、共産主義者の中国人は突如として生まれつき不誠実かつ狂信的で、ロボットやアリのような国民になった。また、第二次大戦中は敵である日本人に向けられていた人種差別的な「黄禍」という敵意の矛先も、中国人に向けられることが多くなった。そのうえに「赤禍」という新たな敵意が加わったことはいうまでもない。

トルーマン大統領が任期を終える前から、日本が第二次大戦後のアジアでアメリカの政策が成功を収めたとむりなくいえる唯一の国であることはすでに明白だった。占領そのものも、予想外の好意をもって受けとめられた。また、いわゆる逆コースによってアメリカの政策の主眼は日本を改革することから冷戦の同盟国として再建することに変更されたものの、初期の民主的改革の多くはそのまま定着した。日本政府は保守的で、反共主義という点では筋金いりだった。さらに、改革がうやむやになったり、非軍事化と中立という初期の理想が放棄されることに左翼政党と知識階層がかなり反発したが、これはむしろ例外で、日本国民全体もアメリカを好意的に受けとめていたようだ。アメリカ人の立場で、中国、朝鮮、東南アジアなどアジアの他地域と見くらべれば、日本はほっと一息つける国にちがいなかった。さらには、東欧におけるソ連のプレゼンスとくらべれば、日本は「自由世界」の啓発的な占領政策のモデルケースといってよかった。

たぶん一九六〇年代末まで、トルーマン政権下のアメリカの対日政策にかんする欧米の学者による研究はこうした業績を積極的に評価する傾向が強く、つぎのようないくつかの面を強調するという特徴がみられた。興味の中心は日本占領それ自体であり、その枠組みのなかで「民主化」にたいするアメリカの貢献に焦点があてられた。占領は啓蒙的なアメリカの「社会工学」のモデルとして提示された。それをよく表わしているのが、このテーマについてもっともよく読まれた本のタイトル、河合一雄著『日本のアメリカ間奏曲』だ。「逆コース」がことさらに強調されることはなかった（経済を安定させて民主的な改革を守るために必要な手段であるという言い方がされた）。また、日本の再軍備については、おおむね日本とアジアにたいするソ連の脅威に対抗するものとされた。日本の再軍備、そして講和条約後も日本に米軍基地を維持するという決定、さらに、日米と東南アジアの連携を図るという政策は、いずれも朝鮮戦争の勃発後に公式の政策として浮上したため、一般に朝鮮戦争にたいする反応と位置づけられた。

英語圏だけでなく日本でも、占領期にかんするさらに最近の研究は、無条件降伏後の日本の「民主化」をかならずしも否定していない。だが、歴史研究の対象として占領期の日本を取り上げる場合には、一般にもっとちがったアプローチをするようになっている。対象への接近の仕方が変わってきた理由としては、私的な記録、回顧録、口述記録《オーラル・ヒストリー》などの資料が豊富なことに加えて、この時期にかんするアメリカ側の公文書が公開されたことが大きい。またアメリカの若い世代の研究者が、ヴェトナム戦争を契機に大戦直後のアメリカの政策に疑問を抱き、この時代の資料を見なおしはじめたという側面もある。一般化の危険を承知であえて試みれば、一九四〇年代後半から五〇年代前半のアメリカの対日政策にかんする最近の研究について、以下の特徴を指摘できる。1占領下の日本での展開において日本人が果たした役割、それも、功罪の両面、また、公的なレベルだけでなく民衆レベルでの役割を力説する。2利益集団の影響だけでなく、日米双方の「中間的な指導層」の果たした役割にもっと注目する。3アメリカの世界戦略という文脈のなかに対日占領政策を位置づける。4主要な戦略的政策（日本の再軍備、主権国家日本国内の米軍基地、日本と東南アジアの統合など）のほぼすべての起源を朝鮮戦争以前に求める。5アメリカの対アジア政策立案について、軍事的配慮だけにとどまらず経済的な配慮を力説する（たとえば、一九四〇年代後半の「ドル不足」危機）。6勢力均衡思想のなかで日本に付与された重要性を持ちあげる一方で、アメリカ政策当局の側にあったソ連の日本侵攻にたいする危機感を以前ほど強調しない。7朝鮮戦争勃発後に浮上してきたアメリカによる一部のヒステリックな対日要求に注目する。たとえば、兵力三〇万規模の軍備要求や非共産圏アジアで選りすぐりの武器を備えた兵器庫になるべきだという期待などがそうである。

このような見なおしの意味するところは重大だ。たとえば、日本という統治体制内部における逆コースの抑圧的な側面が、欧米の学者・研究者にとってさらに明白になってきた（この時代についての日本語文献ではつねに強調されてきたことだ）。また、アジアでの緊張の高まりに呼応して日本が再軍備を進めていったという都合のいい構図にも疑問が呈されるようになっている。なぜなら、アメリカの対日政策も、とりわけ一九四九年以降（つまり、朝鮮戦争より前、さらには、共産主義諸国の敵対的な意図の証拠としてよく引き合いに出される一九五〇年二月の中ソ条約締結よりも前）において、冷戦全般なかんずくアジアでの緊張と紛争に一役買っていることは今や明白だからである。おそらく最近公開された公文書から浮き彫りになったもっとも現実的かつ重大なポイントは、すでに一九五〇年代初期の段階で、アメリカの政策当局にとっては日本と東南アジアが封じ込め戦略と不可分の存在になっていたことだろう。東南アジアにとって日本という「工場」が必要だったとよくいわれたが、むしろ日本にとって東南アジアの原材料と市場が不可欠だった。日本が中国との緊密な経済関係を再構築することが認められていなかったとしたら、なおさらである。この観点から戦後のアメリカのアジア政策を検討すると、一九五四年のジュネーヴ会議よりずっと前の段階で、日本は最大の「ドミノ」として浮上してくる。東南アジアでの反革命にたいするアメリカの傾倒は、結局、悲劇的な結末を迎えることになるが、日本を考慮に入れることなしにはこの深入りを完全に理解することはできないといっても過言ではない(2)。

こうした観察からわかるように、トルーマン政権の対日政策の全体を遺漏なくとらえるためには、占領下の日本国内の展開ばかりでなく、地域戦略、世界戦略をも包括するような研究が欠かせない。地域戦略という文脈では、想定されていた日本と東南アジアのリンケージ以上のものが大きくかかわってくる。この現実的な政策は、アメリカが対中国、対朝鮮政策を見なおすなかで自然に浮上してきたものだからである。そして、このテーマにかんしては最近いくつかの学術論文が英語で発表されている(3)。地域的な次元にかんしては、いささか異なった角度からも国際的な考慮をしなくてはならない。つまり、日本をふくむ対アジア政策でアメリカが主導権を握っていることにたいするイギリス、オーストラリア、ニュージーランドなど同盟諸国の反応である。こうした国々も近年、公式の外交文書を公開しており、これらの国々がアメリカの冷戦外交に協力しながら、その一方で深い疑念を募らせていったこともいっそう明らかになっている。日本の再軍備は、共産主義諸国はもとより、非共産主義アジアをも震撼させた。また、アメリカが一方的に日本の経済復興を促進すると決めたことを、アジアにおける、かつての、そして将来の日本のライバルが歓迎するはずもなかった。アメリカが日本の経済復興を支援するだけでなく、予想される経済発展の拠点を中国から東南アジアに移行していく腹であることが明らかになると、だれもが不安を抱いた。とりわけイギリス政府は、そうした政策がポンド経済圏へのきつい一撃になりかねないととらえていた。この観点に立つと、アメリカの対日政策は、大英帝国の没落、また、パクス・ブリタニカからパクス・アメリカーナの時代へ移行する過程で生じた英米陣営内部の緊張という文脈でも考慮されなくてはならない(4)。

憎き敵国から冷戦の同盟国へという日本の変容は、今にして思えば自然にみえるかもしれないが、この政策の逆転は一夜にして起きたわけではなかった。また、アメリカ権力機構のトップに異論がないわけでもなかった。さらには、不明確なところのない政策というのでもなかった。日本の保守派の多くは正真正銘の主権を否定されたと憤慨していたし、アメリカ側では日本をどこまで信頼できるのかという疑念がずっと尾を引いていた。アメリカ政策当局は、世界の勢力均衡という図式のなかで日本に重大な役割を負わせた後になっても、陰陽の両面（日本をソ連の勢力範囲から切り離すと同時に、ソ連「圏」にたいする防波堤として利用する）で、日本の「イデオロギー的な」性向について懸念を抱きつづけていた。極左か極右の勢力が、将来、権力を握るのではないかと危惧していたのだ。したがって、一九五一年にサンフランシスコで調印された日米安全保障条約は何よりも反共産主義の協定であったが、同時に、戦略立案、軍需物資の調達、技術開発、日本国内および周辺での米軍の継続的な駐留と、考えられるあらゆる方面でアメリカへの軍事的従属を永続化することによって日本を支配するための手段でもあった。おなじように、一九五一年にフィリピンおよびオーストラリア・ニュージーランドとのあいだで締結交渉が進められた安全保障条約は、共産主義勢力あるいは日本による侵略という事態になったときに、これら同盟諸国にたいしてアメリカの支援を保証するという二重の役割を担っていた。じっさい、これらの安全保障条約をめぐる交渉がおこなわれた当時、条約の締結を要求していたのは関係するアジア諸国の側だった。その背景には、おもに再軍備した日本による報復にたいする警戒心があった。

ワシントンからみた対日関係は、占領初期に掲げた理想のひとつがあだになっていた。ダグラス・マッカーサー元帥とそのスタッフが一九四六年に日本に押しつけた新憲法の有名な「戦争放棄」条項（第九条）に具現化されている平和主義の感情である。アメリカ当局はこの思いきった「非軍事化」の実施をすぐに後悔することになるが、日本国民総体としては第九条の字句どおりではないにしても、その精神に愛着を抱きつづけ、その廃止や修正に抵抗した。アジア・太平洋での戦争にともなう苦難と恐怖の記憶は深く心に刻まれており、「防衛」の名のもとにことさら再軍備を進めようという訴えにも強い疑いを抱いていた。戦後の日本政治で第九条がもつ象徴的な意味は計りしれないほど大きいといっても過言ではなく、一九五〇年六月以後、日本の保守政党政府はことあるごとに第九条を引き合いに出して急速な再軍備を迫るアメリカの強い圧力に抵抗した。

以下のページでは、占領下の日本で起きたさまざまなできごとについては必要最小限の言及にとどめ、トルーマン政権の戦略思考のなかで日本がどのような位置を占めていたのかに重点を置いて論を進めることにする。戦後アメリカの対中国、朝鮮、東南アジア政策にかんする最近の国別の研究は、例外なく、朝鮮戦争の前年あたりがアメリカの政策立案の転換点になったと指摘している。たしかに当時の文書をみると、ジョージ・ケナン、ディーン・ラスク、ルイス・ジョンソンのように気質的にまったく異なる高官が、こぞって一九四九年から五〇年当時の「国別の」対アジア政策を嘆いており、また、このころを境に地域全体を射程に入れたもっと統合的なアジア政策の輪郭が浮かびあがってくる。[5] 戦略的な対日政策もこのパターンに当てはまるだけでなく、もっと正確には、一九四五年の終戦から五二年四月の占領終結まで、四つの段階を踏んで進められたとみることができる。1日本の「非軍事化と民主化」に重点が置かれ、未来像として非武装「中立」の日本が想定されていた段階（一九四五年八月から四七年なかば）。2日本をソ連圏から切り離すことを主眼とした「ソフトな」冷戦政策の段階（四七年なかばから四九年）。3アメリカの反共戦略のなかで日本に現実的・積極的な役割を付与した「ハードな」冷戦政策の段階（四九年なかばから五一年九月）。4地域を軍事的、経済的に統合する具体的なメカニズム、すなわち、五一年から五二年にかけて締結された講和条約と一連の安全保障条約、アメリカの軍事および経済政策の調整、アメリカ、日本、東南アジアを結ぶ三極の同盟結成による断固たる中国封じ込めなどをじっさいに構築することによる統合冷戦政策の段階（五一年後半以降）、である。どうやら各「段階」の起源は、それぞれ前の時期に見出すことができるようだ。

第二次大戦が終わるかなり前から、アメリカは太平洋の戦略的支配をつづけるだろうと、広い方面で想定されていた。大衆レベルでも、「はっきり言おう、太平洋はわれらが海」という戦時中の流行歌が人びとの心をとらえていた。米軍作戦当局は太平洋に浮かぶ主要な島々に注目し、これらの島の一方的な支配を無期限につづけたいと願っていたが、そうした計画は日本本土にまではおよんでいなかった。戦争が最終局面を迎えるまで、日本が降伏した後は「連合国による」占領が想定され、アメリカが主導的な役割を果たすことになっていたが、中国、イギリス、そしておそらくはソ連（もし日本の降伏前に参戦すれば）もこぞって重要な位置を占めることになると予想されていた。(6)

しかし、日本の降伏が現実になると、トルーマン政権は多数の国による占領をいささかも認めないという強硬な態度をとるようになる。ドイツで実施されたような分割占領の方式を拒絶し、占領下の日本全土をアメリカの最高司令官の指揮下に置くように要求し、実質的な国際管理委員会の創設に二の足を踏んだ。これにたいして他の連合国から不満の声があがり、形ばかりとはいえ上位に国際的な監視機構が設置されたが、その作業は一九四六年初期まで手間どり、それまでに事実上アメリカ単独の管理を実施する確固たる官僚機構ができあがっていた。(7)

その後、米ソ間で冷戦の緊張が高まっていくことを考慮すると、アメリカが日本と太平洋で支配的な地位を独占しようとしたことにスターリンがあまり異を唱えなかったのは特筆に値する。ソ連は日本における米ソ共同の最高司令部を要求し、北海道の分割占領を申し入れたものの、トルーマンがにべもなく拒絶するとスターリンはあっさり引きさがった。また、国際法上は連合国の占領軍の一部として自国の部隊を日本に派遣する権利を有していたが、スターリンはマッカーサー最高司令官に迷惑だろうという根拠で部隊を派遣しなかった。一九四五年八月から翌年はじめの日本占領管理機構をめぐるやりとりのなかで、ソ連はアメリカにたいしてさかんにシグナルを送っている。東欧における相応の安全保障上の関心事をアメリカが認めてくれたのと引き換えに、ソ連は日本と太平洋をアメリカの正当な勢力圏と認めようとしていることを理解してもらおうとした。この融和的な姿勢は、ソ連が一九四五年八月に朝鮮半島で示した自制的な態度からも見てとれる。米軍が到着する前に容易に朝鮮半島全体を占領できたにもかかわらず、スターリンは北緯三八度で軍を止めていた。スターリンが一九四五年八月の時点で蔣介石の国民党政府を中国の唯一の正統政府として承認しようとしていたこと、また、最終的には満州からソ連軍を撤退させると約束したことに、当時、予想外の融和的な態度だと感銘を受けた専門家もいた。結局のところ、トルーマン政権は想定された両国の勢力圏になんらの共通点も認めようとはしなかった[8]。

占領初期の報道に目を向けると、日本が「つぎの戦争の発進基地」になるという噂話についてふれているものが少なくない。じっさい、日本の将来にかんして、初期の段階で反ソ軍事基地としての重要性という問題を提起しているアメリカ高官をみつけることは可能だ。たとえば、ジェームズ・フォレスタル海軍長官は、この問題について一九四五年の初夏に熟慮を重ねている。国務省では四六年八月に、ジョン・デーヴィスが将来の軍事要塞としての日本という考え方をはじめて打ちだしている[9]。しかし、一九四五年から四七年まで、アメリカの対アジア戦略の主流は、直前の大戦にたいする感情と想定、とりわけ、日本にたいする嫌悪感と不安、そして、中国がアメリカの有力な同盟国として、またアジアの有能な「警察官」として浮上してくるだろうという期待感に根差したままだった。一九四六年もかなり経過するまで、一部ではもっとあとまで、戦争中から引きずっている強い表現、すなわち「完全かつ恒久的な」日本の非軍事化という言葉に、軍事要塞派は押し流されていた。この理想主義的な言葉づかいの系譜をたどることはこの論文の範囲を超えているが、この表現が戦争中にどれほど支持されていたかは記憶にとどめておいてよい。ルーズヴェルト大統領はいかにも彼らしい大言壮語によって、日本とドイツにたいしてそれを実施することが連合国の目標だと宣言していた。アーサー・バンデンバーグ上院議員は戦後に超党派の外交を進めることへの支持を表明した一九四五年一月の有名な演説のなかで「恒久的かつ決定的かつ効果的に日本とドイツを武装解除するように」呼びかけた。七月のポツダム宣言は、日本の「完全な武装解除」を提案していた。そして、市民団体とマスコミは、枢軸国が永遠に牙を抜かれるように望んでいた[10]。

日本で実施すべき課題は、じっさい、いわゆる武装解除だけにとどまらず、もっと広い範囲におよんでいた。日本降伏のまさに前夜まで、アジアでの戦争はもう一年か一年半くらいつづくのではないかと、アメリカ戦略当局は踏んでいた。それゆえ、日本の降伏にはいささか不意を突かれた格好だった。それでも、国務省極東局のヒュー・ボートンとジョージ・ブレークスリーを中心とする小グループの目覚ましい活躍のおかげで、官僚機構の下位レベルでは降伏後の日本にかんする計画は終戦までにかなり練りあげられていた。日本の国家と社会の具体的な側面にかんする方針を示した何十という書類が、政府の機構を横断する重要な委員会によってすでに検討されていたのだ。この国務・陸軍・海軍三省調整委員会（SWNCC）の検討した内容が、占領下の日本で提案された広範な改革の基本方針となった。ボートン＝ブレークスリーのグループとSWNCCの考えでは、武装解除は将来の平和国家日本を確保する任務の一面にすぎなかった。正真正銘の非軍事化を実現するためには「民主化」も不可欠だったからである。ここでの大前提として、戦前の日本国家の抑圧的な機構は（日本が降伏した直後にディーン・アチソン国務次官補がのべたように）「戦争遂行の意志」を生みだしたが、民主主義国家、それも、中産階級に活気のあるブルジョア民主主義国家は人びとを抑圧しなかったという想定があった。(11)

非軍事化と民主化というアメリカの初期の占領政策は、そうした概括的な想定にもとづいていた。しかも、ワシントンからの政策指示が一般的でいくらかあいまいな表現をしていた多くの事例で、在東京のマッカーサーとそのスタッフは純粋に劇的な改革のお墨付きを得たと解釈することが多かった。それがときには、ワシントンが想定していたより急進的な色彩を帯びることもあった。マッカーサーの威信と救世主的なスタイルに加え、トルーマン政権がヨーロッパに目を奪われていたため、東京の占領スタッフは一九四七年後半までの約二年にわたって異例ともいえる自由裁量権を得た。それに、「ローゼンフェルド」大統領（マッカーサーは前最高司令官のルーズヴェルトをつねにこう呼んでいたと伝えられる）政権下の母国における自由主義的なプログラムには腹を立てたかもしれないが、日本という環境での改革者としてのマッカーサーは一握りのリベラルとニューディール主義者の示す勧告に異例なほど寛容だった。一九四六年から四七年の包括的な農地改革や四六年に公布された新憲法のように、初期の民主化プログラムのもとで実施されたもっとも劇的かつ重要な改革の一部は、じっさいには東京のマッカーサー司令部で急進性を付与されたものだ。

およそ当時のどの評価をみても、初期の民主化プログラムは全体としてはまったく進歩的である。戦争犯罪人は裁判によって裁かれ、軍国主義者、超国家主義者とされる二〇万人ほどが公職から追放された。経済の面でも、農地改革に加えて、労働組合の結成とストライキ権の確立を支持する法律が制定された。寡占状態にあった持株会社、つまり財閥も解体された。経済の集中排除、産業の非軍事化、そして日本の戦争犠牲者にたいする厳格な賠償を求める政策も発表された。政治の面では、共産党も合法とされ、また、警察の分権化、教育改革、そして地方自治の強化をつうじて「草の根」民主主義が促進されることになった。一九四七年前半に施行された新憲法のもとで、天皇は国家の「象徴」となり、日本は紛争解決の手段としての戦争を放棄し、日本国民には広範な権利があたえられた。なかには、アメリカ憲法で保証されている権利を上まわる例（たとえば、女性の平等の明快な認知）もあった。もっと殺風景な非軍事化の分野でも、占領当局は素早く帝国陸海軍を解体して復員させ、軍の在庫を破壊し、軍事機構全体を廃止した。占領当局の熱意は相当なもので、それゆえに非軍事化プログラムには行きすぎもあった。米陸軍省からの指示と思われるが、東京の「理研」にあった大型のイオン加速器を粉砕し、破片を海洋投棄したというのは、なかでも悪評高い一例である。[12]

たしかに、徹底した帝国軍隊解体プログラムにも、あとから振り返ってみると特筆に値する例外があった。たとえば、日本周辺海域の掃海作業を日本側に頼ったために、将来の海軍を再建するのに核となるような組織を温存することになった。軍の「復員組織」自体、旧陸海軍の幹部を温存し、旧軍の記録を保存していたが、それがのちに、一九五〇年になって新たに軍を創設する決定がなされたときに役立つことになる。一部の日本人参謀はアメリカ占領当局の官僚機構、なかでも対敵諜報部門（G２）に新たな居場所を見出し、大戦の歴史的記述を準備するなどの任務についた。少なからぬ日本人将校は当然のこととして「事情聴取」された。ひどい話だが、満州で戦争捕虜を実験台にして殺人的な医学実験と生物化学兵器の実験（推定三〇〇〇人を殺害した）をおこなった「七三一部隊」の将校と研究者のように、戦争犯罪人であることが明白であるにもかかわらず、特殊な知識を暴露することと引き換えに訴追を免れた例もある。日本国外の中国および東南アジアの各地（とりわけ、フランスとイギリスが管理していた地域）では、何万という日本兵の復員が何カ月、ときには何年も遅れた。こうした不運な人質たちの多くは、地元の共産主義者や民族解放運動と闘うために徴募されていたからだ。[13]

日本がのちに再軍備へと進んだことに照らしてみると、軍解体および非軍事化プログラムのこうした例外は示唆に富んでおり、象徴的といえるかもしれない。しかし、当時はこうしたことがアメリカの戦略の中核をなしていたわけではない。じっさい、このアメリカの対日占領政策の第一段階ではまれなできごとが起きている。公約、すなわち日本に「完全かつ恒久的な武装解除」を強要するという約束が忠実に実行に移されているのだ。具体的には新憲法の第九条というかたちで表われている。その条文は、最終的には（マッカーサーのＧＨＱ、日本の内閣の専門家、日本の国会、そして国会の委員会を通過したあと）、つぎのようになった。

第九条　日本国民は、正義と秩序を基調とする国際平和を誠実に希求し、国権の発動たる戦争と、武力による威嚇又は武力の行使は、国際紛争を解決する手段としては、永久にこれを放棄する。

②前項の目的を達するため、陸海空軍その他の戦力は、これを保持しない。国の交戦権は、これを認めない。

憲法第九条が正確にどのような経緯で誕生したのかは、占領の興味ぶかい謎のひとつである。同時に、占領下の日本における憲法改正の全プロセスは、終戦直後のアメリカの対アジア政策がいかにあいまいだったか、また、そのあいまいさゆえに在東京のマッカーサーとそのスタッフがしばしば自分たちの理想を実現できたことを明快に示すものでもある。東京のマッカーサー宛に送られた初期の基本文書のひとつ（一九四五年八月のＳＷＮＣＣ１５０／２）には、「完全かつ恒久的な」日本の武装解除という目的がくり返しのべられている。ところが、ワシントンの極東委員会の手でいくらかぞんざいな修正を加えられたあとの政策文書（一九四六年二月のＳＷＮＣＣ２２８）では、日本政府の非軍事部門の特権にかんする言及ゆえに、完全かつ恒久的な非軍事化という考えがあいまいになっている。つまり、この重要な問題にかんして、マッカーサーの司令部はどちらとも受け取れる指示を受けたことになる。じっさい、憲法改正という問題にかんして、司令部は青写真を受け取ってはおらず、改正についての一般的な指示を受けたにすぎない。新憲法の第一次草案はＧＨＱの民政局（ＧＳ）によって英語で起草され、それは一九四六年二月はじめの二週間で慌ただしくおこなわれた。「戦争放棄」条項の発想が、マッカーサー自身によるものか、民政局の主要人物の一人（チャールズ・ケーディスかコートニー・ホイットニー）によるものか、あるいは、もしかすると当時の幣原喜重郎首相によるものなのか、日本占領の専門家のあいだでも統一見解はない。しかし、そもそもの発想がだれのものであったにせよ、第九条が東京生まれであることは明白で、また、マッカーサーが認めていなければ、憲法の条文として記されることはけっしてなかっただろう。

憲法草案の「戦争放棄」条項をワシントンは予期しておらず、一九四六年にはこれを契機に、前述した将来の軍事要塞としての日本にかんする論議に火がついた。しかし、概していうと、第九条にワシントンが驚愕したわけではなかった。戦争放棄条項は、日本の武装を完全かつ恒久的に解除するという戦時の公約を具体化したものというだけでなく、非武装日本を長期（すなわち、二五年から四〇年）にわたって国際的に監視するという、国務省で起草されていた計画とも一致するものだったからだ。一九四七年より前に、ワシントンの政策立案当局の幹部で、近い将来に日本が真剣に再軍備に向かうなどと考えていた者は一人もいなかった。いずれはそうすることが望ましいだろうと考えていた者がいたとしても、第九条は比較的容易に修正できると軽く考えていた[14]。

「憲法九条の精神」がその後の日米関係のなかで摩擦を引き起こす原因として生き残ったことは、戦後の両国関係におけるこの第一段階の残した最大の皮肉である。何よりも、アメリカがのちに日本の再軍備という問題で政策を一八〇度転換させたことに反対する法的かつ象徴的な根拠として、このアメリカ発の「戦争放棄条項」が日本人によって利用されたというのは、皮肉というほかかない。同時に、結局は両国間の軍事的取り決めのもうひとつの大きな特徴となることがらも非常に早い段階から浮上していた。小笠原諸島と琉球諸島（沖縄を含む）を、日本の残りの領土とは異なる扱いにするという決定である。一九四五年から四六年には、アメリカの政策立案当局のトップレベルでは、長期にわたって日本の本土四島に米軍基地を維持することを想定していなかった。ところが、小笠原諸島と琉球諸島だけは、終戦直後からアメリカの戦略にとって死活的な重要性をもつものと考えられていた。もっとも、沖縄が正式に「核兵器を搭載した戦略爆撃を実施する三つの主要な発進基地[15]」のひとつと位置づけられたのは、一九四八年以降のようだ。

ソフトな冷戦政策、一九四七―一九四九

日本の降伏から一周年を迎えた日、マッカーサー元帥は声明を発表し、日本国民は「二〇〇〇年におよぶ歴史と伝統と伝説を引きずった生活の理論と実践を完膚なきまでに打ち破ってしまう」ような「精神革命」をなしとげたとのべた。この国が引き続き民主主義という崇高な中道を歩めば、ほどなく「力強い平和の守護者」になるだろうという。それから六カ月後の一九四七年三月、マッカーサーは報道陣を前に、占領を終結させ、日本にこの運命を全うさせる時期がやってきたと語った。最高司令官のこの大見得を切った宣言は一度や二度のことではなく、きわめて個人的かつ自己中心的な裏があった。マッカーサーはアメリカ国内で時期が迫っていた大統領選の予備選に照準を合わせてい

たのであり、共和党の指名を得ようともくろんでいた。三月になって日本との早期講和を言いはじめたのは、ヨーロッパにたいするトルーマン・ドクトリンの公式発表にタイミングを合わせたものであり、一九四七年なかばに唐突に目立った動きをはじめるのろしの役割を果たしていた。だが、その行動は好意的にみても、講和条約をだしにしたジェスチャーとしか表現しようのないものだった。日本との早期講和の可能性をめぐる公式、非公式の論議をつうじて、アメリカ当局ははじめて冷戦という枠組みのなかで日本の将来の役割を真剣かつ体系的に検討するようになったのである。

一九四七年なかばの、降ってわいたような講和条約をめぐる混乱については、とくに四つの点に注目しておくとよいだろう。第一に、将来の日本との講和にかんする国務省の計画は、第二次大戦の思考の枠にとどまっていることが明らかになった。当時、国務省内で（ヒュー・ボートンの指揮下で）検討されていた日本との講和条約の基本草案はきわめて長く、条約締結後の「主権国家」日本にたいする国際的な監視と管理についての条項が山のように盛りこまれていた。端的にいえば「懲罰的な」講和だった。

二番目に、こうした内々の草案はまだ暫定的なもので、扱いにくいものだったにもかかわらず、国務省は強い世論にこたえて一九四七年七月に日本問題にかんする国際会議の開催を呼びかけた。会議は、１イギリスおよび英連邦諸国にすでにべつの予定の入っている時期に日程を組み、また、２手続きのうえで、ソ連にとって承諾できないものだった。ソ連にしてみれば、こうした問題は国際的な討議の場に提出される前に戦時の「四大国」（米ソ英中）でまず検討されるという事前の了解を無視するものだったからだ。この手続き上の問題によって全方面から不誠実との非難を浴びることになり、そうした状況のなかではじめてアメリカの当局者と政治家は日本との「単独講和」もありうるのではないかと考えた。つまり、ソ連には受け入れられないような条件で講和条約を締結しようというのである。(16)

三番目にこれと関連して、日本人の側から、それも政府当局だけでなく、「象徴」として政治には口を挟まないとされる天皇みずからも、必要ならある種の単独講和的な取り決めを受け入れてもよいという意思をアメリカ側に伝えた。この日本からの極秘の提案は、多くの点で一九五一年のサンフランシスコ講和の大まかな輪郭をほぼ四年間先取りする内容で、日米二国間の軍事協定とアメリカの主要な軍事拠点としての沖縄の開発を示唆していた。占領の研究者にとって、こうした動きはいくつかの理由で興味ぶかい。アメリカの政策立案過程への日本の積極的な貢献に注意を喚起するものであり、天皇が側近をつうじて政治取引に乗りだしたというめずらしくも生々しい事例研究の材料を提供している。そして、日本政府と皇室がともに、早い段階から日本本土の占領の早期終結と引き換えに沖縄の主権を売り渡す腹だったことを明るみに出すものである。終戦直後から集中的な軍事化とアメリカ化が進められるなど沖縄だけが特別扱いされてきたことから、日本の批評家のなかには第二次大戦後の日本は「半分断」国家だとみる向きも少なくない。しかも、記録から明らかなように、日本の支配層はそのことを防ぐためにほとんどなんの手段も講じなかった。それどころか、昔から二等市民の扱いを受けてきた沖縄の住民と沖縄を、進んで取引材料に利用しようとしたのである[17]。

そして最後に、一九四七年の講和条約問題で日本に注目が集まり、アメリカの政策立案の新たなグループが登場してきた。その多くは、それまで対ヨーロッパの政策立案にしか携わったことがなかった。日本との講和がいっこうに進展しないのはソ連が妨害しているからだと、表向きアメリカは非難の矛先を外に向けていたものの、この新しい国家安全保障問題の専門家らは、ボートン・グループの条約草案はまったく時代遅れというだけでなく、日本との早期講和など問題外だと、陰口をたたいていた。一九四七年なかばの時点では、アメリカ自体が講和を具体的に交渉する態勢になかったのであり、それゆえに、講和を進めようという表向きの行動はポーズにすぎなかったと言わざるをえない。

その後の数年にわたって、公けの場では非武装中立の日本という見方が依然として有力だった。その理由のひとつは、マッカーサー元帥が相変わらずこの理想を支持していたことだ。一九四八年四月のウィスコンシン州の共和党予備選で大敗を喫して大統領選への野望は打ち砕かれていたが、マッカーサーは依然として大いに注目される存在であり、また、日本を現代における独特の平和の象徴に仕立てあげるという夢の実現にかんして、その情熱はまったく衰えていなかった。元帥の構想では、日本の「非武装中立」は、沖縄を含む太平洋の主要な島々に国連軍を配置することによって守られることになっていた。日本を「太平洋のスイス」だと評した有名なセリフは、じっさいにはもっとのちの一九四九年三月のものだが、そのときにはすでに時代に取り残されていた。それでも、平和主義の理想にもとづくものか、もっと一般的に、日本にたいする不安と不信がまだくすぶっていたせいか、冷戦の同盟国として日本の全面的な再生を性急に進めようというアメリカ当局者はほとんどいなかった[18]。

ワシントンでもっとも明快に新しい日本像を語っていたのが、国務省のジョージ・ケナンと、ケネス・ロイヤル長官、ウィリアム・ドレーパー次官を陣頭にする陸軍省の高官たちである。対日政策で「ケナン色」がはじめて決定的なかたちで表われたのは一九四七年十月のこと、国務省政策企画室のために用意した講和条約問題にかんする報告書（PPS 10）だった。そこで打ち出された方針が、一九四八年から四九年にかけての対日政策を支配することになる国家安全保障会議文書（NSC 13シリーズ）の土台となったわけだが、微妙な政策の問題を幅広く取りあげていた。ケナンとその側近は占領の早期終結に反対し、その根拠のひとつとして、日本の不安定な経済状態では共産主義の浸透を許しかねないことを挙げた。さらに、あとから「一方的に」講和の条件を押しつけることもできるだろうと読んでいた。日本周辺の島々と、少なくとも沖縄の北部については、アメリカが長期にわたって軍事的に管理する必要性を認めつつも、日本本土四島に米軍が長期に駐留する必要はないだろうと、PPS 10は指摘していた。この報告書は、日本といかなる講和条約を結ぶにせよ締結後の監視は避けるべきだと提案していたが、同時に日本の完全な非武装化という原則を再確認するものだった。ケナンのグループはまた、不安定要素を断ち切り、設備投資と経済復興を刺激するために、賠償計画はただちに打ち切るべきだと勧告した[19]。

一九四八年六月には、この政策がNSC 13（「アメリカの対日政策に関する勧告」）に発展した。この政策文書では、期日は明確にしないものの、簡潔かつ一般的で、懲罰的でない講和条約を勧告していた。沖縄だけでなく横須賀にある優良な海軍施設にたいしても長期にわたる軍事的な管理を維持する必要性を再確認していたが、本土四島に講和後も基地を維持するかどうかの結論は持ち越した。さらに、日本の「警察」の強化を主張し、また、占領の優先課題を改革から経済復興に転換すると発表した[20]。

この概括的な政策指示が徐々に国家安全保障会議（NSC）の公式の議題として取り上げられるようになる一方で、国家安全保障担当者のデスクには、日本の経済再建をもっと具体的に論じた報告書と提案が積み上げられていた。一九四七年三月には、マーティン・プランの名で知られる国務省の重要な内部報告書が、世界経済の変容ぶりとアジアで切迫していた「ドル不足」危機に注意を促している。このことを踏まえ、報告書は、アジアの非ドル市場へ資本財を輸出する能力を積極的に開発することによって将来の日本経済の安定を図ることが望ましいと力説した[21]。

マーティン・プランはその後の過程で支配的となる多く

の経済的な検討事項を早い段階で示したという点で重要な意味をもっていた。日本がアメリカの援助に大きく依存していること、もっときめ細かな地域統合のプランを組まないかぎり、ドルの不足しているアジア諸国は崩壊のおそれがあること、そして、日本は戦前のような繊維をはじめとする軽工業品ではなく機械類などの輸出に重点を移さなくてはならないとの認識を示したのである。そうした輸出と引き換えに、構想では日本は発展途上のアジア諸国から原料と安価な製品を輸入することになる。

おなじような主張は、他部局からも出された。たとえば、マーティン・プランとほとんど時をおなじくして軍は東京から経済報告を受け取っている。そのマッカーサーの経済科学局発の報告書も、賠償計画を縮小し、日本での輸出むけの資本財生産を促進することによってインフレを抑制し、「日本経済の均衡」を達成するように勧告していた。こうした見通しが、五月八日のディーン・アチソンの有名な演説で取り上げられ、公式の論議のテーマとなった。この演説のなかで、当時、国務次官補だったアチソンは、天与の名言の才能を発揮し、ヨーロッパをアジアに結びつけたかと思うと、返す刀で冷戦と過去の戦争を切り離してみせた。回りくどい言い方をする必要などない、日本とドイツはそれぞれアジアとヨーロッパの「工場」として発展させなくてはならないと、アチソンは宣言したのだ。その後の何カ月かにわたって、いかにして、またどれくらいの規模で、どれくらい早く、それを実現するのかが、文民および軍の官僚機構内で論議され、その結果が矢継ぎ早に報告書と政策方針書にまとめられた。こうした文書が、一九四八年に日本の経済復興を推進するという政策転換に議会の支持を取りつける基盤になった。一九四八年六月、新しい「占領地域における経済復興」計画のもと、議会は一億八〇〇〇万ドルの支出を承認した。これによってはじめて、占領下の日本で具体的に経済復興に使える予算がついたのである。おなじ月、議会は天然繊維回転資金（ＰＬ８２０）も可決し、最終的に総額一億五〇〇〇万ドルが、アメリカから日本への原料綿花の大量輸出を支持するために支出された。公共資金による利益誘導プログラムで、言うまでもなく議会の一部には受けがよかった。だが、日本の繊維以外の部門で成長を促すという新しい流れを反映したものではなかった。[22]

ＮＳＣ13から明らかになったように、一九四八年には将来の日本の軍事的位置づけについては三つのレベルに分けて取り組まれていた。沖縄、講和条約後の日本本土の米軍基地、そして日本の再軍備である。沖縄はこの時点で、極東におけるアメリカの核戦略の主要な前進基地として明確に認定されていた。日本本土の飛行場を米軍が引き続き使用できることの重要性は、ドレーパーらのトップレベルの高官によって公けに議論されていたものの、正式な決定はまだ下っていなかった。そして、日本再軍備の問題は提起されたものの棚上げされ、NSC 13では国内の破壊行為に備えて警察力を強化するという文脈で遠回しにふれられているにすぎない。

かつて極秘あつかいされていた多くの文書で確認されているように、一九四八年には国防の権力機構は長期にわたる在日米軍基地と日本再軍備という方向性をかなりはっきり打ち出して推進していた。すでに一九四七年春には、西側で大がかりな戦闘がおこなわれる場合には、アメリカの「イデオロギー上の敵」を食いとめることのできるアジアで唯一の国だという評価を、統合参謀本部は日本にあたえていた。それゆえ、「太平洋地域のすべての国のなかで、日本は経済と軍事能力を復興させるためのアメリカの援助を最優先で考慮されるべき国である」と、軍の戦略当局はみていた。ジェームズ・フォレスタル国防長官は一九四八年二月に、日本とドイツ両国の限定的再軍備を想定した研究を指示し、五月にはケネス・ロイヤル陸軍長官名の長尺できわめて率直な回答を得た。戦略当局は、講和後も基地を維持することと日本再軍備の道を残すような憲法改正に支持を表明していただけでなく、日本が工業原料の供給元と製品の新たな市場を海外に開拓することの重要性も力説していた。それにもかかわらず、十月にこの文書が（再軍備に反対するマッカーサーの見解の写しとともに）統合参謀本部で検討されたときには、現状では実行不可能だという理由で日本の再軍備はしりぞけられている。再軍備の方針は一九五〇年前半まで承認されず、じっさいにその年の六月二十二日まで日本政府に要求されることはなかった。朝鮮戦争勃発の三日前である。

軍の将校のなかには、軍事的な同盟国として日本の軍隊を編制すべきだという願望を早い段階から公然と主張する向きもあった。たとえば、在日米第八軍司令官のロバート・アイケルバーガー将軍（第二次大戦中には敵である日本人を「猿」と評していた）は一九四八年に、一五万人規模の日本軍創設を公然と呼びかけた。どんな司令官でも一度は指揮してみたいと思うような軍になるはずだというのである。だが、他のアジア諸国にとっては、耳を覆いたくなるようなぞっとする発言だ。しかし、この時期の内部文書では、日本の「限定的再軍備」を主張する者でさえ、いかなる再軍備を認めるにせよ管理と抑制が必要だと慎重に論じていた。このアメリカの政策の第二段階では、まだ日本にたいする不信が根強かったのである。(23)

それでは、最終的なサンフランシスコ講和との比較で、いかなる意味においてこの第二段階の冷戦政策は「ソフト」だったのか。長期の基地使用と日本再軍備の場合には、その答えは明白である。いずれもアメリカ政府の正式の政策になっておらず、また、いずれにも強力かつ有力な批判勢力があった（ケナンと国務省の大半の同僚やマッカーサーとその主要な側近の多くがそうだった）。さらに、日本は将来のアジアの「工場」と認定されていたにもかかわらず、そして、それとなくアジアむけマーシャル・プランといわれていたにもかかわらず、この段階では反共主義のアジアを経済的に統合するという首尾一貫した展望はまだ示されていなかった。むしろ、一九五〇年まで、また、日米の一部のグループではもっと後になるまで、大陸にいかなる政権が生まれようと日本は中国との実質的な経済関係を樹立することになるし、またそうすべきだと想定されていた。日本と東南アジアを統合するための積極的な手段はずっと後になるまで講じられなかった。そして、日本経済を安定させ、輸出むけの生産に産業を仕向けるための具体的・体系的な試みは、一九四九年一月まで手つかずだった。デトロイトの銀行家ジョセフ・ドッジが来日し、ドッジ・ラインとして知られる有名な（一部には、悪名高い）「インフレ抑制」政策に着手したのが、この四九年一月だ。賠償政策の骨抜きはすでに一九四七年にはじまっていたが、日本の投資家と企業家にとってきわめて重い負担になっていたこの政策の正式な「延期」が決まったのは一九四九年五月のことだ。じっさい、NSC13自体がトルーマン大統領の承認を（ＮＳＣ13／2として得られたのは一九四八年十月のことで、一九四九年春になっても政策の施行ではほとんど進展がみられないことを、ワシントンの政策立案当局は嘆いていた[24]。

ソフトな冷戦政策がおそらくもっとも際立っていたのは、日本にたいするソ連の侵略の明白な脅威を軽視し、代わりに、国内の不安定ゆえに日本が「共産化する」可能性を強調したことだろう。ケナンらがすかさず力説したように、見たところ日本は経済的にきわめて不安定で、したがって、政治的にも危険をはらんでいた。まず、インフレが手に負えなくなっていた。賠償と経済力集中排除にかんする占領政策の不透明な状態がつづいていたため、設備投資が止まっていた。占領による統制ゆえに海外貿易はほとんどおこなわれていなかった。そして、とどまるところを知らないインフレのもとで、労働運動はますます過激な方向に進んでいるようにみえた。この時期のさらにイデオロギー色の強いエピソードをひとつ紹介すると、「リベラルな」ケナンは一九四八年前半に訪日し、「保守的な」マッカーサーが容共的な政策を推進していると断定した。この経済的に不安定で、それゆえに「内部から」共産化しかねないという日本像こそ、占領初期の民主的な改革政策の一部を放棄し、代わりに資本主義的な安定と再建につながるような政策を採用することになった原因である[25]。

この経済的に脆弱で、政治的に不安定で、イデオロギー的に信頼できないという、危機感を抱かせ、ときには終末論的ですらある日本像は、とりわけ落ち着きが悪い。アジアにおける勢力均衡のカギを握るのは日本だという根本命題がアメリカ側で表明されたのと、時期が重なっているからである。この勢力均衡論は一九四八年ごろから、おおむね以下のように展開された。１熟練した労働力と優れた産業および戦争遂行の潜在能力をもつ日本は、アジアにおける重要な勢力である。２しかし世界全体でみると、アジアはアメリカにとっての戦略的な重要度では一位どころか二位にもランクされない。逆にヨーロッパ戦域は最重要で、中近東がそれにつづく。軍事的にいえば、「西洋では戦略的攻勢、東洋では戦略的防衛」が必要とされることになる。３この世界戦略で日本をより必要とするのは、アメリカよりソ連である。４したがって、日本にかんしてアメリカがまず達成すべきは、日本をアメリカの攻撃能力に組みこむことではなく、むしろ、もっと端的にいえば、日本をソ連の勢力圏から切り離すことである。

この「負の」重要性というコンセプト（敵に日本を「利用させない」必要性）とはつまり、アメリカの目的にたいする積極的な貢献がなかったとしても、アメリカは日本を「考慮の対象からはずす」ことなど想像すらできなかったということである。それはすなわちソ連にとって計りしれない利益になるからである。のちに、ジョン・フォスター・ダレスは一九二五年にスターリンが言ったとされるセリフ（「西洋にたいする勝利の道は東洋にあり」）を好んで引き合いに出して、この線に沿った思考を強化した。一九五〇年より前のアメリカの政策文書には、この考え方が頻繁に登場する。たとえば、一九四九年十二月の対アジア政策にかんする基本文書のひとつ（ＮＳＣ48／1）は、「極東における戦争遂行複合体の重要な柱である日本がスターリン主義の勢力圏に組みこまれれば、アメリカ劣勢の方向に世界の勢力均衡をシフトさせるほど、アジアにおけるソ連の勢力基盤が強化されることになりかねない」という見解を示している。もっと端的な見解もある。いわく、「アジアの潜在能力は、アメリカにとってよりソ連にとって価値がある」。おなじ命題を、一九四九年五月付のアメリカ中央情報局（ＣＩＡ）の報告書はもっと詳細に分析している。

日本の産業基盤を支配下に収めることは、アメリカにとってよりもソ連にとって価値が高い。ソ連が日本の工業製品をより緊急に必要としているからというだけでなく、日本の工業がもっとも効率よく利用できる天然資源を産する地域（主として、中国北部、満州、朝鮮）を実質的に支配することにもなるからだ。こうした理由から、日本の経済・軍事能力をソ連に利用させないことが、長期的なアメリカの安全保障上の利益にかなうことになる。……日本を極東における戦争遂行複合体の中核に据えることの困難さとコスト、さらには鉄鋼生産の金額に換算した日本の産業力はアメリカの五パーセントにすぎないことを考えると、アメリカの戦略のなかで何より考慮されるべきは、アメリカの軍事生産の補助として日本の産業をフルに活用することより、それをソ連に利用させないことである。日本の産業設備は、アメリカよりもソ連にとってはるかに価値が高いだろう。じっさい、ソ連にとっては極東において何よりも経済的に高価な賞品ということになる。(26)

そのような政策を「ソフトな」と評するのは、政策の力学やその推移を注意ぶかく見守っていた人びとへの影響を過小評価しようというのではない。ソ連だけでなく、イギリスおよび中国（のあらゆる政治勢力）も、一九四八年前半から姿を現わしはじめた日本の再軍備という妖怪に危惧を表明している。そして、その年のうちに、ソ連は西側の報道を引用しながら、アメリカが日本から台湾、フィリピン、タイ、ビルマ、インドにおよぶ「環状防衛線」によって中国を包囲していると、その軍事政策を非難した。アメリカでは、アメリカ対日協議会の名のもと、一九四八年までに小規模だが優れた組織力と高度な政治力を誇る「ジャパン・ロビー」が出現し、政府、議会から経済界、金融界、さらにはマスコミにたいしてまで、その影響力を発揮していた。そして、日本自体でも、一九四七年にはじまる労働運動つぶしというかたちで、改革から経済復興への路線変更が告げられた。さらに、一九四八年には、大胆な経済力集中排除という非軍事化と民主化を実現するための中心的な政策のひとつがほとんど放棄された。

さまざまな技術的・政治的理由により、経済力の過度の集中を排除することによって日本経済を民主化するという政策はほとんど実を結ばなかった。基本的な集中排除法でさえ一九四七年十二月まで成立せず、そのときにはすでに論争に巻きこまれて身動きがとれなくなっていた。一九四八年二月には三二五社が調査と解体の候補として指定を受けたが、四月なかばには政策がほぼ一八〇度転換し、銀行を法律の適用から完全に除外するように占領当局は指示された。さらに、極秘の内部メモの字句によると、「法律のもとで解体の対象となるのはせいぜい二〇社で、それらは日本経済の復興の妨げになるかどうかを基準に選ばれる」。七月には指定を受けていた三二五社のうち二二五社が指定を解除され、最終的には当初の三二五社のうち一一社だけが解体を命じられ、また、べつの八社があまり重要でない組織改編を命じられた。一九四八年五月にはアメリカの実業家からなる使節団、集中排除審査委員会がこの政策を打ち切るために日本に派遣されている。委員の一人が当時支配的だった感情をメモに残し、この反トラスト法は「(実際にはそうでないとしても)いわゆる共産主義国家でもちいられている手段と紙一重だ」と評している。このようにできごとが展開していくなか、当初の政策の支持者の一人がその気持ちをこう記している。「大戦の事実が色あせ、つぎの戦争の憶測が幅を利かせるようになった[27]」。

経済民主化計画打ち切りの決定にかかわる公文書記録も、ご多分に洩れずぶっきらぼうで生々しい極秘の引用を含んでいる。だが、もっと記憶にとどめておくべきは、この政策の逆転がだれの目にも明らかだったことである。政策の逆転によって、日本人の攻撃性の構造的な根源にかんするアチソンの古い「戦争遂行の意志」仮説は否定され、もっと新しい日本「工場」というアチソンの日本像が具体的な形をなしていった。そして、日本の再軍備とまったくおなじように、アジアの大半で警戒心をあおり、抗議の引き金になった。

ハードな冷戦政策、一九四九—一九五一

アメリカ当局者は、アジアの他の地域の動向にきわめて悲観的になっていった。対日政策の再考は、そんななかでおこなわれたようだ。端的にいえば、アメリカ当局は、(日本を含めた)かつての大東亜共栄圏が共産化し、ソ連の支配下に置かれるという構図を思い描いていた。「共産主義共栄圏」や共産主義の影響下の「汎アジア的な傾向」といった表現がアメリカの資料に現われるのは、じつはこの時期からである[28]。同時に、アメリカの当局者は、米ソの二極が対立するという将来の世界の構図における日本の役割を明確に考えはじめていた。そして、ここから戦略立案の必然的なつぎの段階までは目と鼻の先だった。日本を敵に利用させないことが必要であるばかりでなく、アメリカの冷戦戦略のなかに日本を積極的に組みこむことが不可欠だったのだ。この段階に足を踏み入れたとき、ソフトな冷戦政策に終止符が打たれた。

日本を巻きこんだ「ハードな」ないし「積極的な」冷戦政策の起源は一九四九年六月とみることができる。ルイス・ジョンソン国防長官がアジアで「共産主義を封じ込めるために」政策の足並みをそろえるよう訴えた直後のこの時期に、統合参謀本部は日本でのアメリカの安全保障上の必要性について強い調子の声明を国家安全保障会議に提出している。議論の的になったこのNSC 49のなかで、アメリカはアジア大陸の「縁を囲む島嶼連鎖」にたいする戦略的な支配をつづけなくてはならないと、統合参謀本部は宣言した。この連鎖のなかで、日本全体は、アメリカがソ連にたいする軍事行動を起こせるような、前方に位置する中継拠点として重要な役割を果たすことになる。また、NSC 49は日本軍の創設を支持し、最終的にはこの軍隊が米ソ間で世界戦争が勃発したさいにきわめて重要な役割を果たすことになりうると示唆している。そのような戦争の場合、日本軍はソ連軍を東部戦線に釘づけにし、そうすることによって、西部戦線でアメリカとヨーロッパにたいする兵力の集中を妨げることになる（第二次大戦では、日ソ中立条約ゆえに、ソ連は東部への兵力投入を考えなくてもよかった）。ソフトな冷戦政策ではどちらかというと受動的に日本を共産主義陣営に利用させないことに重点が置かれていたのにたいし、日本がアメリカの軍事戦略のなかで「積極的な」役割を果たさなくてはならないというこの主張は、一九四九年十一月付の統合参謀本部の基本文書で簡潔に表現されている。日本は「アメリカ寄りになるというだけでなく、世界戦争のさいには積極的に手を組むことになる」（JCS 1380／75）というのである。そうした構想はたしかに以前から見え隠れしてはいたが、今やペンタゴンの主流になっていた。[29]

それから一年後に朝鮮戦争が勃発したあと、「アジアを包む島嶼連鎖」という構想は、一九五〇年一月十二日のアチソン国務長官の有名な演説との関連で熱っぽく論議された。そのときアチソンは、アリューシャン列島から日本、沖縄を通ってフィリピンにおよぶアジアの防衛線について言及していた。だが、そのときに韓国を含めなかったために共産主義者の攻撃を招いたと、長官はのちに非難された。抜け落ちた点があとになって注目を集めたことはわからなくもないが、それにこだわると、演説の主眼が見えにくくなる。つまり、長官がこの戦略的な防衛線に日本と沖縄を明快に含めていたという事実を見落とすことになる。アチソンがこの演説をした当時（ソ連が核兵器を保有し、中華人民共和国が樹立されてから数カ月後のことだ）、アメリカは沖縄と日本本土四島に目に見えるかたちで軍事能力を増強していたのである。[30]

このことをもって当時のアメリカの意思決定機構がひとつにまとまっていたというわけではない。NSC 49の発表後、国防総省と国務省は対日政策をめぐって対立し、一九五〇年九月まで歩み寄ることはなかった。もっとも、日本の再軍備と長期にわたって在日米軍基地を維持することの必要性にかんしては、それ以前に双方でおおむね意見の一致をみていた。だが、日本人の心理的・政治的性向をどう評価し、それにどう対応するかという、もっと微妙な部分では溝が埋まっていなかった。日本をもっとも効果的に反共産主義陣営に組みこむには占領を無期限に引き延ばすのがいいのか、それとも逆に近い将来に講和条約を結ぶほうが有効なのか、が問われた。統合参謀本部の見解では、日本列島全土の飛行場を排他的かつ広範に管理できることに加え、自衛を目的とした日本の軍隊を慎重に育てていくことが、アメリカのアジア戦略にとって不可欠だった。しかし、軍は同時に、日本が民主国家でありつづけるのか、反共主義の大義に誠実に関与しつづけるのかどうかには、自信がもてないと率直に認めている。日本は必要だったが、日本人を信用することはできなかったから、講和条約の交渉はまだ時期尚早だった。

五月に国務長官みずから海外駐在の外交官に宛てた回覧電文から明らかになったように、国務省当局は軍の懐疑的な日本人観に反論しなかった。「日本はアジアの非共産諸国と健全な友好関係に入るか、さもなくば、アジアの共産主義体制と手を組むことになる」と、アチソンはぶっきらぼうに伝えた。ただし、国務省当局は、いたずらに占領を長引かせれば、日本は本気で「共産主義体制」と組んでもいいという方向に傾くことにもなりかねないとみていた。

NSC 49にたいする最初の公式の反応（一九四九年九月三十日付のNSC 49／1）のなかで、国務省は、日本の親西側性向の信頼性にたいする疑念をあらためて主張し、日本みずから自衛能力をもたなくてはならないという考えに同意し、日本との講和を考えはじめるには時期尚早だという主張をしりぞけ、国防総省が日本で無期限に維持したがっている途方もない基地群にたいして重大な懸念を表明した。マッカーサー元帥も、初期の理想主義的な姿勢からは後退していたが、国防総省の積極的な政策を採用すれば、共産主義諸国に脅威をあたえ、日本を危険にさらすことになると主張した。マッカーサーは一九五〇年一月、NSC 49で展開された一般的な命題に答えるかたちで、「いかなる戦争にせよ、何が起きるかに関係なく、彼ら〔日本〕の島々は破壊されることになる」と論評した。

この問題に費やされた「秘密」および「極秘」の議論は数千ページにおよんでいるが、以下のことは指摘されるべきである。すなわち、1日本国内における（基地の数についてはともかく）長期的な基地使用および日本再軍備の一般的な原則については、一九五〇年の前半までに合意が生まれていた。そして、2全世界が論議の成りゆきを認識していた。一九五〇年二月には、沖縄と日本本土で飛行場を拡張し、滑走路を延長する数百万ドル規模のいくつかの建設プロジェクトが議会での予算承認を経て進められていた（そして、魅力的な副産物として、建設契約をつうじて同時に日本の経済復興を刺激することにもなった）。同時に、アメリカの公式使節団が大いに注目を浴びながらつぎつぎに沖縄と日本を訪問した。統合参謀本部も、一月三十一日から二月十日まで来日している。オマー・ブラッドレー統合参謀本部議長のそのときの見解が『ニューヨーク・タイムズ』紙に引用されている。「旧敵国の日本はもっとも強力な要塞というだけでなく、太平洋戦の結果得た唯一実体のあるもののようにもみえた」。非公式の発言はさらに意味深長だった。一九五〇年一月には、ジョセフ・ドッジが日本のことを「跳躍台であり、供給の源泉」だと表現した。これは国家諮問委員会に日本への経済援助を訴えていたときのことである。また、おなじ月に連邦下院歳出委員会に提出された調査報告書は、日本をアメリカの「西海岸」と評している。(31)

日本では、早くも一九五〇年一月にこうした流れに反対する著名な知識人が集まって平和問題談話会を結成している。この談話会は日本の平和運動の先駆けとなった。逆に日本政府は、講和条約早期締結の意思をあらためて確認し、その方策としてアメリカ側にふたつの大胆な提案をぶつけた。ひとつは極秘に、もうひとつは公けに。五月二日、日本側は講和条約締結後も在日米軍基地を維持してもいいと秘密裏に伝えた。そうした保証なしにはアメリカはけっして占領を終わらせないだろうと判断したからだ。主要な法律の権威と相談した結果、講和後に基地を残しても日本国憲法には違反しないという保証を得たと、日本政府はアメリカ側に告げた。その後の六月一日、外務省は白書を発表し、必要とあらばすべての交戦国が調印しない講和条約を受け入れる、すなわち、ソ連抜きの「片面講和」を受け入れる意向を表明した。

しかし、その時点では、保守派の吉田茂首相が六月二十二日にジョン・フォスター・ダレスに明言しているように、日本政府は再軍備に乗り気でなかった。ダレスは国防総省と国務省の膠着状態の打破に一役買い、講和条約問題が党派政治に巻きこまれるのを防ぐために、特別顧問として五月にトルーマン政権に迎えられていたが、初来日の交渉でいきなり日本に再軍備を迫った。対する吉田は、マッカーサーの支持を頼りに要求をかわし、一方のマッカーサーは休眠状態になっている日本の軍事関連工場の再生を考慮するようダレスに迫った。したがって、北朝鮮が三十八度線を越える電撃作戦を開始したとき、講和後の基地問題、日本の再軍備、さらには、日本の産業の再軍事化もすべて交渉のテーブルに載っていたことになる(32)。

じつは、テーブルに載っていたのは、それだけではなかった。一九四九年の暮れに国家安全保障会議は「アジアに関するアメリカの立場」(NSC48/1)と題する長い政策文書を配布していた。これに加え、その前後の多くの文書は、アジアの共産主義封じ込め政策における日本の経済的役割にかんする見通しを新たな思考の水準まで高めていた。NSC48/1は、アメリカにとってのアジアの戦略的重要性を三部に分けて簡潔にまとめている。ソ連の戦争遂行能力は、ここを支配すれば向上することになる。アジア固有の反共産主義勢力を育てれば、ソ連の影響力を軽減し、アメリカの資金負担を軽くし、有事のさいの戦力を提供してくれる。そして、アジアで産出する特定の天然資源(とくに、錫《すず》とゴム)はアメリカにとって貴重だった。基本的な軍事政策のキャッチフレーズは「「西洋」では戦略的攻勢を、「東洋」では戦略防衛を」のままだった。

NSC48/1は、日本を支点とする勢力均衡論の、そして政治的・イデオロギー的傾向にかんするアメリカの不安の基本声明だった。日本には「民主主義に反する」伝統的な社会様式が色濃く残っており、右にせよ左にせよ日本は容易に旋回する可能性があったというのである。アメリカとしては、中道を進んでくれるように願うばかりだった。文書は、日本を含めたアジア全体にとって近い将来にソ連が直接の軍事的脅威になることはないと認めており、また、中ソ摩擦の火種にも気づいていた。それまでの政策文書が力説していたように、日本は将来において中国と相当規模の貿易をするように期待されていた。じっさい、戦略品目には制限が課されるが、そのような日中貿易が実現すれば、重要な中国産品(タングステン、アンチモニー、桐油、剛毛など)がアメリカに入ってくるし、中国を資本主義経済に引き寄せることにもなるから、アメリカの目的にかなうことになる。NSC48/1にはのべられていないが、他の公文書をみると、ケナンらの政策立案当局者は「要するに、その地域へのソ連の影響に対抗し、それを中和する唯一現実に可能性のあること」として「朝鮮と満州に日本の影響力と活動が再度およぶこと」を期待していたようだ(33)。

しかし、一九四九年後半以降、日本の経済拡大にとって重要な地域として、ワシントンの政策立案当局は中国に代わって東南アジアにますます目を向けるようになった。N

SC48／1は一般的な言い方ながら、日本経済と南および東南アジアの経済統合を急ぐのが望ましいと結論づけている。そこへいたる草案の段階では、アメリカ―日本―東南アジアを結ぶ「三角貿易はそれぞれにとって利益になる」と、もっと明快に指摘していた。この三角という比喩はその後数年間のキーワードになったが、この三角形にじっさいには四つめの角があった。他の文書から明らかなように、東南アジアとは、おおむねヨーロッパの植民地を指していた。現に、米―日―東南アジアの三極を統合する青写真については、マーシャル・プラン、すなわちヨーロッパ復興計画のアジア版という言い方もよくされたが、これもいくらか誤解を招きやすい。そもそも、アメリカは東南アジア諸国を、戦争で荒廃したとはいえ工業的に進んでいる西欧諸国といかなる意味でも同等とみなしてはいなかった。先進資本主義経済の潜在能力をもっていたのは日本だけなのだ。さらに詳述すれば、東南アジアがまだ植民地の状態にあり、ヨーロッパにとって経済的に重要だと思われることを考慮に入れると、アメリカがアジアの安全保障と経済開発を推進することは、たんに「小マーシャル・プラン」というより、むしろほんらいのマーシャル・プランを補完する（妨害するものにもなりうる）ものとみるほうがもっと正確だといえよう。この主題にかんして一九四八年なかばにまとめられた報告書が指摘しているように、マラヤ、インドシナ、インドネシアが稼ぐドルは、対米貿易でイギリス、フランス、オランダを苦しめていたドル不足を軽減するのに重要な役割を果たしていた。日本経済と東南アジアとの統合促進を話し合う省庁間の会合では、このように東南アジア経済を強化することもヨーロッパ諸国の救いになるのか、それとも、かつての「共栄圏」の南方区域における競争で日本を決定的に優位にしてヨーロッパを害することになるのかが、くり返し議論された。

日本の再軍備および講和後の基地問題とおなじように、日本と東南アジアの経済を統合すべしという議論は一九四七年前半から存在していたが、一九四九年なかばまで「ハードな」政策のレベルまで引き上げられることはなかった。国務省は一九四九年三月に、日本から東南アジアを経て、オーストラリア、インドにまでおよぶ「偉大な三日月」という構想を創案した（PPS51）。国家安全保障会議はその年の七月にNSC51として、この構想を広めた（しかし、正式には採用しなかった）。構想の背景説明から明らかなように、東南アジアは主として、日本および西ヨーロッパの市場と原材料の供給源としての役割を果たすことになった。ケナンは、ソ連の北東アジアへの影響力を牽制するために朝鮮と満州の日本経済への再統合を熟慮していたように、「なんらかのかたちで帝国が再度南方へ展開していかない場合、日本人はいかにしてうまくやっていくのかという、ぞっとするような問題」にも同時に思いをめぐらせていた。それとちょうど時をおなじくして（一九四九年十月）、ＣＩＡは日本の投資家と商社を東南アジアへ復帰させる意思を表明していた。そこでは彼らの終戦までの経験が生かされることになる。それと並行して、少なくとも象徴的な意味で大日本帝国の設計者と管理者の勢力が復権するできごとがあった。統合参謀本部と国務省が、台湾の国民党勢力を救うためにアメリカが軍事的に介入することはできないと主張していた（ＮＳＣ48／1で表明され、一九五〇年三月の対中政策にかんするＮＳＣの基本文書で再確認された政策）ときに、中国本土奪回について蔣介石に助言するために日中戦争を戦った旧日本軍の将校らが秘かに台湾に送りこまれていたのである[34]。

ドレーパーに代わって陸軍次官に就任したトレーシー・ボーヒーズは、日本と東南アジアの結びつきがアジアの将来における反共主義的な地域統合にきわめて重要な意味をもつことをすぐに見抜き、一九五〇年初頭からそうした相互依存関係を促進するような統合的な軍事・経済援助計画に多くの時間を費やした。またしても一九五〇年六月より前のことだが、ボーヒーズの提案からも明らかなように、日本という工場は非共産主義アジアにとっての潜在的な兵器工場ととらえられており、日本が南の隣人に輸出することのできる資本財のなかには軍事品目が含まれていた。一九五〇年一月を皮切りに、そうした反共主義の地域統合の実現可能性について調査するアメリカの使節団が、続々と東南アジアと日本を訪れた。そして、軍事援助計画のもと、インドシナ半島、インドネシア、タイ、ビルマにたいするはじめての軍事援助が一九五〇年前半に実施されたが、このプログラムは地域統合というもっと大きな構想のなかに位置づけられていた。朝鮮戦争勃発の直前、国務省は大規模な「特別円ファンド」の創設を暫定的に承認した。このファンドでは、日本は東南アジアの原材料と市場にいっそうアクセスしやすくなるようなかたちでアメリカの援助プログラムに組みこまれることになっていた[35]。

戦後のアメリカの政策における他の重要な領域（たとえば、国防予算の三倍増を要求した、一九五〇年四月のＮＳＣ68）でもそうだったように、日本にかんするかぎり、朝鮮戦争のもつ重要な意味とは、すでに導入され、首脳レベルでおおむね合意のできていた政策の実施がこの戦争によって促され、加速されたことだ。日本の再軍備は七月に着手された。講和条約をめぐる国務省と国防総省の対立も、早期講和こそ日本の忠誠を確保する最善の方法であるという考え方に国防総省が同意して、九月には解消された。ドッジ・ラインのもとで「インフレ抑制政策」を敷かれていた日本経済は、景気後退どころか正真正銘の不況に突入しているかにみえたが、劇的な「朝鮮戦争特需」によって停滞局面から抜け出した（ちょうどこの時期は、アメリカの統計学者W・エドワーズ・デミングによって品質管理技術が紹介された時期とも重なっている）。そして、いつも実行に移されたわけではなかったが、長期的な日本産業の再軍事化に向けたきわめて野心的な計画も構想された。

内政面でも、占領政策のいくつかの領域でハードな冷戦政策が実行に移された。なかでも際立っていたのが、労働運動と急進的左翼勢力を弱体化させようという行動だ。こうした内政面での「逆コース」の強化も、朝鮮戦争のかなり前から着実に実施されていた。占領の早い段階で制定された労働組合法は、一九四八年後半から徐々に骨抜きにされていった。一九四九年末からは、占領当局と日本政府が共謀して公務員の「レッドパージ」を進め、一九五〇年六月までに一万一〇〇〇人前後の労働者が解雇された。この占領型「マッカーシズム」の犠牲者の圧倒的多数は労働組合の活動家だった。朝鮮戦争がはじまると、レッドパージは民間部門にまで拡大され、組合活動に熱心なほぼ同数の労働者が解雇された。政治的な左翼勢力を狙い撃ちにしたレッドパージが進められる一方で、かつて軍国主義的ないし超国家主義的活動を理由に公職や民間の役職から追放されていた人物の「追放解除」が開始された。政治情勢の急激な変化を象徴するように、降伏前の抑圧と侵略行為に荷担したとみられる人物の捜査と追放を実施すべく、占領開始と同時に創設された日本の官僚機構が、一九四九年から、今度は政治的左翼勢力とつながりのある人物に照準を合わせるように指令を受けていた[36]。

一九五一年四月、ＣＩＡはアメリカの戦略立案に占める日本の地位について以下のように要約している。

戦略上に占める地理的位置、産業能力、そして民間および軍事部門の豊富な人的資源ゆえに、日本が最終的にどちらの陣営につくかは、極東における勢力均衡にとって決定的な要因になる。もし共産主義勢力が日本を支配すれば、彼らは、

a　北東アジアの共産主義支配下の領土を保護できる。

b　西太平洋のアメリカの防衛ラインを突破できる。

c　ソ連圏の産業および軍事力、とりわけ極東における輸送力と海軍力を強化できる。

d　南および東南アジアにおいて共産主義の侵略行為を促進することができる。そして、

e　他の地域へ配置するように共産主義の軍事力を解放できる。

逆に、日本が再軍備し、西側と同盟することになれば、

a　日本の産業および軍事的資源が友好国の手に残ること自体が西側にとって利益となる。

b　日本は西側の軍隊に北東アジアにおける潜在的な基地を提供することになる。

c　アメリカは西太平洋における前哨部隊を守ることができるようになる。

d　共産主義の拡大にたいする戦いに臨む他の非共産主義諸国が勇気づけられることになる(37)。

CIAの報告書はまた、日本が再軍備に合意してから六カ月ないし一年以内に兵力五〇万規模までの軍隊をもつことが理論的に可能であるとまでのべている。さらに、CIAはこう結論づけた。「日本には第二次大戦中に維持されていた産業施設に匹敵する規模と生産力をもつ設備を十分に操業できるだけの熟練した労働力がある。われわれの試算では、一年から一年半以内に、陸海軍で使用する武器・弾薬の生産能力はかつての水準にかなり近い線まで回復するはずである」。また、南アジアと東南アジアは、共産主義体制にならないということが前提だが、「日本が必要とする食糧と鉄鉱石、ゴム、ボーキサイト、錫、綿花、そして、量はそれほどではないが、原油などの原材料のかなりの部分を供給」できるだろう、と報告書は指摘していた。

他の内部報告書も、そのような見通しを受け入れていただけでなく、短期間のうちにほぼ全面的に実現するように促していた。したがって、サンフランシスコ講和会議にいたる何カ月かにまとめられた統合参謀本部の報告書は、軍が「日本を、国連のお墨付きがあるか否かに関係なく、極東における軍事行動、必要とあらば（満州を含む）中国本土、ソ連にたいする作戦、そして公海上での作戦を含む軍事行動の基地として使用すること」を必要不可欠のこととみなしていると明言していた。同時に、アメリカ政府は、兵力三〇万から三二万五〇〇〇で完全装備の一〇箇師団からなる日本軍が一九五三年までに編制されることを期待していた。一九五一年春にマッカーサーの後任に就任したマシュー・リッジウェー将軍は感情的に宣言した。「そうした軍隊に、結局は、極東全体の安定と保護を依存することになる」。リッジウェーはさらにつづけて、「第二次大戦中に日本軍が示したのに匹敵するような闘志と戦闘能力を備えた」軍隊の創設こそ、極東における他のいかなる長期的なプロジェクトにも「優先する」ものだと語った。当然のことながら、日本の再軍備に先立って憲法第九条は改正さ

れるべきだし、また当然そうなるものと、当時のすべてのアメリカ極秘文書で想定されていた[38]。

統合的冷戦政策、一九五一―一九五二

一九五〇年六月の朝鮮戦争勃発から五二年四月の日本占領終結までに、ほぼ二年の歳月が流れているが、日本とアジアにたいするアメリカの政策が、非常に多くの立案者から批判の出ていた「国別の」アプローチを捨てて、いくぶんでも統合的なかたちを取りはじめたのは、一九五一年に入ってかなり経ってからのことだった。この地域政策一元化の核になったのが、一九五一年九月にサンフランシスコで調印された対日講和条約、および、これと並行して締結され、日本、フィリピン、そして、オーストラリアとニュージーランドをアメリカと軍事的に結びつけることになった三つの安全保障条約である。のちにアメリカは、韓国（一九五三年）、台湾の国民党政府（一九五四年）、そして東南アジアの主要国（一九五四年）とも安全保障条約を結ぶことになる。全体としてみると、これらの軍事条約はつぎはぎだらけだった。アジアには、ヨーロッパのＮＡＴＯに相当するような統合された機構は存在していなかったのである。

日本がサンフランシスコで四八カ国とのあいだで調印した講和条約は、一九四七年にケナンと国務省政策企画室によって用意された規範にもとづくものだった。簡潔で、懲罰的な条項はなく、講和後の管理の規定もなく、日本が非共産主義陣営の一員として安定した豊かな国になれるようにできるかぎりの配慮をしていた。もちろん、主権を回復した日本がこれほど繁栄することになろうとは、当時は誰一人として想像しなかった。むしろ、一九五〇年代はじめには、アメリカと日本の当局者はともに、日本の「底の浅い経済」の見通しにかんして一般に悲観的だった。同時に、日米両国間の軍事同盟がどのようなものになるのか、だれも正確な見通しはもっていなかった。占領後の日本における米軍駐留の詳細が具体化したのは、一九五二年前半になってからのことだ。そして、アメリカ側が要求した軍事施設の規模は、日本側の予想をはるかに超えるものだった。無理からぬことだが、二国間の安全保障条約のもとでの日本の地位と、それを可能にしていた「行政協定」が、戦後にアメリカと安全保障条約を結んだどの国とくらべても公平でなかったという事実を、アメリカも日本政府も公表しなかった。そして、一九六〇年に安保条約が改定されるまで、その条件はつづいた。

アメリカと日本の安全保障関係は、もうひとつの重要な

分野、すなわち、日本の再軍備の面でも、想定されたとおりには進展しなかった。アメリカは当初、三〇万人規模の日本の地上軍という目標は一九五三年までに達成されると想定していた。だが、日本の保守政党政府はそのように急速な再軍事化の要求に難色を示し、その後も一貫して抵抗した。この抵抗はよく知られているが、日本の指導者がそのために当初から挙げていた理由の全容については十分に認識されてはいない。日本国民はそれほど急な再軍事化を許容しない、日本経済はそれを支えきれないと主張したのに加え、大規模な軍隊が急に実現したら、アメリカは朝鮮に派兵させたがるのではないかと恐れているとまで、吉田首相は明かした（じっさいに日本の掃海艇が秘かに朝鮮戦争に参加している）。また、日本のイデオロギー的な傾向を懸念していた国務省と国防総省の補佐官らとおなじように、首相も、性急に拡大すると新しい軍隊が「アカ」に汚染されることになりかねないと危惧していた。さらには（アメリカの同盟者とは際立った対照だが）、日本の軍隊が急に復活すれば、アジア全土で恐怖と敵意が沸き起こる引き金となることに、吉田は神経をとがらせていた。とりわけ、皇軍とその民間人の部下たちの堕落した振るまいによる身体的・精神的な傷のまだ癒えていない反共主義のかつての同盟国にたいして神経質になっていた。最後に、そのとき以降、日本の指導者は、アメリカが要求しているような臆面もない大規模な軍事化を進めるには憲法を改正せざるをえないとも主張した。「国家警察」軍や「自衛」隊の維持なら認められるというように憲法第九条を解釈しなおすことはできなくもないが、三〇万人を優に超す規模の軍隊をただちに編制するというのは無理だというのだ。それに、「逆コース」がどこまで進むのかについて、すでに疑りぶかくなっている国民を相手に憲法改正を強行しようというのは、保守派の与党にとっては政治的自殺に等しいという。一九四七年から四八年に日本の再軍備がはじめて本格的に検討されて以来そうだったように、アメリカの当局者も、望ましい規模の日本の再軍事化には憲法改正が必要であることは認めていた。だが、それはとうてい実現できないという日本の保守派の主張にはくみしなかった。[39]

軍事的には、一九四九年なかばごろから国防総省の多くの立案者が希望していた線にかなり沿ったかたちで、占領は「要塞日本」に移行していった。しかし、その要塞の守備隊はけっしてワシントンが望んだような十分な戦力にはならなかった。「片面講和」の考え方が一九四七年にはじめて登場したときからアメリカの政策立案当局が予想していたように、「寛大な」講和条約と日米二国間安全保障条約をセットにするのはソ連にとって受け入れられないことで、ソ連はサンフランシスコ会議に出席はしたものの、講和条約には署名しなかった。サンフランシスコ講和と日中の結びつきとの関係はもっと入り組んでいて、それほど容易には予想がつかなかった。結局は、保守的な指導者を含め大半の日本人の願いもむなしく、日本は中国から切り離されることになった。より大規模な再軍事化の圧力を日本政府がうまくかわしたことがアメリカの権力の限界を示すものだとすれば、日本がその意思に反して独自の中国政策をもてなかったことは、アジアにおける新しいパクス・アメリカーナの強制的かつ魅惑的な力を浮き彫りにしている。

共産主義中国の封じ込めは、アジアにおける統合的冷戦政策のきわめて重要な負の側面である。一九五一年から五二年に完成したこの政策の進展を、ここではごく簡単に振り返っておこう。一九五〇年前半まで、アメリカの政策立案当局は軍人サイドも文民サイドも、日本と中国本土との貿易は避けられず、日本がドル不足を回避し、経済的な安定を達成するのに不可欠の方策だと想定していた。さらに、(日本をソ連にたいする「緩衝材」として満州および中国北部に引き戻すことによって、また、中国の共産主義者をソ連から「乳離れ」させ、資本主義陣営に引き戻すのに一役買わせることによって）冷戦という文脈で貴重な存在になるかもしれないという見方すらあった。こうした思考の多くは、一九四九年三月のNSC41のなかに示され、同年十二月のNSC48／1および48／2でくり返された。朝鮮戦争勃発前の数カ月、アメリカの中国にたいする姿勢が強硬になるにつれて、日本は拡充された対中貿易禁輸品目リストに従わざるをえなくなった。それにもかかわらず、日中貿易は一九五〇年に目立って増加している。朝鮮戦争がはじまったあとも、それは変わらなかった。

日本は占領下にあったため、一九五〇年十一月に中国が朝鮮戦争に参戦したあとは、当然のように対中全面禁輸に従わざるをえなかったが、依然として多くの方面で、戦争が終結したら日中関係はすぐに再開されることになるし、またそうあるべきだと考えられていた。しかし、アメリカの国内政治では中国問題は流動的だったし、中国問題をめぐってはアメリカと当時の主要な同盟国のあいだで意見の食い違いがあったことから、サンフランシスコ講和会議には共産党政府も国民党政府も招かれなかった。一方日本は、中国政策についてはのちに独自の路線を決められるという了解のもとに講和会議に出席していた。イギリスも状況をそのように理解していた。ところが、一九五一年十二月には、台湾政府との関係樹立を誓約しないかぎり、アメリカ議会による講和条約の批准は否決され、したがって占領が無期限に延長されるという立場に置かれていることを、日本は思い知らされた。

それゆえ、占領の最後の数カ月間に、講和条約に沿ったかたちで、日本は蔣介石の政府と単独講和条約締結を交渉した。その交渉が台北で進められているあいだに、アメリカ当局は中国の経済的封じ込めに日本をしっかり組みこむための地ならしを秘かに進めていた。この政策は、「協議グループ」(CG)とココム(COCOM、対共産圏輸出統制委員会)という秘密の機構に付属するかたちで、一九五二年九月にチンコム(CHINCOM、対中国輸出統制委員会)が創設されて完成をみた。これらの機構によって、アメリカとその同盟国はソ連圏への輸出の統制を図っていた。チンコムの取り決めのもと、日本はほかの国も同意している禁輸品目のリストに忠実に従っただけでなく、じっさいには他のどのアメリカの同盟国よりもずっと広範な対中国貿易統制に同意させられる羽目になった[40]。

このように、最初は中国の朝鮮戦争参戦によって、つづいてワシントンからの一方的な命令によって、中国市場から突然に切り離されたことから、長く温められてきた日本と東南アジアの経済を統合するという構想がワシントンと東京の両方で緊急の課題として浮上してきた。この観点からみると、統合政策が世界に向けて発信されたのは一九五一年の前半だと考えることができる。このとき、いささか誤解を招きやすいが、この政策は「米日経済協力」と公式に命名された。この考え方がその後数年にわたる日本のトップレベルの経済企画の基調となり、日米が協力して東南アジアの経済開発を促進することが協力政策の重要な柱であると、すべての関係者は理解していた。

一九五一年なかばには、占領当局によって東南アジア諸国へ最初の日本の経済使節団が派遣された。共栄圏(ただし、中国を含むものではなく、中国に代わるものとしてだった)が復活するという見通しは、数えきれない日本の当局者の想像力と活力をかきたてずにはおかなかった。サンフランシスコ講和の特質をよく表わしている一例だが、ジョン・フォスター・ダレスは延期されていた賠償計画の問題をふたたび持ち出した。だが、これには細工があった。日本が戦争で被害を受けた国にたいして現行の生産高のなかから賠償を支払うことで合意されたが、その主たる目的は、日本が東南アジアに経済進出する楔としてこの支払いを利用することだった[41]。

結果的にみると、東南アジアは閉ざされた中国市場の代わりをすぐに果たすことはできなかった。ひとつには、これら諸国の経済基盤が弱かったからであり、また、東南アジア諸国は苦い記憶を忘れていなかったことに加え、賠償交渉が長引いていたことも、その理由として挙げられる。

ところが、思いもかけないかたちで非常に強力な冷戦的な経済統合が具体化する。きっかけになったのは朝鮮戦争だった。一九五〇年六月以降、日本に降ってわいたようにアメリカの「特需」が発生したのである。さらに重要なのは、一九五一年なかばにはじまる特筆すべき「新特需」のもと、そうした軍事関連の購入が恒常化したことだ。一九五一年から六〇年までの一〇年間に、軍の調達および支出によって五五億ドル前後の資金が日本経済に注入された。このことにより、日米と他の非共産主義世界のあいだで軍事的、経済的、技術的な統合が大いに前進した。たしかに政策立案当局が計画していたとはいえ、決定的な刺激は想定外のものだった。豪胆な保守派指導者である吉田茂の言葉を借りれば、日本にとって朝鮮戦争は思いがけない「天佑」だったのである。(42)

戦争による荒廃から五年後、日本はかつての植民地で起きた戦争によって救われた。トルーマンがかつて「野蛮人」「野獣」と評した日本人は、アジアにおいてアメリカのいちばんの期待を担う存在に生まれ変わったのである。

6 吉田茂の史的評価

象徴としての政治と現実的な政策立案

第二次大戦の終結からほぼ半世紀が経ち、このあいだに日本では二〇人をこす政治家が首相をつとめた。なかには類まれな技量と影響力をもつ指導者もいた。たとえば、岸信介、池田勇人、佐藤栄作、田中角栄、そして中曽根康弘についてはたしかにそのようにいうことができる。しかし、大半の日本人、そして日本人以外の目から見ても、吉田茂は明らかに頭ひとつ抜けている。じっさいのところ、一九四五年以後の日本の政界で、知名度と評判において吉田を上まわるのは昭和天皇をおいて他にいないようにみえる。そして、歴史の記憶としても、今後も長年にわたってこの二人の地位は変わらないように思われる。それは、一人がもう一人の陰に隠れるような関係ではあるが、数多くの指導者のなかにあって二人が群を抜いていることに変わりはない。

これは、吉田が歴史に残したいと願った、誇り高く忠実な皇室のしもべというイメージにかなり近いものだ——そのうえ、吉田がそれをうまくやり遂げたという事実は、かなり皮肉である。というのも、吉田のキャリアは平坦ではなく、その評価はつねに高かったわけではないからだ。たとえば、一般に吉田は日本の戦後の大部分を治めてきた保守支配のシンボルとみなされるが、一九五四年に吉田を政権の座から追い落としたのは、その保守系の政治家や実業家にほかならない。吉田の有名なニックネームである「ワンマン」は、今ではだいたい彼のゆるぎない個人主義を示す肯定的な意味合いで使われるが、首相をつとめていたころは、独裁的な性癖を表わすものであった。

おなじように、影響力のある日本の保守的な学者、たとえば高坂正堯や猪木正道などは、吉田の政治的な現実主義と「外交センス」（吉田が好んでつかった表現）を強調する。しかし、じっさいに外交や政治のごたごたに深くかかわっていた一九二〇年代から五〇年代なかばまで、吉田は、政治的な如才なさや抜け目なさへの高い評価を受けてはいなかった。私は若い学者として、吉田の駐英大使在職期間であある一九三〇年代の外務省文書を調べるため、ロンドンの公文書館を訪れたときのことをはっきりと思いだす。「ああ、吉田ね」と、年輩の文書係《アーキビスト》が私の請求を聞いてつぶやいた。「外交官が吉田について強い調子で書いたものがある。とても手厳しい、異様に手厳しい」。たしかにその記録は手厳しかった。また、戦後の英米の高官も個人的にはおなじだった（たとえばアメリカの機密資料のなかでは、「不安にさせる」「無分別」「言を左右にする」「あいまいで責任逃れ」「哲学的なごまかし言葉」「誇大な自己宣伝」などが吉田にたいする典型的な反応である）。老練なワンマンのカリスマ性は時を経て、数えきれない方法で輝きをましてきたものだ。

控えめにいっても、吉田はすでに三ないし四回の政治的復活をなしとげたといえるだろう。吉田は、彼みずからいうところの月並みな外交官生活から引退して七年になろうかという一九四六年に、戦後政治の舞台に引きずりだされた。混乱の一九四六年から四七年までつとめた第一次吉田内閣のあと、一九四八年後半に吉田が政権に返り咲いたことは、見る者の多くを驚かせた。一九五四年に心ならずも辞任し、これは同時代人のあいだで惜しむ声は少なかったが、そののち吉田はたいそう長生きし、長老政治家として尊敬を得た――いわば最後の元老となったのだった。世界のだれの目にも日本の圧倒的な経済成長が明らかになった一九七〇年代初期、このとき吉田は記憶として戦後復興のもっとも著名な初期「設計者」としてふたたび復活する。最近では、戦後日本が世界的な超大国として出現したのは、経済ナショナリズム、限定的再軍備、アメリカとの親密な関係といった「吉田ドクトリン」への一貫した支持を反映しているといわれてきている(1)。

吉田が首相をつとめた期間が日本の戦後まもない一〇年間にあたるという単純な事実は、歴史における彼の特別な位置を説明するのに大いに役立つ。というのも、たいていの大国が近代に体験したできごとのなかでは、一九四〇年代と五〇年代の指導者たちがもっとも記憶に残っているからだ。理由はまったく明らかである。こうした指導者たちが危機の時代に、そして大いなる変革の時代に政策を決定しただけでなく、象徴的な役割を果たしたし、またその時代の大きなダイナミズム自体を体現しているからだ。吉田の場合についていえば、その象徴的な役割は、過去と現在を問わず傑出している――それはひとつに、彼の活躍を求めた環境によるし、またひとつには、彼の傑出した人格と仕事ぶりにもよるし、さらにまた、日本の戦後史料が片寄っていることにもよる。吉田の政治家としての具体的な決定よりも、おもに政治的象徴としての類まれな存在感こそが、日本の近代史における吉田の重要性を物語っているとさえいうことができるだろう。

以下のページでは、吉田の具体的で、議論をかもした政策争点を取りあげる前に、その経歴のより象徴的な側面を詳細にあつかう。しかし、この問題をあらかじめ見ておくのは有益だろう。吉田の象徴的な役割は三つのレベルで興味ぶかい。第一に吉田は、戦時中に脇へ押しやられていた上流階級の「文民守旧派」とおおむね重ね合わせることのできる社会階級と彼らの理念・価値が生き残り、ふたたび強化されたことを体現していた。第二としては、吉田が敗北後のいわゆる新日本にふさわしいと考える保守的で愛国的な姿勢——ここでも、かいつまんでのべるなら「超父権主義的民主主義」の姿勢——を慎重に育んだことが挙げられる。第三の、そして関連するレベルで吉田が演じた——また、今なお演じている——顕著な象徴的役割が「サンフランシスコ体制」との密接な結びつきである。同体制は、今日にいたる日本の進路を形づくった日米両国間の特殊な軍事的・経済的関係である。われわれは今でもこれらすべての分野で、吉田という人物の具体像を心に思い描くことができる。着物に白足袋姿で高価な葉巻きをふかし、自宅の庭に明治時代の独裁者のための神社を建立し、新聞記者に水をかけ、左翼を「無法者」と、また日本の中立主義を訴える知識人を「曲学阿世の徒」と非難し、マッカーサー司令官の妻に花や果物を贈り、サンフランシスコで講和条約に署名し、伊勢神宮の天照大神に講和報告の使いを遣り、首相として天皇の面前で頭を垂れ、みずからを「臣茂」と呼んだ。明治以降これほどいきいきとした、また示唆に富んだ個人像を残した日本の政治家はほかにいない。

もちろん、こうしたことの大方は、日本が戦争で破壊され、一九五二年の四月まで名目上は連合国による占領下におかれた状況で展開した。もっとも、その占領も、じっさいにはアメリカの政策に従わざるをえないということが、当然ながら少しずつ明らかになったのだが。こうした文脈のなかで、敗北し、志気を失った日本の国民と、警戒的で相変わらず敵対的な戦勝国にたいし、効果を狙った意思表示や芝居じみた行動が、彼らの目にはとくに大きく映るということを吉田は痛感していた。たしかにこのような状況——冷戦が激化し、占領下の日本にたいするアメリカの政策が政治的・社会的な改革から経済復興へ移行した——のもとでは、政治的な手を打つ余地は十分にあった。そして吉田は、占領当局やアメリカの高官に自身の意向を語ったり、彼らのあいだで派閥的な裏工作をすることをためらわなかった。戦後日本の最初の一〇年間の指導者として、吉田の政治活動のほとんどは必然的にアメリカとの関係に向けられたが、これもまた、吉田を近代日本の多くの指導者と分かつ点である。これは彼の外交官としての経歴にじつにふさわしいことであり、猪木教授の称賛に値する研究は、この点で吉田が比類ないほど抜け目ないと記している。

具体的な政策立案の領域では、私自身、吉田の貢献についてさらに的確な評価を示してみたい。首相としての吉田のもっとも重要な目標は、非共産世界のなかで尊敬される日本の地位と安全を回復することにあったという点で、異論をとなえる批評家はほとんどないだろう。また、吉田はこの点にかんしては、自身の目的が相当達成されたとみていた。同時に、これは念頭に置いておくべきことだが、吉田はかなり怠惰だったと告白しており、この点は過度に謙遜しているのではないようだ。たとえば、猪木教授は吉田とマッカーサー司令官との個人的な関係の重要性を強調しているが、マッカーサー自身は吉田を個人的に「ひどく怠け者で政治的には不適格」だと、カナダの学者で外交官だったE・H・ノーマンに語っている。有名な自由主義的農業経済学者で、第一次吉田内閣の閣僚就任を断わった東畑精一は、吉田の頑固さと「非理性的」な支離滅裂さの独特な組み合わせについて、一九四八年にもっと寛大な論評をしている。すでに指摘したように、第二次世界大戦前後に吉田と仕事のうえで接した海外の外交官や高官はたいてい、吉田は不可解で、風変わりで、いらいらさせられると感じた。後日、彼らが公式にどう語ったとしても、私の知るかぎり、吉田が政治的に温厚で機敏だと個人的に評価した人物はほとんどいない(2)。

こうした頑固さと支離滅裂さの取り合わせは、吉田がもっとも密接に関係した政策分野、つまり「サンフランシスコ体制」の形成でもその行動を特徴づける。あらゆる政策のなかでもっとも物議をかもし、また重要なこの政策にかんして吉田は、冷戦下で日本をアメリカの同盟国とする「片面講和」を受け入れるよう国民に粘りづよく語りかけた。しかし、アメリカ側は、長引く日本占領が日本の好意的な支持を失わせ、長い目でみればアメリカの利益にとって逆効果となる可能性について非常に気を配っていた。こうして一九四九年から五〇年までに、問題は「片面講和」や講和条約を結ばないことではなく、当時吉田が言ったように、むしろ、日本がどんな片面講和を、また条約締結後の軍事・経済的地位を受け入れるかということになった。こうした観点から、吉田の政治指導力にかんする問題の核心は、形成されはじめたパックス・アメリカーナの枠組みのなかで、吉田がどれほど巧みに交渉したかという点になる。それを振り返るとき、答えは複雑だ。

プラスの面では、吉田が一徹に交渉して変更をもたらした分野がふたつある。学者や批評家にはたいがい見逃されている重要な問題だが、吉田は琉球諸島と小笠原諸島にたいする日本の「潜在主権」を強く主張したように見受けられ、結果として一九七〇年代の沖縄の返還を早めた。しかし、吉田のもっとも重要な貢献は、当然ながら、戦後日本の再軍備をゆっくり漸増的に進めるという方向へ導いたことにある。もし一九五〇年代初頭にアメリカの計画どおりになっていたら、日本は国際的にも、国内的にも、大きな不安を引き起こしかねない異様なほど急速な再軍備の道を歩んだことだろう。

しかし、サンフランシスコ体制のもうひとつの重要な側面――中華人民共和国との関係――にかんしては、吉田の政策はよくみても一貫性に欠け、気力の感じられないものだった。また、吉田の非公式な行動は彼が公式の席でときたまみせるアメリカの封じ込め政策批判と矛盾していた。アメリカの中国問題への過剰反応が、交渉の余地をほとんどなくしたというのはたぶん事実だろう。しかし、入手しうる英米の公式記録では、吉田が共産中国の問題をめぐる英米の対応のちがいを本気で利用しようとしていたようには見受けられない。また、日本が主権を回復したのちでさえ、もう少し独自の政策を打ち出そうともしなかった。この点では、吉田は彼が信頼していた池田勇人や愛知揆一などの腹心たちよりも小心だったのだ。

このすべての過程において、吉田は、ゆるぎない愛国者にとってはとくに腹立たしい象徴の役割を果たすことになった。世界規模の封じ込め政策に代表されるアメリカ冷戦政策への絶対的な服従は、サンフランシスコ体制が日本のほんとうの主権ではなく、戦後の新たなアメリカ支配権のもとでの「従属的独立」をもたらした、という印象を強くしたからだ。のちになってわかったことだが、この変則的な地位は、数十年のうちに想像もつかなかった物質的繁栄をもたらす経済ナショナリズムの道を日本が歩む状況をつくりだした――ただし、後をひく心理的、イデオロギー的な代償をともなった。「偉大な」国家という日本の究極的な役割――これは誇り高い吉田がつねに掲げた目的だった――は、この従属的な独立の圧力に閉じこめられ、ねじ曲げられた。結果として、吉田が心の底から望んでいた国際社会の日本にたいする敬意は限定的で、見下したような性格のままとなった。

これらすべての問題にかんして、戦後日本の最初の一〇年における吉田の政治指導にたいする詳細な評価――そして当然ながら、戦後日本政府の役割と政策決定過程全般の評価――は、利用可能な日本の資料が断片的なために妨げられている。英米両国の公文書、そして、かつて機密あつかいだった当時の記録は、一般的に研究者には利用可能であるのにたいして、日本の記録はかなり利用しづらい。くわえて、日本では欧米にくらべて個人的な記録の収集がない。さらに、戦後期には比較的重要な回顧録がほとんどない――欧米の公人が通常執筆する自伝にあるような、厚く、詳細にわたる、注釈つきの記録はほとんどない。四巻からなる吉田自身の『回想十年』はわずかな例外で、人を魅きつけるがまとまりがなく（部分的にゴーストライターが書いている）、その主要な価値は、かずかずのできごとについて吉田の見解がのべられていることだ。しかし、このすぐれて印象の片寄った回想録は、猪木教授の手になる三巻の研究が明らかにしているように、吉田にかんする日本人批評家の多くにとっていまだに重要な情報源である。こうしたあいまいで、逸話的で、物語的な手法による自叙伝、政治的伝記、政治史の題材そのものが、老ワンマン政治家にたいする、より「象徴的」な研究態度を助長するのは当然のことである。

守旧派

吉田の激しい性格、類をみないほど鮮烈な象徴的役割、吉田に関連する記録文書にみられる特異な長所と短所――これらすべてが、猪木教授や私自身が刊行した大部の研究書の興味関心のバランス（あるいはアンバランス）に貢献している。われわれの研究はどちらも吉田の戦後の活躍よりも、総理大臣になる前の行動に多くの頁が割かれている。吉田が一九六八年に亡くなってから、かつての同僚や知人たちが、彼を偲んで数年間定期的に集まっているが、彼らもまた、戦前のできごとや逸話を語ることにもっとも多くの時間を費やした[3]。

そうした詳細にわたる戦前のできごとはさまざまな理由から興味ぶかい。控えめに言っても、吉田の価値観、性格は六十八歳ではじめて首相になったころまでに十分に形成されていた。初期のできごとや言動は、吉田個人にいきいきとした彩りをあたえる――同時に、日本史研究者にとっても、その他の人たちにとっても、われわれがあつかっているのは「権力者たち」ばかりでなく、個人の集合であるということを確認させられるものだ。しかしまた同時に、この背景描写からは、便宜上「文民守旧派」と呼びうる、ある特定の階級や人物のかなり特徴だった類型が見えてくる。このレッテルを貼ったことで、私がさしあたり強調すべきなのは、吉田の強烈な愛国心のみをもって日本人の特性とみてはならない、ということだ。吉田は上流階級に属し、十九世紀後半から二十世紀初頭にかけて海外の国々に通暁した国際派官僚という類型の一例である。こうした官僚たちは、帝国主義国家間の勢力圏、協調、相克という国際環境のなかで、日本の国益を増大させることに命をかけてきた。

一九四五年以前の吉田の生活と職業経歴から、かずかずの経験、態度、価値観を抽出し、それらを総合的に考慮したうえで、突然不慣れな権力を手に入れ、新たな試練に直面した一人の老人の戦後の活動を解明する手がかりとすることは可能である。この点にかんして、まず最初の、そしてもっとも留意すべき人格的特徴は、幼少期の孤独感と感情の欠如であり、つぎに明治時代の青年紳士としての社交生活である。わずかな例をのぞいて、ほとんどの批評家は、冷たいエリートのこうした幼少期が、吉田の不遜で冷淡で個人主義的な「ワンマン」スタイルと結びついていると考えた。一九一二年に明治という時代が終わったとき、吉田が三十四歳だったという事実、すなわち、吉田があらゆる点で「明治世代」の完全な一員であったという事実は、占領初期の全面的な改革にたいし、その世代にふさわしい時代的な見地から生じる吉田の激しい反対を生むことになった。吉田が、明治の少数独裁政治が敷いた道の正当性を疑ったことは一度もなく、明治政府の偉大な建国の父祖の一人である大久保利通の孫娘と結婚したことで、明治の政治手腕および国家建設の本流と結びつきさえしたのは印象的である。当然、占領初期におこなわれた改革の前提の多く――日本の侵略性、抑圧性の根底は明治維新の体質そのものに端を発しているとみられた――が吉田にとってはとうてい受け入れがたいものだった。しかし、同時に、変化する環境に従っていく吉田の適応力は、世界秩序における日本の脆弱性への敏感さとあいまって、よく知られている大久保の実利主義を強く思い起こさせる。

吉田の初期の経歴を形成する要因となった三番目の経験は、一九〇六年から青年外交官として二十世紀初頭の「伝統外交」に数十年ものあいだ従事したことだ。同時期は、日本が帝国、植民地支配国として頭角を現わしはじめたころである。伝統外交は、戦術的には勢力均衡、勢力圏、秘密交渉、現実政治、武力政治への評価を促した。戦略的にはロシアへの不信、大英帝国との同盟、アジアにおける欧米勢力の支配、アジア大陸との緊密で支配的な経済関係にもとづいていた。こうした傾向の最初のふたつは一九〇二年から二二年までに、対ロ日英同盟のかたちとなり、吉田が戦後、ソヴィエトにたいする日米二国間同盟を受け入れるまぎれもないモデルとなった。一方、日本は中国との緊密な関係なくして生き残れないという信念は、アメリカが対中経済封じ込めに吉田内閣を協力させたときに緊張の種となった。吉田のような、その経歴の大半が中国問題と直接かかわりながら過ごしてきた老練な「伝統外交」の実践者にとって、市場と原材料の供給地として東南アジアが中国に取って代わるべきであり、また代わることが可能だという戦後のアメリカの議論は、まったくナンセンスだと思われた。

周知のとおり、吉田の外務省内での親英米派との連繋は、彼の戦前における四番目の特徴とみられるが、これは限定する必要がある。まずはじめに、吉田は親米というよりは親英であった。第二次世界大戦前のさまざまな機会に、アメリカ人は信頼できず、外交では洗練されていないとのべていた。また戦後は、占領初期の改革派による「行きすぎ」ばかりでなく、のちにはジョン・フォスター・ダレスによる軍事的な行きすぎも、このような見方を強化した。さらに吉田の親英は、イギリスのリベラリズムや議会手続きへの称賛ともほとんど関係がなかった。むしろイギリスの上流階級の世界市民主義や、広範囲におよぶ帝国の洗練された経営方法への尊敬を反映していた。吉田みずからが認めるように、戦前の親英米派への帰属には現実政治の皮肉な要素が含まれていた。吉田がかつて知人に語ったように、彼は「英米利用派」[4]に属していたとみるほうが正確だろう。

吉田は、列国英米との緊密な関係への支持が計算づくであろうと、一九三〇年代にはかなりの勇気をもって、このような立場を固めていった。一九三〇年代は日本の軍国主義者や汎アジア派がそのような政策は反逆にあたると批判していた時勢である。こうした親欧米的な態度によって、ついに吉田は、日本語の文脈で「オールド・リベラル」というレッテルを貼られることになった。しかし、これまで論じてきたことが示すように、こうした特徴づけは的はずれである。戦後に吉田がかなり右寄りとして政界に現われたのは、以前のリベラルな主義を放棄したことを反映しているわけではない。なぜなら、吉田はそうした主義をはっきりと支持したことはなく、議会政治に興味を示したこともないからだ。さまざまな機会に吉田は、国政を職業としておこなうには、世論一般、とくに政党は不快な障害だと明言している。経験と性格の双方から、吉田は官僚主義的で独裁的な手法を好んだ。この「官僚主義」は、吉田が戦後まで持ちつづけた五番目の特徴とみることができるが、支配政党の指導者として登場する彼にとってはいくぶん皮肉な前奏曲であった。

吉田の軍支配層への不信感については多くが語られてきたが、これは六番目に重要な点といえる。しかし、これにも条件がつく。なぜなら、一九二〇年代と三〇年代のさまざまな折に吉田がとった立場はタカ派的だったからである。

吉田がかつて個人的な書簡のなかで悪魔の子と呼んだ東條英機大将（のちに総理大臣）への憎悪も、強硬路線という[5]ことでは共通する一連の将軍たちへの顕著な親近感によって相殺される。その将軍たちとは、寺内正毅、田中義一、真崎甚三郎、小畑敏四郎らである。この好奇心をそそる吉田の個人的傾倒は、占領時代にはマッカーサー司令官だけではなく、かつてマッカーサー自身が「愛すべきファシスト」と呼んだ熱狂的な反左翼の諜報部長チャールズ・ウィロビー少将への称賛のなかにもある程度見てとることができる。戦時中、軍上層部の多くがじつは秘密の共産主義者か、あるいは経済を国家の手中に納めようと敢えて戦争の危機を利用しようとしている「赤いファシスト」である、という陰謀説を吉田は信じていた（吉田は一九四五年二月の有名な近衛上奏文の作成を手伝い、上奏文のなかでは、この陰謀説の完成形がのべられている）。この奇妙な軍内部における「アカ」の影響にたいする恐怖は持ち越され、吉田が一九五〇年代にアメリカの性急で大規模な再軍備要求に抵抗するさいの理由となった。

それでも吉田は、文官エリートが処理するのが適切であると信じる問題への軍の干渉に一貫して反対したことは事実である。吉田は早くも一九二〇年代から、日本に「二重、三重外交」の災いをもたらすものとして軍主導体制を非難していた。一九五〇年に東條の補佐役をつとめた服部卓四郎率いる旧帝国陸軍の将校たちが日本の新しい軍隊の管理を主張しようとしたとき、吉田は迅速かつ予想どおりに彼らに反対し、文民統制の原則を再確認させた。年老いた反軍主義者という吉田の世評は、文民守旧派一般が占領初期にアメリカの課した改革主義的政策を批判していたという基本的な議論を支持することに一役買った。改革政策全体が、戦前の日本社会の構造や制度にたいする批判的分析を基礎としていたのにたいして、吉田のグループは、一九三〇年代初期にはじまった日本の急速な侵略の歴史は、単純に軍国主義者の共謀による「逸脱」であると片づけていた。

吉田の皇室への献身は、彼の世界観の七番目の特徴であり、天皇の側近中の側近で、大久保利通の息子である牧野伸顕の娘と結婚したことで具体的になった。この献身は、一九二一年に当時皇太子であった裕仁との邂逅によって、個人的により親密なレベルへ高められ、吉田は将来の君主の「天性の御美質」[6]に深く感銘した。抽象的にいえば、天皇という理想化された家父長は、生まれてすぐ実の父親によって養子に出され、養父を十歳のときに亡くしている吉田の心理的な必要性を満たしていたのかもしれない。しかし、もっとも確かなことは、吉田の天皇制への深い献身が、意識すると否とにかかわらず、自己保存のための行動でもあったということだ――そして、文民守旧派が進めた天皇制と国体の護持は、現状維持と特権のヒエラルキーを保持するための具体的実践だった。

吉田の行動は終戦直後における文民守旧派の第一優先課題が天皇制護持であったという議論を確認するものだ。この執着――敗戦直後ではほとんど病的に硬直したものだった――は、保守的な指導層が占領の初期段階でアメリカ軍当局の要求した革新的改革にたいする反抗の矛を進んで収めた理由を理解するのに重要な点だ。彼らの最優先の関心は天皇制を護持する（裕仁天皇が戦争犯罪者とされるのを確実に防ぐ）ことであり、これを促すために比較的小さな政治上の変革は進んで受け入れたのである。

この点にかんするもっとも重大な取引は、一九四六年に公布された新憲法である。そこでは、天皇を「日本国の象徴であり日本国民統合の象徴」として存置する一方で、戦争を放棄し、広範な人権を保障した。保守主義者の目には前者は後者の代償と映った。吉田の目には、この新しい「象徴天皇」の成立によって、天皇を守るためだけでなく、天皇を権力と権威の磁場から明確に切り離し、将来の政治的脅威からふたたび隔離できるかもしれないと映った。新憲法のもとで天皇は以前より――名状しがたい、ほとんど芸術的なやり方で――いっそう超然的存在になった。

こうした考え方の究極にあるものは、戦後日本の政治的性格について多くを語る。なぜなら、それは第一に、何よりも日本がいまだに君主国であり、そして第二に、副次的に民主国家であることを示唆しているからだ。これはたしかに吉田の立場であって、占領終了から半年後の一九五二年十一月に首相の資格で天皇を公式訪問したとき、自身を「臣茂」と称するという、かなり人目を引くやり方でこのことを伝えた。どう見積もっても、これは文民守旧派の偉大な勝利をしるすものであった。というのも、事実上この追従的で大胆な行為によって、吉田は、尊皇主義と官僚主義を象徴的に結びつけたからである――そして同時に、吉田は「民主化」という占領の課題を鼻で笑った。吉田にとって、公僕とは国民に奉仕するものではなく、いまだに天皇に奉仕するものであった。

天皇制にたいする崇拝の反面が「危険思想」の弾圧であり、これは吉田と守旧派が若いころから執着していた八番目の関心事として指摘できよう。一九二一年に岳父に宛てて書いた注目すべき手紙のなかで、吉田は、当時皇太子であった裕仁との邂逅について熱心に語り、次いで「研究の自由、学問の独立などと申し立て」思想的な混乱を巻き起こしている日本の「曲学阿民」（吉田は文字を勘違いしている）をはっきりと非難した。吉田は一九二七年、何万人もの自由主義者や左翼活動家、帝国にたいする共産主義的批評家を弾圧する治安維持法の援用を進めた田中義一内閣のポストを懇請した。吉田は当時、田中首相の私設秘書であった殖田俊吉と親交をもっていた。二〇年以上あとになって、殖田は吉田のもとで法務大臣となり、占領下の日本でアメリカのマッカーシズムに相当するものとして一九四九年にはじまった悪名高い「レッドパージ」にさいしては、戦後版「危険思想」弾圧に手を貸した。吉田は一九五〇年にも、キリスト教徒で東京大学総長として知られ、日本における非武装中立論の代表的提唱者であった南原繁を曲学阿世と酷評し、物議をかもした。[7]たしかにこのような不寛容が諫められることのない時代であった――またレッドパージ（アメリカの占領当局と共同でおこなわれた）で確認されたように、時代は、燃えるような敵意も政治では時代錯誤でないことを証明したのだった。反共主義一般は、いうまでもなく戦前日本の文官や軍の指導者たちがアジア大陸への日本の膨張を正当化するのにもちいた主要な論理であった。それが戦後に持ち越され、冷戦下で日米が和解するための思想上の接着剤としてはたらいたのである。

支配層は単純な理由で「危険思想」の弾圧に精をだした。彼らは、日本で革命的混乱が起こる可能性が高いと信じていた。この革命への恐怖は太平洋戦争の終結が近づくにつれて増大し、戦後の初期まで持ち越された。この恐怖がもっとも公式な、そして黙示録を彷彿とさせる表現で受容されているのは、一九四五年二月の近衛上奏文である。しかし、革命の亡霊は吉田とその同僚たちによって、日本降伏の前後をとおして数えきれない多くの機会に呼び覚まされた。この恐怖こそ九番目の、そして保守層の意識を構成する、まさにトラウマのように劇的な一面を構成するものであった。

日本に革命の危機が迫っているという保守派の予測は非常に興味ぶかい。なぜならそれは、穏和で、従順で、均質という、万民が好む日本の国体の思想構造と相容れないからだ。人騒がせな保守派の革命予想図は、過激な混乱と社会変革が「上」（革命的エリート集団）から、「外」（国際共産主義運動）から、そして「下」からはじまることを詳細に説きおこしていた。保守派は彼らの危惧をのべるにあたって、つぎのような考えを示した。日本社会は不安定で張りつめているとみており、また、異様な緊張と社会混乱の時代には誇るべき天皇制や国体を国民があっさりと捨ててしまうであろう。この正気を失ったような恐怖の高まりは、支配者層が称賛している「家族国家」の「和」や国体の永遠の美徳など空虚で、ほとんど絶望的なことを暴露するものであった。[8]

敗戦直後、急進的な占領軍による初期改革は国民の活気と左翼活動とあいまって、日本が革命寸前の状態にあるという恐怖を裏づけるものとなった。じっさい、アメリカの占領広報担当者は「民主革命」を宣言し、保守派はこの爆発寸前の状況のなかで、取り締まりと反革命的警察力を配置することに多くのエネルギーを注ぐ以外になかった。しかし、一九四八年に吉田が第二次内閣を組閣するころまでに、反革命と反共主義が日本の保守派とかつてのアメリカ人改革者たちが協同できる共通基盤となった。吉田は戦前の立場を堅持することで、自身がアメリカの戦後政策の本流にどんどん近づいていることに気づいた。

吉田の世界観において、最後の重要な気質である強烈な愛国心は、これまでのべてきた問題の多くを包みこんでいる。さらに、その際立って特殊なナショナリズムによって、吉田は戦中および占領時代をとおして保守的な理念をかなりの自信と明解さをもって保持することができた。それはまずもって、日本が少し前には非軍国主義国家であったこと、封建的な鎖国から「近代化」を急速に達成したこと、また、第一次世界大戦までに大国の地位を得たことなどへ寄せる筋金入りの自尊心に負うものである。つまり吉田は、一九三〇年代と四〇年代はじめの失敗はまさに逸脱――人間の過ちといっしょになった世界的大惨事という失敗――であり、明治、大正時代（一八八六―一九二六年）をつうじて発展してきた日本という国家は、基本的には健全であると信じつづけていたのである。この種の愛国心は、まさに明治後期の気質であり、制度化された社会批判をハナから除外し、抜本的な構造改革の必要性をほとんど即座に拒絶できた。

こうしたナショナリズムは、ふたつの点で第一次世界大戦後の超国家主義と明確な対照をなしている。第一に、超国家主義者の多くは、じっさいに明治や大正の遺産には非常に批判的であり、吉田とはちがって、国家の劇的な変革を唱えていた。事実、彼らの「革新主義的」理想と、一九四五年以後の広範な制度変革との関係は、戦間期に取り組まれていた劇的かつ進行中の変革にかんする興味ぶかい問題をはらんでいる。同時に、戦前の超国家主義者たちは、欧米列国との緊密な関係を拒絶し、アジアに最高の自給自足圏を樹立することに固執していた点で、吉田の世界観とも一線を画す。これとは対照的に、吉田のナショナリズムは、とりわけ英米との親密な関係を築き、日本を、国際社会の礼譲においては偉大で尊敬される国として立てることに向けられていた。したがって吉田は、占領中に日本の役割を舵取りするにあたって、国際的な名声を回復し維持していくという究極の目標を見失うことはなかった。これは、具体的な政策争点の多くにかんして、欧米列国の目に映る真の「民主主義国」という日本イメージが鮮明になるよう、国内改革では吉田が反対の手をゆるめることを意味した。

つまるところ、この愛国心の核心は、吉田の保守主義の中心要素でもあった。すなわち、国家の安寧こそが究極の関心だったのである。

新生日本

過去を振り返ってみると、これまでのべてきた価値観や姿勢のほとんどが、戦後の指導者としての吉田の役割だけでなく、占領下の日本全体にかかわる推移を分析するさいに念頭に置かれなければならないことは明らかだ。また同時に、影響力の大きい制度上の遺産は、当然のことながら数十年前から持ち越され、戦後のできごとに影響をあたえた。そのなかでもっとも重要なのが、皇室、官僚機構全体、集中的でありながら非常に複雑な独占資本主義の構造である。

こうした遺産は一見すると圧倒的に思えるだろうが、占領下で加速度的に進められた法律、土地所有、政治、教育、労働団体の分野における改革まで押しつぶしはしなかった。一九四五年以降の変革を分析するうえで、四つの方向から発生する影響力の相対的重要性を評価することが欠かせない。四つの方向とは、1ワシントンで立案された政策と、東京の連合国最高司令部（SCAP）の解釈、2日本国民の広い層にたいしておこなわれた非軍事化と民主化改革にたいする国民の支持、3改革主義的政策や、一九三〇年代にはじまる「全体戦争」の動員によってしばしば刺激されてきた、ダイナミックに前進中の日本社会の構造改革、4政治、行政、民間企業、知識人層などにおける日本人指導者の考え方、である。

相互に入り組んだこれらの分野ひとつひとつの影響は、かなり詳細にみることができるが、具体的事例における指導性について議論するときには、政策決定レベルでの日本の主導権は制約されていたという認識から出発しなければならない。とくに、占領の最初の数年にかんしてはそうだ。じっさい、一九四五年から四七年のあいだ、東京の連合国最高司令部は、ワシントンのヨーロッパ優先主義を含めたかずかずの理由から、より包括的な改革促進の主導権を握れることをはっきり認識していた。マッカーサー元帥と彼の主だった部下の考えが、この時期に決定的な重要性をもった。なぜなら、彼らはワシントンの指針をいつもリベラルで、急進的ともいえる方法で解釈していたからだ。対照的に日本政府は、歴史的な試合の敗者にふさわしく、従属的で追随的だった。また、日本の官僚が事態の成りゆきに実質的に変更を加えた重要分野があったと考えることもきわめてむずかしい。

このような一般化は、マッカーサーにたいする天皇および吉田の個人的な影響力をしばしば強調する批評家たちが相対立する方法で解釈している分野にも敷衍することが可能である。天皇にかんしては、マッカーサーが裕仁天皇を個人的に受け入れ、天皇の訪問を歓迎したことに疑問をさしはさむ余地はないだろう（マッカーサーは、自分が天皇ともイエス・キリストとも親しい間柄なのだと周囲の人びとにわからせるために相当の時間を費やした）。しかし、マッカーサーが東京へ進駐する前に、敗戦国日本で天皇制を存置することが不可欠だと人びとにのべていた事実が、天皇のすぐれた性格を称えた彼のその後の発言によってあいまいにされるべきではない。天皇制というきわめて重要な問題にたいするマッカーサーの考えは、その神秘的な装飾を排除する必要性を含めて、天皇と会見するかなり前に決まっていたのだ。[9]

吉田の場合、両者の関係が良好だったにもかかわらず、マッカーサーが吉田を怠け者で政治的に無能とみていたことは前述のとおりである。膨大な量の吉田＝マッカーサー英文往復書簡では、さまざまな問題について意見交換がなされ、吉田は連合国最高司令官の指示（公職追放や賠償、経済力集中排除、大逆罪、経済安定政策、憲法改定、警察再編、税制政策、地方自治などの基本的政策にかんする）に率直な反対意見をのべた。しかし、吉田のしつこい懇請も、マッカーサーや彼の側近たちに政策の緩和を認めさせることはほとんどできなかった。猪木教授は、吉田が連合国総司令部にたいし、政策の緩和を狙ってつねに共産主義の脅威を持ち出したことを強調してきた。しかし、アカの恐怖をちらつかせた戦術は否定できないが、それがどの程度まで効果をもったのかという点については議論の余地が残る。マッカーサーと彼の幕僚たちは、反共主義の価値について説教される必要はなかったし、この点にかんして彼らが吉田のアドバイスに頼っていたという根拠もない。[10] 吉田はイデオロギー的に占領初期の「民主化」方針にもとづいた基本的改革のほとんどに反対しており、「軍国主義者」たちを上手に追放すれば日本は正しい道筋へ戻ると心から信じていたとみて、おおむねまちがいないだろう。つまり、ほとんどの改革が吉田のよりましな判断に反して導入され、また、一九五二年からはじまった「行きすぎを正す」ための吉田自身による熱心な努力にもかかわらず、改革の多くが占領終了後も生き残ったのは、一般民衆の支持があったからである。

このことは、講和条約ならびに安保条約交渉以前の占領期の吉田の役割が重要でなかったということではない。もし吉田が一九四八年に権力の座に返り咲いていなかったら、彼の名前は戦争終了時から一九四八年までに首相をつとめた鈴木貫太郎、東久邇稔彦、幣原喜重郎、片山哲、芦田均たちとおなじように小さくあつかわれ、歴史の隅に置かれていただろう。吉田が他の首相たちにできなかったような長期政権を保持したので、一九四九年にはじまる真の「吉田時代」より前の彼の活動も日本人の政治的記憶に場所を占めているのである。「吉田時代」以前の吉田の活動には注目すべき点がある。

何よりもまず、吉田が敗戦の瞬間から、自信と国の誇りを抱いた態度をとったことは際立っている点であり、よくできた風刺漫画のように容易に記憶に残る（事実、日本の漫画家は吉田を好んだ）。高価な葉巻をくわえ、しみひとつない白足袋をはき、また、かつて「旧財閥」を率直に弁護した大胆なジェスチャーで、たちまち吉田は、太平洋戦争は数十年にわたる誇るべき発展と偉業を中断させた逸脱だった、という保守派の基本原理を直に体現するかのような存在になった。その単純な歴史観によれば、「軍国主義の共謀者たち」が、明治の専制君主が打ちたてた立派な近代国家建設の行程から日本を逸脱させたのだ、ということになる。戦争への道は、逸脱、「歴史のつまずき」である──しかし、つまずきの原因が制度上、また構造上、深く根をおろしたものとは考えられなかった（アメリカの改革派や日本の左翼は、「根底」の比喩をよく持ち出したので、守旧派は不安に駆られた）。日本は「改革」よりも正しい道筋に戻る機会が必要だという議論は、この線に沿ったものだ。つまり、連合国総司令部の主導でおこなわれ、また多くの日本人に支持された「非軍事化と民主化」という改革論者たちの改革表《アジェンダ》への明確な対案として、吉田が計画した──そして象徴とされるようになった──のは、経済再建と日本にたいする国際的敬意の回復という、より簡潔で現実的な理念であった。

日本にたいする世界の信頼回復を図るにあたり、吉田は敗戦当時に首相をつとめた鈴木貫太郎の、日本は「よき敗者」にならなければならない、という助言を肝に銘じた。このような考慮が一端となって──ほんとうに部分的にだが──吉田は個人的には不愉快に思っていた初期占領改革の多くをおおむね実利的に受け入れたのであった。それが勝者の要求することだから、人は変革を受け入れたのである。しかし、吉田が改革主義者の政策を受け入れたのには、国民が変革を強く支持しているという認識もあったことを見過ごしてはならない。この点、吉田の「現実主義」──

吉田の守旧派としての独特な人物像は，1950年に出版された清水崑の漫画がうまく捉えている．勇猛な老「ワンマン」はツギハギだらけの紋付を着て，お馴染みの高価な葉巻を吸いながら「講和」と書かれた傘をさして「第七国会」への道を歩んでいる．紋付には「政府」という紋を付け，冷戦下の講和締結に反対する政党の吹雪にきっぱりと背を向けている．

つまり、日本国内の反感と願望にたいする敏感さ――は、吉田の国際政治にたいする見地として一般によく強調される「現実主義」と同様に留意されるべき重要な点である。

この実利主義（すでにのべた「大久保の遺産」）は、吉田が占領初期のふたつの重要改革である憲法改正と農地改革をあつかったさいのやり方にはっきりと現われている。吉田は原則として両改革に反対であったが、その実行には手を貸した。吉田が最終的に農地改革に賛成したおもな動機は、農地の割り当てがなされなければ、田舎で革命的な大変動が巻き起こるという恐怖だった。しかし、このことによって、ひとたび農地改革が避けられないとなったときに、自陣の保守派の党員ではなく、一九四一年の企画院事件で「アカ」として追放になった経験をもつ比較的急進派の農政学者である和田博雄にその政策指導を委ねて、確実な実施を図った事実を否定することはできない。

いくぶん似たような例は、一九四六年に、コートニー・ホイットニー准将が憲法の大幅改正の必要性を認識させるために、当時外務大臣であった吉田や幣原内閣の他の閣僚たちにはショック療法しかないと決定したときのことだ。いちばん利き目があった彼の脅しは、保守政権がもっと革新的な立場をとらなければ、総司令部は問題を直接日本国民に訴えるとほのめかしたことだった。吉田はこれに驚愕した（ホイットニー准将は、吉田の顔に「暗雲」が差したようだったと述懐している）。だが、アメリカ人がつくった新しい憲法草案を、正真正銘の日本人御手製であるかのように公表しなければならなかったのは、当の第一次吉田内閣のときだった。吉田は抜け目なく、また現実的な決断で、可能な箇所には自身の保守的な解釈を入れ、結局は受け入れざるをえない新しい憲法の不愉快な草案を一九四六年の国会に提出した。かくて、一方で吉田と憲法改正担当大臣の金森徳次郎は、新憲法が古い「国体」をいささかも変更していないとくり返し強調し、占領当局を狼狽させた。吉田はまた、新憲法を明治天皇の誕生日（五月三日）に施行することで、ささやかだが、注目に値する象徴的な勝利をあげた。これによって明治憲法との基本的な連続性を強調したのである。しかし、その一方で吉田は首相として、憲法草案の最終案が占領当局と日本政府間の真剣な意見交換を反映したものだとまじめくさって強調した。吉田はまた、もっとも論議を呼んだ新憲法第九条の「戦争放棄」について、厳密な平和主義的解釈を示してみせた。そして後年、首相の座を追われてからも、新憲法の早急な改定に反対する人たちを支持した。新憲法は吉田が歓迎した文書ではなかったが、勝者の布告と、日本国民一般が同憲法に寄せた強い支持に屈したのだった。

清水は1951年2月に輪郭を現わしてきた日本の軍事的立場を描いている．ここで吉田は，ジョン・フォスター・ダレスによって形づくられた「集団安全保障」という包括的な枠組みの足元で，日本の「自衛」という従属的な地位を彫り出している．

吉田の戦後政界にあたえた初期の指導性は、一九四八年にはじまった保守政党の「官僚化」のなかにいっそう意図されたかたちで引き継がれることになった。議会政治に官僚を取りこむという慣習は、戦前からすでに確立されており、戦後もだれが保守政党の領袖になっても、まちがいなく復活していたことだろう。しかし、吉田は傑出した技量をもつ官僚出身者——そのなかでももっとも著名なのは、のちに首相となった池田勇人と佐藤栄作である——を個人的な側近に引き入れることで、保守政党の「官僚化」過程を独自に推し進めた。吉田がおこなった保守政党の官僚化の一般過程と考えられるものは、すなわち、人脈と派閥の次元で定義されるだろう。占領時代に結成された、いわゆる吉田学校の影響力は、一九七〇年代に入っても日本の政党政治のなかで際立っていた。一九九〇年代に入るまで日本を支配してきた自由

清水は占領が正式に終了する一カ月前の 1952 年 3 月，米占領軍総司令部の支持がもはやなくなった暁に，吉田の危うい国会支配がどうなるか皮肉たっぷりに描いた．

民主党は、吉田が引退した一年後の一九五五年に正式結成されたが、この類例をみない保守「一党」支配の根源は、じつに、一九四九年の選挙で吉田自身が勝利を得たことにさかのぼる。その選挙直後、吉田は強力な第三次内閣の基礎を固めたのである。

しかし、こうした展開のどれひとつをとっても、講和条約の夢と占領終了が現実の日程にのぼる一九四九年はじめから吉田が発揮したような、明確で決断力のある政治指導は見当たらない。

従属的独立

一九五一年九月にサンフランシスコで日本が四八カ国とのあいだに署名した講和条約と、同時期に署名した日米二国間安全保障条約は、主権国家としての日本の将来にかかわるいくつもの要素を決定づけた。ただし、日本国内の軍事基地、再軍備、世界経済との関係などの詳細に

1953年の8月に発表された「再軍備のコース」では，ダレスの積極的な日本再軍備計画にたいする吉田の気のない対応と，1952年に占領が終了したのち日本がたどる従属的独立の立場を描いた.

ついてはのちの作業に持ち越されたままであった。吉田の歴史上の位置づけは、多分にこの「サンフランシスコ体制」の形成にどう貢献したかを評価することにかかってくるが、それはけっして明白な作業でも、単純な作業でもない。

日本はいまだに占領下にある国として、一九四九年から五二年にかけておこなわれたアメリカとの交渉では不利な立場にあったが、それでも強力な切り札を何枚か持っていた。アメリカの高官たちは、冷戦のなかで日本の忠誠は絶対不可欠とみていた。当時、日本なくしては、「世界的な勢力均衡」がソ連に有利に傾くだろうと論じられていたからである。くわえて、アメリカは朝鮮戦争がはじまると、自分たちの条件を吉田政権にただ押しつけることはできないと認識するにいたっていた。たとえば、一九五一年一月、つまり中国の朝鮮戦争介入後、ジョン・フォスター・ダレスは日本人がアメリカとの緊密な同盟を結ぶ妥当性について疑問視しはじめたと、ディーン・アチソン国務長官に告げた。ダレスはつぎのように書いている。アメリカが以前に「死活的」と考えていた条件は「〔一九五〇年〕九月の時点では無条件に獲得することができ、ただ〔条約に〕明記しさえすればよかったのに、今や問題は交渉し、できうるかぎりの獲得をめざさなければならない性質になった」[11]

と。さらに、アメリカ政府内では国務省と軍部が対日政策で論争しており、そのような割拠主義は付け込まれる懸念があった。アメリカと他の連合国、とくに日本およびアジアにたいして妥当な政策をめぐるイギリスとの意見不一致は、交渉に長けた者なら利用しそうなべつの不安材料をもたらしていた。

吉田のもっとも印象的な成果は、疑問の余地なく、日本再軍備の速度と規模にかんして上手くアメリカに反対したことだ。当初アメリカは、一九五三年までに完全装備の一〇箇師団、三〇万人を擁する軍隊の創設を予定しており、この計画への吉田の強固な反対にいらだち、失望を感じていた。吉田はふたつの不吉な根拠を挙げて、性急な再軍備に反対した。つまり、日本経済は重い軍事支出に耐えられない、また、早急な再軍備は日本国内に計りしれない社会不安を惹き起こすというのだ。占領終結後の日本で改憲をめぐる議論が長いあいだつづいていることを考えると、吉田ばかりでなく彼の側近や後継者たちがアメリカ人との非公式な会談のなかで、再軍備にたいする憲法の制約を日本国民が強く支持していることにしばしば言及しているのは興味ぶかい留意点だ。「憲法第九条の精神」は、彼らのもっとも有効な交渉カードのひとつだった。(12)

吉田はアメリカにたいし、琉球諸島と小笠原諸島にたいする日本の「潜在主権」を認めさせることにもいくらかの影響力を発揮したようだ。吉田がマッカーサーにこれをはじめて切り出したとき、元帥はきっぱりと否定し、「この島々と日本を完全に切り離さないような、いかなる取り決めにも反対せざるをえない」とのべた。しかし、吉田は食いさがり、吉田の懇請がダレスに「潜在主権」という方式《フォーミュラ》を支持させたふしがある。(13)

だが、他の重大な事項、日本国内の米軍基地や中国との関係にかんして、吉田はアメリカにとってもっと消極的で優柔不断と映った。たとえば、一九五〇年四月はじめ、東京に在った米国務省員は、吉田との長い会談を報告している。その会談で、吉田は明言は避けたものの、明らかにこう伝えたという。「彼〔吉田〕はアメリカが講和条約締結後も日本の安全保障を支援するために必要と考えるいかなる現実的な取り決めにたいしても好意的に措置すると思われる」。現在では周知のことだが、その直後、朝鮮戦争がはじまる一カ月ほど前、吉田はアメリカが講和後も日本に米軍の基地を維持するよう誘導するために秘密裏に動きはじめた。それほど知られていないが、この時期アメリカの高官の多くが、講和後も日本の主要な四つの島々に基地を置く必要はないと考えていた。のち一九五〇年八月、吉田はその申し出を撤回するように思わせて、アメリカ人を混乱させた。国務省のウィリアム・シーボルト総司令部外交顧問はこれを、吉田の「将来の取引のための土台」づくりの方策ではないかとみた。しかし、それ以前の言動からみると、吉田は、このような重大性をもつ取引の土台をとっくに取り払っていたのである(14)。

講和・安保両条約への吉田の対応をめぐるもっとも中傷的なコメントは、一九五一年一月の吉田＝ダレス会談にかんするアメリカの機密報告にみることができる。同報告はつぎのように記している。「吉田氏は、日本人が講和条約を熱望しており、そのためならほとんどなんでも進んで受け入れるというような印象をあたえた(15)」。

講和条約そのものが日本にとって寛大であったという事実は、日本側が交渉に成功したことを示すものではない。なぜなら、ダレスのほうでは、長期的にみて懲罰的な講和は逆効果だと早い時期に決めていたからである。この点にかんするダレスの決定は、第一次世界大戦後、ドイツに課した厳しい条件が生じさせた悲惨な結果をおおむね踏まえたものだ。一方、一九五一年から五二年にかけて安保条約とそれに付属する行政協定について、ダレスとディーン・ラスクは率直に「日本がアメリカにあたえたきわめて重要かつ前例のない諸権利」と語っており、またこの安保条約は「一方的」だとのべている。日米安保条約が再検討され、改定された一九六〇年には、クリスチャン・ハーター国務長官が上院の公聴会で「一九五一―五二年の安全保障条約には、ふたつの主権国のあいだの協定としてみるとかなり極端な条項が数多くあった」と認めている(16)。

しかし、安保条約と行政協定について日本側の交渉をみると、日本政府が非常に専門的なこの問題に細心の注意を払っていたことは否定できない。だが、中華人民共和国との関係という争点については、これがあてはまらない。文書記録は、吉田がこの紛糾する問題について、アメリカの要求を「なんでも認める用意がある」ような印象をあたえたことを示している。驚くことに、記録は占領終了後もつづき、一九五四年後半における吉田内閣終焉の時点にまでおよんでいる。そして、内容は吉田が公けにしているできごととあまり一致していない。

吉田は晩年になって、アメリカの先見性のない中国政策をおもしろがって批評したが、占領中もアメリカにたいして、日本は中国との緊密な経済関係を望んでいると明言していた。あるとき吉田は、中ソ同盟を崩壊させるもくろみで中国にたいし経済制裁で苦痛をあたえるより、経済的な妥協をはかり、この共産政権をソ連から「引き離す」ようにしたほうが理にかなっていると、ダレスに直言した(17)。だが、じっさいの交渉で吉田は、アメリカがより啓発された中国政策を立てるよう、真剣で粘りづよくはたらきかけることはけっしてしなかった。

たとえば、一九五一年春——イギリスが対日講和会議に中華人民共和国の招請を強く主張し、極東委員会構成国の多数が国民党の会議への参加に明確に反対しているとき——吉田は内密に、国民党の参加を支持するとアメリカに伝えた。アメリカが国民党も共産中国も招請しないと決めたあとの一九五一年六月、日本政府はのちにどちらの中国を二国間講和条約の相手とするか選択する自由がある、と告げられた。吉田はこの件について、選択の余地をあたえられることは歓迎しないとのべた。そして、東京に在った国務省員は長官宛に「日本側は彼らに決断が委ねられるのを明らかに嫌がっている」と電文を送った。吉田が講和会議でおこなおうとしていた演説の内容は、共産中国にたいしてあまりにも激しく挑発的だったため、アメリカ側が説得してやめさせたほどであった。ダレスは、イギリスの外相ハーバート・モリソンに「吉田はサンフランシスコでおこなう演説で、中国の共産主義者と取引をする意思はないとのべるつもりだったが、この時点でそのような公式発言をおこなうことに、われわれは強く反対したのだ(18)」と状況を説明している。

講和会議後の数カ月、アメリカが吉田にたいし、日本は台湾の国民党政権との関係樹立を言明するようにと強い圧力をかけたことはまったく確かである。米議会上院内ではウィリアム・ノーランドが、もし日本がこの件について公式に保証を表明しなければ、講和条約の批准を留保するという脅迫的な請願をはじめた。その直後、ダレスと主だった上院議員が来日し、さらに圧力を加えた。これがよく知られる一九五一年十二月二十四日付「吉田書簡」の背景である。この書簡で吉田は、日本は中華人民共和国と外交関係を樹立する意思はない、と公式に宣言した。実際に同書簡を起草したのはダレスだが、国民党が中国全土の唯一の政府と認めるような言質を日本に迫るようなものではなかった。

このころのイギリス公文書が明らかにするように、吉田書簡がアメリカ人によって書かれたことは当時でも広く知られていた。イギリス人の目には、日本は講和条約発効以前に中国にかんする公式な立場を強要されないという、かねての英米間合意に反しているものと映った。また、駐日イギリス大使がのべたように、これは「アメリカの下僕であるという烙印」を押すことにもなってしまった。イギリスは、日本が抗しがたい圧力のもとに置かれていることは知っていたが、こうした圧力を誘発する吉田の個人的な責任をゆるさなかった。イギリス大使はロンドンの外務省にたいし、吉田は「中国問題をあつかうにさいしてまことにひどい不手際をみせた」と伝えた。吉田は、サンフランシスコ会議のあとも中華人民共和国との緊密な経済関係の樹立について挑発的な声明をときおりおこなった。吉田がそうした公式発言をおこなうにあたってもう少し外交的であったなら、国民党政権にかんする公式声明へのアメリカの圧力はもう少し弱かっただろうし、代作された文書に自分の名前を署名するような「汚名」(当時のイギリスによるべつの言いまわし)も免れたことだろう。[19]

だが、この件にはつづきがある。吉田は、吉田書簡の文言策定に、自身もじっさいに貢献していたのである。吉田が日本を東洋と西洋の「架け橋」に育てたいと折にふれて声明していたことを思うと、吉田は書簡を穏便な表現にしたはずだと想像する向きもあろう。だが対照的に、吉田は共産中国にたいして、ダレスの草案よりも毒舌をふるった。「千九百五十年モスコーにおいて締結された中ソ友好同盟及び相互援助条約は、事実上日本に向けられた軍事同盟であります」[20]との一句を書簡に加えたのは吉田自身である。これは封じ込めや対立に反対し、中国にたいする懐柔的な政策を提案している人物からは想像できない貢献である。

日本が主権を回復したのちでさえ、吉田は対米関係において、中国問題には細心の注意をもってあたった。このことは、たとえば占領終了後に吉田政権がかかわってワシントンでおこなわれたふたつの重要会談の秘密記録にはっきりと記されている。一九五三年十月の池田=ロバートソン会談と一九五四年十一月の吉田のワシントン訪問である。日本側はこうした機会のたびに、厳しい中国封じ込めに参加させられていることへの不快感を一貫して表明した。しかし、またしても吉田自身が、強力で粘りづよいやり方でこうした抗議を支持しないことを表明したので、アメリカの高官たちは抗議を容易にはねのけることができた。アメリカが共産中国との貿易を統制するためにもちいた、いわゆるココム(COCOM)とチンコム(CHINCOM)という機構のもとで、日本の対中貿易は、アメリカとカナダを除けば、他のどの国よりも制限されていた。[21]じっさいに、日本の高官が異様に厳しい禁輸リストを押しつけられることに不満をのべたとき、アメリカ側は「吉田書簡」に吉田自身が書き加えたまさにその箇所を示して、巧妙に切り返したのだった。国務省は当時の在外機関へ電文を発しているが、特有の奇怪でぶっきらぼうな表現で、東京の代表にはつぎのように書き送った。「もしジャップが、奴らに課された統制が他の大半の国々よりもずっと厳しいという事実にふれたなら、東南アジアでの日本の国家的安全は他のいかなる国よりも重要であり、かつ、ダレスに宛てた吉田書簡に言明されているように、中ソ条約は事実上日本に向けられた軍事同盟であるという認識に言及し、共産主義者が支配している朝鮮半島が日本にあたえる影響について反問すべきだ」。これは、吉田が望んでいたはずのこととはまったく反対のことであり、自慢の「外交センス」[22]の格調高い証明とはかならずしもならなかった。

要するにサンフランシスコ体制は、日本を世界の列国としては、軍事・外交両面で二等国に位置づけたのだった。一九五一年から五二年の日米安全保障条約は、一九六〇年に再交渉されるまで、アメリカが交渉した冷戦期のどの軍事協定よりも不平等だった。沖縄はアメリカの唯一まぎれもない新植民地となり、その状況は一九七〇年代までつづいた。日本じゅうの米軍基地は、共産ブロックにたいする防衛の前線として、また同時に、本来のアメリカによる日本の軍事管理という二重の役割を担っていた。アメリカの支配のもとで沖縄が公然と核基地化される一方で、日本本土への核兵器の出入は事実上、日本政府の規制外か、関心の埒外《らちがい》にさえ置かれた。日本独自の陸・海・空兵力の展開は、アメリカの計画と調達手続きのもとに完全に従属した。そのうえ、こうしたことのすべてでは、アメリカ側と吉田を含めた日本の高官のほとんどが、日本にたいするソ連の直接攻撃の可能性を真剣には考慮していないという状況下でおこなわれたのである。のちになって、アメリカの批評家たちは、基本的に吉田とその後継者たちはアメリカから軍事的「ただ乗り」を獲得したのだと主張したが、日本におけるアメリカの軍事的地歩は、当初からアメリカの世界戦略上の利益という観点から進められてきていた。さらにべつの見方をすれば、日本人はこうした真の主権を完全に放棄するという高い心理的代償を払った。というのも、日本は大平洋の向こう側の偉大な白人国家の忠実な信奉者というはまり役をあたえられ、永遠の部下となったのだから。

この国家的依存と従属的主権という負担が軍事問題に限られていたならば、心理的負担はもっと少なかったかもしれない。結局、アメリカは世界的軍事覇権国であり、日本はワシントンの戦略計画に取りこまれた多くの国のひとつにすぎなかった。しかし、アメリカの対中政策があからさまになるにつれ、日本の従属は外交や国際問題など広い分野に持ちこまれた。基本的に吉田は、日本を中国「封じ込め」に黙従する途へ進めることとなった。それは、日本の強硬な反共主義者の多くでさえ、愚昧かつ不必要とみていたのだ。吉田時代が去ったあと、日本の指導者はだれも、アジアにおけるアメリカの政策がより啓発されて軍事色を抑えたものとなるよう、非公式に、あるいは公然と強力に訴えかけることは不可能だと悟った。結果として二〇年後、アメリカが秘密裏に、また突然封じ込め政策を放棄して、中華人民共和国との国交を樹立したとき、日本はまぎれもない国家的屈辱に耐えねばならなかった。日本の指導者は、この外交上の劇的な方向転向について、事前に相談をもちかけられもしなければ、通告さえされていなかった（じっさいは、駐米大使が米中和解発表の「僅か二時間ばかり前に」アメリカ側から通報を受けていたという（『佐藤榮作日記』第四巻、朝日新聞社、一九九七年、三七七頁））。当時の国務長官で、中国政策の一八〇度転換を推進したヘンリー・キッシンジャーは、日本人を「貧弱でけちな帳簿係」にすぎず、世界的政策の重要な問題にかんしてほとんどまともにあつかわれるに値しない存在であると、軽蔑のまなざしで見ていたのである(23)。

　サンフランシスコ体制下の日本外務省は、重要案件がからむところではどうしてもアメリカ国務省の出先機関として働くこととなった。「本来」の職業（戦後政治家として復活する以前）が外交官であった吉田のような誇り高い愛国主義者には、数奇な遺産である。占領終結後の日本で、独立と自主の外交政策に取って代わったものは、基本的にはのちに的確にも「経済ナショナリズム」と称されたものの追求だった。吉田とその後継者たちは、アジアでのアメリカの封じ込め政策にピタリと追従することで、経済援助というかたちの利益を得た。中国市場を失ったことを補塡し、並行して他の資本主義国といっそう密接に統合するという目的のために、日本は国内的に保護主義政策をとることを許され、それと同時に、アメリカの工業技術ライセンスと特許を入手する権利をあたえられたのである。

　それから三〇年も経たないうちに日本が経済大国とみなされ、アメリカ経済の安泰を脅かすとは、当時はだれも夢想だにしなかった。じっさい、老ワンマンが一九五四年に退陣を余儀なくされる前の吉田内閣最後の数年は、日本の「底の浅い経済」を死に物狂いになって強化することに費やされた。これが、いわゆる吉田ドクトリンの本質であった。すなわち、軍事力を片方に、経済をもう片方とするアメリカの翼のもとに身を寄せ——民主主義でも、外交でも、再軍備でも、もちろん世界的な指導性でも政治家らしい指導力でもなく——ひたすら経済成長に専念するという教義である。

　この、脆弱であることへの強い感覚と、それにともなう経済保障への傾倒は、日本に十分な物質的利益をもたらした。さらに、吉田が民意に応えておこなった「ゆっくり」とした再軍備の遺産とあいまって、この固執ぶりは、人材と諸資源を軍需生産にではなく民需生産にみごとに集中動員する経済体制をつくりあげた。戦後、日本経済が防衛生産や軍事関係の輸出に過度に依存せずに劇的な成功をおさめたことは他に類例をみない称賛すべきことである。しかし、こうしたことはみな、国家目標と国際イメージという途方もなく大きな代償を払ってなしとげられた。なぜなら、それが日本をして、世界的な指導性や政治手腕という重要なことがらは永久に他国に依存する方向へ傾斜させ、新重商主義の心理と行動に引きこもらせてしまったからだ。「吉田ドクトリン」は日本に富をもたらしたが、それによって得られたのは、妬みのこもったわずかな敬意にすぎなかった。

吉田がもっとも誇る業績は、日本に主権を取り戻したことと、サンフランシスコ体制のもとでの寛大な講和条約と、その過程で日本をアメリカの冷戦政策にしっかりと結びつけたことである。この体制のもとで、吉田の後継者たちがわずか数十年後になしとげたみごとな経済的繁栄を見越していた者は、このとき吉田以外にいなかった。否、吉田もほんとうには予想できていなかった。他方で、本来吉田の政策に内在していた従属的独立の難問は、時が経っても解消していない。それでも、こうした矛盾のなかに吉田の遺産はある。

7 日本人画家と原爆

一九七五年、京都。ある夜のこと、私はなんの気なしにテレビをつけた。目の前の画面に尋常ならざる絵が現われた。素人がブルーグレーの背景に描いた手の絵だった。手のひらが前面に見え、親指は左、そして残りの四本の指はろうそくのように燃えていた。

女の人が話していた。ずっと忘れることのできない光景のひとつだと、その女の人は話していた。仰向けの死体、手を空に向かって伸ばし、指先は青い炎をあげ、すでに元の長さの三分の一になっていた。指先からは黒ずんだ液体がしたたり落ちていた。当時も今も、この手はほんの少し前まで子供を抱きしめていたのかもしれないと思わずにはいられないと、女の人はつづけた。

忘れることのできない火

その女性は広島の被爆者で、燃えている手の絵は日本放送協会（NHK）が一九七四年にテレビのネットワークをつうじて原爆体験を募集したときに、応募した二〇〇〇を超す絵、線画、スケッチのうちのひとつである。原爆投下から三〇年近く経って描かれた作品に、番組を見た視聴者は息をのんだ。そしておなじことが、小さなグループながらのちに欧米でも起きた。一〇四の作品が一九八一年に『劫火を見た：市民の手で原爆の絵を』というタイトルで出版されたのである。[1] 一九四六年に「ヒロシマ」というエッセーを書いて原爆被爆者についてはじめて詳細な報告をしたジョン・ハーシーは、『劫火を見た』をどんな写真集よりも感動的だと評し、「そこに記録されているのは、生存者の心に焼きついていることなのだから」と共通する感想をのべた。

テレビ番組につづいて京都の街で、広島、長崎の惨状を映した写真と並んでこうした被爆者の作品が展示された小さな展示会をみつけたとき、私もたしかにおなじように感じた。写真はその性質上、見る者を寄せつけないことも少なくない。私たちは第二次大戦以来のすべての血なまぐさい戦争の映像を嫌というほど見せつけられてきたため、ともすると写真にたいしてなにも感じなくなり、不当な死と破壊をありふれたものとしか見なくなってしまいがちだ。対照的に、こうした日本人被爆者の絵画作品は、技巧的には粗末なものから優れたものまで幅があり、作品に説明が添えられている場合が少なくなく、つねに個人的な体験を伝えるものだが、こうした悲惨な作品は際限なく多様で、たとえようもなく身近なものである。それらは見る者を惹きつけるように語りかけてくる。ここでは死と精神的また身体的な痛苦が個別の私的体験となり、戦争を回顧し、その未来像を描くなかで人間的な側面の回復を促してくれる。

それにもまして、NHKによって集められた被爆者の絵画作品は核戦争の特質を簡明に記憶に残るかたちで浮かびあがらせる。日本を除くと、世界じゅうどこを捜しても、これに匹敵するものをみつけることはできない。日本には、広島と長崎の被爆者が描く素人作品だけでなく、注目に値する被爆体験の芸術的な表現がふたつの分野で存在する。子供の絵本という一般的なジャンル、そして、丸木位里・丸木俊夫妻が描くスケールの大きい壁画の世界である。

原爆の被爆体験をテーマにした子供の絵本のなかで群を抜いて有名なのが、中沢啓治の手になる『はだしのゲン』である。中沢は七歳のとき、広島で被爆した。父親と兄弟姉妹を（中沢自身のように）原爆で失った活発な少年を主人公にした実直な漫画『はだしのゲン』は当初、一九七〇年代初期に『週刊少年ジャンプ』に連載された。毎週の売り上げ部数が二〇〇万部を超す週刊漫画雑誌である。連載の総ページは出版社によって打ち切りにされるまでに一〇〇〇ページを超え、のちにアニメと単行本のかたちで再登場する。さらに、のちの子供むけ絵本で注目に値する作品に、木下蓮三・木下小夜子の『ピカドン』がある。ピカドンのピカとは原爆の閃光、ドンとは爆音のことで、この作品は文字をまったくもちいず、イラストだけで一九四五年八月六日に原爆が投下される前と後の広島市民を紹介している。同書は、賞を取った同名のアニメ映画にもとづいて制作された。もうひとつ、若い人に強く訴えかける作品に丸木俊の『ひろしまのピカ』がある。(2)

中沢啓治とおなじように丸木夫妻も、原爆による破壊を目のあたりにしている。広島に親類がいたため、原爆投下の知らせを受け取るとすぐに広島に駆けつけたのだ。それぞれが有名な画家である夫妻は、比類のない画才の結びつき、そして、まれにみる芸術と政治意識の融合という共同作業によって、一九五〇年から一九七三年のあいだに広島と核戦争のさまざまな側面を描いた一五の巨大パネルを制作した。それ以来、夫妻はその才能を他の大きな社会的、政治的なテーマに向けてきた(3)。夫妻が制作するパネルは、平均して幅およそ七・五メートル、高さ二メートル弱という大きさだ。もっともよくもちいられる画材は墨、そして水彩絵の具である。芸術上の様式とテーマは、それぞれのパネルによって異なっている。

アマチュアもプロも合わせ、原爆を題材にしたこれらの芸術作品全体からは、想像を絶する核戦争の恐怖のイメージが浮かびあがってくる。

地獄の図

すべてを包括するメタファーは地獄である。仏教美術と終末論などを知っている日本の人びとにとっては、この連想は自然で、無気味なほど正確だ。少なくとも十世紀の僧、源信の時代から、日本人はあの世での激しい苦痛をあたえる拷問をぞっとするような散文で描いてきた。それとともに、日本の絵画では伝統的に、地獄は怪物と裸で痛めつけられた死体がごろごろしている灼熱の恐ろしいところとして、きわめて詳細に描かれてきた。そして、まさに広島と長崎の目撃者が目にしたのが、そのような光景だった。燃えさかる炎、裸の人びと（途方もない爆風で大半の衣類は吹き飛ばされてしまっていた）、ぞっとするほど姿の変わってしまった生き物であふれた通り、そこには薬もなく終わりもないために身を切られるような痛みがあった。じっさいのところ、地獄の炎は二度にわたって燃えあがった。最初は原爆がふたつの都市を火の海にしたとき、そして、それから数日後、何万という死者が荼毘に付されたときである。生き残った人びとの口から共通して出てくる言葉は「まるで地獄のようだった」というものだ。丸木夫妻の初期の作品のモチーフとなったのは「火」である。そして、一九七〇年代になって集められた生存者の美術作品につけられたタイトルは『劫火を見た』であった。

炎、裸、そして、手足の切断のあと、地獄を見た人びとにつきまとったイメージは幽霊の行進である。日本の図像と民話の世界では、幽霊と食屍鬼が足を引きずるように進んでいく。西洋の生きた屍の図のように、頭を垂れ、肩を前にかがめ、腕を半分前に伸ばし、手首の力を抜き、手を下に垂れている。言語を絶するような原爆の閃光がきらめいたとき、通りを歩いていた日本人は本能的に目を覆った。そしてその結果、腕と手の甲にひどい火傷を負った。痛みは極度に激しく、まさに幽霊がそう言われているように、手を前に伸ばしているともっとも痛みが和らいだ。人びとはこの姿勢で列をなし、驚きで口もきけない状態でふらふらと歩いていた。地獄の街道は「幽霊の行進」であふれる

ことになった。
他の多くの光景も、地獄としか思えないものだった。黒く焼けこげた通りや壁に刻まれた白い影として、からだの輪郭は永久的に残された。しかし、遺体そのものは消えてしまった。草や機械などの輪郭は残っていたが、その実物は姿をとどめていなかった。それとは正反対に、一見したところ無傷の数えきれない死体が転がっていた。ある場所では、膝から下を切断された二本の足が立ったまま残っていた。死者の多くは立像になっていた。あるものは堅く、あるものはちょっと触れただけで壊れてしまいそうだった。診療所で意識を失ったある兵士は、意識が戻ると、まだ演習場に立ったままだった仲間に駆け寄った。そして一人の仲間に手を触れると、目の前で粉々になった。原爆が投下された翌日に広島で目撃された、もっと堅くて黒くなった立像は、立ったまま子供を抱えた女性だった。女性は走る姿勢のまま固まっていた。べつの場所には子どもに覆いかぶさるように地面に横たわる母親の姿があった。母子とも真っ黒焦げになっていたが、形ははっきりしており、母親の頭髪は総毛立っていた。頭髪が総毛立っている光景は、死者だけでなく生き残った者にもめずらしくなかった。多くの生き残った者たちはこれを描いた。一人は、総毛立つというのは、それまではとてつもない恐怖に出合ったとき

右ページ　高蔵信子は51歳になって30年前の広島で見たこの光景を思い出した．天に向かって手を伸ばした仰向けの死体，指は青い炎をあげて燃えていた．その指は燃えて三分の一ほどの長さになっており，高村はずっと「この手は子供を抱きしめていたにちがいない」という思いにとらわれていた．

上　山県康子は，49歳のとき，30年前に目のあたりにした光景をこのような絵に描いた．それは，原爆投下からほぼ24時間後の広島のラジオ放送局前でのことだった．彼女はその絵につぎのような説明を添えている．「学校へ行つていた為両親と別々に被爆した私は翌七日朝七時宇品から比治を越え幟町の私の家の焼跡へむかつた．一面の焼野原で人影もまばら．私が始めて真黒に焼けこげた死体を見たのは旧放送局入口横の水槽の中に折り重つている数体だつた．それから四，五十米縮景園よりの路上に私は異様なものを見てギヨツとした．近づいて見ると赤ちやんをしつかり両手に抱いた女性らしき真黒焦げの片足を上げた走る姿の立つたまゝの死体！この人は一体誰だつたのか．現在もなお鮮明に私の脳裏に残つている無残な光景である」

中沢啓治の『はだしのゲン』はヒロシマとその後を描いた有名な漫画で，人気少年漫画誌に連載され，その後，アニメーション映画や長編の単行本にもなった．

の大げさな常套句だと思っていて、まさかじっさいに目のあたりにするとは夢にも思わなかったと説明した。

この無気味な光景のなかを、失明した人、錯乱した人、ぞっとするほど姿の変わってしまった人たちがよろよろと歩いていた。他人に手を差しのべた人たちはしばしば、（非常に多くの人がそう表現したように）「手袋のように」はがれた皮膚をつかんでいるのに気がついた。水を求める叫び声が四方八方から聞こえた。そして川と、セメントの防火用水タンクには遺体があふれていた。大きなハエが現われて、数日のうちには死体だけでなく生きている者の傷口にもウジ虫がわいた。炎に包まれた馬は廃墟をふらつき、羽が焼け落ちた鳥が地面で跳ねていた。広島への原爆投下から数時間後には、黒い雨が降った。原爆投下の数日後には、広島と長崎の両方で、なんとか生きのびたと思っていた人びとも髪の毛が抜け落ち、血を吐きはじめた。放射線被爆の症状が現われたのである。

芸術と政治

このすべてを、原爆をあつかった芸術作品に見ることができる。そして一度目にすると、記憶から消し去ることはむずかしい。現代の日本では、そうした芸術は高度に政治的なものとなる。保守派の指導者たち（そして、彼らに再軍備と国連の名による海外派兵をうながす欧米の指導者たち）の政策にとって、そうした過去は、忘れ去られるか無害にされるほうが都合がいいからである。したがって原爆の絵は、日本の過去だけでなく現在をも語るものであり、調和を求める従順で生産的な労働者の集まりという欧米によくある日本の印象に修正を迫っている。

そのほかにも、日本における政治論争には、戦争を知らない若者の歴史意識をいかにして形成するかという問題がある。保守派の視点からは、今日のイデオロギー上の緊急課題は、日中戦争と太平洋戦争の暗い時代の記憶をわきに追いやり、国を愛し、もっと速やかな再軍備を受け入れ、指導者とアメリカを信頼し、いっそう進んだ軍事パートナーとしてアメリカの核の「傘」の保護下に入ることを日本国民に納得させることである。そのすべてにたいして、原爆をあつかったこれらの芸術は「ノー」を突きつけている。

そうした芸術作品に指導層が不快感と不安を抱いていることは、一九八一年八月に文部省が丸木夫妻の作品のひとつを図版として掲載した教科書の認定を保留したことで明らかになった。二人の男が運ぶ担架に母と子が横たわっているようすを描いた有名な場面が載った教科書である。この図版がそれまで問題とされたことはなかったが、文部省は、若者が目にするには「残酷すぎる」と主張してはばからなかった。その何年か前には『はだしのゲン』の連載が突然、中止されていた。出版社が「あまりにもどぎつい」と判断したからだと説明された。

このテーマに内在するどぎつさと残酷さをだれも否定はできない。しかし、中沢啓治、丸木夫妻などの芸術家が持続的に展開している原爆体験の解釈は、それを超越している。たとえば、『はだしのゲン』の序盤では日本の軍国主義、超国家主義の戦時指導者が悪者として描かれており、このコミック作品の大部分は、原爆の直接の恐怖というより、衝撃的な経験を乗り越え、荒廃のなかからよりよい世界を建設しようという、ゲンのその後の戦いを描いている。日本語でゲンには「根」や「源泉」の意味があり、作者の中沢はこの若き主人公の名前に、広島の焼け焦げた大地を

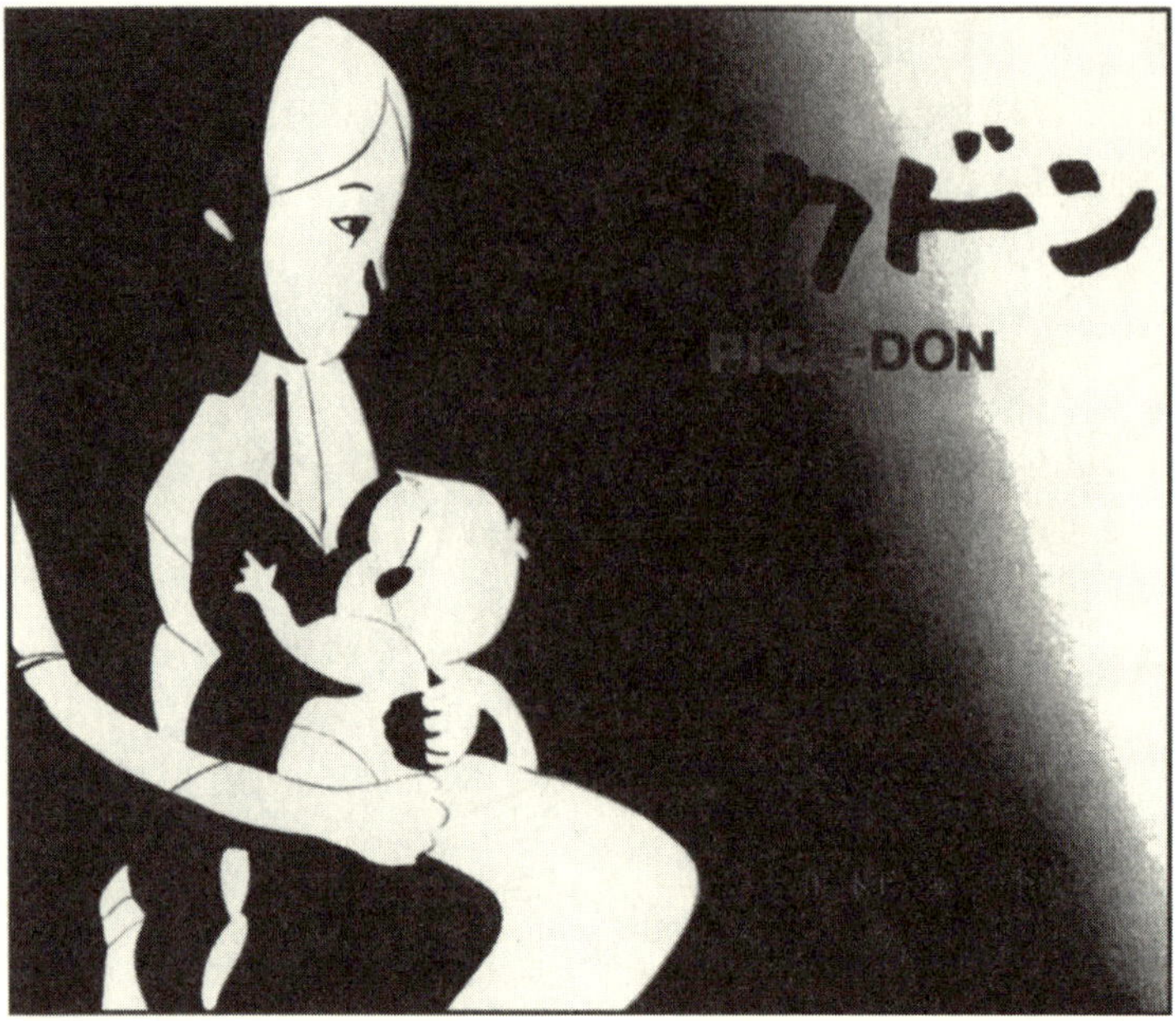

はだしで歩き、戦争と核兵器に「ノー」と言える力をみつけることができる世代の「力の根や源泉」になってもらいたいという思いを託したと説明している。「私自身がゲンの力とともに生きたい」と、中沢は語ったことがあり、その意味では中沢の生み出した主人公は中沢自身のモデルとなった。

三〇年におよぶ精魂かたむけた思索と制作の集大成である丸木夫妻のパネルを目のあたりにするとき、その印象は息を呑むほどである。この二人の画家が洞察するもの、そして二人がそれを表現するスタイルは絶えまなく変化している。「虹」と題され、一九五一年に完成した四番目のパネルにはすでに、拘束されたアメリカ人捕虜が広島の被爆者とともに描かれている。そして、一三番目の一九七一年の作品では、被爆しながら生き残った捕虜へ、逆上した広島市民が加える拷問と虐殺がテーマとなっている（「わたしたちは震えながら米兵捕虜の死を描きました」と、丸木夫妻は作品に添えた一文に記した）。一九七二年の一四番目の作品である「烏」は、広島で被爆した朝鮮人がおなじ被爆者である日本人から受けた虐待を描いている。人間がどれほど残酷になれるのかを生々しく描いた作品で、『はだしのゲン』もおなじテーマに取り組んでいた。

その一方で、丸木夫妻の八番目の、そしてもっとも力強

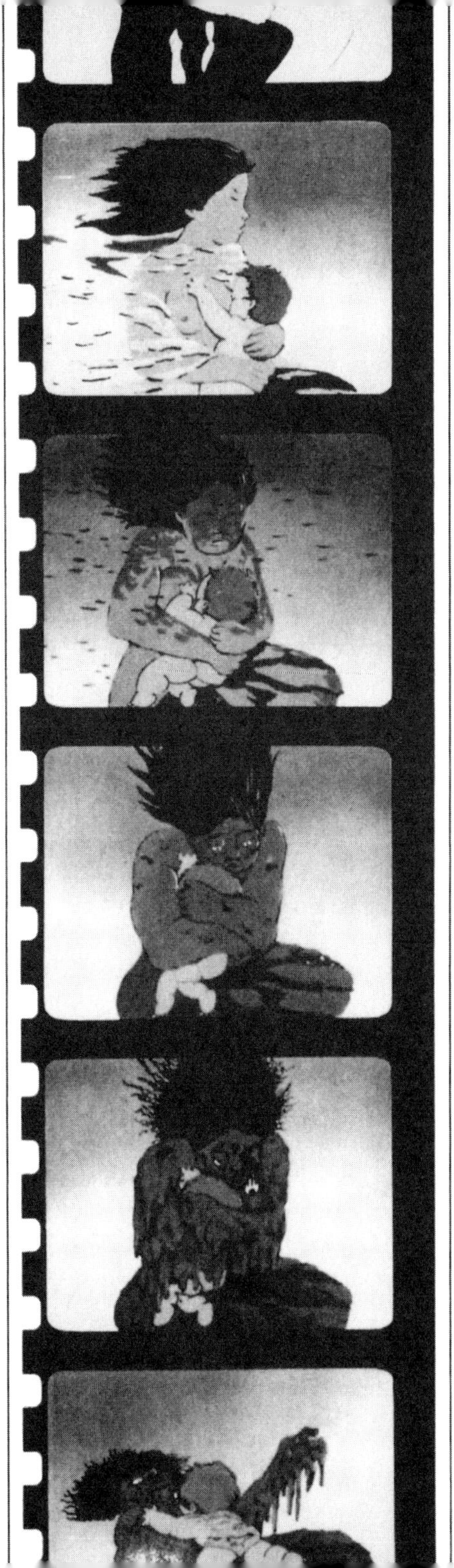

木下蓮三と木下小夜子によって1983年に出版された『ピカドン』は，文字のまったくない力強い作品で，日本の若者に向けて原爆の人間にたいする破壊力を直接的に訴える代表的なもの．表紙に使用された絵では，乳飲み子を抱いた母親を原爆の閃光（ピカ）が照らし出し，それにつづく絵では，爆風（ドン）がふたりに届くと母親がグロテスクな死体に変わっていくようすを描いている．母親は本能的に子供をかばおうとしている．この絵本は受賞したアニメ映画にもとづいて作られた．

丸木夫妻が1950年に描いた屏風絵「水」のうち，しばしば複製される場面．炎をなんとか逃れた裸の母親が，やっとの思いで子供に乳を飲ませようとすると，子供はすでに死んでいた．

い作品のひとつ、「救出」（一九五四年）には、悲しみと苦難のさなかに人びとがみせる決意と思いやりが顕著に見てとれる。これにつづいて一九五五年に描かれた「焼津」と「署名」のふたつの作品では、普通の人びとが、強さと威厳をそなえた人びととして描かれている。一九六九年に完成した一二番目の「とうろう流し」はもっともすばらしい作品で、八月の原爆投下と死者の霊が地上に帰るとされる伝統的な八月の盂蘭盆とを結びつけている。この色彩ゆたかなモンタージュはリアルであると同時にシュールな抽象画で、過去と現在、生と死、伝統的な敬意と現代の悲劇の象徴が、卓越した美をもって織りなされている。こうした図に描かれた怒りと複雑さとヒューマニズムは、日本の芸術の伝統において並ぶものがない。そし

丸木夫妻は，二人が1951年に描いた屏風絵「少年少女」のこの場面について，「かわり果てた姿で抱きあっている姉と妹」であり，ほかに「からだにかすり傷一つないのに死んでいった少女もあります」と解説している．

てじつは、日本以外の芸術の伝統においても、丸木作品に匹敵するものをみつけるのは容易ではない。

被害者と抑圧者が同一でありうるという認識はあっても、丸木作品も中沢の『はだしのゲン』も基本的には希望を込めて、一般の人びとに向かって一般の人びとについて語りかけている。これらの作品が明確に示唆しているのは、権力をもつ者はかならずしも信用できないこと、そして、過去に残酷な仕打ちを受けた一般の老若男女もみずからの価値観を明確にし、自分だけでなく他の何びともふたたび被害者とならないよう、みずからの人生を律しなくてはならない、ということだ。原爆をあつかった明らかにもっと反軍国主義的で反核的な次元の芸術とおなじ

丸木夫妻が1968年に描いた，12番目の屏風絵「とうろう流し」．死者の冥福を祈り，平和への願いを込めた，広島原爆記念日のとうろう流しの習慣のなかに，生と死，儀式と記憶の接点をとらえた作品．お盆の習慣とも符合する．とうろうの流れる川は原爆投下直後に死体にあふれていた川のイメージとも重なる．若い少女が死と平和のイメージのなかでとうろう舟を抱えている．おなじく描かれている子供連れの若いカップルが生存者か死者かはわからない．

ように、核抑止力の「リアリズム」や専門官僚が導く明白なる運命を信奉する者の目に、これらの芸術表現がとても異端なものと映るゆえんこそ、そこに一衆民衆のメッセージが込められているからなのだ。

このように、原爆をテーマとする芸術は現代日本のさらに大きな闘いや主張と切り離せなくなっている。いわゆる日本のよく管理された「タテ」社会の神話と現実に挑む闘いの一部となった。それは近代日本の政治史だけでなく社会史、文化史においても特定の位置を占めるユニークな芸術形態だ。しかし、なによりも、われわれが二度と経験したくないと願う世界について、国境を越えて熱く雄弁に語るがゆえに、人びとの注目を集めるのだろう。

8 ふたつの文化における人種、言語、戦争

第二次世界大戦は、私たちの想像力をはるかに超えている。五五〇〇万人、おそらくもっと多くの人命が、長期にわたって荒れ狂った暴力のなかで奪われたことの意味を理解するのはとても不可能である。一人ひとりにとっての戦争がすべて、あの奇妙に浮いた「第二次世界大戦」という表現で括られてしまうと想像するのはさらにむずかしい。ドイツが早期に東ヨーロッパでおこなった膨張。イタリアのエチオピア侵攻。独伊枢軸対英米連合。ドイツのソ連侵略。ユダヤ人および他の「下等人種」にたいするナチの戦争。ヨーロッパの反ファシスト・パルチザンとレジスタンス運動。アジアでは日中戦争に太平洋戦争。これを日本人は東南アジアを抱きこんだ「大東亜戦争」と呼んだ。おなじくアジアでは、戦争のなかで闘われた反植民地闘争。東洋でも西洋でも枢軸国と連合国とのあいだの戦争は、共産主義者対反共主義者という幾重にもかさなった闘いの性格をもはらんでいた。アフリカ系アメリカ人にとって、第二次世界大戦は「二重の勝利」のスローガンのもとにおこなわれた闘争であり、同時に市民権獲得をめざした国内総力戦のはじまりでもあった。

ほとんどのアメリカ人には、第二次大戦はいつも特定のことだけに注目するような捉え方をされてきたが、今日ではこれらの記憶も消えかけている。自由、民主主義、正義の御旗のもとで、社会から隔絶した存在である陸軍や海軍とともに戦うことの偽善性はついぞ率直に認識されたことはなく、ほとんど忘れ去られている。日本はアジアで、当時の蘭領インドネシア、英領香港、マラヤ、ビルマ、米国支配下のフィリピン、仏領インドシナの民族を征服したことで厳しく非難された——そして、その非難の矛盾が十分理解されることは、当時も、そしてその後もなかった。意識と記憶は他の意味でも欺瞞的だった。今日、どのような意味で第二次世界大戦が人種差別的で残虐だったかとアメリカ人にたずねたなら、その圧倒的多数はナチによるユダヤ人の大量虐殺を挙げるだろう。しかし戦争が進行していたとき、アメリカ人がもっとも残虐と考えていた敵はドイツ人ではなく日本人であった。そして、アメリカ人の感情をもっとも大きく奮いたたせた人種問題はアジアの戦争と

結びついていた(1)。

ほとんど例外なく、アメリカ人は、日本人には一種独特な邪悪性があるという考えに取り憑かれていた。歴史部門で二度ピュリッツァー賞に輝いたアラン・ネヴィンスは、戦争のすぐあとに「おそらくわれわれの歴史をとおして、日本人ほど憎まれた敵はなかった」とのべた。もっとも敬愛されたアメリカ人従軍記者であるアーニー・パイルも、あれこれ弁明せずにおなじ感情を表明している。パイルはヨーロッパで数年間戦争報道に従事したのち太平洋戦線に配属され、配属から数週間後の一九四五年二月、数百万人の読者に向かってこう語りかけた。「ヨーロッパでのわれわれの敵は、忌わしい不倶戴天の存在であっても、まだ人間であると感じた。けれどもここで私は、日本人は人間以下で不快感をともなうもの、まるでゴキブリやネズミのようにみられていることにすぐに気づいた」。パイルはつづけて、はじめて見る日本人捕虜にたいする感想を記している。「日本人たちはまるで普通の人間のように格闘し、笑い、話している」。「それでも私は、日本人に寒気を覚え、連中を見たあとで精神の沐浴をしたい気分になった」。『サイエンス・ダイジェスト』のような穏健な雑誌も「アメリカ人がナチよりジャップを憎む理由」と題する記事を掲載した。アメリカ政府は、ドイツ系アメリカ人でもなく、イタリア系アメリカ人でもなく、日系アメリカ人——のちに最高裁判所の支持も得て——を拘禁することによって、彼らが人種上の敵であるという指定を公認したのだった。もちろん政府と最高裁は、この上なく正式な手続きを踏んだ分別ある言いまわしでこれをおこなったが。

アメリカ人が人種問題を考えるうえで、ドイツ人とそのユダヤ人虐殺よりも、日本人の影のほうが大きかったと言ってもさほど驚くにはあたらない。アメリカでは、イギリスやヨーロッパの大半とおなじように、反ユダヤ主義が強かったが——とりわけデヴィッド・ワイマンがみごとに実証したように——ホロコーストは故意に無視されたり、あるいは無関心の対象とされる問題であった。他方で、日本の侵略行為は白人優越意識の奥底に潜んだ感情を刺激し、終末論にも似た反応を引き出した。ハースト系の新聞が社説で取り上げたように、ヨーロッパでの戦争はどんなに悲惨であるにしても、それでもまだ西洋文明の本質を脅かすことのない「身内の戦い」であった。あるハースト系の新聞は、太平洋での戦争を「東洋人が世界支配のために西洋人にしかけた戦争」とにべもなく決めつけた。

これについてはほとんど暗黙の合意があった。ハリウッド映画は、ナチといっしょに善いドイツ人を描くというお定まりの手法をもちいたが、「善い日本人」はまったくといってもいいほど見当たらなかった。政治漫画家が枢軸側の三巨頭を描くとき、ドイツ人の敵にはヒトラーの顔、イタリア人の敵にはつねにムッソリーニの顔と決まっていた。しかし日本人には、背が低く、丸顔で、外に突き出した耳、出っ歯、角《つの》縁眼鏡とその奥にある近眼の目など、均一な「日本人」という風刺画が描かれた。同様に、キャッチ・フレーズづくりの達人は、『サイエンス・ダイジェスト』誌の見出しに現われたような、ナチやジャップという思慮に欠ける常套句をつかった。事実、ドイツ人の敵が悪いドイツ人（ナチ）として括られていたのにたいし、日本人の敵は、日本人を超越した敵――すなわち、たんなる日本の軍国主義者でなく、あるいは、たんなる日本国民全般でなく、さらに、いたるところにいる民族としての日本人でなく、東洋人としての日本人にまでふくらんでいった。ポピュラー音楽業界は、いつものようにすぐアメリカ人の関心を惹きつけた。真珠湾攻撃に触発された流行歌のなかには『アドルフ・ヒトラー恐るに足らず、黄色いジャップもいなくなる』という曲名がつけられた。真珠湾攻撃と、その直後につづいた東南アジアの植民地支配者にたいする日本の衝撃的な勝利は――日本側の汎アジア主義のレトリックともあいまって――黄禍論の悪夢という最悪事態を裏づけるもののように思われた。

当然のことながら、アジアにおける第二次世界大戦はたんなる人種戦争ではなかったし、またその本質においても人種戦争というわけではなかった。連合国側と枢軸国側の双方で同盟関係は人種を超えており、権力とイデオロギーという根本の争点が問題だったのだ。しかし、日本と英米という敵対者にかんするかぎり、ほとんどマニ教の善悪二元論的な人種問題が他の争点を凌駕していた。これは双方ともにいえることであった。日本人もまた人種差別主義者であった――白人の敵にたいして、そして、かなり異なるやり方だが、いわゆる大東亜共栄圏のアジア人にたいしても日本人は差別をおこなった。こうしてみると、アジアでの戦争は、人種、言語、暴力という入り組んだ問題――過去に豊富な例があるだけでなく、日米関係がかなり変化してもいまだに人種差別的緊張をともないながら分裂している、今日的な問題――にたいして、比較論的見地から、快刀乱麻を断つための非常に鮮明な事例研究を提供するものといえる。

戦争は、さまざまなかたちで人種差別意識の核心にあるパターンを白日のもとにさらした。そのパターンとは、紋切り型の表現、攻撃的な意味を隠した表現、日々もちいられる比喩、映像のステレオタイプなどである。このような考え方、話し方、ものの見方は、粗野なことがしばしばだが、そうした品のなさはけっして特定の階級、教育水準、政治イデオロギー、場所あるいは事情（たとえば、前線にたいする銃後、権力および政策立案の中枢）に特有のものではなかった。他方で多くの場合、人種差別的な認識や表現のパターンは正反対だった。すなわち、間接的でニュアンスを含み、経験論と知性の言説を装っていた。これも典型的であった。うわべは客観的な観察も、しばしば偏見のレースをまとっていた。

そうした人種差別的な認識が行動を形づくるのは当然と思われるかもしれないが、戦争は、それがいかに狡猾に、また、さまざまなレベルで起こるかを教えてくれる。神話（この場合は人種にかんする神話）は、冷静で、理性的で、経験的な観察から導きだされた結論をいつも覆してしまう――それは、大変動がおこり、神話を払い去り、あるいはその神話が信憑性を失うまでつづく。たとえば、劣等な航海士、適性のないパイロット、想像力に乏しい戦略家、という白人が抱いていた日本人にたいする神話が打ち破られるには、真珠湾攻撃とシンガポール攻撃が必要だった。また、英米人はあまりにも堕落し個人主義的であるため遠く離れた敵にたいして広範囲におよぶ戦闘を遂行できない、という日本人の慢心を取り除くには、長い流血の戦いが必要だった。私たちは軍事諜報活動という現代の偶像崇拝に幻惑されているため、まったくの偏見がどれほど諜報の評価にフィルターをかけ、相手にたいする過大評価と過小評価を生みだしているかを認識できていない。それ以上に、人種差別はそのもっとも極端なかたちとして、大量虐殺の是認につながる――ユダヤ人の虐殺はもちろんのこと、野獣、害虫、鬼を退治するという、もっと単純でパターン化されたレトリックがアジアでの虐殺にたいする寛容を助長したのだった。

太平洋戦争に浸透していた人種憎悪の激しさを考えると、戦争の後でアメリカ人と日本人が非常に早く友好的な関係に向かいえたのは、一見すると驚くべきことだろう。国家対国家のレベルでは冷戦がこれを促進したが、戦後の友好関係は個人的な善意と相互の敬意も基礎となっていた。これは、戦争とプロパガンダによって焚きつけられた憎悪の特殊性と人為性を示唆しているようだが、簡単に人種差別が消えたということではない。むしろ、ここにうかがえるのは人種差別的なステレオタイプがもっている非凡なニュアンスである。殺戮をけしかける認識のパターンも、安定した時代には、わずかのひねりを加えられただけで、父権的恩情主義（あるいはそれへの黙認）を育むことがある。罵りのステレオタイプが少しの修正で新しい敵にあびせられることもある。

これは――人種差別主義者の認識パターン、認識と行動とのあいだの多様な連携に次いで――アジアでの戦争から人種差別的思考一般にかんする洞察を得るための三つめの広範な領域である。単純化していえば、一般に人種差別のステレオタイプは、適応性や柔軟性としてはたらき、また、ある状況では軽蔑や暴力的な攻撃を喚起し、べつの状況では恩情主義的な保護をも呼び起こす能力として機能する。弱い側には、これが恐怖や反抗と言い換えられたり、あるいは代わりに、本質的な不平等関係を黙認することにつながる。同時に、表面上は「民族的特質」が最大関心事になるという特殊性のもとで、人種差別的なステレオタイプの基本パターンと慣用句はしばしば流動的であり、ある偏見の対象からべつの対象へと容易に移転する傾向がある。「白人優越主義」とはまさにこのような考えだが、基本的には同一のステレオタイプが、あるひとつの非白人集団からべつの非白人集団へ簡単に移転する具体例をみれば、目から鱗が落ちるようにそのことがわかる。たとえば、第二次世界大戦中、「類まれなる」不埒な日本人についてアメリカ人が言ったことは、かなりの部分が、大量殺戮のインディアン戦争中にはアメリカ・インディアンにたいしてもちいられ、奴隷貿易以来の黒人にたいしてもちいられ、十九世紀なかばに定期交流が開始されて以来の中国人にたいしてもちいられ、今世紀のはじめにアメリカがフィリピンを征服したときにはフィリピン人にたいしてもちいられてきたお定まりの常套句だった。これらとおなじ常套句の多くは、一九四五年以降の戦争においても、韓国、中国、インドシナの敵にたいしてもちいられた。

さらにいえば、基本的に人種のちがいという比喩《メタファー》のほうがずっと流動的である。そうした比喩は究極的に権力と支配の婉曲表現であり、性差《ジェンダー》や階級にもとづいた差別にかかわる語彙と重なり合う。たとえば「幼児性」は、白人が非白人を表現するのにつかうもっとも一般的な言葉である。これは似非《えせ》科学の説明（非白人は進化の度合いが低く、それゆえ、「成熟した」白人にくらべれば、生物学的に子供または青年の段階に等しいという説明）によって補強することが可能である。あるいは、似非社会科学的な方程式（たとえば「後発」国の「未開」の人びと、または、現地の文化風習や慣習のために、全体として精神的に原始的、未熟な段階に留められている人たち、などの方程式）がもちいられることもある。子供というイメージには軽蔑が含まれる（戦時中の『ニューズウィーク』誌は「ジャップの徴募兵の幼な心」に言及した）こともあるが、また一方では、父権的恩情主義の義務感を呼び覚ますこともある（たとえば、降伏後の日本人を「マッカーサーの子供たち」と描写したり、日本人はアメリカ人とのあいだに成り立つ生徒―教師関係の受益者であるといった表現を想起すべきである)。この幼児性とおなじ比喩は、男性優位やエリート支配を合理化する必須要件でもある。女性を幼児のように、あるいは子供っぽく表現することは、女性固有の劣性や、女性を守る義務や、少なくとも女性を満足させる義務を誇示するために男が伝統的にもちいてきた、おなじみの方法のひとつである。同様に、社会および政治の支配階級はともに、大衆を理性がなく、無責任で、未熟なものとして排除することによって、みずからの特権的地位と支配者としての固有の権利を主張した。高貴な者の義務《ノブレス・オブリージュ》というエリート意識は、子供にたいする親の義務という認識枠組《パラダイム》みをもちいて、その柔和な見せかけで階級の不平等性を糊塗するものである。

認識のパターンは人種偏見だけでなく力の均衡をも反映するのだから、日米関係における人種差別の問題は、戦時中から現代までを視野に入れて分析をおこなうとき、いっそう興味ぶかいものになってくる。なぜか。日本の経済大国としての出現が、資本主義世界の覇権国であるアメリカの凋落と不可分だからだ。近代史上はじめて非白人国が、四世紀以上にわたって西洋――そして白人――の優越性と一体だった富と権力という、まさにその基準で西洋に挑戦したのだ。この前例のない展開は双方に緊張をもたらしたが、この緊張が現代世界における権力関係の転換に根ざしているという認識は重要である。そうした緊張は不合理なものではない。「文化のちがい」から生じるものでもない。むしろ、今日私たちが思い浮かべる恐怖と緊張は、アメリカと日本が、だれも確実に理解できないうえにコントロールもできないほど利害の大きい先端技術の世界経済で競争相手となっていることから生じているのだ。にもかかわらず、人種が問題になる。一九四五年以後、教師―生徒、保護者―受益者関係のかたちをとって制度化された日米間の不平等の構造は崩れ、権力の安定が失われた不確実な環境のなかで、人種差別のステレオタイプ化と遠慮ない人種憎悪の表現が、太平洋の両側でふたたび登場している。

ここに私たちは、人種差別的な比喩の順応性や、他の人種を侮蔑する方法の流動性がもつ意義を十分理解する。柔和に表現された人種差別的認識はふたたび無慈悲になりうるのだ。べつの敵にたいしてつかわれていた軽蔑と憎悪が形勢の変化にともなってよみがえる可能性もある。結局、人種差別というものは創造的な考えではない。認識のパターンは捉えにくく柔軟だが、限定的でもある。そして、現在の日米対立における人種差別の言葉とイメージは、気味の悪いほど馴染みぶかい。これは戦時中の、そして遡ること何世紀にもわたる人種差別的思考の所産である。どうしてこうなるのか。それが以下のページの主題である。

■

第二次大戦中に英米人が抱いていた日本人にたいする人種差別的思え方は五つの範疇からなる。日本人は人間以下で、「ザ・リトル・メン」〔あのちっぽけで貧弱な奴ら〕であり、肉体、道義性、知性、すべての面で欧米の白人より劣っていた。集団としての日本人は野蛮で子供っぽく、正気ではなかった。これらの重なり合う見方は露骨に表現することもできるが、社会科学者と古い知日派からの「経験的な」裏書きも得ていた。同時に日本人は超人《スーパーマン》としても描かれた。このことは、とりわけ戦争初期の衝撃的な勝利のあとで顕著だった。そして、忌み嫌う敵が、同時にリトル・メンと超人でありえたということが、この見方の特徴である。最後に、第二次世界大戦における日本人は黄禍論の悪夢を現実にした。この終末論的なイメージは他のすべてのものを包みこみ、戦争にたいする憎悪や日本人の行動にたいする反応だけではなく、人種間の憎悪こそが問題となっていたことを、まちがいようのないほど明白にした。

敵を非人間化することは、戦場で闘う男たちには望ましいものだ。そうすることで、殺戮にたいする良心の呵責と疑念を払拭でき、理由づけがなされ、自己保存にも寄与する。敵も結局のところ、おなじようにこちらを非人間化し、殺そうとしているのだ。太平洋にいた連合国兵士たちのあいだでは、こうした態度がいたるところでごく自然に狩りの比喩となって現われた。ジャングルで日本人と闘うことは「故郷の森で小さな獲物」や肉食動物を追いつめるようなものであった。日本人を殺すことは、走っているウズラを仕留める、ウサギをつぎつぎと狙い撃ちする、捨て身になった凶暴な獣を追いつめ仕留めることになぞらえられた。兵士となったかつてのスポーツマンは、いまや「もっと大きな獲物狩り」に行っただけだった。ある兵士は、まるで故郷での鹿狩りのように、屈んでいるジャップの肩の後ろに銃の照準をあてた。

しかし、殺戮は戦闘地域に限定されていなかったし、非人間化の比喩も、この一般的でほとんど何気なくもちいられるレベルにとどまっていたわけではなかった。アメリカでは「ジャップ解禁到来」を告げる看板が商店の窓に現われたり、日系アメリカ人の収容にともなうヒステリー状況のさなかに「ジャップ狩猟許可証」が交付された。狩猟の心理は、戦場で捕虜をとらないということだけでなく、殺戮を日本の民間人に拡大することに良心の呵責を覚えなくなる、もっと広範な殲滅の心理と区別できなくなっていった。ここにいたって、より正確な人種戦争の言葉とイメージが明らかになった。日本人は害虫だった。もっと知れわたっていたのは、日本人は猿だというイメージである。これらの比喩は本質的には戦場とほとんど関係がなかった。日本人という人種全体を非人間化した見本であった。

害虫というのは、もとはナチがユダヤ人に当てはめた典型的な比喩であり、その非人間化の身の毛もよだつ結果は、アジアの戦争でこうしたイメージが流布されていたことを覆い隠し目立たなくした。従軍記者たちは、硫黄島で数人の海兵隊員がヘルメットに「ネズミ駆除業者」と刷りこんで戦闘に向かうのをおもしろおかしく伝えた。洞穴のなかにいる日本人を焼き払うことは「ドブネズミの巣を駆除する」と表現された。真珠湾のすぐあとには、日本人という害虫を彼らの巣のなかで根絶するようすが広く歓迎された。一九四二年なかば、ニューヨークでおこなわれた丸一日にもおよぶ勝利パレードでもっとも人気があった山車《だし》は「東京：これから乗り込むぞ」と題され、半狂乱になった黄色いドブネズミの群れに爆弾の降りそそぐ図が描かれていた。海兵隊員むけ月刊誌『レザーネック』一九四五年三月号の漫画は昆虫「シラミ目《もく》日本人ジラミ」（Louseous Japanicas）を描き、このシラミの伝染病は太平洋で根絶されつつあるが、「完治法がこの伝染病の発生源で効果をあげる前に、東京周辺の繁殖地は全滅されなくてはならない」というキャプションがつけられていた。「シラミ目日本人ジラミ」が、日本の都市への組織的な焼夷弾空爆計画が開始されるのとほとんど同時に現われたことは、殲滅主義者と絶滅主義者のレトリックにたいしてアメリカ社会のすべての階層が超然たる寛容を決めこんでいることを正確に反映していた。ワシントンのイギリス大使館が週報に記しているように、アメリカ人は日本人を「名もない害虫の大群」とみなしていたのである。

日本人を類人猿や猿同然とみる認識は、特定のグループや場所に限られたものではなかった。真珠湾攻撃の前でさえ、イギリス外務次官サー・アレクサンダー・キャドガンは常日ごろ日本人を「残忍な小さい猿」同様と呼び、そう日記に記していた。日本降伏後、米軍のロバート・アイケルバーガー将軍は、降伏手続きを取り決めるためフィリピンへ向かう途上、妻に宛てた手紙のなかで日本側使節団に言及し、「まず、猿たちがマニラに来ることになっている」と書いている。欧米の政治風刺漫画家のあいだで、猿の絵はもっともありふれた日本人の風刺画《カリカチュア》であった。ロンドンで活動していた才能豊かな反ファシストの漫画家であるデヴィッド・ロウはこれがお気にいりだった。『ニューヨーク・タイムズ』紙は、日曜版にそうしたイラストを定期的に掲載した。ときには、日本人は類人猿と人間のあいだをつなぐ進化論上の「失われた環《ミッシング・リンク》」とみるほうがいっそう正確ではないか、という独自の注釈をつけることもあった。シンガポールのイギリス軍が壊滅的敗北を喫する前夜、イギリスのユーモア雑誌『パンチ』は一ページ全面をつかって、ヘルメットと銃を身につけて木から木へと渡るチンパンジーとして日本兵を描写した。『タイム』誌も、一九四二年一月二十六日号の表紙におなじイメージをつかった。さらに、『ニューヨーカー』誌もおなじく「木の上の猿人間」という奇抜な表現がウィットに富んでいると考えた。『ワシントン・ポスト』紙は、「ジャップ」とラベルがつけられたゴリラとただ「ヒトラー」というレッテルが貼られたヒトラーの絵を一対にして、日本がフィリピンではたらいた残虐行為とドイツがチェコスロヴァキアでおこなった残虐行為を風刺漫画で比較している。

こうして、いたるところで猿にまつわる非人間化の慣用表現がもちいられたのは、欧米で育まれた長い伝統を有する偏狭な偶像表現法に由来するものだ。『パンチ』は、日本人を木に登らせるほんの数十年前まで、アイルランド人を猿として描写していた。初期の白人の風刺漫画家は、数世代にわたって、黒人やカリブのさまざまな人を対象に猿のような風刺画の腕をみがいていった。大衆的なイラストレーターは、つぎつぎと白人優越主義の似非科学、すなわち、蒙古人種、黒人種（イギリス人にとってはアイルランド人）は進化の低い段階にある、という基本原理をひたすらくり返した。十九世紀の欧米の科学者と社会科学者はほとんど全員一致でこの命題を支持した。そして、このような考え方は二十世紀なかばまで残った。たとえば、ルーズヴェルト大統領は、スミソニアン協会の形質人類学者から日本人の頭蓋骨は「アメリカ人より約二〇〇〇年発達が遅れている」と報告を受けていたほどだ。

猿という以外に、日本人は一般に「ザ・リトル・メン」と呼ばれた。日本人の比較的小柄な体軀によるためだが、この呼称も本質的には隠喩であった。日本人は欧米人と比較して小さいことしかできない、と論じられたのである。つまり、日本人の伝統文化には、なんら偉大で「普遍的な」業績が見出されないということだ。日本人は科学と技術の近代的な挑戦に遅れをとっている。また、日本人は革新者というよりは模倣者であり、合理主義者というよりは典礼主義者である。ここでも風刺漫画家はこのような慢心をはかるよい尺度を提供している。どんな国民の集まりを描いても彼らの描く日本人はたいてい小人のようだった。

とりわけこのような蔑視は、英米の最高レベルの観察者でさえ日本の意図と能力を過小評価する方向へと導いた。

真珠湾攻撃以前には、日本人は射撃、航海、操縦の能力が低いというのが欧米人のあいだで共通の見識となっていた。日本人は思考の面でも想像力に乏しいとされた。これは、あるイギリスの諜報報告が入念に解説しているところによれば、表意式言語表記法を記憶するのに必要とされる膨大なエネルギーが日本人の脳を鈍くした結果、創造力の火が消されたからだという。神話の力とステレオタイプが客観的な分析より影響力をもつことを示すには、日本が攻撃してきたときの欧米人の準備不足を挙げることほど適した例はほかにほとんどない。およそすべてが衝撃的だったのだ。すなわち真珠湾攻撃の大胆さ、それをなしとげる日本人の能力、ゼロ戦の実力（すでに一年以上中国で実戦配備されていた）、日本人パイロットのすばらしい技能、日本の地上部隊の才気や自制、ヨーロッパやアメリカの植民地にたいする電光石火の多面襲撃である。当然、欧米側にもコインのもう片面としておなじくらい衝撃的なことはあった。すなわち、ハワイでの準備の欠如、シンガポール守備軍の総崩れ、フィリピンでの屈辱である。長い目でみれば、最終的に日本が敗北したにもかかわらず、一九四一年から四二年にかけて起きたことは旧帝国の戯言をあばき、白人優越説の神秘性を粉砕した。

これらの日本の勝利は――日本の野蛮性と残虐行為の惨状とあいまって――人種差別的思考にまったく新たな世界を開いた。リトル・メンは突如としてスーパーマンになり、同時に、より巧妙に更新されたリトル・メン説がつくりあげられた。たとえば、一九四四年なかばにマッカーサー司令部の心理戦専門官によって配布された際立った内容の諜報報告は、古い説をかみくだいて詳細に解説している。

> それにもかかわらず、日本人は言葉のいかなる意味においても、ちっぽけな連中である。識者のなかには、日本人の背があと三インチ高かったなら、真珠湾攻撃はなかったであろうとみる者もある。日本列島は、ちまちまとした距離にある島々からなっている。日本の家は芸術的だが、薄っぺらで狭苦しい。国民は小柄で、ままごと遊びをしているようにみえる。欧米人にとって、日本人とその国はおもちゃの国の奇妙な魅力をもっている。何世紀にもおよんだ孤立が日本人の人生観の制限的な特徴を際立たせることとなった。
>
> ちっぽけな連中であることで、日本人は権力と栄光を夢見たが、世界大戦に勝利するための物質的な必要にかんする現実的な発想に欠けていた。さらに日本人は、現在アメリカが自在に展開している大規模な作戦について思いをめぐらすことなどまったくできなかった。[2]

同時に、このリトル・メン説は、欧米の社会科学界にはびこる人種的偏向にどぎつい光をあてるというやり方でつくりだされたのだが、それは、同学界が一般民衆の偏見を裏づけるためにどの程度役に立つかを示す作業であった。戦時中は、「国民性」理論を唱道する学界の新たな実力者として多くの人類学者、社会学者、心理学者、精神科医が登場したが、彼らは全体として生物学的決定論の古い理論を否定するという貴重な仕事をした。しかし、社会科学者は、生物学的決定論と結びつけられてきた人種的ステレオタイプを打ち消すことをしなかった。それどころか、社会科学者は人種的ステレオタイプに新しい文化的ないしは社会心理学的な説明をあたえることによって、事実上これらの偏向を再確認したのである。

このことは、社会科学者が日本人の行動を説明するために導入したもっとも影響力のある三つの主題に、とりわけ明確に現われている。日本人は、本質的にいまだに原始的ないし部族的な人間であり、儀礼的で排他的な価値に支配されていると論じられた。ここでは文化人類学者の影響が顕著である。さらに、日本人の行動は、子供や青年期の行動にかんする欧米の理論を応用することによって、有効な分析が可能であるとも論じられた。ここで英米の知識人は、幼年期のさまざまな段階におけるトイレのしつけと心理的阻害にかんするフロイト学派の影響を受けた諸理論（イギリスの社会人類学者であるジェフリー・ゴーラーはこの主題に非常に影響力があった）に目を向けたり、同様に「日本人をよりよく理解するための体系的な研究方法として、アメリカ社会における個々の青年心理ならびに不良少年の行動にかんする」アメリカの研究から得られた洞察を応用することの価値を称賛した（引用は、マーガレット・ミードやタルコット・パーソンズも参加した、一九四四年の大がかりなシンポジウムの議事録から）。最後に、学界の大御所たちが示した三番目の偏見は、日本人は集団として精神的および感情的に不安定である——神経症的、統合失調症的、精神病的、あるいは単純にヒステリー——という議論であった。

つまるところ、「国民性」の研究は、おそらく今では信頼をなくした生物学的決定論者が大昔にくだしていた結論、すなわち、日本人は民族として発達停止の体を示しているという結論に新しい説明の道を開いたことになる。これは、日本人の遺伝子にそなわった固有のものでないとはいえ、日本人の特異な歴史と文化に由来する避けられない結果であった。こうした研究はすべて、かなりの学識をともなって発表されており、社会的圧力や状況倫理について戦時下の社会科学者が示した洞察の多くは今日でも影響力をもっている。しかし、ことわざ風にいえば、火星人が社会科学者による戦時中のこの文書だけを読まされたなら、帝国主義、戦争、残虐行為などがアジアで、二十世紀に、知能発達の遅れた日本人によって発明されたと結論づけたとしても無理からぬことだ。じっさい、日本人は独特で類例がなく、そして非常に奇妙、というわけだった。

欧米にたいする日本の攻撃は、英米人のあいだにこの新たな人種主義的「経験主義」を抱かせたのと同時に、古い幻想世界をもよみがえらせた。みずからを支配者と考える集団による誇大妄想の特色は、他の民族を劣等と否定さえしながら、特別な権力は自分たちの掌中にあると考える点だ。下層階級はエリートにとって軽蔑の対象ともなりうるが、恐ろしい暴力をふるう潜在力を秘めているとも考えられている。女性は男性の目には理性に欠けると映るかもしれないが、特別な直観力をもち、ジュセベル〔イスラエル王アバブの妻で、男を骨抜きにする悪女の代名詞としてもちいられる〕のような力をもつともいわれる。日本人とアジア人一般にたいする欧米の見方にかんするかぎり、白人男性のエリートによって表現される女性の神秘性と東洋の神秘性のあいだには、じっさい興味ぶかい一致がある。そのため、戦中、また今日でも、日本文化の「女性らしさ」が強調されてきた。しばしば日本人の特質とされるものは、女性一般のそれとされるものとほぼ同一であった。つまり、幼児性、不合理さ、精神的不安定と「ヒステリー」である。同様に、直観力、第六感、苦しみに耐える並外れた能力さえも。否定的にいえば、後者の特質は不合理さと同等にあつかわれたり、単純な発達停止論にまとめられることもありうるだろう。肯定的にいえば、後者の特質は超合理的な力――説明不可能で、それゆえいっそう深い観察を迫られる力――となった。

欧米の指導者たちによる「合理的な」考慮には、日本の攻撃の大胆さも技能も、その後、数のうえで劣る日本軍に降伏するという欧米の大失敗も入っていなかったので、そうしたできごとを不合理な説明に求めるのはごく当然なことだった。スケープゴート捜し――真珠湾で任務についていた米軍司令官が解任され、西海岸の日系アメリカ人が強制収容された――が状況をごまかすのに一役買ったが、これだけでは不十分だった。日本人をスーパーマンとみなすことも有用になった。グラフィック・アーティストたちは、今度は日本人を地平線に姿を現わしている巨人として描いた。レトリックのうえでは、たいていの新しいイメージというものは前よりいっそう狡猾で、悪意のこもったやり方で現われた。こうして、アメリカの出版業界は一九四一年十二月から戦争が終わるまで、スーパーマンという新たな神話の正体をあばく、まさしく「行間」を読む小特集を掲載した。戦闘Aは日本人を海上で、戦闘Bは日本人をジャングルで、戦闘Cは日本人を夜間の作戦で打ち負かせる可能性を、戦闘Dは「無敵のゼロ戦」神話もついに打ち砕かれる可能性を示した。『ニューヨーク・タイムズ・マガジン』誌は「日本のスーパーマン：それも誤解」と題する特集記事で正面からこの問題に取り組んだ。アメリカの戦争指導部でもっとも露骨な人種差別主義者であったウィリアム・ハルゼー提督は、日本人を「猿人間」として故意に矮小化したことも「新たな日本の無敵神話」を覆し、兵士たちの士気を鼓舞するためだったと述懐している。

スーパーマンの神話が完全に一掃されることはなかった。戦争終結へ向けて――日本の軍艦と商船隊の大部分が沈められたあとでさえ、そして戦場の日本兵が支援を打ち切られて餓死しはじめ、何万、何十万人と死んだあとでさえ、さらに本州の都市が定期的な空襲にさらされるようになったあとでさえ――連合国の政策立案者たちは、戦闘継続のために日本人の意志と能力を過大評価しつづけた。これについては多くの説明があるが、なかでも顕著なのは単純な人種差別的考慮である。スーパーマンのイメージは白人が抱く最大の人種差別である黄禍の亡霊とかみあっていたため、ことさら影響力が強かった。日本人にたいする憎悪は、たんに日本の残虐行為についての報告に由来するだけでなく、もっと深い反オリエンタリズムの根をもっていた。たとえば、真珠湾攻撃にたいするアメリカ人の反応をあつかった『タイム』誌の報道は、まさにこの点を明らかにしている。攻撃の事実を聞いたときにアメリカ人がどう言ったか、と『タイム』誌は脚色効果をねらいながらたずねた。代表的な回答として引用されたのは、「まさか、あの黄色い野郎どもが！」であった。主要な新聞と雑誌のほとんどが幾度となく色にまつわる慣用表現をもちいた。ポスター芸術や他のあらゆる反日イラストで、黄色はとりわけ目立つ色であった。ポピュラー音楽の作曲家たちが、ヒトラーと「黄色いジャップ」の対位法をもちいていることは、すでにみた。べつの歌には「黄色い奴を見つけ出し、愛国心で打ちのめせ」「おお、東洋の小人ども」などのタイトルがつけられていた。

中国などアジアの同盟国を担当する報道官たちは、このような無神経さに肝をつぶした。ほぼ戦中をとおして、アメリカのアジアにたいする広く深い偏見は、苦々しいまでに発揚された。戦争の最中にこのような偏見が露呈したことによって、すべてのアジア系民族にたいする公的差別の極致として悪名高い「東洋人排斥法」の修正を考慮するため、一年におよぶ議会公聴会が開かれた。しかし、日本の攻撃によって露見したのは、型にはまった差別の構造、すなわち、東洋の脅威という認識の底によこたわる具体的な恐怖よりいっそう実体のつかめない、それでいて興味をひかれる何かであった。黄禍論が西洋で最初に語られた十九世紀の終わりから、白人は三重の懸念にさいなまれてきた。それは、アジア人の「群れ」が西洋の人口を上まわるという認識、そして、西洋による支配を可能にした科学と技術をこれらアジアから来たよそ者が手に入れるかもしれないという恐怖、さらに、東洋人が西洋の合理主義者には理解できない魔術的な力をもっているという思いこみである。日本は、汎アジア主義の大義を吹聴し、大東亜共栄圏の建設を宣言することによって、ついにアジア人の大群がひとつになるかもしれないという見通しを提起した。日本人は、ゼロ戦と巨大戦艦と航空母艦で、技術的な隔差と科学的な隔差が劇的に縮まっているという認識をあたえた。そして、戦争初期の勝利がもたらした興奮のなかで開花した無敵のオーラによって、日本人の「スーパーマン」は東洋の魔力という古くからの幻想を呼び覚ました。これらすべては、一九四五年八月に日本が降伏したときに打ち壊される。しかし、こうしたことの一切は、三〇年後、すなわち日本が経済大国として突然立ち現われ、他のアジア諸国が日本のいわゆる奇跡を模倣しはじめるとき、ふたたび浮上することになる。

■

人種差別は日本人の自己と他者にたいする認識をも形づくった――やはりパターン化された方法であったが、欧米のやり方とは異なっていた。この相違は歴史が大方説明してくれる。日本は何世紀ものあいだ、インド、中国、そして最近では欧米から文化や思想を取り入れており、それによって大いに恩恵を受け、こうした借りがあることを認めていた。日本人は十九世紀に、欧米人による刺すような蔑視の眼ざしに痛みを感じつづけていた。日本人は、欧米人から工業化と「欧米化」の業績を褒め称えられているときでさえ、いぜんとして未熟で、想像力に乏しく、不安定なものとみなされていることを身にしみるほど感じていた――古い知日派のあいだでいわれたように、日本人は、取るに足りないようなことには長けていて、大きなことをあつかうには取るに足りないのだった。このように日本人の人種にかんする思考は、白人優越論の思考と明確に対峙するものをもたず、さまざまな相半ばする感情によって分裂していた。日本人は、西洋の白人のように階層的な世界を想定した。だが、西洋人とは異なり、自分自身をはっきりと人種階層の頂点に位置づける明確な力を欠いていた。西洋人、そして彼らが実証した科学と文明にたいして、日本人の反応は一種の称賛であり、同時に恐れであり、不信であり、憎悪であった。他のすべての者にたいして──すなわち日本人を除くアジア人を含めた非白人にたいして──日本人のとった態度はもっと単純だった。二十世紀までに西洋の植民地主義や新植民地主義に抗いながら、いわゆる列国のひとつとして登場した日本の成功は、日本人のなかに、より弱小な人民や国々にたいする、西洋人の人種差別主義とおなじくらい傲慢で侮蔑的な態度を染みこませていった。朝鮮人と中国人は一八九〇年代および一九〇〇年代のはじめにこのことに気づきはじめ、東南アジアの人びとは一九四一年十二月七日以降すばやくそのことを悟った。

日本にとってアイデンティティの危機は、一九三〇年代と四〇年代の初期にいくつかの劇的なかたちで頂点に達した。当初の攻撃の歓喜と激情の陰には、また、アジアでの白人男性と女性にたいする数多くの残虐行為の陰には、じっさいまぎれもない人種的復讐感情があった。同時に、日本人は自身の「指導民族」としての運命を強調しはじめた。あえて白人優越主義と日本の人種差別とのちがいにかんして広範な観察をおこなったら、以下のような結果になるだろう。すなわち、白人の人種差別が「他者」への侮辱行為に過度のエネルギーを費やしたのにたいして、日本の人種差別的思考は「自己」を高めることに集中した。たとえば、一九三七年から四五年のあいだに制作された日本の戦争映画では、敵はめったに描かれなかった。多くの場合、敵がだれなのかも明確にされなかった。ほとんどの場合、映画は主役の演じるみごとな「日本人」の特質に集中した。国内消費むけプロパガンダの関心も同様であった。その言葉とイメージにおいて、日本人の偏見は白人の偏見よりも穏やかに思われる──わりあい「ソフトな」人種差別といってよいだろう──しかし、これは誤解をまねくものだった。このような内向性という島国的偏狭さは相手を人間に非ずとみなす行為につながりやすく、その独特で奇妙なやり方で、日本人でないすべての「部外者」を非人間化する傾向があった。じっさい、このように激しい自己への固執は、日本人でない者にたいする異常なほど冷淡で残忍な行動の戦時記録を打ちたてるのに役立った。

この人種差別的思考の中心概念は、あのもっともじれったさをかきたてられる文化的固執、つまり純潔についての信念である。日本では、他国とおなじように、この純潔の信念は宗教的な儀式のなかだけでなく、社会慣習や内部と外部の（純潔と不純の）集団の線引きなどに深い歴史をもっている。じっさいに日本人は、純潔さを近代版の人種差別思想に変換することによって、日本人社会の内部で伝統的に差別化と結びついていた概念を国家的規模に転換しつつあった。純潔は日本化され、同質性の根拠になった——「一億一心」や、ユニークな「大和魂」(「大和」は伝説上の最初の天皇が統治した古代の都にちなむ)などである。日本人でない者は、定義により不純なものとなった。強い者も、それほどでない者も、みな常軌を逸していた。

純潔という概念のあいまいさは日本国内の結合を促す手段として効果を増した。皮相のレベルで、この日本人の純潔さや「誠実さ」への特別の固執は、アメリカ人の「無垢」の神話と似たところがあるといっても、後者がアメリカ的神話の副題であるのにたいして、前者はその強力な人種観念のまさに精髄として育まれてきた。密教の呪文のように、人びとを煽りたてるような(そして、しばしば古風な)さまざまの言葉と文句が日本人のもつ特別の人種的および道義的特質を表現するためにもちいられた。そして密教のマンダラのように、ある特定の視覚イメージ(太陽、剣、桜の花、雪をいただいた富士山、抽象的な「輝き」)と縁起のよい色(白と赤)が、日本人の精神の純粋さを示す特別な象徴として賞揚された。

西洋人は、非白人や非西洋人が根っから劣っているという理論を強調するため、似非科学や怪しげな社会科学に頼ったが、日本人はその優越性の起源を神話の歴史にもとめた。そこで優越性の起源は、神授の皇統と、臣民の人種的および文化的同質性のなかに見出された。神、天皇、民衆は一体として創造されており、そのことを他にないほど巧みにとらえていたのが、たんなる「日本人」という言い方を超克するために再現された言葉、すなわち、大和民族であった。「大和」——天照大神の孫の孫、神武天皇が紀元前六六〇年に皇統を創立したとされる土地の名——は、日本を神の土地、日本人を選ばれた民とする古風な神授の神秘性をしのばせる「言葉」だった。大和民族という言葉のなかで、人種差別的なものと排他的なものとが結びついたことは明らかであった。日本人には、天皇や、国民に行きわたった神話的で宗教(神道)的な伝統以外にアイデンティティはなかったし、いかなる部外者もこの共同体に侵入することは望みえなかった。これはまれにみる強力な血の愛国心であった。

こうした主題の多くが、一九三〇年代および四〇年代初期のイデオロギー性の高い著作でくわしくのべられた。血のナショナリズムの大義は、一九四〇年が「日本建国」二六〇〇年の大規模な式典と祝祭とが重なったことによって賞揚された。同時に、人種について研究した人種差別主義のイデオローグたちは、純潔がたんなる原初の状態ではなく、一人ひとりの日本人にとって進行中の過程であることを強調した。純潔には、育まれるべき美徳が不可欠だった。そのなかでも重要とされたのが、もともとは中国から日本へ持ちこまれたふたつの道徳、すなわち忠孝である。忠孝がほかのどこよりも、中国よりも、日本で高い道徳性の表現としてたてまつられるようになった理由は、日本ではそれが究極的に天皇の権力に焦点をあわせているという事実にあった。純潔は自我を超越したところ、偉大な真実や大義と一体化するところにあった。一九三〇年代と四〇年代初期の危機の時代に、この偉大な真実は、軍事化した帝国と同等視されるようになった。戦争それ自体が、戦争が求めるすべての犠牲とともに、純潔性を保つための行為となった。そして、戦争で死ぬことが無私無欲の究極の表現として、日本人が生来もつ純潔を示す最高度の達成事となった。今日、われわれは、ゆっくりと死んでいった日本兵のほとんどが、天皇の名を口にしながら逝ったのではないことを知っている。ほとんどの日本兵は（アメリカ兵がしたのとおなじように）母親を呼びもとめたのだ。それでも日本兵は、神国の神兵であるというプロパガンダに包まれながら、熱烈に、そして勇敢に戦い、死んでいった。このことは、特別な力をもった民族であるというオーラを発散させるのに役立った。

欧米のスーパーマン神話も黄禍の化け物も両方とも、日本人自身がその独自の理性を超えた精神的特質を強調したことと類似している。しかし、欧米人からみれば、このおなじようにファナティックな大衆行動のありさまは、リトル・メン、均一で画一的な大衆という日本人イメージを強調するだけだった。ここにはいささかの皮肉もない。というのも、ここでわれわれが目にしているのは、日本人の洗脳と、欧米人の徹底した反日ステレオタイプが表裏のように合着しているようすだからだ。英米人のもっとも露骨な口語表現は「ジャップはジャップだ」（日系アメリカ人の強制収容を指揮したジョン・デ・ウィット将軍の有名な言葉）といわれたものだ。おなじく、フランク・キャプラが一九四五年に米国陸軍のために監督したプロパガンダ映画『汝の敵、日本を知れ』では、日本人は「おなじネガから焼きつけられた写真」として描かれた。今日これは、アメリカ人の日本人にたいする古典的な軽蔑の表現として引き合いに出される。しかし本質において、この一事が万事という態度は、日本の指導者自身が促進した「一億一心」という教化とたいしてちがってはいなかった。同質性と特殊性は日本人が自身について語った本質部分であった。日本人の慣用表現では、それは大和民族の優越性への統合ということであった。日本人でない者にとっては、それはさらなる嘲笑と軽蔑のたねとなった。

「純潔の自己」というレトリックは、明らさまな侮辱に対比される見えない潜在力にも注意を喚起するものだった。日本人は自身の純潔を宣言し、日本人ではない人びとは神の国の恩恵に浴することもなく、また与ることもできないという理由で彼らを劣等と決めつけた。まさにそのようなイデオロギーの論理によって、日本人以外は不純であり、不潔であり、汚れているとされたのだ。通常、このような感情は、日本人の「純粋で曇りのない心」に飾りたてられた賛歌のもとに地下水脈のように流れていたのだが、ときおり異常なまでの熱気をおびて地表に噴出した。すなわち、戦時中もっともよく知られた日本人作家のひとりである火野葦平は、「バタアン半島総攻撃　東岸部隊」と題された戦争報道のなかで、アメリカの戦争捕虜を「嘗て無法なる侮辱をわれわれの祖国に加へようとした傲岸な国の国民なのだ」と描いた。火野はさらに、「私はおびただしい投降兵の群をながめて、不純な成りたちによつて国を形成し、民族の矜恃を喪失した国家の下水道から流れ落ちて来る汚水を見てゐるやうな感じを受けた。このやうなときほど、日本の兵隊が美しく、且つ、日本人たることを誇らかに感ずることはない」とつづけている。[3] もちろん、これらはアメリカ人捕虜のことであり、日本の軍人が残虐にも「バターン死の行進」を強いた捕虜たちのことである。

しかしながら、日本人が直接的に英米の敵に言及するときは、ある特定の悪意のこもったイメージをもちいるのが通例だった。鬼や悪魔である。「鬼畜米英」は白人の敵にもっともよくあてられた形容である。グラフィック・アートでいちばんありふれた英米人の描写は、角の生えたルーズヴェルトやチャーチルであり、日本の民話や民間信仰にみられる鬼や悪魔そっくりに描かれていた。非人間性の比喩としての鬼の姿をした白人は、欧米における猿人間としての日本人に対応するものであったが、かならずしも厳密に対応していたわけではない。鬼というのは猿よりもっと鮮烈で、両義的であり、害虫ともまったく異なる種類のものであった。日本の民話で鬼は途方もない力をもち、多くの場合に知的で、少なくとも非常に悪賢く、通常の日本人をしのぐ才知と力をもつものとして表現されていた。鬼がみな退治されるべき対象だったわけではない。じっさい、鬼のなかには味方に引き入れられたものや、脅威の的から守護者へと変わったものもあった。ここにまた、興味ぶかいステレオタイプの適応性、すなわち、アメリカが日本の軍事的な「守護者」となった戦後の劇的な転回をみることができる。

しかし戦時中は、この鬼のような他者がもつ恵みぶかい力は葬り去られた。戦時の日本人にとっての鬼は、たんに下等な人間や、狂暴なイメージなどで表わすことのできない敵の比喩として機能した。鬼は敵方のとてつもない力や特殊な能力という感情を伝えるもので、この点においては、近代の日本と西洋との関係をつねに特徴づけてきた両義性をもとらえている。同時に、鬼のような他者は、永続的な対外脅威のイメージを呼び覚まして根ぶかい不安感をあたえた。猿や害虫と異なり、鬼はどこにでもいるわけではなかった。日本の民話では、鬼はつねに共同体の境界線を越えたあたりや国境を越えたところ――村の外にある森林や山、沖合いの島など――に潜んでいた。ほんらい、鬼は民族にたいする恐怖ではなく、部外者一般という、ずっと根源的な恐れを具現化したものであった。

日本社会は、均一な民族であるという神話とは反対に、たがいに不信感を抱いた諸集団が同居する蜂の巣のようなものであり、海の向こうからやってきた青い眼の野蛮人は、これらの緊張と脅威をはらんだ脅迫的な内輪＝ヨソ者関係に対応するものとして数世紀も前に生まれた思考に吸収されたのである。十九世紀なかばに日本の水平線に突如として現われた西洋人は、ヨソ者のなかでもっとも手強いものであり、西洋人にたいする反応はかつてない方法による国家主義的感情や人種差別的感情の動員となった。しかし象徴的には、鬼のような他者は、すでに人種差別化されるべく存在していたのだった。さらにいえば、この象徴的な表現がはたす複雑な役割にはもっとほかの次元があった。というのも、それは、永続的な「鬼のような」脅威の認識から、永遠の犠牲者の意識にいたる短いステップにほかならなかったからだ。これもまた、日本の土着の伝統にしばしば見受けられる感情であり、近代の世界においてこうした「被害者意識」は、対外的脅威の認識と複雑にもつれ合うようになった。このような見地から、鬼のような他者という表現に象徴される近代日本の人種差別観は、つねに脅威にさらされ、被害者であり、虐げられた人びとという止むことのない感覚を反映していた――けっして脅威となったり、害や悲しみをあたえる者ではなかった。

しかし、イメージと行動がもっとも正確に合致するところでは、鬼、猿、害虫はおなじように機能した。これらはみな、敵を非人間化することによって殺戮を容易にした。「アメリカの鬼を殺せ」「イギリスの鬼を殺せ」というレトリックは戦場だけでなく、銃後でもありふれたものとなった。一九四四年後半に出版され、人気のあった雑誌がこのレトリックの激烈さを伝えていた。雑誌は「鬼畜米英」と題して、仲間の鬼といっしょに富士山の見えるところで酒盛りをしながら騒いでいる堕落した鬼の姿をしたルーズヴェルトとチャーチルの図を二ページにわたって掲載した。そして、すべての日本人を「人間性を失った畜生どもを叩き殺せ。これは世界の恒久平和のために、天が大和民族にくだした大使命だ」と煽りたてた。べつの雑誌は、フィリピンでの決戦の記事を掲載し、一人でも多くアメリカ人の野獣と鬼を「地獄へ落とせば落とすほど、世界がより清潔になる」と宣言していた。硫黄島は公式なニュース映画で「米鬼屠殺の絶好の場」と記された。

しかし、敵を鬼に擬すことは殺戮に不可欠の前提条件ではなかった。日本の侵略と残虐行為でもっとも犠牲をこうむったのは、このように描かれることのめったになかった他のアジア人であった。他のアジア人にたいする日本人の態度は、一般大衆へ向けた「汎アジア」のプロパガンダ、公的および学問的レベルにおける精緻な人種差別的ヒエラルキーと覇権理論、現実の慇懃さと軽蔑、こうしたものの混合物であった。少数の理想主義的な将校と文民高官を除けば、汎アジアの団結という平等主義のレトリックと、植民地化されたアジア諸民族の真の解放を真剣に受けとめていた日本人はほとんどいなかったようだ。日本は植民地である韓国と台湾の解放など一瞬たりとも考えてはいなかったし、東南アジア政策——「独立」があたえられた地域についてさえ——も「指導民族」としての日本人の優位性を形成する基準にあてはめられていることはきわめて明瞭だった。日本人の思考にとってそれほど大切な純潔とは、民族と文化としての日本人——「東洋」民族一般ではない——に特有であり、したがって、日本人の思考には、白人優越主義に対応する「アジア優越主義」はなかった。

日本人は、一九三〇年代以前には、他のアジア人にたいしてはっきりと表現できる立場をもっていなかった。中国を侵略し東南アジアへ南進する決定をふくめて、その後のめまぐるしいできごとは、軍の計画立案者と学界の軍部支持者に、これらの問題にかんする既存の意見を文書化して、明確化することを迫った。その結果はいくつかの研究、報告、公告——多くは機密扱いであった——として著わされ、種々のアジア民族の特徴と、彼らに適用すべき政策を明確にのべていた。これらの研究が偶然おこなわれたのではないことが一九八一年に明らかになった。その年、それまで知られていなかった一九四三年までさかのぼる機密研究が東京で発見されたのである。厚生省研究部人口民族部の約四〇名の研究者チームによっておこなわれた調査は、人種理論一般とアジア諸民族の個別分析に三〇〇〇ページ以上をあてた。報告書のタイトル『大和民族ヲ中核トスル世界政策ノ検討』がその内容を示唆している。

『大和民族ヲ中核トスル世界政策ノ検討』は本格的な研

究報告であり、学術的な体裁をとっていた。その方法において『大和民族ヲ中核トスル世界政策ノ検討』は、英米の社会科学者による、連合国の戦争努力を支持した（そして、日本人の「国民性」は欧米の青年期行動と少年非行にかんする理論によってもっともよく説明されることを発見した）「国民性」研究に匹敵するものであった。日本の研究者たちは欧米の人種理論に注目し、一方でナチの考え方を考慮しながら、プラトンやアリストテレスをはじめとする人種にかんする思考全般を調査した。研究者らは、近代の世界では、人種差別、ナショナリズム、資本主義的帝国主義が複雑に絡み合っていることに着目した。近代的な学問が生物学的に純粋な人種という考えをしりぞける一方で、心理的な団結に一役買う点において血というものが依然として重要だった。この点にかんして、カール・ハウスホーファーがすでに観察していたように、日本は均質な民族国家の形成という点では幸運だった（ハウスホーファーは、その著書がナチに影響をあたえた地政学者で、日本にかんする博士論文を完成していた）。同時に、対外的膨張は不可欠とみるべきであり、それは軍事的・戦略的安全保障を達成することに加えて、人種の自覚と活力を維持し、活性化させるためでもあると考えられた。この点でふたたび日本の研究者チームは、西欧の専門家の言葉を引用したが、そこにはドイツ人だけでなくイギリス人も含まれた。将来を見すえれば、海外に住む日系二世や三世がアイデンティティの問題に直面する可能性はあり、それゆえ日系人の同化を防ぐ和解政策をつくり、日系人が確実に「日本人の優越性を心得、指導民族の一員であることを誇りに思」うようにすることこそ緊要であった。

この大部の報告書の焦点は欧米人ではなくアジア人にあり、その乾いた言葉づかいは、アジアにおける人種的不平等を正当化する方法についての洞察をあたえる。中心となる比喩は家族であった。そして、決定的に重要な語句は「其ノ所」であった――この語句は、孔子の道徳律に根源をもつ家庭内関係についての用語だったが、一九三〇年代後半に入るころ国際関係にも慎重に敷衍されるようになった。家族の語法は従順な社会構造のもうひとつの例である。なぜなら、それは調和と相互関係を示唆する一方で、他方では明確なヒエラルキー、権威と責任の区別を意味したからである。そして日本人にとって真に重要なのは後者であった。『大和民族ヲ中核トスル世界政策ノ検討』の執筆者たちは、平等にかんする誤った意識を手厳しく非難し、「実質上不平等なるものを平等視すること自体が不平等を意味する」とのべる。そして「不平等なものを不平等として取扱ふことは平等を実現する所以である」とつづける。

家族はこのように公正な不平等を実証するものであった。そして日本人の執筆者たちは、今や日本がアジアという家族の長であるばかりでなく、この地位を「永久に」維持する運命をあたえられていると書いた。大和民族が世界の民族や国民の上に立つ運命にあるかどうかについては言及がないままだったが、これが究極の目的であったことはさまざまな論評が示唆していた。調査書の冒頭のページは、「英米の帝国主義的民主主義が完全に克服せられ、世界新秩序が再建されるまで」は、戦争が継続するであろうとはっきり宣言していた。そして『大和民族ヲ中核トスル世界政策ノ検討』は、日本人に導かれたアジア帝国が、この新秩序における主導的役割を引き受けると宣明するのだった。

家族の比喩と適所の哲学は、その儒教的な響きにもかかわらず、人種と権力の問題にたいする西洋の考え方にとてもよく似ていた。日本人は、西洋の白人と同様に、アジアの非力な民族を「子供」として分類することに御満悦だった。日本人は非公式な調査と指令において、「其ノ所」とは大和民族が自給自足的なブロック内で、経済、金融、そして戦略上の力の源泉を支配し、それによって「東亜全民族の生存の鍵を我が国が握る」アジアの分業を意味することを明らかにしていた。戦争の端緒にシンガポールで発出された秘密の政策指針もおなじくらい露骨だった。「帝国臣民に発展の機会を与へ」るとか「其の堅実なる地歩を確立せしめ指導民族たるの資質を高揚して大和民族永遠の発展を計るを基本理念とす」などとのべていた。国ごとに、民族ごとに、詳細な摘要書を作成していたにもかかわらず、もっぱら日本人は他のアジア人にたいして、日本が割り当てた役割を演ずる家族という従属的メンバーとしてしか関心をもっていなかった。他のアジア人にとって、日本の人種的レトリックのほんとうの意味は明白であった。「指導民族」とは優越民族を、「適所」とは下位を、「家族」とは家父長制的圧迫を意味した。

戦後の日米関係には、人種差別にかんするふたつの興味ぶかい疑問がある。日本の降伏後、いかにして人種間の憎悪はあれほど急速に消え失せたのか。そして近年、両国間に経済摩擦が増大するにつれて、人種差別はどのようなかたちで再燃しているのか。

最初の疑問への答えはそれ自身が物語であって、双方が殺し合う以外の目的で親密かつ顔と顔をつきあわせた接触をすることで相手をふたたび人間として認識できるようになったという、常識的な観察からはじまる。一九四五年から五二年までつづいた事実上アメリカによる日本占領は、多くの点で自民族中心的で横柄だったが、同時に好意にみち——そして初期の段階では——日本人の琴線にふれる「非軍事化と民主化」に焦点をあてていた。戦時中に連合国側と日本側双方の陣営で煽情家がふりまいたステレオタイプに反して、ほとんどの日本人は、組織化、教化、軍国主義にうんざりしていた。同時に、冷戦はあっというまに敵意を転換させ、反共主義がかつての敵対者どうしを国家レベルで結びつける新しい使命となった。敵は変われど、敵意は変わらずであった。

日米双方はこの突然の転換を、古い認識パターンを新しい方法でもちいるという能力によって心理的に吸収した。アメリカ人にとって、害虫は姿を消したが、猿人間はしばらくのあいだ魅力的なペットとして残されていた。たとえば、『レザーネック』誌の一九四五年九月号——海兵隊むけ月刊誌の日本降伏後最新号——の表紙は、陽気な海兵隊員が、帝国陸軍の帽子にシャツとゲートルを身につけた、不機嫌そうだが完全に飼い慣らされた猿を連れている風刺漫画を呼び物にした。『ニューズウィーク』誌は、占領がはじまったときアメリカ人は日本でどんな種類の人びとに遭遇するかという特集で、「不思議な類人猿」なる副題の記事を載せた。他の人種差別的ステレオタイプも類似したかたちで戦争から平和へ移行した。敗北はスーパーマンの神秘性を一時的に消す一方で、日本人は小さい、あるいは劣っているという認識を強化させた。逆の言い方をすれば、日本にたいする勝利が、白人、そして欧米に固有の優越性という自惚れを強化させたのだ。しかし、日本の「劣った」体格より正確に連想されるもの——社会的関係や態度の幼稚さ、庶民の心理的・政治的幼児性、集団ノイローゼ——のすべてが、今や父権的恩情主義という反応を誘発していた。占領下の日本を監督するアメリカ人はその使命を、日本から幼稚で、部族的で、儀礼的なものを排除する文明化ととらえていた——それは古風だが、植民地にたいするじつに理想主義的な態度であった。アメリカ人は、遅れた制度をもつ未熟な民族を、成熟へと導くつもりだった。日本の「子供たち」は今やマッカーサー元帥の民主主義学校に入学した生徒となり、アメリカの進んだテクノロジーの学習者にして模倣者となり、アメリカ冷戦政策の追従者となった。日本人の精神が苦しめられるなら、アメリカ人はそれを癒やす治療者にもなるだろう。

これらは、温情主義がかならずしも浅薄でないのと同様に、軽薄な態度ではない。さらに個人のレベルでは、多数の日本人とアメリカ人が共通の目標を目指して対等に協力した。民主主義化と非軍事化、そしてのちには経済復興と再軍事化のいずれもが、敗北して不承不承つきしたがう国民に強制された、アメリカによる自民族中心的な目標というわけではなかった。これらの政策すべてには、日本人自身の意見も反映されていた。しかし、日米関係全般は本来的に不平等で、アメリカは庇護者ぶっており、人種差別的態度が生き残ったのはまさにこの点であった。アメリカの高位の政策立案者も、自国の目的を追求するためには冷ややかに日本の人種差別を操ることもためらわなかった。たとえば、冷戦政策への日本の忠誠がまだ不確かだった一九五一年、ジョン・フォスター・ダレスは、「アジア大陸の大衆にたいする優越」という日本人の感情を英米が利用し、欧米同盟と連携するという「社会的威信」を強調すべきだと勧告した（まさに変幻自在なステレオタイプの好例だが、ダレスは、ロシアの人びとや文化の、基本的にはスラブ的あるいは「東洋的」な性質を強調する欧米に根ぶかい伝統を利用しながら、ソヴィエトの脅威はロシア人がアジアの民族であることを想起すればもっとよく理解できる、と力説することも好んだ）。

日本側にとって敗北は苦く、平和は甘美だった。そして、戦中の人種差別的思考と結びついた特定の態度が、降伏後の環境に妥当することにも気づいた。適所という考えが、勝者である連合国への従属的地位を受け入れるのを、少なくとも当面は容易にした。この点については、戦中の「指導民族」のレトリックが日本では比較的新しいイデオロギーであったのにたいして、日本人はその近代史の大半をつうじて世界秩序のなかで従属的な役まわりを演じてきたことを想起するのが有用である。一九三〇年代と四〇年代はじめの軍国主義は、その不安定な地位を変更したいという願望から台頭し、惨禍のうちに終焉した。一九四五年以降、より穏健な新しい方法で新たな場所を追求することは、じつはこれまでもおなじみの探究をつづけていくことだったのである。

戦中の純潔と浄化への固執は、この新たな展開とかかわっていくうえでも、魅力的なやり方で適応可能だとわかる。降伏以前は退廃的な西洋の影響を受けた個人や社会の追放を唱道していた人びとは、いまや軍国主義と封建遺制の社会の追放を唱道することに居場所を見出していた。この腐敗した反動的な勢力のもとにある日本を「浄化する」という感覚は戦後初期のいつわりない現象であり、これが解放という国民の願望をくすぐる一方で、「純潔の自己」という軍国主義者のイデオロギーが、夢想だにしない方法で政治化されることにもなった。普遍的で「民主的」な価値が今や純潔さの試金石となった。これら仰天するような変身に歯止めをかける門番は、かつてのアメリカの鬼であった。アメリカが負った戦後日本の守護者という軍事上の役割は抜け目のない合理的な政策であったが，日本人の見地からすれば，そこには名状しがたい，ほとんど潜在意識下の論理があった。日本民話の恐ろしい鬼も，結局のところ，一見ひ弱な民によって味方に引き入れられ，利用されることがしばしばだった。

これら，適所，純潔，鬼への，変化する順応によって，戦中の人種的強迫観念は多かれ少なかれ取り除かれることになった。しかし，そうした順応もつい最近まで戦後日米関係を特徴づけてきた，制度化された不均衡の構造にひそむ人種的緊張を消し去ることはなかった。権力と影響力において日本がアメリカより明らかに劣っているかぎり，日本で「従属的独立」として知られる構造と心理は維持された。しかし，権力と影響力の関係に劇的な変化が生じたとき，日米いずれの側も心にトラウマを抱えることなしに，こうした基本的関係を考えなおすことは不可能と思われた。巨大な変化は一九七〇年代に訪れ，そのとき――ほとんどすべての人びとにとってそれは突然かつ衝撃的に訪れた――アメリカがいくつも手強い問題に直面しているあいだに日本が経済大国にのしあがっていたことが明らかになったのだった。こうした状況のもとで，戦争にまつわる言いまわしがふたたび流行した。通商戦争の話題，ほんとうに太平洋戦争に勝ったのはだれかという問い，新たな「円ブロック」に下される最後の審判の警告，本格的に再武装した日本，「金融の真珠湾」。これらの多くは政治的スタンドプレーと煽情的な報道《イエロー・ジャーナリズム》だったが，恐怖は本物だった。今やアメリカと日本は信用ならない同盟国，そして真の競争相手となり，もし両国の関係を再定義することができなければ，世界的な政治経済の不安定化を招きかねない。人種的自尊心と，人種的憎悪にみちた古い言葉が日米双方で不気味に登場してきたのは，まさにこの途方もなく巨大な利害と強度の緊張という文脈のただなかであった。

人種の慣用表現は手のようなものだ。すなわち，握りこぶしをつくって他人を打ちつけたり，また軽蔑を表わすために手の甲を見せたり，あるいは友情を示す意味で手を差し出すことができる。近年，あきらかにアメリカ人と日本人の双方が，差し出した手を引っこめはじめた。つまり，アメリカ側では日本の成功が「エコノミック・アニマル」や「ロボットのような」サラリーマンという軽蔑を含んだ非人間化の慣用句を再燃させた。リトル・メンのイメージは，日本の経済力が強大になっているにもかかわらず生き残った。ヘンリー・キッシンジャーはひそかに日本人を「ちっぽけなソニーのセールスマン」とか「貧弱でけちな

帳簿係」などと言っていたと伝えられる。日本の経済活動へのもっとも手厳しい批評家の一人であるリー・アイアコッカは回顧録のなかで、日本の扱い方にかんして典型的な人種差別の比喩をもちいて助言している。「アメリカ政府は、放課後に生徒を呼びつけ、その振るまいについて説明を求めてもいいころだ」[4]と。ジャーナリズムの世界では現代日本に向けられたもっとも人口に膾炙した形容詞のひとつは、おそらく「部族的」という言葉であろう。この考えは戦中の国民性研究に直結するものであり、史上二番目に巨大な資本主義経済を分析するためにはほとんど適さない。正気を失った人間のイメージが無数のかたちでふたたび表に出てきた。日本の金融業者の気まぐれによって世界経済が混沌に陥れられる恐怖にかられて取り憑れかたように働くことへの論評から、自暴自棄になって核武装した日本の姿にいたるまで、さまざまだ。スーパーマンは超大国としてよみがえり、その達成のかげにオカルト的な力——奇跡の人びと、成功の秘訣、計りしれない経営陣の禅修行、不屈でまねのできない日本精神——があることをふたたび示した。そして、これをしのぐかのように、アメリカ人と多くの西欧人が経験するのは、日本のみならず「四匹の龍」あるいは「四匹の虎」と呼ばれる、韓国、台湾、シンガポール、香港が日本のあとを急ぎ足で追いかけてくる黄禍の再来。楽観論者が「太平洋の世紀」として言及するものは、悲観論者にとっては押しよせる「アジアの世紀」である。

たいていの日本人にとって、その成功にたいする攻撃は負け惜しみ、あるいは、それ以上に聞こえる。日本人は、絶えず押しよせる外からの脅威という昔ながらの恐怖を確認し、永遠の犠牲者という感情を再燃させる。日本叩きをしている者たちは新手の鬼のような脅威であり、連中はまたもやほとんどが欧米人であり、その数は無数に感じられる。彼らは西洋の凋落を、そして、いわば世界秩序における日本の新しい位置を認めることを拒んでいるのだ。

もちろん、その場所がどこなのかが問題の要点である。「ジャパン・アズ・ナンバーワン」というレトリックは、アメリカの学者エズラ・ヴォーゲルが一九七九年にはじめて普及させたが、それは、日本人の自尊心を刺激し、日本自身を含めた世界じゅうに恐怖と不確実性を呼び起こした。というのも、それが私たちの時代の核心にある事実——日本がじっさいに「ナンバーワン」であるという事実ではなく、むしろ世界の権力構造と影響力が歴史的な転換のただなかにあり、誰一人その結果を予測することができないという事実をとらえているからである。「適所」は今やべつの場所を意味し、確立されているヒエラルキーの再構築、すなわち、いくつかの例では、かつての先生と生徒、指導者と追従者という関係の完全な転換を意味する。

多くの日本人、とりわけ戦争を切り抜け、その後何十年ものあいだ従属的独立という戦後構造へ組みこまれる屈辱を耐えしのんだ人たちには、こうした事態の進展のなかで、理解はできるが、ほんの少しだけ内に秘めた人種的復讐感情が存在した。同時に、新しい熱烈な国家主義者の側には、戦中は血の民族主義と指導民族のレトリックというかたちで強調されたものと本質的にはおなじ、日本人の特質に成功の理由を求めるという、ぎょっとするような傾向もみられる。たとえば、数年前、日本電信電話株式会社の社長は、日本人が通商戦争に勝っている理由を説明するのに、日本製品の高い質は日本人が人種的に純粋で、アメリカ人のように「雑種」ではない事実を反映しているとのべた。また、一九八六年には日本の首相が同様の発言をし、お返しにアメリカで反日感情が暴発することとなった。このような発言は、日本人の同質性や純血という神話への固執や、「非白人」にたいしていまだに多くの日本人が抱いている特別な軽蔑（この場合、標的はおもにアフリカ系アメリカ人とヒスパニックである）を露呈するだけではない。彼らの発言は多様性にたいする偏狭な敵意をも露呈しており、多様性とはそうした発言が生んだ新たな力によって日本人が世界にたいして負った責任とは相容れないものだ。

今日、国際関係のたどっている道は、見知らぬ目的地へと向かう未知なる道だが、アメリカと日本がその道で競い合うあいだに現われてきた人種差別的な言辞はおなじみのものだ。そのような人種差別的言辞が慰めとなることはない。

9

他者を描く／自己を描く

戦時と平時の風刺漫画

ザ・リトル・メン

戦時も平時も，そして過去も現在も，英米の政治漫画家は決まって，西洋人が日本人や他のアジア人にたいして抱くもっとも基本的な見方を絵にする．背が低いというだけでなく，教養もないという意味を込めて「リトル・メン」あるいは「リトル・イエロー・メン」として描く．この見下した姿勢の結果として，日本人の野心と能力への過小評価をくり返すことになる．

図1は漫画家デヴィッド・ローの作品．真珠湾奇襲前夜の1941年11月，アメリカを中心とする西欧列強の包囲網に経済的に締めあげられている日本の不平を笑いのネタにしている（ローのキャプションには「日本，包囲網に抗議，その心は」とある）．図2と図3はそれぞれ，1945年8月の日本降伏，そして1952年4月の占領終結を機に『ニューヨーク・タイムズ』に掲載されたもの．両作品とも，風変わりで小人の日本人，その裏返しとしての超越的で全能の自己（アメリカ，そして西欧）像——作者の表現によれば，文字どおり「神の手」となる——を描いている．

1980年代になって日本が世界第二の経済大国として台頭したあとも，リトル・メン，エイリアン，劣った奴らという欧米の日本人観が一掃されることはなかった．ダンジガーが1989年3月に『クリスチャン・サイエンス・モニター』に寄せた作品は，軍事的役割を増大するよう日本に圧力をかけるアメリカを描いたもので，双方に手厳しい．それでも，子供っぽく未成熟で知的障碍あり，という典型的な日本人像から抜けだしていない（図4）．湾岸戦争への日本企業の対応について論評し

〔図4の下へつづく〕

図1

"DIRECTIVE IS TO BE COMPLIED WITH WITHOUT DELAY"
ALLIED VICTORY
QUINCY SCOTT

図 2

BON VOYAGE
INDEPENDENCE
JAPAN

図 3

図 4

〔図 1 の下からつづく〕
たオリファントの 1990 年の作品（図 5）は多くのメディアに掲載されたが，小人と個性のかけらもない群れという欧米人の日本人イメージをみごとに組み合わせている．

没個性的で，ロボット化し，金太郎飴のようなイメージは図 6 でも捉えられている．この作品は 1987 年 9 月の『ワシントン・ポスト』に掲載された日本のホワイトカラーについての特集記事に添えられたもので，記事のタイトルは「退屈な奴？ 頭のいい奴？ いや，サラリーマンだ」．日本のスーパーマンの正体を暴露した『ワシントン・ポスト』の記事は洒落のつもりだったが，非人間的というお馴染みのもうひとつのイメージに訴えたもの．

AH, SO SORRY. PREASE TO GO DEFEND OUR VITAL AMERICAN INTERESTS.
MAYBE WE COULD SET UP A KETTLE AND RING A BELL...
MCA
COLUMBIA PICTURES
FIRESTONE

図 5

図 6

日本のスーパーマン

人種と文化の異なる人びとを蔑《さげす》むのは，そうした人びとを恐れていないからではない．人種によってステレオタイプをつくりだす行為は，たいてい相矛盾するイメージを描きだすことになる．英米人の描く日本人像には，スーパーマン，そしてもっと大きな「黄禍」の化け物と，小人化され，発育不全の子供のような人びとの双方が描かれる．欧米人の想像する日本人やアジア人一般のイメージには「リトル・メン」と「スーパーマン」が共存する．どうやら，おなじ人間性を共有していると想像するのはとてもむずかしいらしい．

スーパーマンという日本人のイメージは，真珠湾と第二次大戦緒戦での日本軍の目覚ましい勝利の結果，大いに広まった．それをよく表わしているのがイギリス人による図7の作品で，1943年5月に『ニューヨーク・タイムズ・マガジン』に転載された．44年後，おなじ『ニューヨーク・タイムズ・マガジン』は，新たな日本のゴリアテ〔旧約聖書に登場するペリシテ人の巨人兵士〕としてウォール街にそびえたつ巨大な力士を掲載した（図8）．1987年9月に『ビジネス・ウィーク』が描いたのは，ウォール街をつかみとる怪物のようなサムライだった（図9）．スーパーマンのイメージは，日本の力の盛衰とともに流行り，そして廃れる．日本の資本主義はほぼ例外なく，独自で伝統的なもの，さらには前資本主義的でさえあるものとして描かれている．それは，日本経済の拡大がピークに達した1980年代にも変わらなかった．

A British commentary on the Japanese soldier
How Tough Are the Japanese?

図7

The New York Times Magazine
THE BUSINESS WORLD
THE MIGHTY YEN

図 8

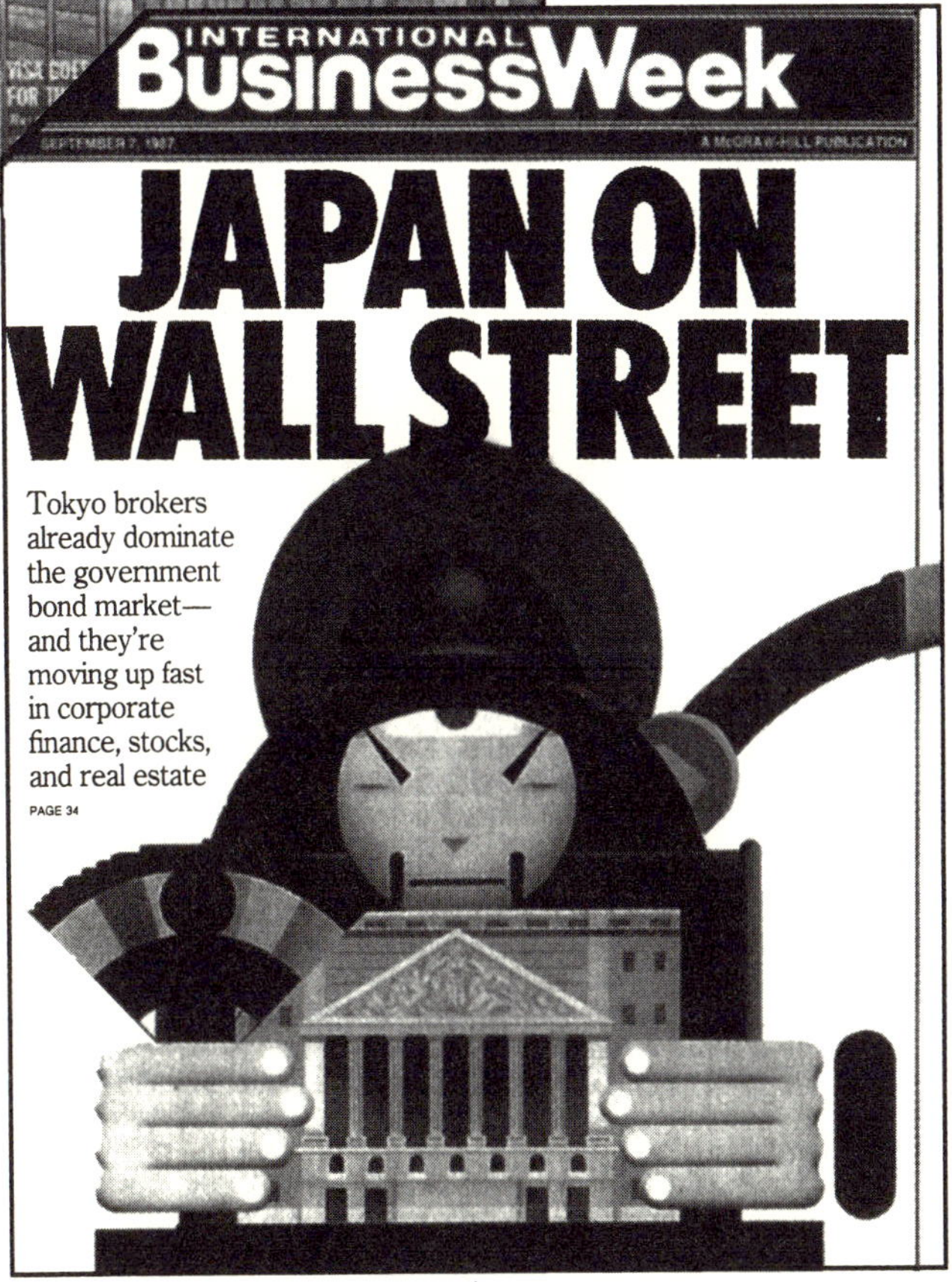
INTERNATIONAL
BusinessWeek
SEPTEMBER 7, 1987
A McGRAW-HILL PUBLICATION
JAPAN ON WALL STREET
Tokyo brokers already dominate the government bond market—and they're moving up fast in corporate finance, stocks, and real estate
PAGE 34

図 9

図 10

ハイテク版黄禍論

日本にたいして現代の欧米人が抱く危惧には歴史的な根源がある．世紀の変わり目に，数が多く神秘的で謎めいたアジア人が来襲する「黄禍」の不安である．しかし，日本が経済大国として台頭するまでは，科学と技術を手中にした欧米が「黄禍」を封じ込めることができると考えられていた．

日本人とアジアの人びとが高度な経済的・技術的成功をおさめるようになると，欧米の

図 11

思いあがりは打ち砕かれ，その結果，500 年におよんだ西洋の世界的な覇権は終わりを告げた．図 10 と図 11 が示しているように，アジア諸国による科学技術の習得は東西の対立に収斂するのではなく，新たにハイテク版黄禍論ともいえる終末論的な見方を台頭させた．ロボットのサムライという驚くべきイメージは三重の意味で刺激的だ．日本人を非人間化し，文化的に独自で遅れた者と決めつけ，さらに，かつては欧米の独壇場だった先端技術を習得したことに注意をうながしている．

図 12

恐ろしいアメリカ人

世界の舞台に「遅れてやって来た者」として日本人が描いた欧米人の典型的なイメージは，アメとムチを併せ持つ存在だった．経済的・軍事的帝国主義，植民地主義，新植民地主義，人種差別主義，無限定な資本主義，文化的氾濫として現われる脅威は，第二次大戦で頂点に達した．図 12 の軍事マシーンのようなルーズヴェルト大統領は 1943 年 1 月の出版物に掲載された．戦中の日本に広まっていた悪魔のようなアメリカのイメージを表現している．

それから 49 年後の「貿易戦争」のさなか，『朝日新聞』はおなじように機械でできたジョージ・ブッシュ大統領を掲載した（図 13．キャプションでは，戦後，欧米人が日本の指導者をトランジスターラジオのセールスマンなどと中傷したことを揶揄するように，日本の小さな首相が「ようこそ，自動車・自動車部品セールスマンの大統領」と口ごもりながら言っている）．図 14 は湾岸戦争中に発行された小冊子の表紙で，日本人がアメリカ人にたいしてもつ「戦争好き」という悪魔的な認識がなくなっていないことをいっそうはっきりと示している．タイトルは「空恐ろしいアメリカ」である．

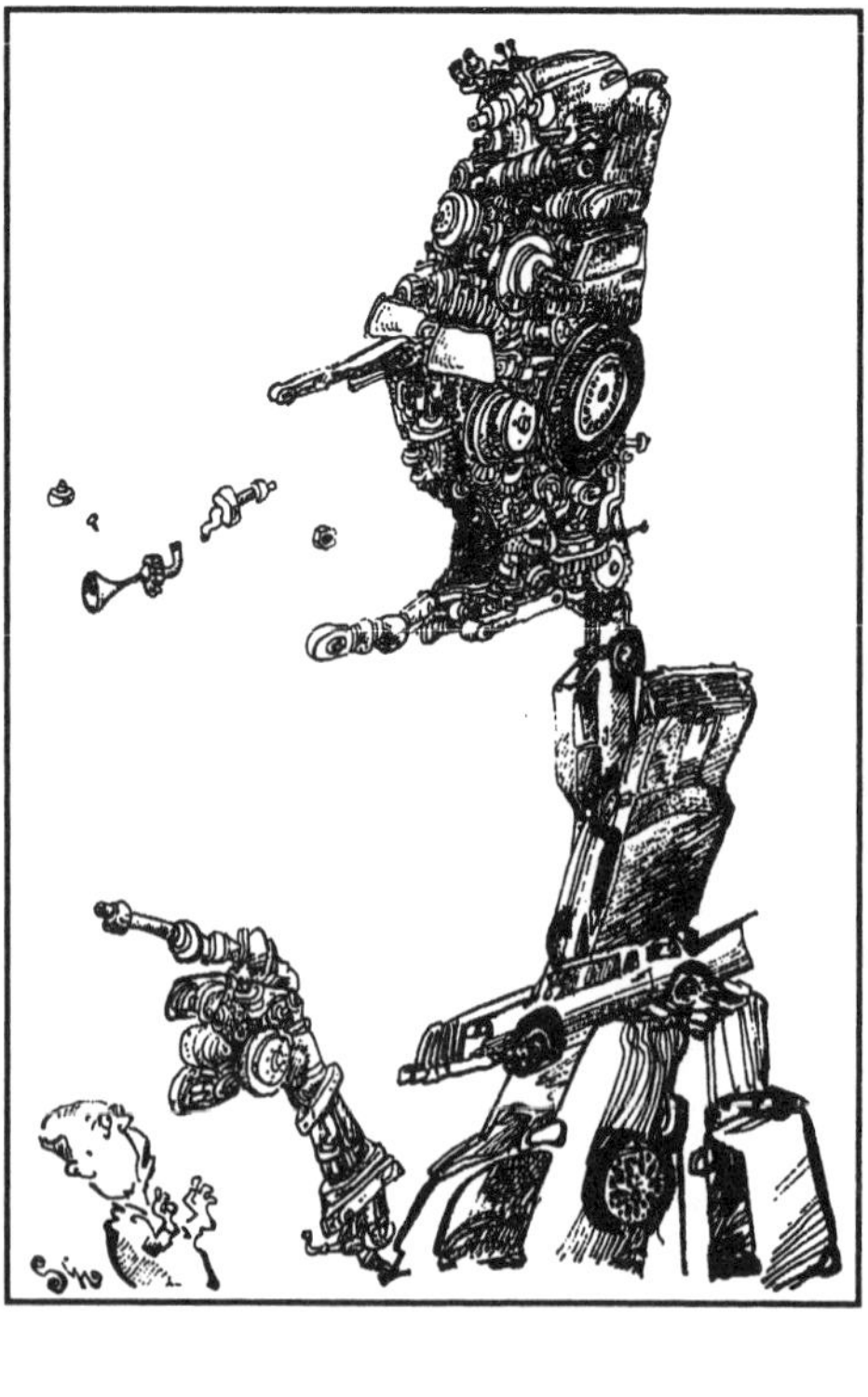

図 13

特集・湾岸「元年」追いつめられる日本
空恐ろしいアメリカ
3
●大国の腹のうち
●「湾岸後」は日本が危ない!!
アイペックプレス

図 14

図 15

清貧な日本人

恐ろしいアメリカという認識の対極にあるものとして，日本人は資源に乏しい小国の脆弱性，みずからの行動の誠意，意図の純粋性を好んで引きあいにだす．したがって，意図するところはまったくちがっても，日本人は西洋人とおなじようにみずからを小さくて弱々しい者として描く傾向がある．

図 15 は有名画家の加藤悦朗による作品で，真珠湾攻撃の数カ月前に刊行された政治漫画作品集に収められている．描かれているのは，第一次大戦後に誕生した国際連盟の憲章に人種平等条項を盛りこもうという日本の試みを断念させるアメリカと西欧諸国である．「野蛮な外国人」（伝統的な反欧米の決まり文句）に支配され虐待されるという被害者意識は，現代の『朝日新聞』に掲載された山田紳の作品にも現われている．図 16 は，アメリカ主導の湾岸戦争に資金拠出を迫られる海部俊樹首相．図 17 は 1987 年の「日本叩き」を描いた漫画で，関税をめぐる論争でロナルド・レーガン大統領が中曽根康弘首相をメッタ打ちにしている．

図 18 の，1990 年 3 月の『朝日新聞』に掲載された横山泰三の作品では，好戦的なアメリカが富士山に象徴される哀れな小国日本に構造改革を要求している．富士山は，日本人の純粋さの典型的なシンボルなのだ．ベストセラー『ノーと言える日本』をもじって富士山には

〔図 18 の下へつづく〕

90億ドルの
目減り分は
アッチに払います
アッチがどこかって？
まだ詳しく
決まってないけど……

図 16

アメリカのやり方がまずい53%
アメリカは一方的だ45%
日本
アメリカ
報復関税100%
USA

図 17

図 18

〔図 15 の下からつづく〕
「ノーと言えない日本」の名が付されている．キャプションは，占領以来の日本にたいするアメリカの横暴な姿勢を示唆するように，悲しげに「戦争は終わっていない？」と問いかけている．おなじく図 19 の山井教雄による作品も，大国のなかでは小さくて弱々しいヨソ者にすぎない日本という意識を描く．そこには，ドイツ，フランス，アメリカ，イギリスの首脳を物欲しそうに見つめるちっぽけな日本の海部首相の姿がある．

図 19

10 日米関係における恐怖と偏見

ヨーゼフ・シュンペーターは一九四二年の著書『資本主義・社会主義・民主主義』で、資本主義発展のダイナミックで矛盾した性格を活写する新語をつくりだした。それは「創造的破壊」の過程である。(1) シュンペーターはもちろん、その当時のだれも、第二次世界大戦後の時代に資本主義がどれほど劇的な変化をとげるか想像できなかった。われわれは、これまで夢想だにしなかった技術革新、生産力の衝撃的な転換、財政や経済活動の新次元へと、いともたやすく踏みこんだ。それでも、「創造的破壊」という特徴づけは、いまや半世紀という年月を経て、これまで以上に的確なものとなっているように思われる。華々しい実績と目をおおうばかりの失敗の両者が、今日の世界的な資本主義経済の特徴である。

じっさい、シュンペーターの造語は二重の意味で有効である。それは経済内部の客観的な矛盾にたいする感覚を伝えるだけでなく、このような経済の混乱にともなう主観的な緊張と恐怖をも示す。想像力は活気をもたらす。破壊は恐怖をもたらす。そして、この両者が目もくらむような速度で競合するとき、心理的に行きつくおそれのあるところは、今日われわれが目を向けるいたるところで起きているような、不確実性と恐怖の感情が蔓延する事態である。

今日の日米関係ほどこれが顕著なものはない。というのも、現在おこっている創造的破壊の過程に、両国以上に深くかかわっている国はないからだ。われわれは、国家的レベルと国際的レベルの双方において、経済予測の貧弱なことをはっきり記憶している。一九七〇年代まで、日本の内外で、日本が真の経済大国として登場してくること（その速さはいうまでもなく）を予想した者などないに等しかった――日本は、洗練された工業・技術競争での勝利、世界的な貿易高と投資家としての支配、ほとんど一夜にして築いた資本主義世界における債権者としての優位性、そして、かつてのよき指導者であり恩人でもあるアメリカとの二人三脚による地球支配をなしとげた。

予測不可能な展開から多くの結果が生まれたが、そのひとつは、日米協力《パートナーシップ》を長年にわたって支持してきた人びとがおそらく歓迎するものだ。日本がみんなの予想を超える成功をおさめただけではなく、今や日米両国は、これまで両国をつないできた軍事関係とおなじくらい濃密で親密な、経済の、金融の、さらに人脈の紐帯が織りなすネットワークによって固く結びつけられることになった。アメリカ人と日本人の多くは、各々の個人的な利益を脇においてでも、この新しい濃密な相互浸透を誠実に称賛する。今やアメリカと日本の利益は、半世紀前、すなわち真珠湾前夜よりもはるかに分かちがたいものになっている――そして、この時代にあっても不確実性の増大にたいする考慮を等閑視すべきでない。だが、このような新たな二国間関係にもかかわらず、その関係がより安定した世界秩序に寄与していると論じる者をみつけるのはむずかしいだろう。むしろ反対に、欧米とおなじく、日本でも一般に広がっている感情は、明らかに悲観主義に属するように思われる。

これには多くの説明がなされ、そのうちのいくつかは他の説明よりも直截的で明瞭である。日米関係――あるいは一般的に世界的な資本主義――をゼロサム・ゲームとしてあつかうならば、そのとき、日本の利益は明らかに他者の損失と解釈される。現代を観察する者の大半にとって、日本が経済大国として突然立ち現われた驚きと、アメリカの相対的凋落という光景があたえる衝撃を切り離すことはできない。しかし、より一般的に、なぜ現在の状況がそれほど危機的に感じられるのかを理解するために、シュンペーターに戻ることは有益である。単純化していえば、資本主義の創造的な局面と破壊的な局面の双方は前例のないやり方で拡大されてきた。今日の進歩した資本主義は「ハイテク」なだけでなく、ハイ・スピードでハイ・インパクトでもある。日米間で起きることは、資本主義世界のその他の地域にはっきり認識できる結果を瞬時にもたらす。そして、多くの観察者にとって、こうした状況は制禦不能の領域へと近づいているようにみえる。

このような悲観主義は特定の政治的あるいは思想的方向から生じているのではない。それは日米関係を長いあいだ支持してきた者を含めたあらゆる方向から生じており、ますます黙示録的な様相を帯びてきている。たとえば、日本と密接なつながりをもっていた『タイム』誌と『ニューズウィーク』誌の元編集長であるロバート・クリストファーは、一九八四年に、日米関係の未来について「悲観的な筋書き」を想い描くことは「当惑するほど容易」であると観察した。それ以来、最後の審判の日を予見する未来図がじっさいつぎつぎと登場している。たとえば、一九八七年にはハーヴァード・ビジネス・スクールが刊行した大部の研究には、『アメリカ対日本』というぶっきらぼうで、勝つか負けるか式の表題がつけられていたし、そのおなじ年にオーストラリアの新聞は全段抜きで「迫りくる世界経済の巨人どうしのぶつかり合い」という典型的な見出しの記事を掲載した。一九八七年春には、『ニューヨーク・タイムズ』紙の有能な東京特派員であったクライド・ハーバーマンが、「根底のところでは、日米いずれの側も相手をほんとうに理解していないという感覚が広がりをみせている」ことに注意を促した。ジョンズ・ホプキンズ大学高等国際問題研究大学院の院長であり、一九六〇年代には東京でエドウィン・ライシャワー大使の補佐役も務めたジョージ・パッカードは、『フォーリン・アフェアーズ』誌の一九八七年冬季号に発表した「来るべき日米危機」にかんする論文で、「もし日米関係をカジ取りしている既存の政府機関を注意ぶかく調べたなら、事態はほとんど絶望的にみえる」と結論づけた。

レスター・サローは、しばしば日本の産業と経営慣行を称賛してきたリベラルな経済学者だが、途方もなく悲観的な長期予測を『ワシントン・ポスト』紙の読者に示し、一九八〇年代後半のこの重苦しい合唱の輪に加わった。サローは日本と西ドイツの深刻な景気後退を予測したうえで、日本・ドイツ・アメリカのいずれも、より大きな世界的利益のために国家主権にフタをするなど不可能であり、この三国による政治的失敗の帰結として、資本主義世界全体が「長期にわたる経済停滞」に直面するおそれがある、とのべた。レーガン政権で対日貿易交渉担当官の職にあったクライド・プレストウィッツは、日米競争から生じうる結果について、よほどのことがなければ起こらないとはしながらも、サローよりもはるかに荒涼とした見通しをたてた。一九八七年四月、プレストウィッツは『タイム』誌に、「かつてわれわれは、アメリカは未来に向かっていかなくてはならないと言うことができた。今やわれわれは、未来がないことに気づいた」とのべた。この危機にかんする彼の影響力ある著作の表題は『取引場：いかにアメリカは日本に未来をあたえているか』である。[2]

その声が欧米世界までひびく日本の論客は、ほぼ全員一致して、こうした暗い予想を共有しているようだ。一九八七年三月のアメリカによる対日貿易制裁につづいて、当時の安倍晋太郎外務大臣はアメリカの記者団に、「日米の貿易関係は戦争以来最悪の状態にある。さらに悪化することがあれば、われわれの同盟に亀裂が生じかねないと懸念している」という意味の発言をした。アメリカの報道によく登場する解説者で経営コンサルタントでもある大前研一は、同時期に『ニューズウィーク』誌にたいして、日本とアメリカはまったく「おたがいの意思疎通ができない」とのべた。カリフォルニア大学サンタバーバラ校の福井治弘教授は、日本研究にかんする欧米の主要雑誌である『ジャーナル・オブ・ジャパニーズ・スタディーズ』の一九八七年夏季号で、日本の外務官僚の見解について見通しの暗い分析を明らかにした。福井教授は、「今、両国政府が直面する問題点はすでに制禦不能である」と結論づけ、「おそらく、このさき十年間に生ずる問題はさらに論争を呼び、抑えきれなくなるだろう」とのべた。福井教授は綿密な聴き取りにもとづいて、日米間の緊張は「最悪の状態になるまで」確実に亢進していくと予測した(3)。

このように感情的にひびく言説は、現在の状況が抱えるもっとも顕著な異常さを表わしている。ある意味で、われわれは計りしれないほど洗練された世界に住んでおり、そこでは技術や経済はすぐれて専門家の領域に属する。たとえば、半導体とは何か、あるいは、為替レートや借金財政がどのように運営されているかといったことを理解している者はほとんどいない。しかし同時にこの世界は、だれもが理解できるような主観的で不合理な影響力——ステレオタイプ、キャッチフレーズ、政治家やマスメディアが好んでもちいる、すべてを極端に単純化したイメージなど——によって、精緻かつ複雑な関係が激変しうる世界でもあるのだ。

このことをもって、感情的で不合理な態度が現在の日米間にある緊張の本質を構成しているというのではない。むしろ問題の核心は、急速に変化している世界の金銭、権力、影響力にかかわる現実的な軋轢にある。日米関係における心理的次元の重要性が十分に認識される背景には、ほかでもなくこのような状況がある。つまり日米双方で、経済的安寧にかかわるしごく道理にかなった恐怖が関係しているのだ。そうなると、国家の自尊心が異常なほどの強烈さで入りこんでくるために、状況はまるで、ふたつの国のどちらが真の「ナンバー・ワン」であるかを決するために競い合っているようなことになる。文化的相違は経済的な態度や行動にも影響をあたえる。もっとも、近代日本をめぐる議論においては、文化的価値の影響がたいていおおげさに誇張されてはきたが。

それと同時に——これは以下の頁で焦点になるが——最近の日米関係に緊張をもたらす要因となっている対立と不確実性というふたつの領域については、一般におこなわれているよりもっと注意を払われるべきである。第一には、資本主義それ自体がはらむ悩ましい問題である——すなわち、国家的レベルと国際的レベルにおける資本主義の成長に関連して生じている、理論上・思想上の不確実性である。二番目の大きな緊張の淵源は、アメリカとヨーロッパ諸国との関係では生じない、人種や人種差別が多くの点で絡んでいることである。日米両国間にある他のすべての対立点とおなじように、人種差別は双方向のものである。そして、そのような人種差別が、日本がかつてないほど真に国際的な大国として登場したまさにその瞬間に起こったということは（ほとんど驚くにはあたらないが）、とりわけ悲しく、また、皮肉な物語に思われる。東は東、西は西、両者相見《まみ》えることなし、というキップリングの古めかしい格言の復活を熱心に唱える人びとを、私たちはいたるところで目にする。今日の世界で、そのような感情はあるべき正当な場所をもたない——しかし、もしこのような感情が生きのびていくなら、それは恐ろしい潜在力をもち、みずから成就しようとする予言に成長する。

資本主義をめぐる問題

今、われわれが経済界の巨人たる日本の興隆と、今日まで戦後の資本主義体制をまとめてきた覇権国アメリカの凋落によって示される歴史的転換を目のあたりにしているということを、何人も否定できない。しかし同時に、日本が経済の覇権国としてアメリカに取って代わる姿を想い描くことも困難であり、信じがたい——もっとも、そのような事態が起こりつつあると論じたアナリストはかなりいたが。すくなくとも近い将来にそうはならない理由が多く存在する。アメリカは、さまざまな問題を抱えていながらも、軍事的支配権を握り、経済的には強大で、政治的には世界的指導力を放棄するという予想に反している。そして日本は、その経済での業績にもかかわらず、世界を指導してゆくカリスマ性を欠いたまま、現代にいたるも構想と意志をもてないでいる。

将来に現われてくるであろう最良のシナリオは、近代の世界に前例のないものだ。すなわち、アメリカ、日本、ドイツが参画する「協調的覇権」、あるいはアメリカと日本の二国が仕切る覇権的資本主義というようなものである。この考え方は、以下に記すようにさまざまなかたちで話題にのぼってはいるが、しかし協調的覇権が機能するためには整理しておかなければならないことがたくさんある。たとえば、アメリカと日本の資本主義は、いずれの経済も成長できる共存可能な「市場指向型民主主義」であり、両国は破壊的でなく建設的な方法と協力とにより、資本主義的競争の折り合いをつけることができる、と想定しなくてはならない。

このように安定した新しい資本主義秩序創造のための前提条件を念入りに吟味するとき、成功までには乗り越えがたい障碍が随所に立ちはだかっていることが明らかとなる。

少なくともそれは、日米関係をもっとも思慮ぶかく観察しているアナリストたちの論評にもっとも強く流れていた感情であり、一般的にはそれらのアナリストたちが描く最悪のシナリオのほうが彼らのいう最善の予測よりもずっと説得力がある。資本主義体制を信奉する非マルクス主義者の見解は、もっぱら危機が差しせまっているという印象を強調する。最近の文献は、資本主義が抱える問題の本質として、つぎの三点を強調している。すなわち、1じっさいに日本とアメリカは、異質な、そして、おそらく相容れない資本主義モデルを代表する。2日米両国の資本主義システムは未曾有の諸問題に直面している。そして、3日米による協調的な共同支配を創造するための心理的および制度的な障碍ははなはだ大きい、の三点である。

資本主義のモデルをつくる

資本主義の理論にとって「日本モデル」の言外に意味するところは、複雑で論争的な主題である。しかしながら、この論争の心理学的な意味について比喩や簡略な表現方法についてのべることは妥当である。というのも、つまるところ、そうした表現こそ感情を揺りうごかし、血を沸きたたせるからである。ここで中心的な比喩もしくは偶像となるのはアダム・スミスであり、日本人がアダム・スミスを崇めないという議論は、日本人が新古典主義経済学を信用していないことを指す簡略な表現になってきた。一九八〇年代と九〇年代の思想状況において、日本人は非アメリカ的な資本主義を実践していたということになる。

この点について、欧米のおもだった日本専門家はきわめて明快である。チャーマーズ・ジョンソンは、「日本が、アダム・スミスもカール・マルクスも認識したり理解したりしない新しい方法で、資本主義の諸制度を発明し、構築してきた」ことに「われわれはようやく気づきはじめた」としている。おなじようにロナルド・ドーアは、一九七〇年から八〇年までの日本の産業政策にかんする研究のなかで、日本人が「ほんとうにアダム・スミスを理解したことはなかった。……彼らは見えざる手を信じていない」とのべている（強調はドーア）。ダニエル・オキモトもおなじ点を強調する。

> 彼ら（日本政府）は控えめに後ろにさがることや、アダム・スミスの「見えざる手」に委ねることより、市場動向の形成にもっと積極的な役割を演じることを好む。そうすることで、日本政府はアメリカ政府よりも広範に政策諸機関をまとめることをつねとする。そのまとめ役の作業には主要目標にたいする産業界全体の合意調整と、

個別問題にかかわる行政指導などが含まれる。要するに、日本における市場と機関の結合が、アメリカのそれとは驚くほど異なっているのだ。

「異なったルールによる競技」という意味深長な表題の論文で、ふたつの資本主義の相違をもっと簡潔に要約するのは、ジャーナリストのジェームズ・ファローズである。「アメリカ経済では消費者が主権者だが、日本では製造者が主権者である。それが根本的なちがいだ」。

日本の読者にとって、これらの観察はごくありふれたものであろう。それにくらべて欧米では、このような観察は刺激的である。それらは政治学者たちに、彼らの唱える発展モデルの再考をうながしたり、日本が「おなじルールにもとづいて」あるいは「おなじ土俵」で相撲をとっていないと強調したがる対日強硬論者に攻撃の材料を提供したりしている。日本の資本主義と欧米の資本主義とを区別する用語集は、今日までにきっちりとできあがっている。通商産業省の産業政策にかんする事例研究で有名なジョンソン教授は、「計画合理的な」日本と「市場合理的な」欧米モデルを対比させたうえで、日本を「資本主義的開発国家」とする新しい表現をつくりだした。ドーア教授は、日本モデルを「組織化された資本主義」ないし「共同体モデル」と呼ぶ。オキモト教授や他の論者たちは、日本の「関係資本主義」と欧米寄りの正統的な「取引資本主義」を区別している。さらに他の論者は「国家資本主義」などの用語をもちいているが、彼らの見解は、日本がアメリカ的な意味での市場経済でないということ、基本哲学や慣行における相違がいちじるしい、ということで一致している。ふたつの資本主義のさらなる相違は、アメリカ経済は軍事化されており、日本経済は軍事化されていないという事実である(4)。

日本人とそれ以外のすくなからぬ人びとが等しく抱くところの、日本は不公正だという批判にたいして、標準的な反応は、アメリカ自身の経済失策の責任を転嫁するスケープゴート捜しとほとんど変わらないではないか、というものだ。ここでの標的は、アメリカの企業構造にみられる経営の貪欲さ、近視眼、労働現場の非効率性、レーガノミクスのもとで累積した巨額債務や赤字へとおよぶ、お馴染みのものである。批評家はさらに、ジョイント・ベンチャーに海外投資、経済首脳会議への参加、共通市場での競争、といった広範な諸活動を証拠として示し、結局ふたつのシステムには不一致よりも一致する点が多いとしている。こうして、アメリカと日本の経済がますます相互依存的になってさえいるというのに、しかし両者の相違と敵対心からますます目が離せなくなっている。日米どちらも、アダム・スミスにたいするそれぞれの立場を根本的に見なおすことはできないようだ。

日米資本主義の「来るべき危機」

いくぶん楽観的な経済評論家が主張するように、アメリカの凋落という未来図は誇張されているきらいがある。しかし、悲観的予測が蔓延していることや、日本がアメリカの終焉ののちに現われる神の役まわりを演じるとみられていることも否定できない。たとえば、「資本家の道具《ツール》」というモットーのもとに出版されている『フォーブス』誌は、あっというまに依存的立場におかれたアメリカ人のショックを巧みにとらえた「我ら日本を信ずる者なり」〔米国の紙幣に刷りこまれている「我ら神を信ずる者なり」という標語をもじっている〕と題する記事を掲載した。記事には、ジョージ・ワシントンの肖像が富士山に取って代わられた一ドル紙幣のイラストが添えられていた[5]。このイラストはウィットに富んではいるが、ある朝目覚めてみたら、もはや自国の金融市場をコントロールできなくなっていることに気づいたアメリカ人の集団的トラウマは過小評価すべきではない。

しかし同時に、日本が自身の命運をコントロールできるか否かもまったく定かではない。たしかに、アメリカが日本の経済的業績にあたえてきた支持は広く称賛されている。さらに、今や欧米の専門家のなかには教条的なアダム・スミス崇拝を捨て、資本主義を広い視野で実践するにあたって「日本から学ぶ」こと——産業政策、労使関係、品質管理、長期的展望、さらには儒教的な意味における広い意味での相互義務まで——を求める者もいる。しかしその一方で、日本の資本主義もまた、太平洋をはさんだアダム・スミスの従姉妹とおなじように、長期的な危機に直面しているかもしれないと正反対の議論を展開する一連の考え方もある。そうであれば、そのとき資本主義のモデルを区別する問題は、資本主義それ自体が制御不能なのではないか、というもっと大きな問題に道を譲ることになる[6]。

こうして、日本がウォール街やアメリカ財務省を乗っ取るという見通しが現われるなかで、日本経済の脆弱性という矛盾したイメージと出合うことにもなる。さきに引用したレスター・サローの暗い予測はその代表である。たとえば、一九八七年の『フォーチュン』誌は、「日本の見通しはバラ色などといえるものではない」と結論づけた。『ニューヨーク・タイムズ』紙は、「日本経済にかかる暗雲」という大見出しで、「日本の経済発展の輝きは、現われ出たのとおなじ速さで消え失せるだろう」と力説する大前研一の論文を掲載した。経営専門家で、日本問題にかんする著名な解説者の一人でもあるピーター・ドラッカーの記事は、「その成功は日本を破滅に導くか?」という見出しで、いまのべたような矛盾する状況をうまくとらえていた。一九九〇年代のはじめまでに、株式と資産価格の暴騰がもたらした日本の「バブル経済」崩壊を、多くの観察者はこうした暗い筋書きの証拠とみた。レーガノミクス下のアメリカとおなじように、堅実な日本も一九八〇年代には無責任な投機に終始していたことが明らかとなり、将来の見通しは今も予測することができない。とりわけバブル経済の崩壊は、当時の日本の与党、保守政党内にはびこる政治的詭弁ばかりでなく、予想を上まわる組織犯罪が経済に喰いこんでいることも露呈させた。(7)

立ちどまって、ここで起きていることをよく考えてみると、太平洋の両岸で一種の心理的防壁が築かれたようにみえても驚くにはあたらない。日本が「奇跡」をなしとげたことが当たり前になったのはわずかここ一〇年ほどのことだ。今や日本人と世界一般は、奇跡が怪物の子供たちをつくりだしたといわれている。産業部門全体が、技術の進歩、円高、アジアの新興工業国(NICs)の追いあげによって破壊されつつある。経済の主要部門が、企業の海外流出につれて「空洞化」し、国内では失業の増大という恐怖が高まりつつある。巨大銀行は高騰した資産を担保にしたローンを保有している。証券会社が富裕な顧客の損失をこっそり補填していることが明るみに出た。一方で、一般投資家は自身の純資産が減っていることに気づく。ヤクザと腐敗した政治家が大儲けしている。そして、このようななかで、人口動向は経済に途方もない負担をかけるであろう高齢化社会の到来へ急ぎ足で向かっている。二十一世紀の初頭までに、日本では五人に二人が年金受給者となるが、それにたいしてアメリカでは四人に一人である(この相違の大きな原因はアメリカの移民政策である)。

こうした展開のすべてが、多くの個人と企業に真の脅威をあたえる。そして、このような状況では、何よりも日本に成功をもたらした基本的な美徳や慣行を復活させたり強化しようと試みることが唯一合理的に思われることだろう。にもかかわらず、増えつづける日本の貿易黒字を目のあたりにして、その特異な「合理性」をかかげる経済専門家が、輸出重視をやめて輸入を奨励し、労働を減らし、貯蓄を抑え、消費を増大するよう日本に要求しているのもまさにこの瞬間である。その専門家たちが正しいこともあるかもしれない。しかし、常識やこれまで成功をおさめてきた勤勉と自己抑制の伝統が雄弁に主張しているのは、彼らが言っているようなことではない。

「協調的覇権」への障碍

ロバート・ギルピンは、「覇権安定論」という見地から世界貿易の自由主義体制を分析した最近の研究で、十九世紀から現在にいたるまでにイギリスと後続のアメリカが果たした役割を世界システムの安定装置として記述している。ギルピンは現状について、「これまでに存在したふたつの経済大国の協調とくらべて、現在の日米間の継続的合意ほど歴史を大きく左右するものはない」と結論づけている。これが、世界経済を規制するためには日米共同支配を創設すべしと唱道する人びとの大勢を占める基本前提である。そして、このように提唱するさいにもちいられる言葉は、ときに驚くほどシュンペーターを想起させる。たとえば、「二大国グループ」創設の必要性についてくわしくのべているC・フレッド・バーグステンは、世界的な経済危機を「建設的調整」と「高度に破壊的で多分に無責任な貿易破壊」の競争として描いている。[8]

「覇権」について、これら実際的な方法で考察することは、歴史の節目に立っているという意識を浸透させる。われわれは、ただ昔日の覇権構造についてではなく、覇権国家の興亡について、さらに効果的な教訓を求めて過去と向きあっている。そしてわれわれは、性質、規模、転換の速さにおいて前例のない、世界的な権力関係の新段階に入りつつあるという鋭敏な意識をもって未来と向きあう。過去に目を向けても、未来に目を向けても、見通しは不安である。

かつての覇権国を顧みてよみがえる四つの記憶は、とりわけ現在の日米関係に光を差しかける。最初の記憶は、イギリスの覇権《パックス・ブリタニカ》の下の平和と、その後につづいたアメリカの覇権《パックス・アメリカーナ》の下の平和に中心的な重要性を置く、わかりやすい歴史認識である。二番目は、日本がイギリスおよびアメリカによる覇権の全盛期に急速な成長をなしとげるうえで、後発国としての地位を利用できたことにたいする鋭敏な評価である（当然ながら日本人のあいだには、このような認識と同時に、もはや追いつき戦略をつづける立場になく、その後は反対に新興開発国が彼らに肉迫しつつあるという醒めた認識もある）。三番目は、パックス・アメリカーナの終焉へ向かう端緒は、かなり正確に一九七〇年代初期に求められるという一般的な認識である。四番目の記憶、そしてもっとも影響力をもつのが、直近の覇権転換におけるアメリカの下での安定は、恐ろしい混乱、大変動、紛争という代価をはらって得られたという認識にほかならない——大恐慌、世界貿易体制の崩壊、ブロック経済の台頭、第二次世界大戦という地獄の産物である。

覇権的「安定」の創造過程において、このような過去の経験を写した印象ぶかいスナップ写真は歴史認識へ注意をうながすが、そうした歴史認識は、最近みられる新たな「協調的覇権」への期待感にとても深いトラウマとしてはたらく。日本と欧米の双方に、パックス・アメリカーナの準備段階であった一九二〇年代ならびに三〇年代と現在の過渡的状況とを比較せずにいられない衝動があるようだ。ハーヴァード大学で学んだ経済学者、中谷巌の観察はその典型である。中谷は、一九八九年につぎのように警告している。「もし悪化した状態が最悪になるなら、全世界は一九二九年以後の悪夢のような経験にふたたび耐えなければならないだろう。すさまじい政治対立が国家どうしを対峙させ、国際貿易を収縮させるだろう。万が一、自由世界がこのような恐ろしい混乱のなかにあると気づいたなら、東西のバランスは逆転し、世界平和は危殆に瀕するかもしれない」。中谷はさらにのべている。日本国内では、アメリカが自国経済の立てなおしにあたって日本をスケープゴートにすることと、先送り策をもちいることへの怒りから、「およそ半世紀前、日本が対米開戦に踏み切る前夜に溢れていたような一種の集団ヒステリー状態」が生まれるおそれがある、と。[9]

中谷の示唆はおおげさかもしれないが、こうした示唆は貿易をめぐる緊張と、「ブラック・マンデー」という一九八七年十月十九日に起こったアメリカ株式市場の暴落への反発として日本を覆った感情を的確に伝えている。たとえば日本のマスメディアは、アメリカ国内に広がった金融不安や保護主義的傾向の恐怖にたいして、「開戦前夜」という表現――真珠湾攻撃直前の時期をはっきりと呼び覚ます婉曲表現――を一般に流布するという反応を示した。このように、不安定化する「新保護主義」への恐怖は、新たな覇権的安定を否定する対抗イメージとして現われ、日米関係をとりまくさまざまな潮流が、太平洋の両岸でこのような恐怖を悪化させた。たとえば、統合された欧州共同体創設計画は世界がふたたび保護貿易主義の飛び地に分割されるという恐怖を増幅させる一方である――その飛び地は、欧州の要塞がアメリカの要塞と対峙し、さらに、それらに対抗する日本が東アジアの新興工業国を新手の大東亜共栄圏に動員しようとする構図になっている。[10]

この健全ではないが魅力的な筋書きは、経済的自立国家ではなく軍事化で幕を閉じる――そこには自立した軍事力をもつべきだという日本国内の相当な圧力も含まれる。中谷教授が一九四〇年から四一年の「集団ヒステリー」に注意をうながしたことは、一般に人騒がせな言説とは無縁なその他の日本人、たとえば、文民で元防衛大学学長の猪木正道らの共感を呼んだ。かつて米国の国防長官を務めたハロルド・ブラウンも同様の懸念を表明している。日本経済の再調整にともなう痛みと、海外市場や原材料へのアクセスにかんして弱点を抱えているという感情とがあいまって、「一九三〇年代にみられたように、極端にまで増強され自立した軍隊をもつ方向へ日本を大きく動かす」こともある、と。このような筋書きのうちでもっとも大衆受けする煽情的な表現は、鳴り物入りで宣伝されたダニエル・バースタインの著書『円：日本の新金融帝国とアメリカへの脅威』に示されているが、それは「数多くの狂信的国民運動を起こしてきた日本の伝統にのっとって」、核武装した日本が大規模な再軍備をおこなう、と主張することをためらわない。[11]

日本の軍事化にたいする深刻な懸念と、まったく人騒がせな言説とを分かつ一線はいともたやすく越えられてしまう。おなじ理由で、日本が洗練された科学技術のリーダーとして現われたことが軍事面でもつ、いっそう微妙な意味も誤解を生みやすい。たとえば、日本の軍事支出は世界で三番目になると予測されているが、じっさいに日本が軍事大国になる可能性はわずかである。日本内外の政治的・心理的ファクターの大半が、日本の軍事化を否定している。しかし同時に、早くもアメリカの戦略家たちは、きわめて重要なハイテク分野で日本が卓越した地位を占めたことで、これまでアメリカが享受していた軍事的優位と自立性は危険にさらされるとみている。こうして私たちは、ハロルド・ブラウンが技術分野における日本とアメリカの地位逆転としてくわしくのべていること、すなわち、アメリカは「アメリカの地政学的・軍事的能力が依拠する経済基盤、ならびに国際経済の舞台で活動するための能力をさらに失う」にいたるという結果を理解することになる。ブラウンは、最高技術へ特権的にアクセスできるのでなければ、国際的指導力を行使するという、まさにアメリカの意志が減退するのも当然と結論づけている。そして現在の傾向——すなわち、アメリカは軍事的に日本を保護し、日米両国が世界市場で競争し、先端技術分野では日本が主導権を握る——が継続すれば、「巨大な政治的、経済的、そして安全保障上の緊張」こそが予見可能なただひとつの結果となるとする。[12]

このような、パックス・アメリカーナの消滅という驚くべき未来図の広がっていることが、日米による協調的覇権がつねに焦眉の急務として問題にのぼる理由である。通産省の元高官で、率直な物言いによって知られる天谷直弘は、会社モデルにならい、事実上アメリカが社長として、日本が副社長として仕える「パックス・アメリッポニカ」を提唱する。『タイム』誌は、日本が世界の銀行家となり、アメリカが世界の警察官の役割を果たす「パックス・アメリッポン」なる新語を提案した。[13] しかし、協調的覇権の問題に深くかかわっている者のほとんどは、新たな日米協力関係を創造するためには両国の劇的な構造改革が不可欠の条件であると異口同音にのべる。いうまでもないことだが、これには大きな犠牲がともなう。そしてここで、現在のディレンマを表面的に解決しようとすれば、さらなる危機が待ちうけている。

世界経済に安定を回復させるために日米両国が耐えしのばなくてはならないといわれる犠牲は、奇妙にも対称をなしている——それはほとんど合わせ鏡のようだ。アメリカはもっと工業製品を製造し、輸出を増加させ、貯蓄を増やし、消費を抑えるべきだと議論される。日本はこの反対のことをしなくてはならない。つまり、製造を減らし、輸出を減らし、貯蓄を減らし、消費を増大するのだ。アメリカはある程度は見えざる手を振りはらい、重要部門に産業政策を採用すべきであり、他方、日本は産業政策との共謀をやめて、アダム・スミスを受け入れるべきだ。アメリカは戦略目的のために優れた技術を利用しうる特権的地位を維持しなくてはならないし、他方、日本はなんとかしてこのような技術を共有すべきなのだ。

『ビジネス・ウィーク』誌は、もし適切な緊縮経済措置が導入されれば、アメリカの生活水準はおよそ七パーセント低下すると推定した。日本の場合はこうだ。バーグステンのいう「二大国グループ」案が構造改革をうながし、その改革が日本の年間貿易収支を一〇〇〇億ドル削減し、四年ないし五年にわたってGNP成長率を一パーセント低下させ、製造部門の成長率を半分まで削り、「ソニーや日産などの企業」は国内市場むけに生産を再編するか、あるいは海外で製造を拡大するよう強いられる。バーグステンは、この大変革がもたらす衝撃の多くを「住宅ブーム」が吸収することを期待している。[14]

創造的破壊、あるいはそのようにみえるものは、創造的著述という、それ自体の独自分野に活力を吹きこみはじめた——政治的および心理的状況の現実を考えれば、これらがほとんど画にかいた餅でしかないことは確かだが。アメリカと日本にとって、このような過酷な計画日程をいくらか緩和させたかたちにせよ制度化するには、両国政府が構造改革を真剣におこない、民間・公共両部門で意見一致へと導く能力をもつことが要請されよう。日米いずれの側にも、これが実現可能だと本気で信じている者はいない。

人種問題

自民族中心主義と人種差別が要注意なのは、資本主義の構造が目まぐるしい速度で変化しているという文脈があるからにほかならない。これらは日米間における緊張と誤解の根本要因ではないが、いずれも軽視すべきではない。自民族中心主義と人種差別は認識を歪め、感情を煽りたて、日米両国が共通の問題に取り組もうとするときに不可欠となる善意を台なしにする。

これらの偏見は根が深い。いまだに多くのアメリカ人が日本人とかかわるときにチラつかせがちの恩着せがましい態度には、その昔から西洋の膨張を特徴づけてきた白人優越主義の伝統がにじみ出ている。第二次大戦中、戦争につきものの憎悪は、長いあいだアメリカ社会にわだかまっていた反東洋人の偏見によって増幅された。このあからさまな憎悪と蔑視が、日本降伏後あれほど急速に姿を消したことは注目すべきであり、称賛に値する。しかし同時に、日本の敗北と、敗北後の日本がさまざまな重要分野でアメリカに依存したことは、アメリカ生来の優越感を強めることとなった。理性的な観察者なら、一九四五年以降の日米関係が不均等という仮定にもとづいてきたことをだれも否定できない――先生と生徒、親と子、指導者と追従者、あるいはたんに優越者と従属者など、表現の如何にかかわらずである。

さらに日本は、十九世紀なかばから、あらゆる現実的な目的のために――一九三〇年代と四〇年代初期に顕著な例外はあるものの――この従属的な地位に甘んじてきた。じっさい、日本は世界システムのなかの「後発国」として、富と権力（そして、これらの背景をなす知識）の点で、欧米にたいするみずからの劣等性を認めるほかにほとんど選択の余地がなかった。日本近代史においてこのような興味ぶかいパターンを構成する欧米との愛憎関係は、日本に固有の「追いつき」にまつわる両義性から生じている。反対に、日本人自身が他のアジア人や非白人一般に向かってしばしば示す押しつけがましい態度のはじまりは、かなり正確に二十世紀はじめまでさかのぼることができるが、その時期は欧米型の近代化において日本人が他のアジア人より一歩抜きん出たことが明確になったころである。

現在の日米関係についていえば、マスメディアでおどる「ナンバー・ワン」という日本の新たな地位は、はっきりとわかる心理的挑戦をもたらす。というのも、それは、日米両国がおたがいにたいするみずからの地位――イメージと現実の双方において――を再定義しなくてはならない先触れとなるからだ。アメリカ人は自分たちが長いあいだまとってきた優越性というマントを気軽に脱ぎ捨てることは考えられないし、また、日本人は自分たちが長いあいだ甘んじてきた従属と依存という役割を否認するのがとてもへたな――そして、たぶん恐れてさえいる――ことに気づいているようだ。一般に、日本は地位志向型社会あるいは帰属重視型社会といわれ、他方、アメリカは民主的で万人平等主義の社会といわれるが、じっさいには両国とも世界を階層的な関係とみる習慣があるし、両国とも真の平等を基調として行動する心理的な準備はできていない。

羨望なき称賛

日本にたいするアメリカ人の態度をわずかな言葉で要約することはできないが、「羨望なき称賛」という表現は、アメリカ人や他の多くの外国人が日本人にたいして感じる矛盾した感情をとらえている。現代の日本には尊敬すべき点がたくさんあることはだれも否定しない。だが、部外者が「日本人のように」なりたいと言うのを聞くことはめったにない。これは興味ぶかいことだ。なぜなら、経済的に、また社会的にこれほど多くの方面で成功をおさめた大国への反応としてはふさわしくないからだ。中国が強大だったころは、その隣人たちは「支那のように」なろうと努めた。ヨーロッパ拡大の全盛期には、ヨーロッパ人でない人びとはしばしば西洋の大君主を真似しようとつとめた。アメリカは現在も山積する問題の渦中にあるが、それでもなお非常に多くの人がアメリカ人のようになりたがったり、あるいはアメリカに帰化することさえ望んでいる。

このコインのもう片方の面を読み解くのはむずかしい。多くの日本人が、部外者は日本人を尊敬こそすれ羨ましく思わない傾向のあることをわかっているようだ。さらに日本人は外国人にたいして、「日本人になろう」と試みることは烏滸《おこ》がましい骨折りであることを数えきれないほどのやり方ではっきりさせる。これがどこまで本物の自尊心を反映しているのか、そして、どこまで防禦反応であるのかは判断しがたい。いかなる理由にせよ、日本とそれ以外の世界とのあいだには、侵入することのできない、しかしほとんど目に見えない心理的な障壁――まるでガラスでできた巨大な壁――が存在するのだ。このことは、日本への称賛が表面的だとか、外国人は日本から学ぶべきことが何もないと感じている、という意味ではない。明らかに、その逆が本当のところだ。最近、ロナルド・ドーアは、アメリカのビジネス・スクールにみられる日本の経営慣行への称賛を言いあらわすために「日本崇拝」なる新語をつくりだした。そして、ドーアや他の研究者は、外国人が見ならったほうがよい日本の価値のいくつかについて詳細にのべている。それらの価値とは、たとえば教育と公務への敬意、ドーアが「公正さと妥協」と呼ぶものに浸透していることがらなどである。[15] 外国人がほとんど躊躇なく称賛するものには、日本人の勤勉と質素、すばらしい審美眼、高品質の製品、比較的に均等な所得分配（現在、これは変化しつつあるが）、都市の低い犯罪率などがある。じっさい、日本の品質管理技術と労使慣行はモデルとして外国人の研究対象になっている。

しかしながら、部外者が羨ましく思わなかったり模倣したがらない日本の特質のリストもまた長大であり、それは大まかに「五つの欠落」として要約できるかもしれない。その第一は、喜びのない富であろう――日本の皮肉家が「富める国の貧しい人びと」なる現象として、自嘲気味に言及するものである。これを『ウォール・ストリート・ジャーナル』紙は、「日本：円はドッサリ、他はサッパリ」という見出しで伝えた。『フォーブス』誌も「日本経済の自虐症」と題する同様の論文を掲載した。元駐日大使のエドウィン・ライシャワーは、この現象を日本の「不健全な経済成長」とのべた。[16] いうまでもないことだが、喜びなき富とは、人口過密の都市、悲惨なほど高額な住宅、貧弱な公共施設、一般のレジャーにかかる非常識な費用、首都圏に住む多くの日本人が耐えしのばねばならない非常に長い通勤時間などを指す。欧米の中産階級ならこのような生き方を選んだりしないだろう――しかし、これで問題がおさまるわけではない。欧米人からみると、このような酷い生活環境を少しでも軽減するはずの国内支出に今や多くの資源を割り当てられることに、なぜ日本人は気づかないのか理解できないのだ。

二番目の「欠落」は政治的性格のもの、すなわち、日本は真の自由のない平等を評価する国だという認識である。この批判は、明らかに欧米のもっと個人主義的な性格を帯びた民主主義の姿勢を反映しており、日本の保守主義者が偉大な美徳として称揚する価値――調和と集団順応の強調に凝集される――にたいする否定的反応として現われた。ジェームズ・ファローズが東京から『アトランティック』誌に送った論文はかなり注目を集めたが、彼はそのなかで、日本の教育制度による機会均等は、外国人の排除と日本における部族的純粋性の強調がおもな理由であろうと論じた。ファローズは、日本の「物質的均等」は「みごとなまでに階層的な社会体制」と共存している、と指摘する。さらに今日、日本に造詣のふかい欧米人のあいだでは、日本の高度成長への離陸は一九六〇年代前半の池田勇人内閣からはじまったが、そこでは着々と進行する社会の組織化と不可分であったという議論が共通となりつつある。これがブルジョア民主主義という資本主義の概念にとって何を意味するかは、それだけで興味をそそられる論文が書けることだろう。[17]

同様に欧米人は、日本を、創造性のない教育を推進し、ほんとうの家族生活のない「家族主義」を推し進める国とみる傾向がある。創造性の問題には日本の教育者たちも関心を寄せ、日本の批評家によるこのうえなく辛辣な論評にはアメリカのメディアに伝えられたものもある。たとえばファローズは、卓越した社会評論家である加藤周一が教育制度の効用について示した「非常に優秀な凡人を生みだすようにうまくつくられている。それは、高いレベルの凡庸さに適応するよう加減されている」という内容の論評を引用している。若い日本人を研究所に受け入れたことのある欧米の科学者が、若い時期に構想力と独創性を矯めてしまう日本の大学の年功序列制度にたいして、驚きと狼狽を示すことはよくある。最近、利根川進氏がノーベル医学・生理学賞を受賞したことは、欧米の大衆一般にとっては、日本の科学者がほんとうに独創的な仕事をするためには日本を出なければならないことを示す典型的な事例となった。[18]

本物の家族生活がない「家族主義」にかんしていえば、多くの欧米人は、日本の平均的サラリーマンが置かれている環境は、労働を強制する受け入れがたいものと感じている。会社は家族のようなものとして誇示される。しかし、父親が妻や子供たちといっしょに多くの時間を過ごせることはめったにない。欧米人の眼には、日本は形式は安定した婚姻に支えられている国のようなのに、母子関係がほとんど不自然なまでに強調される一方で、父親不在の事実上の「片親」家族にみえるのだ。これは好んで「家制度」を口にする国のちょっとした興味ぶかい皮肉（もしくは偽善）であろう。おそらくもっと重要な点は、このことによって、日本人は経済的自虐症をわずらい、喜びのない富を蓄積する民族であるという欧米人の見方がまたも強められることである。このような見地に立つとき、部外者には日本の労働慣行が美徳というよりは強制に、資本の蓄積が政策というよりも強迫観念に見えはじめてくる。

五番目の、そして最後の「欠落」は、世界のなかの日本の地位に関係している。世界のなかで日本は大国の指導力を行使することなしに大国の地位を享受している。おそらくここでは、羨望なき称賛という方程式を反転してみるのがいっそう適当だろう。じっさい、世界の多くの国々が日本の大国としての地位や富を羨みはするが、いまだに日本を世界の指導国として尊敬したり、ましてや心から信頼することはしていない。これは日本にとって危機的でやっかいな状況である。一九五二年に主権を回復して以来、日本は真に独立した外交政策をもたないまま外交関係に従事した。このことは、ひとつには、一九五一年から五二年にかけての講和から生まれ、不平等な性格を有する日米間の軍事関係に組みこまれたことから生じた「従属的独立」という遺産が反映している。しかし、それ以上に、世界の指導国として行動したり、世界の指導国として受け入れられるための日本の能力にはなおいっそうの制約があった。すなわち、だれも一九三〇年代と四〇年代を忘れていなかったのである。

日本についての人種差別的思考

アメリカ人のあいだにある反日感情の深さをはかることはむずかしい。というのは、世論調査は誤解をあたえやすいし、メディアでの煽情的な引用も大衆感情をかならずしも反映していないからである。たとえば、一九八〇年代後半のひところ、世論調査員がアメリカ人に向かって、ソヴィエト軍と日本経済のどちらをアメリカにたいするより大きな脅威とみるかと質問するのが流行った。そして回答はおおむね日本に不利なように加減されていた。そのころ、これはアメリカ人の目にはすでに日本人が主要な敵としてソヴィエト人に取って代わったことを示すものとして取り上げられたが、誘導尋問にたいする利口な回答とみるほうが公正な解釈だったかもしれない。アメリカ人にたいして、アメリカが直面している最大の課題、あるいは脅威は何かと自由回答式の質問をしたら、ほとんど第一の関心は国内問題に限られ、日本への否定的感情が喚起される事態は無視してよいほどである。日本からの輸入によって経済的に大きな打撃を受けている分野に関係のない普通のアメリカ人に、日本人をどう思うかとたずねたら、たいていの回答は好意的で実利的なものである。すなわち、日本人はよい製品を作る、日本人は驚くほど効率的である、と。問題の多い日本の対米貿易黒字の要因とは、要するに、膨大な数のアメリカ人が日本製品を持ちたがっているということなのだ。

このように、日米両国間には貿易摩擦が生じているにもかかわらず、普通のアメリカ人のあいだには依然として日本にたいする敬意と善意の貯水池が涸れずにある。しかし、敬意と善意の貯水池は、人種をめぐる緊張によってまたたく間に、そしていとも容易に汚染されてしまう。なぜなら、その貯水池自体が何世紀にもわたってアジアの人びとや他の有色人種に向けられてきた欧米人の偏見によって汚染された歴史的土壌の上にあるのだから。ここにこそ、われわれの近代における覇権変動の意味があますところなく示されている――冷戦の終焉、あるいはまやかしの「アメリカの世紀」の終わりにではなく、むしろ五世紀におよぶ西洋の、そして白人による世界支配の終焉にこそ、その意味は示されている。こうした見地に立つとき、一九九二年のアメリカ大陸発見五百周年は、歴史上の偉大な記念日が現代にとって重要な意味をもつ稀有な実例となった。それは、まるまる五百年という歳月を経たあとで、白人優越主義の終わりを刻印するものであった。

これは、関係した者すべてを動揺させることだったが、とりわけ世界の政治経済を支配するという明白なる天命《マニフェスト・デスティニー》になんら疑問を抱かずにやってきた欧米の白人たちを動揺させた。「覇権」は情ぶかい言葉であり、帝国主義、植民地主義、搾取、そして人種的および文化的蔑視といった、冷酷なものを覆い隠しやすい慎重な言葉である。理想主義的に（「文明化の使命」と）合理化されるにせよ、または独善的に（「白人の責務」と）合理化されるにせよ、あるいは父権主義的に（「リトル・ブラウン・ブラザー」と）合理化されるにせよ、はたまた侮蔑的に（たとえば「リトル・イエロー・メン」などの嘲りで）合理化されるにせよ、コロンブスとその仲間の船長連中の時代から現在までつづいている欧米人の世界支配は、非白人や非キリスト教徒が本来的に劣っているという仮定を前提にしてきた。こうした自惚れは――うわべでは非欧米世界にたいする物理的・物質的支配によって立証されているようにみえるので――容易に消散するものではない。

最後の欧米覇権国にたいする「日本の挑戦」がその意味をあますところなく示すのは、ほかでもなくこのような意味においてである。現代における資本主義の危機は、日本ばかりでなく、いずれもアダム・スミスの不磨の大典に屈しへつらうとは思われない力強いアジア経済の一団（韓国、台湾、香港、シンガポール）が世界的な成長の舞台に登場してきたことと軌を一にしている。これは心理的なレベルでかなり衝撃的なことである。今や「女性的」な東洋（欧米人好みの幻想だが）は、欧米の男らしさを脅かすにいたった。今や「リトル・メン」は、何世紀ものあいだ恩着せがましい態度をとってきた欧米人が払う用意をしてこなかった敬意を要求するにいたった。そして、集団意識のもっとも深いところで、新興のアジア資本主義は否応なしに黄禍の予感を呼び覚ます。黄禍とは、中世に蒙古がヨーロッパを侵略したことに由来し、一八九〇年代にプロイセン皇帝ヴィルヘルム二世からその近代的な名称を授けられた恐怖をいう。

当初、十九世紀の欧米人は中国に目を向けた。中国は、ナポレオンによって東方から避けがたく到来するであろう新たな脅威の筆頭として挙げられ、「眠れる巨人」と呼ばれていた。しかし、一八九四年から九五年にかけて戦われた最初の日中戦争〔日清戦争〕で中国が屈辱的敗北を喫したあとは、日本がまごうかたなき覇権国——じっさい日本は、欧米によって植民地化されたことも、また、事実上の新植民地にされたこともないアジア唯一の国と言ってよかった——として登場した。日本人は、かずかずの戦績と工業化の達成によって、今世紀のはじめから黄禍の象徴とみられ、第二次世界大戦でみせた攻撃性と強欲さによって、長いあいだ欧米人の描く黄色人種像の構成要素に含まれてきた性悪で不気味な性質を実証することになった。つまるところ、アメリカ人の眼には、今日の日本の途方もない経済力は、これまでのいかなる資本主義の競争者とも根本的に異質で、異質であることを避けられないものと映るのだ。それというのも、その日本の経済力は漠然とした黄禍の恐怖と、具体的で憎悪にみちた太平洋戦争の記憶とを呼び覚ますからである。

太平洋戦争の記憶が日米両国ともにあることはいうまでもない。そして今日、両国の政治家とメディアは、太平洋戦争の真の勝利者は現在の貿易戦争の結果に白黒がついたときにはじめて決まる、という意見に逆らいがたいことに気づいている。しかし、現在のアメリカでは対日態度の形成にさいして戦争の記憶のほうがもっと理解しがたい有害な役割を演じている。もっとも一般的なレベルで、日本人が真珠湾の影から完全に逃れることはできない。日本人は、程度の差こそあれ、信用できない裏切り行為をはたらく存在であるという汚名を着せられている。さらに、それ以上にはっきりしているのは、戦争という大混乱のなかから浮かびでて、暴力的に荒れ狂い、品位を貶めた人種差別的イメージの多くは、アメリカ人が日本人にたいして抱く認識に、これまでより柔らかな装いをして今なお浸透していることである。これらの認識は、たんなる戦争の比喩というのでなく、むしろ戦争によって呼び覚まされ、現在では貿易戦争によって復活させられるおそれのある反アジア的人種差別の典型的な慣用表現となる。これが、現在の日米間に存在する善意の貯水池をいとも簡単に台なしにする汚染された土壌なのである。

筆者はべつの機会に、両国の人種的憎悪と戦争の慣用表現をいささか詳細に論じたことがある。[19] 端的にいえば、欧米側の表現は日本人という「他者」を非人間化し、没個性化するという紋切り型の傾向があった。それは、取るに足りない「リトル・メン」と途方もない能力をもった「スーパーマン」という両義的な認識や、未開状態、幼児性、精神的および情緒的不安定などの言葉で表現される発達障碍という考えを日本人にあてはめるものであった。このような偏見を表わす比喩はみな、最近のアメリカにおける日本人にたいする論評の原型になっている。

たとえば、非人間化はときおり露骨に現われる。戦中、この非人間化は殺戮を容易にし、「そのうえ日本人は人間ではない」(一九四三年のハリウッド映画『ガダルカナル戦記』のなかで、年老いた海兵隊員が、無邪気な「子供」に人を殺すのをどう感じるかとたずねられたときに語る有名な台詞)といった隠語《ジャーゴン》などのかたちで現われた。一九九〇年代はじめ、現代の貿易戦争に身がまえるなか、アメリカでもっとも劇的なベストセラーとなったマイケル・クライトンの『ライジング・サン』でも、全編をとおして出てくる日本人の描写は戦中とおなじ露骨な方法を特徴としている(肝心の場面で、クライトンが描く白人の主人公である老探偵は、流暢に日本語を話し、まだ青二才の白人の相棒にこう助言する。日本の友人たちは「いつも私に忘れないでくれといゝう。まず彼らは人間であり、そのつぎに日本人だということを。しかし残念ながら、私の経験ではそれが必ずしも真実でない」と)[20]。

似たようなやり方で、日本人の団体行動に言及するときは、アリのように、ハチのように、家畜の群れのように(これをアメリカ人がやるときは「チーム・スピリット」などと呼ばれるが)、と人間以下であることを表わす比喩が息をふきかえすことになる。戦時の猿人間は「エコノミック・アニマル」や「強欲なエコノミック・アニマル」として戻ってきた。そして動物のイメージは婉曲な口語表現でも伝わり広がってゆく。たとえば、一九八〇年代後半にC・フレッド・バーグステンがのべたように、日本人は「頭を角材でぶん殴られないと動かない」という言い方がしばらくのあいだ流行した。アメリカ人ならほとんどの者が、これはラバを打ちすえることだとすぐにわかる[21]。

おなじく「リトル・イエロー・メン」というイメージは、アメリカ人、とりわけ第二次大戦世代の男たちの意識に執拗にまとわりつき、しばしばまったく無意識な言いまわしとなって溢れ出る。これが人種的蔑視の悪循環に一役買うのはもちろんである。このような発言を注意ぶかく追っている日本人は当然に憤慨するし、そして仕返しをしようとするからだ。しかし予期に反して、「リトル・メン」への蔑視は日本を利することになった――少なくとも一九六〇年代と七〇年代にはそうであった――それは、高位のアメリカ人さえ日本の能力と意図を過小評価することから起こった。

侮蔑をこめた「リトル・メン」という表現を、何気ない言いまわし、あるいは無知で偏狭な人びとがつかう野卑な表現と片づけてしまうのは重大な誤りである。それは上流階級の白人優越主義からくる古典的な表現であり、アジアの人びとや他の有色民族は能力と業績において本来的に欧米人より劣っているという堅い信念を反映している。このようにみれば、まさに日本が飛躍しアメリカが凋落しかけたその時期に、ニクソン政権に仕えた国際人であるヘンリー・キッシンジャーは、個人的には日本人を「ちっぽけなソニーのセールスマン」とか「貧弱でケチな帳簿係」とけなしていた[22]。ほぼ時をおなじくする一九七一年、のちに日本にたいして手厳しい批評家の一人となるクライスラー社のリー・アイアコッカはテキサスの知人に、トヨタの販売店を受け入れないように、もし来たら「奴らのケツを蹴飛ばして、太平洋に放りこんでやる」と語っていた。アイアコッカの傲慢さは、他者を見下す西欧の伝統と完全に合致するし、それに先立つこと三〇年前、つぎのように、不意をつかれた白人の男が日本人について言ったことを無意識のうちに思いださせる。イギリスのシンガポール植民地総督は電話で起こされ、すでに日本人がシンガポールを攻撃していると知らされて、こう答えたものである。「それなら、リトル・メンを追っ払ってくれ[23]」。

「リトル・メン」という慣用表現は漠然とだが成長の可能性をも含んでいる。もっとも、この表現をつかう者たちは日頃そのような意味では考えもしないことだが。彼らにとって、リトル・メンは生まれつき小柄で、永久に劣った存在である。理論的には、成長のための能力はもうひとつの古典的な人種差別的言辞、すなわち、子供としての他者という認識のなかにもっと鮮明にみることができる。第二次大戦中、この言いまわしは純然たる侮蔑の表現(日本兵の「子供っぽさ」)として現われたが、占領期には、それに従事したほとんどのアメリカ人に父権的温情主義の態度を起こさせた。たいていの漫画は日本人を、アンクル・サムの腕に抱かれた幼児、占領という遊び場にいる赤ちゃん、マッカーサーの民主主義学校で学ぶ子供たち、講和条約への道を歩む思春期の若者、などに描いた。

今日の日米関係において、子供はよみがえり、両国のいたるところに顔を出している。一般に未熟で、いつまでも未成年から抜け出られないことを宿命づけられているかのようだ。たとえば、影響力ある経団連の糠澤和夫が、一九八〇年代後半に、「日本は大きく成長した少年なのだから、教師から乱暴にあつかわれるべきでない」と不平をもらしたことがあげられる。他方、リー・アイアコッカも、日本のあるべき姿について考えた。彼はベストセラーとなった自叙伝に、アメリカの対日関係について「われわれは、こんなふうにやっていてはいけない」「アメリカ政府は、放課後に生徒を呼びつけ、その振るまいについて説明を求めてもよいころだ」と書いた。日本にかんする非常に辛辣な記事でかなり大きな影響力を発揮してきたカレル・ヴァン・ウォルフレンは、『フォーリン・アフェアーズ』誌に、「日本は大人になってもよいころだ」とおなじみのテーマをくり返している。[24] 子供の慣用表現は、「リトル・メン」とおなじように、思いつきでも、穏和でも、独自でもない。それは、階層をなす上下関係を表わす語彙のなかでいちばん使いふるされた、攻撃性を秘めた婉曲表現のひとつであり、明らかに十九世紀の似非科学的な人種差別である反復説と呼ばれる学説の理論に位置づけることができる。その反復説によって、白人以外の民族は、発達の面で白人より劣っており、成人にたいする子供あるいは幼児のようなものだと宣告されたのである。

これとおなじく、生まれつき知能発育が遅れており、それゆえ永久に従属的な身の丈と地位に甘んじなければならないとするお決まりのレッテル貼りは、日本人を原始的で情緒不安定に描くことの特徴ともなっている。フランク・キャプラ監督は、第二次大戦中に米国陸軍のために有名なプロパガンダ映画『汝の敵、日本を知れ』をつくったとき、映画制作者に「利用しうるかぎりの、もっとも珍妙な神道関連の題材を使う」よう指示した。[25] このように風変わりなものを引き合いに出す手法は、現代アメリカのメディアにも受け継がれている特徴であり、日本文化のなかにある古くて欧米人には特異にみえるものを際立たせるのに役立つ。それは、たとえば漫画家がやるように、ビジネス・スーツを着たサムライ、ウォークマンをもった芸者としてじっさいに描かれる。これは人を愉快にさせることもあるが、おなじ程度に誤解をあたえることもしばしばである。というのも、書き手と読み手、そしてイメージの製作者と消費者は、現代日本文化のなかにある風変わりで好奇心をそそる極端なもの、あるいは異常でさえあるものに逆らいがたい魅力を感じてしまうからだ。たとえば、一九八九年に裕仁天皇が逝去したとき、欧米の記者団はだれかが皇居前で自殺するのを熱心に待ったが、それが無駄だったことはよく知られている。もしたった一人でも自殺していたなら、彼あるいは彼女は日本的反応というお約束の物語となり、また、日本人の精神が原始的なことを象徴する偶像となっていたことだろう。

このように伝統的なもの、あるいは極端なものを強調することが意図的に伝えようとするところは単純明快である。基本的に、日本人は前近代的な民族であり文化なのである。あるいは、もうすこし学問的にいえば、ほんらい日本人は部族的なのである。欧米のジャーナリストは、まるで読者に人類学の学位でもひけらかすかのように「部族的」という言葉をもちいるし、日本に同情的な著述家でさえ部族的という概念には引きつけられる。たとえば、広く認められたロバート・クリストファーの著書『ジャパニーズ・マインド』の第一部は"The Japanese Tribe"（日本部族）と題されている。しかし、学問的な厳密さを装ってこの概念を追求することは可能かもしれないが、日本人を部族的とする描写を一般にもちいることは、ふたたび日本人を発達の遅れた、あるいは未成熟な人間として識別する特定の機能に加担することになる。日本人にたいするこのような見方は、経済力学や政治力学よりも文化に重きを置く。そのさいには、日本人は比較的に未発達で、完全に同質で、強固なまでに（理性的というより）儀式性を重んじる国民であり、他の部族とおなじように、ほんらい部外者には敵対的であるという、大雑把で過度に単純化した見方を後代まで伝えるような方法がとられる。

こうした社会文化的風刺画は、日本人を心理的にも不安定な集団として描く構図になっている。これらの人種差別的な比喩はほんの一例にすぎない。日本人は、小さくて、未熟で、精神的にも感情的にも発育不全である。原始人は、ちょうど子供が癇癪を起こすように、無分別にふるまうものだ。第二次大戦中、欧米人のあいだでは、日本人の特徴としては、神経症的、精神病的、統合失調症的、妄想的、狂信的、ヒステリック、と一般に信じこまれていた。今日、すべての国民と社会が経験しているストレスのなかで、日本人は精神をわずらった奇妙な存在であると断定することが、アメリカ人のなかでふたたびあたりまえのことになりつつある。

つぎのようなこともさまざまなレベルで現われる。たとえば、アメリカ人がプロテスタントの「職業倫理」あるいは偉大な移民の「追いつき」の物語として大切にしてきた美徳が、そして他のアジア人社会にかんしてはもっぱら儒教的職業倫理として認識されてきた美徳が、日本の場合となると、強制性、強迫性、狂信性としてあつかわれるのである。しかし、日本が経済大国として立ち現われた現在の情勢で、精神的不安定さに原因を求めるのはいっそう不吉だ。それは、ハロルド・ブラウンが先に引用した警告のなかで、日本人は一九三〇年代におこなったように、世界秩序から離脱して単独行動に走るかもしれない、と言及していたことだ。冷戦時代の人望あつい長老政治家であるジョージ・ボールも、一九七二年の『ニューヨーク・タイムズ』紙に「いつ日本人がカッとなる（go ape）かはだれにもわからない」とさらに直截的でくだけた表現で警告している――じっさい、これは二重の意味をもつ人種差別的なイメージであった。[26] ひとたびこの命題が受け入れられてしまうと、欧米人の人種差別的想像力に歯止めがかからなくなるおそれがある。「ネオ・ナチ」的傾向が表立ってきたのだ。過激な軍国主義が予想されている。たとえ、おなじ評論家たちが日本の「小切手外交」や「一国平和主義」を過小評価していても、である。日本が欧米との同盟から脱退して、独立した円経済圏の形成をもくろむという見通しが現実味をおびてくる。こんな診断もある。欧米の経済圧力にたいする日本の憤りは、日本の指導者たちをして、資本主義秩序を故意に混乱に陥れるように――つまり「金融界の真珠湾」あるいは「経済界の真珠湾」(『ニューヨーク・タイムズ』紙の論説のタイトル)を企てるように――向かわせるかもしれない、と。『ニューヨーク・タイムズ』の元特派員であったヘンリー・スコット・ストークスは、一九八〇年代なかばの『ハーパーズ』誌に、われわれは「核武装した自滅的な日本という恐るべき見通し」をも考えに入れなければならない、と警鐘をならした。[27] 明らかにカミカゼは、かつて太平洋の上空で叫ばれたように、今も欧米人の意識の彼方では金切り声をひびかせているのだが、もっとも危険な狂信と不安定さの真のありかはけっして定かではない。

思わぬ発見さえ人種差別的な想像力の形成には一役買うものだ。日本人にたいする欧米の認識にかんしていえば、それはふたつの印象的な仕方で現われる。ひとつは黄色という色それ自体である。黄色はもともと黄疸と関連づけられ、象徴的に弱さや、その結果として臆病、弱点を示す他の性質と結びつけられてきたために、古来より西洋の文化では否定的な意味を本質としてそなえていた。「黄色くないジャップは一人も会ったことがない」と言ったのは、一九四二年に製作された『ジャップを叩きつぶせ』というアニメーションに登場したポパイである。そして今、「リトル・イエロー・メン」と平気で口をすべらすアメリカの政治家やロビイストは、ほんらいおそらくポパイの猿まねであろう。もうひとつの思わぬ一致は、「円」(Yen)にまつわる、英語という言語に固有の駄洒落である。その語は日本の通貨だけでなく、同時に奔放な欲望の意味にもなるのだ。かくして、先にのべたダニエル・バースタインの著書(『円:日本の新たな金融帝国とアメリカに対するその脅威』)は、思いつきで読者受けしそうなタイトルをつけたのではなく、日本人は多かれ少なかれ集団的に混乱しているということを暗示するもうひとつの常套句を当てたわけである。この場合、日本人は貪欲であり、そして今や彼らの度をこした欲望をかなえるだけの資金をもち、おそらくアメリカ人と他の無知な人びとの犠牲のうえにそのような行動にでるつもりでいる、ということだ。一九八〇年代のアメリカで、「円」（Yen）のもつ二重の意味は、「権力への渇望」「あなたの会社買います」「ニューヨーク買います」、果ては「あなた買います」などのタイトルとなってマスメディアを賑わせた。[28]

この日本人の飽くことなき利益獲得への執着は、戦時中の、そして今日の現実のなかにはっきりと根を張っている。戦時中は、性欲と独占欲が、文字どおりアジア全土におよぶ女性たちの強姦や、日本の煽情家が大東亜共栄圏として空想的に描く略奪や富の蓄積となって現われた。当時の「円」（Yen）は欧米人にとって二重の意味などまったくもっていなかった。そもそも、欧米人にとって日本のお金などなんの意味もなかった。今や非常に豊かな国としての日本の地位がこのような構図を劇的に変えたことはいうまでもない。そして、日本の指導層が長期的な目標を寛大かつ偉大な政治家にふさわしい言葉で定義できなかったことから、国家の究極の意図にかかわる至極あたりまえの疑問が提起されるにいたった。簡潔に、シュンペーターの表現に戻ると、日本の貪欲なまでに創造的な資本主義は、他者にとっては巨大な破壊の脅威と思われるのだ。

資本主義の問題と人種差別の問題がもっとも強く結合しているのが、ほかでもない現在である。そして、資本主義者の獰猛な競争という厳しい現実の原因がすっかりわかっても、日本は脅威だという認識に人種差別的思考が色を添えている事実は残る。「超大国」日本は、真珠湾とフィリピンでアメリカ人に、そしてシンガポールでイギリス人に屈辱を味わわせた戦中の「超人《スーパーマン》」イメージを呼び覚まし、超人的な技能と底なしの野心をもっているように短期間で思わせた。そして、日本人が西洋の科学と科学技術を習得したことは、アジア人の「秘密」または「奇跡」の神秘性や非キリスト教徒の住む東アジア全域に強力な資本主義経済圏が広がった現実とあいまって、古い黄禍の怪物をよみがえらせた。くわえて、アジア人は欧米人に数で勝る。さらに、アジア人は欧米人が話すことのできない言葉を話し、欧米人が浸透したり模倣するのがむずかしい社会的取り決めを実践している。日本の場合、すでに非軍事分野ばかりでなく、軍事分野での優位性にとって死活的に重要な技術の領域で他より抜きんでている。つまるところ、ヨーロッパの航海士たちが地球をまわってから五〇〇年後、アジアは富と権力の点で西洋に追いついたのである。そして、恐れおののく西洋人にとって、これは世界的平等の歓迎すべき到達点ではなく、むしろ脅威に満ちた歴史の展開なのである。

日本における人種差別的思考

人種差別にかんするかぎり、アメリカはもっとも逆説的な国である。偏見と人種対立による傷跡は残しているが、同時に、異なる人種的または民族的背景をもつ人びとを他のどの国よりも温かくあつかう国でもある。日本では人種についての考え方は非常に異なったかたちをとる。白人優越主義が他者にたいする侮蔑を特徴とするのにたいし、日本の人種差別は、日本人であることの比類ない美徳を称賛することに心をくだくのだ。日本の人種差別主義者がつかう罵詈雑言集はアメリカで出合うものにくらべて貧相である――しかし同時に、日本社会そのものの内部では、日本人でない者は永遠に「部外者」のままだ。不寛容の言葉はアメリカより穏やかかもしれないが、排除の行為には容赦がない。このことは日本の真の「国際化」にとって重大な障碍をもたらす。

少なくとも一点で、日米双方の状況は似ている。日本でも、アメリカとおなじように、最近の緊張と不安感が戦争を彷彿とさせる人種差別的態度を再燃させた。このことが示すつぎの三つの見地にとくに留意すべきである。よく言われる人種的同質性や純潔性や日本人の独自性への固執。欧米人を、強力で脅迫的だが、同時に守護してくれたり福をもたらす潜在力をもつ「鬼のような」他者とみる認識。それぞれの人種と国民が「其ノ所」〔適所〕を担わなければならないとする世界秩序構想、の三つである。これらのなかでも、一番目の見地が現代日本における人種差別的思考のうちもっとも重要で、潜在的な有害性をもつ。

純潔性と同質性の強調は、日本古来の儀式と宗教に根ざしている（そして、他の国でも同様である。もっとも、日本の議論ではそのような比較は主要な部分ではないが）。しかし、現代において日本人が国民性の独自で典型的な側面としてこの同質性や純潔性に固執するのは、欧米の物質的・精神的な脅威にたいする防禦反応とみると、もっともよく理解できる。それは、のこってしかるべき文化遺産というよりも思想教育の産物であって、大恐慌から日本降伏にいたる時期に、まさに雪崩のように溢れ出た国家主義的著作、檄文、スローガンのなかで煽情的に鼓舞されたものである。こうして一九三七年、悪名高い御上の小冊子『国体の本義』が発行されたが、同書は「我等臣民本来の清明な心境」と「明浄正直の国民性」について日本人を教化する目的で苦心してまとめられたものだった。このような心情を具体化した婉曲表現こそ、大和（ヤマト）という、天照大神の子孫によって日本の皇統が基礎づけられたと伝えられる神話史上の土地への言及であった。純粋で不屈の「大和魂」を鼓吹された「大和民族」としての日本人という戦時の煽情的な呼称は、ここに由来する。

こうして確認された純潔性の意味は、その輪郭がつねにあいまいであったために、感情への訴え方が大きさを増していった。完全に表現するのがむずかしいような方法で、民族、文化、歴史、道義的完璧性の独自な集約を具現化した民族としての日本人は、その起源を二五〇〇年以上も前にさかのぼることが暗示された。これで日本人は同質ということになった。そして日本人は、戦中にもてはやされた言い方の「指導民族」となった。さらに純潔性は、欧米人を含む他のすべての民族と日本人を区別した。彼らの個人主義や利己主義という自分本位の価値は、人の心を「不潔で、不純な」ものにするというのだった。留意すべきは、戦中の日本のプロパガンダ唱道者がこれとおなじ議論の線上で、多民族で堕落した西欧が最終的に大和民族の神聖な使命を妨害することなどできないと論じていたことである。真珠湾以前、悲惨にも日本の「リトル・メン」の能力を過小評価した連合国の諜報担当官のように、日本の軍事作戦立案者も、敵国米英は物質主義で無規律だから結束して長期戦を遂行することなどできないとみていたが、彼らはまもなく悲劇的な代償をはらってこの自惚れから目を覚ますことになった。

これとおなじ多くの感情が、いくらか整形手術を施されてふたたび顔を出した。それらは、いわゆる日本人論現象――一〇年ほどのあいだポップ・カルチャーの話題を独占した「日本的であることについての議論」が終わりなくつづくかにみえた――にもっとも顕著である。その議論は、どの知的レベルで起ころうと、日本および日本人を他のすべての国や人種や文化から区別するものを抽出してこようとする試みであるという共通の特徴をもつ。もっともお粗末な独自性の主張は、愚かというより時に滑稽で、日本は国際社会の嘲笑の的になった。たとえば、最近のいつだったか、日本人は、日本の雪、腸、野球ボール、土壌のすべてが独自性をもっていると宣言した（そうすることで、スキー、牛肉、野球バットの輸入制限を、そして国内の建設事業からの海外業者排除を正当化している）。しかし、総じていえば、日本人の独自性を言いたてながら日本人論に没頭するほうがもっと深刻で、知性のあり方としても自惚れた態度だ。また、これらの「相違性の弁証法」から止揚される日本的／非日本的という――反意語の一覧表は尋常でない。たとえば日本研究者ピーター・デールは、数多いリストの一例として日本人論の文献にあらわれた日本対西欧の「土着的固有性の発展に関する諸原則」をつぎのように認定した。すなわち、特殊独自性対普遍性、同質性対異質性、相対主義対絶対主義、調和と連続対断絶、自然対技巧、現象論と具体性対抽象性、受容的／受動的対明示的／能動的、閉鎖的対開放的、などである。(29)

議論に一役買ったこの論稿のなかには、たしかに日本人の価値観や習慣について重要な指摘もあるが、全般的な議論の主眼は、日本人を他の民族から根本的に区別したり、その優越性を強調する点にある。ふたたび日本人は、今より半世紀前の閉鎖的で非民主的な環境のなかで行動したように、激しい対外的膨張のなかで内向的となり、国家精神を吟味し称揚するにいたった。日本人がそのように行動しているとわかってもなんら驚くにはあたらない。この試論はシュンペーターの引用ではじまっているが、それによると、日本人の独自性を確認することは、今日の創造的破壊にたいする知的反応であると同時に心理的な反応でもあるとみることができる。それは一方で、日本を敗北と破壊から経済大国の頂点にまで導いた想像力に宿る自尊心を反映している。それは他方で、激しく変転する世界で不変のものを探求することであり、言ってみれば、物質主義的で恐ろしいほど破壊的な環境のなかで永遠の価値を探しもとめる行為にちがいない。もう少し微妙な言い方をすれば、その行為はおそらく、今やほとんど逆らうことのできない経済決定論に駆りたてられている観を呈する世界で「文化」を重んじる試みでもある——それは、いわば、「エコノミック・アニマル」という不快なイメージを払拭し、同時に、その「独自」性によって、昇りはしても沈まぬ日本の隆盛が可能になるという安心感をとりもどすための——すなわち、これまで他のいかなる偉大な国家もなしえなかったことを達成するための、試みでもあるのだ。

このように確実なものを探しもとめることは、新国家主義者と原理主義者の運動がいたるところで噴出している今日の世界ではめずらしくない現象だが、日本とその他の世界とのあいだに深い隔絶感を植えつける。それはまた、容易に人種差別的思考に変化する。白人のアメリカ人、そして白人一般にたいして、日本人の態度はいぜんとして相反的《アンビヴァレント》だ。太平洋戦争のあいだでさえ、白人である敵は両義的なものの象徴——鬼——として風刺画に描かれていた。鬼は、日本の民間伝承では共同体に害をあたえもするが天佑ももたらす存在（日本の寺院の門にいる恐ろしそうな守り神を想像すればよい）として、もっとも頻繁に描かれた。欧米人は、日本人の意識のなかではつねにこのようなイメージに合致する存在、すなわち、脅威をもたらすと同時に、知的、文化的、物質的な贈り物をあたえてくれる存在というイメージでみられてきた。戦時中は鬼であったアメリカ人は、戦後日本の復興と安全の守護者となったときも、同様に巨大で畏怖すべき存在のままであった。ただ、角だけは隠された。今や緊張は高まり、日本叩きが吹き荒れるなかで、鬼のような性格をした白人のアメリカ人が注目を集める。これに対応して日本人は、今度はみずからを無垢な犠牲者として描き、その自己風刺画《セルフ・カリカチュア》を大切なよりどころとして生きるのである。

日本の純潔性、そして単一性という神秘に込められたほんとうに有害な意味は、多民族社会アメリカにたいする日本の態度となって露呈する。とりわけ生々しい表現は、一九八二年の『ウォールストリート・ジャーナル』紙に掲載された。当時、日本の官僚のつぎのような内容の発言が引用されている。「日本人は、完全に純血な民族で、アメリカにいるような雑種民族ではないから、均一で優れた品質の製品を生産することができる」。そのときから、多民族社会一般と、とりわけ有色人種にたいする日本の蔑視が、さまざまな機会に露呈することとなった。一九八六年九月に中曽根康弘元首相がアメリカの黒人とヒスパニック系国民を侮辱したように、こうした蔑視のなかにはなんらかの効果をねらったレトリックである場合もある。もう少し穏やかに言っても、これらの偏見が草の根レベルでの日本の対外活動にも影響をおよぼしている証拠がある。たとえば、アメリカにおける日本の自動車工場の雇用形態についてまとめた詳細な研究は、作業現場の代表、自動車販売店、会社の立地選択などに、かなり一貫したかたちで黒人差別のあることを明らかにした。彼らが一人っきりで差別に遇うことはめったにないが、しかし、そんなことはほとんど慰めにならない[30]。

一九四二年から四三年のあいだに、日本の官僚機構のある下部組織〔厚生省研究部人口民族部〕が『大和民族ヲ中核トスル世界政策ノ検討』と題する大部の機密文書を作成したが、それがつい最近〔一九八一年〕になって発見された。この文書の指導概念は「其ノ所」であり、じっさいに「其ノ所」とは、日本をアジアにおける「指導民族」と決めつけたうえでの世界的分業を意味した。『大和民族ヲ中核トスル世界政策ノ検討』では、アジアを超える世界についてはは明確にされなかった（といっても文書は、オーストラリア、ニュージーランド、インド、アフガニスタン、イラン、イラク、バイカル湖以東のソ連に日本人を配置することを想定していた）。しかし同文書は、1　日本人の考えでは、諸民族間、諸国民間の事実上の平等は不可能である、そして、2　戦時において日本がアジアにおよぼす長期的覇権の概念は、独裁的で搾取的であり、「共栄」についての大衆むけレトリックとの関係もこのうえなく稀薄でしかない、という点がきわめて明白であった[31]。

その当時からは隔世の感があるが、適所という考え方は依然として問題の中心を占めている。その言葉自体は、将来における世界経済の分業にかんする最近の日本人の発言にもぼんやりと現われている。しかし、その真意についてはだれもまだ推測の域を出ない。資本主義体制の内部で、真の平等と相互性により貢献する方法で「其ノ所」を再定義する構想や能力をほんとうにもっているのは、日本人なのか、あるいはアメリカ人なのか、はたまたそれ以外のだれかなのか、それを確信するに足る十分な理由は目下のところない。その再定義作業は、数ある創造的挑戦のうちで、今なおもっとも困難なものとしてある。

11

補論　昭和天皇の死についての二論

波乱にとんだ昭和の君主である裕仁天皇が死にいたる病の床についた一九八七年、日本じゅうが臨終の看取りという催眠術にかかった。昭和天皇の治世は、一九二六年十二月二十五日にはじまり、一九八九年一月七日ついに幕を閉じたが、大半の臣民の人生を包みこむものだった。何千万という日本人はまず、戦争を遂行する神格化された君主として、有名な白馬にまたがって背筋をぴんと伸ばした若き天子として裕仁天皇を知ることになった。その名において死ぬことを求める君主であった。そして、一九四五年よりあとに生まれたさらに何千万という日本人は裕仁天皇を、平服を着た小柄で動きのぎこちない男であり、多くのことを見聞するが、大事なことはほとんど口にせず、日本の繁栄とともに年老いていく存在として知っていた。

裕仁天皇が逝去したとき、六十三歳未満の日本人はほかに君主を知らなかった。天皇の逝去は、戦争、敗北、占領、不確実性、繁栄を抱きこんだひとつの時代の終焉というだけではなかった。天皇の逝去は、臣民にとっては、みずからの人生を振り返り、また、どれほど劇的な変化を目のあたりにし、それに耐えてきたのかということに思いをめぐらさずにはおれない機会でもあった。天皇が逝去したとき、人びとは眼の前からみずからの人生が過ぎ去っていくのを目撃した。このようなことは、四年ごとに大統領選挙がおこなわれ、八年をこえて無上の支配を行使することを禁じられている国では起こりえないことだ。

以下のふたつの論稿は、天皇が死の床についているときに日本の読者に向けて書かれたものである。ひとつは（私のファイルの記録によると）一九八七年十二月七日に寄稿したものであり（『This is』）、もうひとつはその翌日に寄稿している〔*Japan Times*〕。われわれアメリカ人と日本人は、われわれの記念日に囚われているようだ。

戦争と平和のなかの天皇　欧米からの観察

裕仁天皇は、一九七五年にアメリカを訪問したさい、いくつかの異なった印象を残した。

たとえば、多くのアメリカ人は、第二次大戦の偉大な指導者の一人がまだ生きていたと知って、ただただ驚いた。なんといっても、アメリカ人がよく知っていた戦争指導者——ルーズヴェルト、トルーマン、チャーチル、ヒトラー、スターリン、ドゴール、毛沢東、それに蔣介石——は、とっくに舞台から去ってしまっていたのだから。

同時に、庶民レベルでは天皇の訪米について、やや哲学的な反応もみられた。英語では「時がすべての傷を癒やす」という意味の庶民がよく口にする格言があり、一九七五年の天皇訪米はその好例のように思われた。三〇年前は、憎き敵国の君主であったおなじ人物が、今やかけがえのない同盟国の尊敬すべき指導者になっていた。

さらにもうひとつ、より個人的な印象が、天皇の謙虚さ、身体的な弱々しさ、それに中産階級的な嗜好へ注意を向けさせた。裕仁天皇がディズニーランドを訪問した（そして、ミッキーマウスの腕時計をもらって喜んだ）とき、アメリカ人にとって今は思い出となった戦争中の「神格化された天皇」という古いイメージとの対照はじつに鮮烈だった。

しかしながら、一九七五年の訪米があたえたもっとも大きな印象は、天皇のもっとも有名な発言にまつわるものだった。天皇は、アメリカの記者から戦争以来の三〇年間に日本人の価値観はどのように変わったかとたずねられ、基本的には何も変わっていない、と答えたのである。新聞報道によると、天皇の答えはおよそつぎのようなものだった。「戦争の終結以来、いろいろの人々がいくつもの意見を述べたことを承知しています。しかし広い観点から見るならば、戦前と戦後の（価値観の）変化があるとは思っていません」（ロイター通信、マイケル・ニール記者との会見、九月二十二日）。

これは、明らかに日本の保守的な人たちを喜ばせるような、あいまいで神秘的な回答であったが、アメリカでは賛否両論がわきおこった。一部のアメリカ人にとって、天皇の言葉は興味をそそられるものだった。つまるところ、天皇自身が降伏前と降伏後の時期をいつまでも結びつける生き証人だったのである。また、アメリカ人のなかには、天皇の発言が不合理だと思う者もあった。なぜなら、発言が、昭和初期の軍国主義的な価値観と一九四五年以後の日本の民主的で平和的な価値観の大きな相違を無視したものだったからである。さらに、べつの人たちにとって、この発言は無気味なものだった。ほんとうに何も変わっていないのなら、天皇もその臣民も昭和のはじめの二〇年にわたる抑圧と侵略から、何も学んでいないことになるからである。

　天皇をめぐるアメリカ人のこうした意見の分裂は、目新しいことではない。太平洋戦争が荒れ狂っているときでさえ、裕仁天皇と日本の皇室制度一般にかんするアメリカ人の意見は分かれていた。

　戦争中の天皇制にたいする欧米のもっとも厳しい批判には、さまざまな背景があった。そのなかには、T・A・ビッソン、ウィリアム・ジョンストン、イギリス人オウエン・ラティモアなどの有名なアジア研究者がいた。さらに、法律家で官僚だったディーン・アチソン、詩人で官僚だったアーチボルド・マクレイシュ、宣教師で作家でもあったウィラード・プライスやウィリス・ラモット、くわえて米英の大多数のメディアが挙げられよう。一九四四年にジョンストン教授がまとめた批判的な意見によれば、天皇は、日本の時代遅れで、封建的で、専制的で、全体主義的なものすべての思想的中核であった。天皇こそは、「軍国主義的、帝国主義的制度の要石」であった。

　ウィラード・プライスは、多作なアメリカ人作家で戦前の日本に二〇年近く住んだが、もっと辛辣なことを言った。プライスは、一九四五年に出版した大衆むけの著書、*Japan and the Son of Heaven*（日本と天子）のなかで、裕仁天皇についてはむしろ愛着をこめて書いているが、近代天皇制一般の攻撃に多くの頁を割いている。プライスは、公式の情報宣伝《プロパガンダ》とは反対に、皇統は歴史のなかで何度も「断絶」したと論じた。そのうえ、日本人は明治維新前には天皇にたいしてほとんど敬意を示さなかった。プライスは、かなりの確かさをもって、超国家主義的な天皇崇拝は日本の「近代的」イデオロギーであることを指摘した。また、皇統の伝承には多分に近親相姦がからんでおり、明治天皇も大正天皇も「私生児」である、というのはプライスが好んで主張した議論であった。

　著書が広く読まれたこの元宣教師の意見では、戦時日本の皇室にまつわる神話を破壊する最善の道は、アメリカが皇居と伊勢神宮と靖国神社を爆撃することだった。多くのクリスチャン――けっしてすべてではないが――がこの立場を支持した。

　戦中のアメリカでは、メディアや世論も強硬な政策を支持した。アメリカでもっとも垢抜けした出版物のひとつである『フォーチュン』誌は、一九四二年二月号で反天皇の立場を強く押し出した。「皇位を根絶やしにし、それとともに国民自身が奴隷であることに気づかない無気味な現象を打ち砕かないかぎり、世界が奇襲の恐怖からふたたび解放されることはない」と論じた。

戦中にアメリカでおこなわれた世論調査は、皇位一般よりも裕仁天皇個人に焦点をあてる傾向を示した。調査は、天皇の名前と役割について市民のあいだに混乱があることを反映していたが、日本敗北後の天皇の処遇については全般的に厳しいものだった。

たとえば、一九四四年四月におこなわれた調査によると、アメリカ人の四四パーセント以上は、天皇が「日本の唯一の神」であると信じていることがわかった。一九パーセントは、「宗教の分野を除いては、名目上の指導者にすぎない」と回答し、一六パーセントが日本の「独裁者」と確信し、六パーセントが日本にとっての天皇とは「イギリスにとっての国王」のようなものだとした。

一九四五年五月の調査では、かなりおかしな結果が出た。アメリカ人の五四パーセントは、「ヒロヒト」という天皇の名前を知っていたが、その名前が蔣介石、ヨコハマ、ハラキリ、フジヤマ——あるいは、ただ発音しにくい何かだと思っている者が四〇パーセントもいた。一パーセントは、チトー（ヒロヒトと韻を踏んでいる）が日本の天皇だと思っていた。

日本降伏後の裕仁天皇の処遇についてとなると、それほどおかしな意見ではない。一九四三年から四五年まで、調査の対象となったアメリカ人のほぼ三分の一は、戦後に天皇を処刑するということでかなり首尾一貫していた。一九四五年五月二十九日におこなわれた調査では、「戦後、日本の天皇をどうすべきと思うか」との質問にたいする回答は以下のとおりだった。

処刑する	三三%
裁判所に運命を決めさせる	一七
余生を監獄で送らせる	一一
亡命させる	九
何もしない、彼は軍閥が担いだ御輿にすぎない	四
日本統治の傀儡として利用する	三
意見なし、その他	二三

しばしば引き合いに出される一九四五年六月二十九日のギャラップ調査では、アメリカ人の七〇パーセントが裕仁天皇の処刑か厳罰に賛成していた。

イギリスでも、戦争が終わったときの天皇にたいする庶民感情は、強い敵愾心のこもったものだった。日本降伏直後、世論調査の対象となったイギリス国民の六七パーセントは裕仁天皇が退位すべきことに賛成し、天皇が皇位にとどまるべきだとしたのは二二パーセントにすぎなかった(残りの人たちは意見なし)。

しかし、激しい戦争のさなかに予想できた反天皇感情よりもっと印象的なのは、英米両国の支配層のあいだに根づよい親天皇感情が存在していたことである。たとえば、両国では公式のプロパガンダで天皇を攻撃することは禁じられていた。日本にたいする空襲がはじまると、アメリカの爆撃計画立案者は、皇居と皇室ゆかりの神社をはっきりと目標から除外していた(皇居は誤爆で一部損害を受けた)。戦争の最後の数カ月に米軍機が日本の都市にばらまいたビラは日本の降伏を促したものだったが、天皇よりも日本軍の「首脳部」を非難するよう気をくばっていた。

こうした慎重な政策をとらせた根拠は三つある。皇居あるいは皇室と関係の深い神社を直撃すれば、最後まで戦いぬくという日本人の意志を強めるだけだと信じられていた。日本にたいする空襲がはじまる前の一九四四年七月に米戦略事務局(OSS)(一九四二年に創設された、第二次大戦中の米情報機関。CIA=米中央情報局の前身)が作成した秘密報告は、そうした懸念をつぎのようにのべている。

天皇は神国日本の象徴という地位にあるため、皇居への攻撃はパニックを生みだすどころか国民のあいだの戦闘精神をかきたて、軍需生産への努力を増大するものと確信する。なんとなれば、空襲は、大半の日本人が個人的に感じている天皇への忠誠心を踏みにじるものであり、目下生まれつつある敗北受容への傾向を弱めかねない。これは、「死ぬまで戦う」ことを選ぶファナティックな指導者の政治的立場を強めることになろう。

この理由づけの筋道に沿って、天皇にたいするもっと穏健な政策を主張する人たちは、日本では天皇が非常な尊敬を集め、だれもが彼に服従するので、日本を降伏させるのに天皇の協力は不可欠であるとも説いた。最終的に、日本では皇位は「中立的」な力であり、戦争のためにあやつられたのとおなじくらい容易に平和目的のためにも操作することが可能である、と論じられた。

アメリカで、こうした議論をもっとも強力に表明したのは、ジョセフ・グルー元駐日大使、国務省内のいわゆる知日派、それに戦時情報局のクライド・クラックホーンなどの社会科学者たちであった。イギリスでは、おおむね外務省が、学者で外交官のジョージ・サンソムを先頭に、かなり一貫して天皇を支持していた。

日本や西側の保守派は、こうした戦争中の英米の天皇支持者を回顧して、見識と先見性のある人たちだったと思いがちだが、多くの場合、彼らの立場にはふたつの顔があった。一方で彼らは、天皇が日本に不可欠の「安定勢力」であると説いた。しかし同時に彼らは、天皇について、支配的政治勢力の「傀儡」「道具」「お飾り」「代弁者」といった軽蔑的な表現をひんぱんに使った。

この点はしばしば忘れられている。太平洋戦争中および戦後に一部の英米人がとなえた日本の皇室制度擁護論の大半は、日本人が政治的に未熟だという議論にもとづいていた。だから、一九四五年五月にグルー大使と知日派がトルーマン大統領を説いて、戦後における皇位の維持について声明を出させようとしたとき、グルーは大統領に、皇位はまぎれもなく日本の「封建主義の遺物」のひとつであるとのべた。「長期的な観点より、われわれが日本で望みうる最善のことは立憲君主制の発展であり、経験からいって、日本では民主主義は機能しない」と、グルーはつづけている。

おなじように、ジョージ・サンソムとイギリス外務省も、日本に民主主義が根づく現実的な機会はまったくないとの確信から、降伏の前やその後も抜本的な改革政策には反対した。日本にたいするイギリス外交官の概して軽蔑的な態度を赤裸々に表わしているのは、一九四五年十月の幣原内閣にかんする電文である。東京に在ったイギリス代表は、「彼らは、アフリカの部族とおなじくらい近代世界の自治というものに向いていないか、はるかに危険である」と報告した。

このような自民族中心の傲慢さに促されて、サンソムは一九四七年の新憲法を「ばかげている」と評した。こうした英米当局者の日本における人物接触は上層階級に限られており、彼らは平均的な日本人が自分でみずからの生活を引き受けられないと単純に信じていた。ビッソンやラティモアなど、より急進的な欧米人たちは、中層および下層の日本人の自治能力にもっと大きな信頼を寄せていた。

戦争中、英米の多くの高官が天皇を支持したとはいえ、日本降伏後、裕仁天皇個人あるいは皇位一般が連合国の支持を得るかどうかは定かでなかった。中国も、オーストラリアも、ニュージーランドもみな、降伏前もその後も天皇を戦争犯罪人として裁判にかけることを要求した。降伏後まもないころのイギリスのある文書は、天皇を戦犯リストに載せていた。アメリカの上下両院は、一九四五年九月に同趣旨の合同決議案を承認している。一九四五年十月六日になっても、なおアメリカの公式の対日政策はいずれ裕仁天皇を戦犯として裁判に引きたてることにしていた。

ふたつの重要な展開があったのは、まさにこのような文脈においてであった。ダグラス・マッカーサー元帥みずから劇的に天皇支持にまわったのである。そして、裕仁天皇が――ほとんどすべての人の予想に反して――個人的に、また、親しみをこめて、真に「民主的」な発展に賛同したのである。

　マッカーサー元帥が天皇を支持したことはよく知られているが、じつにロマンチックに語られるのがつねである。通説は、主として元帥自身のきわめて信頼性の低い回想記（それに、少しも信用のおけない彼のかつての副官の回想）にもとづいたもので、マッカーサーと天皇が一九四五年九月二十七日に初会見したさい、天皇はみずから戦争の全責任を負ったというのである。元帥は、これに非常に感銘を受け、天皇の在位継続を熱心にかつ全面的に支持することとなった。この芝居がかったお話には、ふたつの欠点がある。第一に、マッカーサーは、裕仁天皇と会うずっと前に、天皇をつうじて占領をおこなうことに決めていた。彼は、一九四五年八月末に日本に降りたつ前から、そのことをマニラでも沖縄でも側近に語っていた。そして第二に、九月二十七日の会見についてわれわれがもっているもっとも信頼できる記録――それは天皇の通訳であった奥村勝蔵の詳細な要約にもとづく――によれば、会談ではマッカーサーがもっぱら語り、天皇が高潔にも戦争責任を負おうとしたことへの言及はまったくないことだ。

　じっさい、マッカーサー個人にかんするかぎり、天皇を温存する政策は、戦争が終わるすでに一年以上も前に南西太平洋軍司令部の情報将校が作成した勧告のなかにみることができる。たとえば、長文でほとんど知られていない一九四四年七月の機密分析はつぎのように結論づけている。すなわち、「天皇を皇位から引きずり降ろしたり、絞首刑にすれば、すべての日本人から恐ろしい暴力的な反応を招くことになろう。彼らにとって天皇を絞首刑にすることは、われわれにとってキリストを十字架にかけることに匹敵する。すべての日本人が戦い、そしてアリのように死ぬだろう」と。また、マッカーサー付きの情報担当官は、一九四四年七月の報告をつぎのようなシナリオで結んでいる。「ひとたび、東京の軍国主義者たちが死に、軍隊が壊滅し、天皇のもとで自由主義《リベラル》的な政府がつくられるなら、日本国民は――今より哀れで、数も少ないが、賢くなって――自分たちの生活の再編にとりかかれる」。

　マッカーサーの有名な回想記が信用できないことは、天皇にまつわるかずかずの誤りから明らかである。たとえば元帥は、天皇が九月二十七日以前にアメリカによって戦犯容疑を免責されたと誤ってのべている。これは真実ではない。マッカーサーの不注意な自慢話は、日露戦争のとき裕仁天皇の「父君」に会ったと言っていることにも明らかである。彼が会ったのは、裕仁天皇の祖父である明治天皇だった——これは些細なちがいではない。

マッカーサー元帥は、裕仁天皇を尊敬すると公言さえしているが、これも割引いて聞くべきだろう。元帥が個人としての天皇に好意を抱いていたことは疑う余地がない。しかし、元帥も非公式には天皇個人の資質を過大評価したりはしなかった。対照的に、内輪の会話ではマッカーサーはとても現実的だった。たとえば、マッカーサー個人は天皇が平和への重要な貢献者だとは考えてもいなかった。こうして一九四六年一月、ジョージ・サンソムがイギリス外務省に報告したところによれば、マッカーサーは機密と断わったうえで、つぎのような意見をのべた。天皇は——

最初から最後まで操り人形、すなわち「完全なチャーリー・マッカーシー（アメリカでとても人気のある腹話術師の人形）」で、戦争をはじめたわけでも、終わらせたわけでもなかった。あらゆる時点で、彼は助言にもとづいて自動的に行動し、それ以外のことはできなかった。戦争を終わらせた閣議も、はじめたときと同様に筋書きができていた。もっとも、天皇が後者より前者に熱心だったことは確かだが。

歴史の記録者としてのマッカーサーの誠実さは疑わしいかもしれないが、政治をあやつるその技能は否定すべくもない。日本の支配層が天皇は戦犯として訴追されるかもしれない、あるいは退位させられるかもしれないと心配しているのにつけこんで、元帥は戦後の天皇を真に「民主的」な象徴として登場させることに成功した。

たしかに、天皇の思いがけない「民主化」は、ある程度まで彼自身の努力の結果であった。一九四六年一月一日に出された天皇の有名な「人間宣言」はその一面であった（このような「神格化放棄」の必要性は、戦争中からアメリカのさまざまな文書で提案されており、それらの論調にはウィリス・ラモットなどクリスチャンの論客による大衆むけの記事も含まれていた）。しかし、「現人神」を人間化するうえではるかに効果的だったのは、裕仁天皇による前例のない、いたってぎこちない庶民への訪問だった。彼がとても無防備に一般社会へ入っていくさまは、人びとの胸に訴えるかなり好感のもてる人物と映った——日本だけでなく多くの欧米人の眼にもそのように映った。

しかし、軍国主義のシンボルから民主主義のシンボルへという天皇の変身ぶりが頂点をむかえるのは、一九四六年の新憲法公布のときであった。憲法が一挙に力強くなしとげたのは、「象徴」天皇を、第九条に具体化された反軍国主義や、きわめて理想的な人権保障と結びつけたことである。マッカーサーの政治的天才は、この三角形の連携関係をつくりだしたばかりでなく、それが大多数の日本国民から支持されることを的確に見通したことにあった。

こうして、天皇と戦後初期の進歩的な改革が密接に結びつけられたことから、戦中のアメリカ側の予測の多くは偽りだったとして非難された。天皇の批判者ばかりでなく、一部の天皇支持者でさえも、天皇がどこまで実質的な「民主化」に不可欠の要素となるかについて誤算していた。そして、ひとたび裕仁天皇が戦後の諸改革と結びつけられると、多くの欧米人が彼に抱いていた恐怖と憎悪は雲散霧消した。一九四六年以降、天皇は日本の外ではほとんど関心をひかなくなった。

占領終了後の数年間で、欧米における天皇と皇族のイメージは色あせていった——日本でのイメージが色あせていったのとよく似ていた。いうならば、彼は、民主的な理想の象徴よりもブルジョア的な家庭生活や中産階級が抱く幸福追求の象徴となった。だから、一九七五年に天皇がアメリカを訪問したとき、彼は、高齢で好感のもてる紳士として受けとめられたのである——もはや彼に個人的なカリスマはあまりなく、偉大な民主主義の理想もなく、ただかつての帝国の古くさい威光《オーラ》だけを漂わせていた。

まさに右のような意味において、一九七五年に裕仁天皇が変わらない日本について語ったあの謎めいた言葉が、少なくとも天皇個人にかんしては、ほんとうらしく聞こえるのである。日本の保守的な人たちは、好んで天皇を「日本の鏡」と評する。天皇がこの国の伝統的な徳を反映しているという意味である。だが、もっと懐疑的な欧米人にとって、昭和天皇はいっそう字義どおりの「鏡」であった——すなわち昭和天皇は、軍国主義が権力の座にあったときには超国家主義を、真の改革主義がおこなわれているときは民主主義を、そして昭和の最後の二〇年間を特徴づける経済成長と消費が第一主義の時代には平穏無事でブルジョア的な自己満足を映す鏡だったのだ。

欧米人の眼には、これは非常に魅力的だ——そして不吉だ。興味をそそられるのは、「ブルジョア天皇」は言うにおよばず、天皇は世界の他の国のどこにもいないからだ。まさに「ブルジョア天皇」という語句は、あまり使われない言葉でいうなら、撞着語法のようである。そして、不吉だというのは、天皇という象徴が依然として順応性にとんでいることは明らかで、したがって将来のイデオローグによって危険な方向へあやつられる可能性もなお残しているようにみえるからだ。

天皇の病気をとりまく最近の動きから判断すると、昭和時代の終幕にたいする日本人の反応は、将来、西欧の多くの観察者を驚かせ、あるいは警戒さえさせるかもしれない。ここで、とくにふたつの動きに注目したい。

第一に、裕仁天皇が亡くなったとき、多くの欧米人が（日本人のみせる）感情の激しさ、世を去った君主の葬儀、後継者の即位式、新しい年号の採択などにまつわる高度の宗教性と神秘性に驚かされることが予想できそうだ。欧米人の多くは、君主への別れと即位にともなう基本的な儀式が、天皇は「神聖にして侵すべからず」と宣言されていた戦前期と実質的には変わっていないことを知るだろう。これらのことを総括して、彼らは、日本の君主が結局のところたんなる世俗的な支配者ではなく、人間宣言や近ごろの中産階級的なイメージが偽りにすぎず、日本の価値観が日中戦争や太平洋戦争の恐ろしい時代からそれほど変わっていない、と結論するかもしれない。

これにつづく第二の危険も、まさに日本政府とメディアが昭和時代の終焉と新しい天皇の時代への移行をどうあつかうかにかかっている。悲嘆、儀式、祝祭は、このような状況では当然のことである——しかし、これらのことは、日本が「特異性」「同質性」「精神的純潔性」をのべたてるもうひとつの主張として——そしてまた、暗黙のうちに他の国々にたいする人種的および文化的優越を示すものとして、欧米が容易に受けとりかねない。今日、欧米のメディアはすでに、日本を「国際化」と日本人論の型にはまった特異で優れた国民性の主張とのあいだで引き裂かれる国として描きだしている。「昭和の終わり」にたいする政府や国民の反応が日本は例外だという印象の再確認に傾斜すれば、これは、日本と他の国々とのあいだには融和しがたい相違が存在するという印象を刺激し、昂進させるような、日本人にとっても日本人でない人びとにとっても、このうえなく不幸な結果を招くおそれがある。

これはだれにとっても悲劇となろう。

過去、現在、そして未来としての昭和

二十世紀の日本の歴史には、容易ならざる重要性をもつ象徴的なできごとが三つある。最初のできごとは一九一二年の明治天皇の逝去である。第二のできごとは、その三三年後、第二次大戦を終わらせた日本の降伏。そして、三番目のできごとに私たちは直面している。それは、いうまでもなく、戦争と平和につらぬかれた六二年におよぶ並外れた治世のあとにおとずれた昭和天皇の死である。

その治世の最初の二〇年間にあたる一九二六年から一九四五年のあいだ、裕仁天皇は日本国内では畏怖され、日本の軍国主義が強まるにつれて、国外では嫌悪されるようになったというのは妥当であろう。天皇は現人神であり、そのために日本人は戦い死ぬよう社会化され、そして、日本軍が中国と東南アジアを侵略し、欧米の帝国主義列強に挑んだのは、まさに天皇の名においてであった。日本、そして世界全体にとって、昭和初期の裕仁天皇は白馬にまたがった軍服姿の人物――背筋をぴんと伸ばし、人生の絶頂期をむかえた、近寄りがたい人物――だった。

昭和の最後の四〇年に人びとが抱いた天皇像はいかに異なっていることか。はにかみ屋で傷つきやすそうでさえあり、いつも平服に身をつつみ、ほとんどいつも歩いていた――ふたたび人びとが馬にまたがっている天皇の姿を見ることはなかった。一九四五年以後も、それ以前とおなじように、これらすべてのことが天皇の側近によって注意ぶかく演出されていたことはいうまでもない。それでも、戦後日本の天皇は、日本人はもとより、少なからぬ日本人以外の人びとにたいしても、穏やかな人柄であることを印象づけるのにすばやく成功した。いま大半の日本人が哀悼の意を捧げているのはこの人物にたいしてなのだ。

「由緒正しい」日本人の社会では、戦後の天皇にたいするさまざまな大衆イメージを口にすることははばかられた。敗戦直後、皇位が危機にさらされ、庶民のあいだを歩き、庶民の福祉に気づかいを示すように促されたとき、天皇は何を語りかけられてもぎこちなく答えていたことから「あっそうさん」のあだ名をつけられた。不敬な若者のあいだでは「天ちゃん」と呼ばれることもあった。大いに喧伝された一九七五年の訪米のあとには、天皇がもっとも大切にしているお土産はディズニーランドで手にいれたミッキーマウスの腕時計だとほうぼうで噂になった。

私はこれらの逸話を不敬の念からのべているのではない。

むしろ、逸話が降伏以前の高度に形式化された天皇崇拝とは鋭い対照をなすほどの親しみやすさを示しているからである。しかも、天皇は年齢を重ねるにしたがって、年老いていく祖父に人びとが寄せる心配とないまぜになったある種の愛情を引き寄せたかのようだった。天皇は弱々しいが優しく、人びとは天皇の健康を気づかった。そして天皇の晩年になると、目に見える新たな庶民感情が現われるようになった。哀れみである。

天皇が人生の最期になって生みだした哀れみはきわめて示唆に富んでいる。その哀れみが、天皇は囚われの身であり、高齢の君主の安寧を確保することよりもみずからの目的のために皇位をあやつろうとする冷酷な側近の掌中に握られた人質であるという、庶民のあいだに強まりつつあった認識にもとづいていたからである。天皇はその治世の中盤の数十年より後半の数十年になって自由がなくなった、とみられていた。さらに世間がいうところでは、天皇はふたたびあいまいな政治目的のために「菊のカーテン」の向こう側に引きこもってしまったというのである。数あるなかでもっとも中傷的な噂話は、天皇の最期の病状にかんするものだった。伝えられたところによると、天皇は宮内庁の影の支配者が手術を許可するまで、長く患い苦しんでいたという。

こうした噂は少なからぬ事情通の日本人に真実と受けとめられ、もっとも単純なレベルで純粋な同情心を呼びおこした。「お気の毒な方」というのが、天皇の最期の数カ月間に多くの日本人が抱いた共通の感情だった。しかし、そうした反応の根底にあったものは、たんなる哀れみにとどまらなかった。天皇は、大半の普通の日本人とおなじように、他者にあやつられる者へと変貌させられていた。そしてふたたび、日本人の大衆意識のなかでもかなり庶民受けのする動機にかなうように、天皇は、昭和の六〇余年をとおして「苦労する」日本人みんなが耐えしのんできた試練と苦難を人格化する存在ともなった。

このような反応はきわめて示唆に富んでいる、と私は考えている。なぜなら、そのような反応は、皇位をあやつることや（昭和天皇とその臣民を犠牲者とするイメージをもって）そうした操作に影響されやすいことについて、日本人のあいだに広がっている皮肉な考え方を同時に表わすものだからである。

昭和天皇の生涯と遺産について考察する方法が無数にあることはいうまでもない。そして、公式の葬礼が終わり、新しい天皇が即位したあとも、議論は長くつづくことになるだろう。しかし、今後の数週間、そして数カ月間に言われたりおこなわれたりすることの多くが、昭和という時代にたいする庶民の記憶と、将来の日本においてイデオロギーを操作する政治の道筋を形づくることになる。このことを念頭に、現在の議論へのささやかな貢献として、遠くない過去にかんする三つの悔恨と将来における天皇という象徴の操作にかんする三つの警告を提供したい。

第一の悔恨は、昭和天皇がその絶大な権力と威信をもちいて、日中戦争と太平洋戦争で頂点に達する日本軍国主義の台頭や弾圧を押しとどめたり、アジアにおける第二次大戦の早期終結を推進したりしなかったことだ。

もちろん、これは天皇がかかわることがらすべてのなかでもっとも敏感な問題である。じっさい、多くの社会で、日本でも欧米でも、天皇の戦争責任を示唆することはどんなことでもタブー同然なのだ。それでも、「立憲君主制」の天皇の保守的な理解などについて人びとを安心させるような議論が尽くされたところで、一九四五年以前の裕仁天皇が、実権を握り、しばしばみずからの好みを知らしめ、日本の超国家主義の中心的な偶像にみずから能動的になることを許容してきた、若く精力的で事情に通じた君主であったという事実に変わりはない。われわれは、一九二六年から四五年のあいだに天皇がなしたこと、なさなかったことを、正確には知らない。しかし、一九三〇年代から天皇の名において現実のものとなった死と破壊に照らせば、天皇が個人的にもっと力強く平和のために努めてくれていたらと望むのは不適切ではないように思われる。

このことが、二番目のいくぶん激しさの柔らいだ悔恨へとつながる。それは、天皇が降伏前の日本でおこなった政治行動について話してくれたかもしれないことを知ることさえできなくなったことだ。この時代の「秘史」について天皇がきわめて多くを知っていることは争う余地がない。しかも、日本敗北後のわずかな瞬間だが、天皇がすくなくとも内幕の一端を共有しようと考えていたかもしれない時期があったのだ。

政治が、このときは米国のだが、その機会をじゃました。戦後、ダグラス・マッカーサー元帥がみずから介入して、天皇が戦犯として起訴されるのを阻止したことはよく知られているが、それと同時に元帥が、戦犯裁判と関連して天皇が証人として使われることや取材を受けることさえ禁じたことはそれほど知られていない。そのすべてが、裕仁天皇をかつて戦争遂行の活力源として利用されたのとおなじくらい容易に平和の推進力として利用できるだろうという、アメリカの決定の一環だった。高度な政治の世界のそうした瞬間にしばしば起こるように、歴史的な記録を明らかにする機会は駆け引きのなかで犠牲にされたのである。

私の第三の悔恨はもっと深い意味での歴史にかんするも

のだが、それゆえに、おなじくらい論争的である。それは、文化的な嘆きとなることを避けられない。つまり、日本の降伏後も、万世一系の皇統という神秘主義的説明によって、日本人が自分たちの古代史について本格的な考古学的研究をおこなう機会を妨げられてきたことである。

じっさい、これは微妙な問題だ。というのも、ここでの争点が、四世紀ごろから存在し、今日まで発掘されないままになっている大古墳だからである。日本の敗北後、アメリカの占領当局は、この埋葬された過去を開封するよう日本人を熱心に説得しようとはしなかった。どうやら、そうすることは天皇家の陵にたいする冒瀆であるという議論を擁護することにしたようだ。そして最近の研究がもっとも古く大きな陵（たとえば、大阪市近郊の巨大な仁徳天皇陵）は現在の皇室に先立つべつの系統に属するものかもしれないと示唆しているが、それはほとんどの古代史家にとってあまりに異説で考慮することがむずかしいのだ。

こうして、現在の皇室に属すると指定されている何百という古墳は閉ざされたままである。それらの古墳は、遠い昔に盗掘されて大気にさらされ、今やほこりや残骸しか残されていない可能性もある。また、皇室以外のさまざまな墳墓から出土したように、原始的な人工遺物と装飾品しかみつからない可能性もある。それでも、ふたたび一九七二年に発掘された小さな高松塚古墳とおなじように、棺の置かれた石室内には壮麗な（しかし、思想的には解明されていない）遺物が納められているかもしれない。その高松塚古墳には、日本の初期の貴族階級が中国と朝鮮の影響を大きく受けていることを劇的に示す壁画が描かれていた。いずれにせよ、状況は異常である。その古《いにしえ》からつづく皇室の歴史をもっとも誇りとする近代国家である日本は、その歴史を真摯に開くことをかたくなに拒んでいる国でもあるのだ。

しかし、このような不明瞭さは機能的ともいえ、おおかた近代日本の政治は、天皇が再解釈と操作にどのように力を貸すかということを軸に転回してきた。このような適応力は過去において建設的な業績にも悲惨な濫用にも一役買ってきたのであり、将来へ危険性を持ちこすことになる。

その危険の第一は、ほとんどの日本人が想い起こすであろう昭和天皇像——じっさいに四十歳未満の日本人がほんとうに知っている唯一の天皇像——が弱々しく優しそうな年老いた文民君主になることである。天皇批判のタブーは、戦後数十年を経過するうちにしだいに強くなってきたが、長く儀礼的な弔意という文脈のなかではほとんど抵抗をゆるさないものになってしまうかもしれない。これが、戦前の抑圧的な性格をもつ天皇制を懐かしみ、天皇の名においておこなわれた「聖戦」の記録を浄化しようという保守的な右翼修正主義者の目的に役立つだけであることはいうまでもない。

同時に、昭和天皇の死は「戦後」日本として知られる時代の自然で象徴的な終焉である。昭和天皇の死は、それ自体もうひとつの保守修正主義に展望をあたえるものである――この場合の例は、戦後初期の民主的な改革主義に終止符をうち、「占領期」の計画にたいする実質的な修正を声高に求める姿勢を強めることである。さらに具体的には、新しい元号の採択と新しい天皇の時代の幕あけによって、保守派の好むやり方で憲法を改正し、再軍備を促進しようという日本の新国家主義者の努力が活発になることはたしかだろう。けっしてすべての日本人がこのような衝動に共鳴しているわけではないが、より極端な超保守主義者はこれまで国の象徴を操作することに気概を示してきた。これが数カ月および数年という将来において不断の警戒を要するふたつめの危険である。

三番目の危険はここから派生するもので、より直接的には、引き続き皇位を信奉していこうとする極端な神秘主義にかかわるものである。一九四六年の天皇の「人間宣言」、そして――この論稿ですでに強調したように――戦後の天皇の無視できない個人的魅力によって多くのことがなされてきた。しかし、日本で公的に運んでいる事態において、天皇は普通の人間ではなく、また、たんに世俗的で象徴的な君主でもない。昭和天皇の死をしるす神道の長々とした葬送の儀式は、日本では国家と宗教が依然として密接に結びついていることを鮮烈に示すだろう。それは、裕仁天皇の皇太子や後継者の即位にまつわる手のこんだ儀式についてもおなじことだろう。

なぜこのことが危険をはらんでいるのか。そうした儀式が、説明しがたい難解なやり方で日本の特殊性崇拝を強化し、きわめて不合理な国家主義的感情を刺激することに利用されかねないからだ。昭和の初期に、日本の特殊性、単一性、精神的純粋性、人種的優越性のもっとも力強い表現は天皇崇拝と不可分であった。現在、それにやや匹敵するような人種的・愛国主義的感情が日本にふたたび現われているかのようにみえるとき、天皇の死によって天皇崇拝や、さらには神格化さえ形を変えて再度現われる可能性が高まってきている。日本国内において、大葬の礼という一大事は日本国民だけがほんとうに理解できる独特の精神的瞬間として示されることにほぼまちがいないだろう。それは容易に日本人の例外主義、そして優越性を確認するための滅多にない激しい感情表出の機会となりうる。

このような考慮は、われわれを死去したばかりの温和な老人からとてもかけ離れたところへ連れていくものだし、不当な悲観主義かもしれない。日本には、それに対抗するより有望な傾向が存在することも否定できない。そうしたなかには、新しい天皇のとても世俗的な人柄や、天皇が歴史のなかでいかにあやつられてきたかということにたいする国民多数の感受性が含まれる。それでも、象徴をあやつる政治は日本の権力中枢の間近かに潜むものだ。そして昭和天皇は、その生とおなじく死においても、あらゆるなかでもっとも両義的でもっとも魅力的な象徴でありつづける。

監訳者あとがき

本書は John W. Dower, *Japan in War & Peace: Selected Essays*（New York: New Press, 1993）の全訳である。

著者ダワーは、これまで近現代の日本を、そして同時期の日米関係を透徹した眼で観察してきた歴史家である。日本では『紋章の再発見』『吉田茂とその時代』『容赦なき戦争』『敗北を抱きしめて』などの単著が翻訳出版されている。『敗北を抱きしめて』は、ピュリッツァー賞、大仏次郎論壇特別賞をはじめ内外でかずかずの賞を獲得し、一躍その歴史家の名を一般にまで知らしめた。

本書『昭和』は、おもに「昭和」という時代の日本と日米関係について書かれた論稿一一編を収め、その原書は昭和の記憶もまだ生々しい時期に上梓された。しかし、それからこの日本語版が刊行されるまでには曲折があった。はじめに翻訳を担当したのは、ガー・アルペロビッツ『原爆投下決断の内幕』などの訳者として知られ、本書収録のいくつかの論稿を雑誌『みすず』に掲載していた鈴木俊彦氏であった。しかし鈴木氏が過半を訳されて急逝されたため、複数の訳者が共同で仕上げ、さらに明田川が全体を推敲し、訳語の統一をはかった。各章の分担は以下のとおりである。

日本語版まえがき	明田川融
まえがき	鈴木俊彦
第1章	斎藤元一・鈴木俊彦
第2章	明田川融
第3章	原　純夫
第4章	明田川融
第5章	鈴木俊彦
第6章	鈴木俊彦
第7章	鈴木俊彦
第8章	鈴木孝子
第9章	明田川融
第10章	鈴木孝子
第11章	『This is』編集部・鈴木俊彦

著者は本書収録に当たって、これらを全体的に加筆修正している。なお初出と、初出に日本語訳のある場合の詳細については、本書の「初出・出典一覧」を参照されたい。

こうして原著刊行から一六年あまりのち、ようやく日本語版の完成にこぎつけたわけだが、そのあいだに、原著刊行時には新たな事実発見《ファクト・ファインディング》であったことが通説となったり、あるいは、新史料の発見・公開などにより再検討を必要とする点も生じたと思われる。しかし他方で、作業開始時には予想もしなかった〝ケガの功名〟とでもいうべき状況も生まれていた。考察の対象である昭和と現在とのあいだに時間的間隔が生まれたことだ。おそらくそのことによって、読者は「昭和」という時代を、そこから少しはなれて、より客観的な眼差しでみることが可能になったのではないだろうか。

さて、本書が精緻な分析と怜悧な考察の俎上にのせているテーマを整理すれば、おおむねつぎのようになろう。

- 政治経済体制としての日本の、戦前－戦中－戦後の連続性は何か
- 吉田茂の政治指導と戦後日本の政治路線の関係
- アメリカの冷戦戦略と、そのなかでの日本の位置づけ
- 日米摩擦の底流をなし、現在も再生産されている恐怖と偏見
- 戦時に製作された映画、風刺漫画、さらに慣用句などに現われた他者像と自己像
- 日本の戦時原爆開発が語る、戦争と科学研究のかかわり
- 絵画をとおして見た日本人の核兵器への向きあい方
- 近代日本の天皇と天皇制

ここには、「昭和」の、さらに近代の日本の複雑な歴史に多方面からアプローチすることによって、複雑さのなかのパターンを何とかつかもうと努力してきた歴史家の営みが結晶している。

『敗北を抱きしめて』は、おもに占領期の日本でさまざまな人が取り組んだ日本再創造（Re-inventing Japan）の物語だった。それにくらべて本書は対象とする時期が長く、視点も当然異なるが、読者は本書で展開される分析や洞察が一五年以上経った今も、まったく〝鮮度〟を失っていないことに驚かれるだろう。そして日本の現状をみれば、この歴史家のしごとが昭和史研究にとどまらない広がりをもつことに気づかれるだろうと思う。

民主党政権がめざしている官僚主導から政治主導へという大転換は、これまで官僚が「取り仕切」ってきた政治・外交・経済システム――それを象徴するのが、いわゆる事務次官会議だった！――のコペルニクス的転回の意味をもたなければならない。他方で、対等な日米関係を標榜しながらも、大胆な戦略とそれを実現する行動力や言葉をもたずにもがくような政治主導は、さながら、歴史家のいうク

ビのない姿をした国家のようだ。核兵器については、実戦で唯一の被爆体験をもつ国民の感情や非核三原則と、核密約との折りあいはつけられるのだろうか。また、「思いやり予算」削減やF22戦闘機の嘉手納基地一時配備をめぐって、アメリカ側が主張する「米軍駐留は日本にとって「恩恵」だ」とする常套句はどう理解したらいいのか。さらに、中国要人訪日をきっかけに浮上した「天皇の政治利用」問題は、象徴を操作する政治はつねに権力の間近にあるという本書の命題のひとつを再確認させる。思いつくままに挙げただけでも、私たちの生きる時代もとても複雑なことがわかる。そして、これらの問題が「昭和」との連続面上で起きているとするならば、それらは相互にどう絡みあっているのか。そのような洞察を得ようとすると、どうしても「昭和」について思い巡らさねばならない。本書は「昭和」史に関心のある人びとばかりでなく、現在および将来を展望したい人びとに向けて書かれているといえよう。

　なお、本文中の今日不適切と思われる表現は、時代背景と歴史書という著作の性格にかんがみて、そのままとした。また、省庁、団体・組織、企業名などについては、本書の対象とする時代が比較的近い過去であり、読者の多くにもそれらの旧名称が共有されていると考えてそのままとした。原著で引用されている膨大な日本語史資料（戦時プロパガンダ映画を含む）について、各章担当訳者および監訳者で可能なかぎり原典にあたり当該引用箇所の確認につとめたが、ごくわずかに不明または未確認のものがある。その場合は原著の英文から訳出せざるをえなかったことを付記しておく。また、〔　〕は訳者による註である。

　索引作成にあたっては西敦子氏（国立国会図書館憲政資料室非常勤職員）のお手を煩わせた。最後に、プロジェクトの全過程の途中からかかわった私に監訳者の〝大役〟を預けてくださった、みすず書房編集部の栗山雅子さんにお礼を申しのべる。

　関連文献の博捜、史料の博引旁証、内容も政治、経済、文化・芸術、言語など広範な領域にわたる原著の訳出にあたっては、各章の担当訳者が細心の注意をはらっておこなったつもりであるが、至らなかった点については、読者の皆様からのご指摘とご教示をたまわりたい。翻訳にかんする全責任は、最終的な取りまとめをおこなった明田川にある。

二〇一〇年一月二一日

明田川　融

索　引

サ 行

タ 行

ナ 行

ハ 行

ワ行

初出・出典一覧

初　出

1　**役に立った戦争**（The Useful War）
"The Useful War," *Daedalus*, September 1990（"Showa: The Japan of Hirohito" 特集）. のちに, Carol Gluck and Stephen R. Graubard eds., *Showa: The Japan of Hirohito*（New York: W. W. Norton & Co., 1992）に再録〔「役に立った戦争—戦時政治経済の遺産」斎藤元一訳, アスティオン編集部編『日米の昭和』（ティビーエス・ブリタニカ, 1990）所収〕.

2　**日本映画, 戦争へ行く**（Japanese Cinema Goes to War）
"Japanese Cinema Goes to War," *Newsletter* of Japan Society of New York, July 1987.

3　**「ニ号研究」と「F 研究」: 日本の戦時原爆研究**（"NI" and "F": Japan's Wartime Atomic Bomb Research）
"Science, Society and the Japanese Atomic-Bomb Project During World War Two," in *Bulletin of Concerned Asian Scholars* 10.2（April-June 1978）. のちに新たな資料をもちいて加筆.

4　**造言飛語, 不穏落書, 特高警察の悪夢**（Seasational Rumors, Seditious Graffiti, and the Nightmares of the Thought Police）
4つの未刊原稿をまとめたもの. その要点を簡潔にのべたものとして, "War, Polity, and Revolution" in *Empire and Aftermath: Yoshida Shigeru and the Japanese Experience, 1878–1954*（Cambridge, Mass.: Council on East Asian Studies, Harvard University, 1979）, pp. 278–92〔『吉田茂とその時代』下巻, 大窪愿二訳（ティビーエス・ブリタニカ, 1981）, pp. 9–23, 「戦争, 国体, 革命」〕.

5　**占領下の日本とアジアにおける冷戦**（Occupied Japan and the Cold War in Asia）
"Occupied Japan and the Cold War in Asia" in Michael J. Lacey, ed., *The Truman Presidency*, a Woodrow Wilson Center Series publication jointly published by the Woodrow Wilson International Center for Scholars and Cambridge University Press（1989）〔「占領下の日本とアジアにおける冷戦」鈴木俊彦訳, 『みすず』（1995年5月号–6月号）〕.

6　**吉田茂の史的評価**（Yoshida in the Scales of History）
1983年11月に開催された法政大学主催の国際シンポジウム「世界史のなかの日本占領」のために準備された論稿. 日本語版は「吉田茂の史的位置」として, シンポジウムの内容をまとめた, 袖井林二郎編『世界史のなかの日本占領』（日本評論社, 1985）に収録.

7　**日本人画家と原爆**（Japanese Artists and the Atomic Bomb）
おなじタイトルの別ヴァージョンが, Wisconsin Humanities Committee publication, *Perspective*（Autumn 1982）に掲載された〔「日本人画家と原爆」鈴木俊彦訳, 『みすず』（2001年9月号）〕.

8　**ふたつの文化における人種, 言語, 戦争**（Race, Language, and War in Two Cultures）
War Without Mercy: Race and Power in the Pacific War（New York: Pantheon, 1986）〔『容赦なき戦争：太平洋戦争における人種差別』猿谷要監修・斎藤元一訳（平凡社ライブラリー, 2001）〕であつかった主題のいくつかを要約したもの. 当初, 1988年4月にホフストラ大学（Hofstra University）の後援で開催されたシンポジウム, "Group Defamation and Freedom of Speech: The Relation Between Language and Violence"（集団の誹謗中傷と言論の自由：言語と暴力の関係）のために用意され, のちに, Eric Freedman & Monroe Freedman, eds., *Group Defamation and Freedom of Speech: The Relationship Between Language and Violence*（Greenwood Press, 1995）（シンポジウムの大会報告）に収録された.

9　**他者を描く／自己を描く：戦時と平時の風刺漫画**（Grafic Others / Grafic Selves: Cartoons in War and Peace）
〔下記, 「出典・風刺漫画」を参照〕

10　**日米関係における恐怖と偏見**（Fear and Prejudice in U.S.–Japan Relations）
Ethics and International Affairs, vol. 3（1989）〔「今日の米日関係における心理的側面」斎藤元一訳, 『国際問

題』（1988 年 3 月号と 4 月号に分載）〕.

11 **補論　昭和天皇の死についての二論**（Postscript: Two Reflections on the Death of the Showa Emperor）

戦争と平和のなかの天皇：欧米からの観察（The Emperor in War and Peace: Views from the West）

初出：ダウアー「欧米から見た「戦争と平和」の天皇」,『This is』（1989 年 3 月号）.

過去，現在，そして未来としての昭和（Showa as Past, Present, and Future）

Japan Times（January 9, 1989）に掲載（"A Malleable Institution Has Potential Dangers"）.

出　典

映　画

p. 34：『五人の斥候兵』（監督・田坂具隆，日活，1938）
p. 35：『戦う兵隊』（監督・亀井文夫，東宝，1939）
p. 36：『支那の夜』（監督・伏水治，東宝，1940）
p. 37：『西住戦車長伝』（監督・吉村孝三郎，松竹，1940）
p. 38：『望楼の決死隊』（監督・今井正，東宝，1943）
p. 39：『元禄忠臣蔵』（監督・溝口健二，松竹，1941–1942）
p. 40：『陸軍』（監督・木下恵介，松竹，1944）
p. 41：『一番美しく』（監督・黒澤明，東宝，1944）.

図　版

pp. 172，174–176，清水昆による吉田茂の風刺漫画：『朝日新聞』1950 年 1 月，1951 年 2 月，1952 年 3 月，1953 年 8 月掲載．最初の 3 作品は，『吉田茂：風刺漫画集』（原書房，1989）に収録.

p. 188 と 189，高蔵信子と山県康子による被爆者の絵：いずれも『劫火を見た：市民の手で原爆の絵を』（日本放送協会，1974）に収録．のちに Japan Broadcasting Corporation, ed., *Unforgettable Fire: Drawn by Atomic Bomb Survivors*（New York: Pantheon, 1977）としてアメリカでも出版．本書掲載は，広島平和文化基金のご好意による.

p. 190，中沢啓治『はだしのゲン』：英語翻訳版，*Barefoot Gen* はボランティア翻訳グループ（Project Gen）の翻訳で New Society Publishers（Philadelphia, PA）から刊行され，その後，改訂ペーパーバック版が Last Gasp of San Francisco（San Franscisco）から刊行された（2004）.

p. 192 と p. 193，『ピカドン』：木下蓮三と木下小夜子による同名タイトルのアニメーション・フィルムによる．本書掲載は，ダイナミック・セラーズ出版（東京）のご好意による.

pp. 194–196：被爆を描いた丸木位里と丸木俊共作の屏風絵の一部．本書掲載は，丸木美術館（埼玉県）のご好意による.

図 1（p. 228）：David Low, *Years of Wrath*（New York: Simon and Schuster, 1946）に収録．Copyright © Solo Syndication.

図 2（p. 229），Quincy Scott, "Directive Is To Be Complied With Without Delay"〔「指令は遅滞なく履行さるべし」〕：*Oregonian* に掲載，のちに，1945 年 8 月 19 日付 Sunday *New York Times* に再録.

図 3（p. 229），"Bon Voyage"〔よい旅を〕：*Newark News* に掲載，のちに 1952 年 5 月 4 日付 Sunday *New York Times* に再録.

図 4（p. 230），Jeff Danziger, "Re-Arming Japan"〔日本再軍備〕：1989 年 3 月 8 日付 *Christian Science Monitor*（Copyright © 1989, Christian Science Monitor and World Monitor News Service）に掲載され，Los Angels Times Syndicate へも配信された.

図 5（p. 231）：Pat Oliphant, "Ah, So Sorry. Prease to go defend our vital American Interests."〔「ああ，たいへん申

し訳ありません．私たちの大切なアメリカ国益を守ってください」．日本人がlとrを混同する発音も皮肉っている〕．Oliphant © 1990 Universal Uclick.

図6（p. 231）：Dan Hubigによる風刺漫画．1987年9月7日の*Washington Post National Weekly Edition*に掲載された．Copyright © Dan Hubig, 1987.

図7（p. 232），“How Tough Are the Japanese?”〔「日本人はどれくらいタフか？」〕：*London Daily Mail*に掲載され，1943年5月2日付*New York Times Magazine*（Copyright Solo Corporation）に再録された．

図8（p. 233），ウォール・ストリートに現われた力士の風刺画（Joo Chung）：1987年9月20日付*New York Times Magazine*の付録，“The Business World”の表紙をかざった．

図9（p. 233），“Japan on Wall Street”〔「ウォール・ストリートに現われた日本」〕：1987年9月7日付*Business Week*（通常版および国際版）に掲載．

図10（p. 234），“Space-Age Samurai”〔「宇宙時代のサムライ」〕：1981年12月4日付*Far Eastern Economic Review*（香港）の巻頭記事に収録された．

図11（p. 235），“Fear and Loathing of Japan”〔「脅威をあたえる，胸クソ悪い日本」〕：1990年2月26日付*Fortune*の巻頭記事に収録された．*Fortune*はTime Inc.の登録商標．

図12（p. 236）：機械のようなフランクリン・ルーズヴェルト大統領によって脅威を表現した風刺漫画は1943年1月発行の*Manga*に掲載された．

図13（p. 236），車と部品のセールスマンに見立てたジョージ・ブッシュ大統領と大統領に話しかける宮澤喜一首相の風刺：山田紳の作品，1992年1月6日付『朝日新聞』に掲載．

図14（p. 237），「空恐ろしいアメリカ」：東京のアイペックプレスが発行した小冊子の表紙．本書掲載はアイペックプレスのご好意による．

図15（p. 238）：加藤悦郎の風刺漫画は，愛国漫画を集めた建設漫画会編『太平洋漫画読本』（大日本赤誠会出版局，1941年6月）に収録されている．

図16，17（p. 239），山田紳による2作品：上は1991年5月19日付『朝日新聞』に，下は1987年6月8日付の同紙にそれぞれ掲載された．

図18（p. 240），横山泰三による漫画：1990年3月24日付『朝日新聞』に掲載．

図19（p. 240），山井教雄による漫画：1991年発行の『AERA』に掲載．

あらゆる手はつくしたが，数葉の作品については著作権者の所在が判明していない．関係情報をお持ちの方はみすず書房まで御一報ください．

註

1 役に立った戦争

(1) 「戦後」日本を昭和後期（1945–1989年）に等しいと定義するのは一般的かつ妥当な等式化で，幕末ないし明治（1853–1868年，1868–1912年）と戦時期ないし戦後（1931–1945年，1945–1989年）を比較すると，両者はその年数において驚くほど類似する．数秘学に陥る危険性はあるものの，ここでその相似性をはなから切り捨てるべきではない．両方とも危機の期間が15年間，つまり，ざっと半世代だったということは，この連続するふたつの過程の強度と不完全性を説明するのに役立つ．その後，より長期にわたる革新主義の時代（いずれの場合も40年強におよぶ）は，長い目でみた場合にこれらの過程がどう展開したのかという問いに明快な像を提供することになる——もっとも，人的，制度的，また行動上の連携関係を目に見えるかたちで保持されるということでは，なお短い時間だが．

(2) 公職追放をあつかった基本的な研究としては，Hans H. Baerwald, *The Purge of Japanese Leaders under the Occupation*, vol. 12 of University of California Publications in Political Science（Berkeley: University of California Press, 1959），とくにpp. 78–98を参照のこと．官界，経済界における公職追放の影響が無視できる程度だったという議論は以下を参照．T. J. Pempel, "The Tar Baby Targets: 'Reform' of the Japanese Bureaucracy," in Robert E. Ward and Yoshikazu Sakamoto, eds., *Democratizing Japan: The Allied Occupation*（Honolulu: University of Hawaii Press, 1987），p. 160; Eleanor M. Hadley, *Antitrust in Japan*（Princeton: Princeton University Press, 1970），pp. 87–99.

(3) Chalmers Johnson, *MITI and the Japanese Miracle: The Growth of Industrial Policy, 1925–1975*（Stanford: Stanford University Press, 1982），ch. 4〔ジョンソン『通産省と日本の奇跡』矢野俊比古訳（ティビーエス・ブリタニカ，1982)〕を参照せよ．

(4) 戦後の経団連創設者の1人である石川一郎は，じっさいに「統制協会の神様」と呼ばれていた．Karel van Wolferen, *The Enigma of Japanese Power*（New York: Knopf, 1989），p. 354〔ウォルフレン『日本：権力構造の謎』篠原勝訳（ハヤカワ文庫NF, 1994)〕を参照．言論・報道機関にかんしては以下をみよ．Gregory J. Kasza, *The State and the Mass Media in Japan, 1918–1945*（Berkeley: University of California Press, 1988），p. 281.

(5) 戦争被害について1949年に政府がくだした評価は本書4章の表10；有沢広巳・稲葉秀三編『資料・戦後2十年史』第2巻「経済」（日本評論社，1966），p. 2–5をみよ．さらに以下も参照．Takafusa Nakamura, *The Postwar Japanese Economy: Its Development and Structure*, trans. Jacqueline Kaminski（Tokyo: University of Tokyo Press, 1981），p. 15〔中村隆英『日本経済：その成長と構造』（東京大学出版会，1980, 1993）の翻訳〕；T. F. M. Adams and Iwao Hoshii, *A Financial History of the New Japan*（Tokyo: Kodansha International, 1972），p. 17（海外資産にかんして）．ポール・スウィージーは『マンスリー・レビュー』誌（Feb. 1980: 6）の日本にかんする書評記事でミルの見解（*Principle of Political Economy*, book 1, chapter 5, section 7）に注目すべきだとしている．

(6) 戦時動員の経済的遺産についてもっとも簡潔にまとめている研究は，前出のNakamura, *Postwar Japanese Economy*の第1章，とくにpp. 14–20．それ以前の概説書としては，G. C. Allen, *Japan's Economic Recovery*（London: Oxford University Press, 1958）の第1章，とにに pp. 4–6頁を参照．ヒュー・パトリックとヘンリー・ロソフスキーは1930年代の成長率をGNPの5パーセントと推定している．これについては，"Japan's Economic Performance: An Overview," in Patrick and Rosovsky, eds., *Asia's New Giant: How the Japanese Economy Works*（Washington, D. C.: Brookings Institution, 1976），pp. 8–9を参照．近代日本経済にかんする基本的な概説書において戦時期の精緻な分析が欠落しているありさまはほとんど恥ずべき状態にあるといってよいが，それは最近の研究のほとんどが依拠している日本の『長期経済統計』（東洋経済新報社）がこの時代についてわずかしか触れていないことを反映している．

(7) Nakamura, *Postwar Japanese Economy,* p. 12; Michael A. Cusumano, *The Japanese Automobile Industry: Technology and Management at Nissan and Toyota* (Cambridge, Mass.: Council on East Asian Studies, Harvard University, 1985), p. 14; Jerome B. Cohen, *Japan's Economy in War and Reconstruction* (Minneapolis: University of Minesota Press, 1949), pp. 296–97. 1944 年には多くの部門で生産性がいちじるしく低下しはじめたこと，そして，1945 年を比較や一般化の基点として選り抜いている経済データは誤解を招く可能性がきわめて高いということに留意しなければならない．

(8) Cusumano, *Japanese Automobile Industry*, pp. 1–72; Konosuke Odaka, Keinosuke Ono, and Fumihiko Adachi, *The Automobile Industry in Japan: A Study of Ancillary Firm Development* (Tokyo: Kinokuniya Company and Oxford University Press, 1988), とくに pp. 1–39, 89–100, 107–19, 251–55.

(9) 企業および機関についての情報一般は 9 巻からなる百科事典，*Kodansha Encyclopedia of Japan*（以下 KEOJ と略記）(Tokyo: Kodansha, 1983) のような標準的な参考図書から得ることができる．電通にかんしては，van Wolferen, *Enigma of Japanese Power,* pp. 386–87 も参照．

(10) Masataka Kosaka, *A History of Postwar Japan* (Tokyo: Kodansha International, 1982), p. 220; Nakamura, *Postwar Japanese Economy,* p. 15.「戦艦大和と零戦」の技術的な遺産にかんする感情的な論評は，*U. S. Naval Institute Proceedings* 105 (Sept. 1979): 86 を参照．

(11) 人的資源の動員（および，その混沌とした状況）については，Cohen, *Japan's Economy,* ch. 5, および Andrew Gordon, *The Evolution of Labor Relations in Japan: Heavy Industry, 1853–1955* (Cambridge: Council on East Asian Studies, Harvard University, 1985), pp. 314–17 を参照．科学および工学にかんしては以下を参照．Christopher Thorne, *The Issue of War: States. Societies, and the Far Eastern Conflict, 1941–1945* (London: Hamish Hamilton, 1985), p. 309; Thomas R. H. Havens, *Valley of Darkness: The Japanese People and World War Two* (New York: W. W. Norton, 1978), pp. 30, 139, 213. 標準化の基準となる 1940 年の標準化にかんする法律についてはつぎの論文に指摘がある．David A. Garvin, "Japanese Quality Management," *Columbia Journal of World Business* 19, no. 3 (Fall 1984): 9.

(12) 近代経済の基幹部門において，1945 年には「十大」財閥の影響力は掛け値なしに恐ろしいほど大きくなっていた．鉱業および重化学工業における支払い済み資本の 49 パーセント，銀行業では 50 パーセント，信託基金では 85 パーセント，保険業で 60 パーセント，海運業で 61 パーセント，不動産および倉庫業で 30 パーセントを十大財閥が占めていたのである．旧「四大」財閥だけで 1937 年の支払い済み資本の 10.4 パーセントを，戦争終結時には 24.5 パーセントを支配していた．本書 4 章の表 8 を参照のこと．

(13) 1955 年と 1970 年における財閥の資産占有率については Richard E. Caves, with the collaboration of Masu Uekasa, "Industrial Organization," in Patrick and Rosovsky, *Asia's New Giant,* p. 499 を参照．1980 年代はじめの資産占有率にかんしては *KEOJ*, 2: 221 をみよ．

(14) *KEOJ,* 1: 137–41; Eisuke Sakakibara〔榊原英資〕and Yukio Noguchi〔野口悠紀雄〕, "Dissecting the Finance Ministry: Bank of Japan Dynasty," excerpted in Daniel I. Okimoto and Thomas P. Rohlen, eds., *Inside the Japanese System: Readings on Contemporary Society and Political Economy* (Stanford: Stanford University Press, 1988), pp. 43, 61.

(15) Odaka, Ono, and Adachi, *Automobile Industry in Japan*; David Friedman, *The Misunderstood Miracle: Industrial Development and Political Change in Japan* (Ithaca, N. Y.: Cornell University Press, 1988) は，戦前および戦後の工作機械業界の分析をつうじて，中小企業の生存能力について詳細な議論を展開している．

(16) 労使関係の諸制度にかんする概論的研究としては以下を参照のこと．Gordon, *Evolution of Labor Relations,* とくに ch. 7 and ch. 8; Solomon Levine, "Labor" and "Labor Laws" in *KEOJ,* 4: 343–49, 351–53; Taishiro Shirai, "A Theory of Enterprise Unionism," in Shirai, ed., *Contemporary Industrial Relations in Japan* (Madison: University of Wisconsin Press, 1983) pp. 117–43; Ernest J. Notar, "Japan's Wartime Labor Policy: A Search for Method," *Journal of Asian Studies* 44, no. 2 (Feb. 1985): 311–28; Sheldon Garon, *The State and Labor in Modern Japan* (Berkeley: University of California Press, 1987), pp. 187–227.

(17) Andrew J. Grad, *Land and Peasant in Japan: An Introductory Survey* (New York: Institute of Pacific Relations, 1952), pp. 34, 39–40. また，以下も参照．Ronald P. Dore, *Land Reform in Japan* (London: Oxford University Press, 1959); Tsutomu Takizawa, "Historical Background of Agricultural Land Reform in Japan," *The Developing Economics* 10, no. 3 (1972).

(18) 1936 年の調査にかんしては Notar, "Japan's Wartime Labor Policy," pp. 314–15 を参照．福祉問題および福

祉事業一般については以下を参照．吉田久一『現代社会事業史研究』（勁草書房，1979, 1990），pp. 271–401; *KEOJ*, 5: 144–45, 6: 172–73, 7: 209–11; Havens, *Valley of Darkness*, pp. 46–49; Garon, *The State and Labor*, pp. 203–5, 236; 厚生省二十年史編集委員会編『厚生省二十年史』（厚生問題研究会，1960）ならびに厚生省五十年史編集委員会編『厚生省五十年史』（厚生問題研究会，1988），とくに pp. 339–572.

(19)　労働問題にかんしては以下を参照．竹前栄治『戦後労働改革：GHQ 労働政策史』（東京大学出版会，1982），pp. 102–111; Sheldon M. Garon, "The Imperial Bureaucracy and Labor Policy in Postwar Japan," *Journal of Asian Studies* 43, no. 3 (May 1984): 446–48; Garon, *The State and Labor*, pp. 235–37. 民法改正に日本人が果たした役割については，Kurt Steiner, "Reform of the Japanese Civil Code," in Ward and Sakamoto, *Democratizing Japan*, pp. 188–220 を参照．教育改革については，戦後教育改革資料 6『占領期日本教育に関する在米資料の調査研究』（国立教育研究所，1988）をみよ．地方自治と憲法を含む諸改革をめぐる日米間の相互作用については以下を参照．Akira Amakawa〔天川晃〕, "The Making of the Postwar Local Government System," in Ward and Sakamoto, *Democratizing Japan*, pp. 253–83; Kenzo Takayanagi〔高柳賢三〕, "Some Reminiscences of Japan's Commission on the Constitution," *Washington Law Review* 43, no. 5 (June 1968): 961–78.「逆コース」政策における旧内務官僚の役割にかんしては，Garon, "The Imperial Bureaucracy," pp. 448–53.「レッドパージ」は以下で論じられている．J. W. Dower, *Empire and Aftermath: Yoshida Shigeru and the Japanesc Experience, 1878–1954* (Cambridge, Mass: Council on East Asian Studies, Harvard University, 1979)〔ダワー『吉田茂とその時代』大窪愿二訳（中公文庫，1991）〕.

(20)　通産省のさまざまな側面については前掲，Johnson, *MITI and the Japanese Miracle* を参照．さらに，戦争を越えたさまざまな影響力こそ戦後および現代日本を理解する中核部分とみる最近の歴史研究として，Richard J. Samuels, *The Business of the Japanese State: Energy Markets in Comparative and Historical Perspective* (Ithaca, N. Y.: Cornell University Press, 1987), esp. ch. 5 がある．

2 日本映画，戦争へ行く

(1)　日本の戦時映画にかんする最初の大々的な回顧は，1987 年にニューヨークのジャパン・ソサエティの後援でおこなわれ，1937 年から 47 年にかけて製作された 27 本の映画が上映された．これらのほとんどは米国国立公文書館によって提供されたものだが，一般むけの上映を目的として入手することは現在もきわめてむずかしい．これらの映画にかんするすぐれた小論としては，同回顧展の案内書として刊行されたジャパン・ソサエティの小冊子 *Japan at War: Rare Films from World War II* を参照のこと．冊子の記事はこの上映に関連して書かれたもので，当初は *Japan Society Newsletter* の 1987 年 7 月号に掲載された．

　戦時下の日本映画についての英文概説書としては，Joseph L. Anderson and Donald Ritchie, *The Japanese Film: Art and Industry* (expanded ed., Princeton University Press, 1982); Kyoko Hirano, *Mr. Smith Goes to Tokyo: Japanese Cinema under the American Occupation, 1945–1952* (Washington: Smithsonian Institution Press, 1992), Chapter I ("From War to Occupation"), pp. 13–46 を参照．日本語で書かれたものでは，今村昌平・佐藤忠男・新藤兼人・鶴見俊輔・山田洋次編『講座　日本映画』第 4 巻〈戦争と日本映画〉（岩波書店，1986）を参照；亀井文夫の回顧録は『たたかう映画：ドキュメンタリストの昭和史』（岩波書店，1989）として公刊された．

(2)　キャプラの論評は，ジャパン・ソサエティの前掲小冊子 *Japan at War* に引用されている．

(3)　たとえば以下を参照．*Japanese Films, A Phase of Psychological Warfare: An Analysis of the Themes, Psychological Content, Technical Quality, and Propaganda Value of Twenty Recent Japanese Films*, Office of Strategic Services, Research and Analysis Branch Report, no. 1307, March 30, 1944（この史料はワシントン DC の国立公文書館で閲覧可能）.

(4)　Donald Richie, *The Films of Akira Kurosawa* (Berkeley: University of California Press, 1965)〔リチー『黒澤明の映画』三木宮彦訳（キネマ旬報社，1979）〕.

(5)　白色人種の敵を描いた視覚映像描写の最たる一例は，通常の長編映画ではなく，『桃太郎：海の神兵』と題する長編アニメーション映画の先駆的作品に登場する．この 74 分の松竹の白黒漫画映画は，相当の経費を投じて帝国海軍と共同で製作され，1944 年 12 月ごろ完成，1945 年 4 月に公開されたもので，桃太郎という民話を，日本人の純潔さという当代の寓話に仕立てなおしている．桃太郎の有能で忠実な従者（桃太郎に飼い慣らされた動物のお供）が，あまり発展していないアジアの人びと（かわいらしいジャングル

の生き物）を指導しながら，アジアの平和を侵す強欲な西洋人に立ち向かうというあらすじ．

映画では，楽園のようなアジアの王国をはじめに陵辱したのが計画的で欲得ずくのヨーロッパ人であることを描くためのきわめて「歴史的な」情景が影絵——どことなくインドネシアの影絵のような——によって演じられる．ヨーロッパ「商人」のもったいぶった言葉と，彼らの海賊のように強欲な本性を視覚的に表現するシーンのあいだに，洗練された調子の雄弁な語りがあり，密林のなかの石碑が映しだされてこの場面は締めくくられる．それだけが，かつては幸福であった王国の遺構である．そして，この石碑にはつぎのような予言が刻みつけられている．「月の明るいある夜，白馬に乗った天子，神兵が東の国からやってくる．そして，彼こそ民を解放する運命を負っている」．

桃太郎とその「神軍」は，この予言を，白人の砦に落下傘降下するという劇的な方法でやりとげる．白人たちの，人間として不格好な姿や，彼らの頭についている小さな角が，鬼の性格を表わしている（鬼ヶ島，悪魔湖，悪魔海峡などという地名が記された彼らの地図からこのことを確認できる）．そこまでの叙情的な調子と際立って対照的に，とりわけ衝撃的な短いシーンでは，かわいらしい日本の落下傘部隊の1人が白人兵の胸に銃剣を突き刺す．しかし，敵を完全に打ち負かすところを描いたもっと長い場面でおこなわれる性格描写は，まったく臆病で小心な人間の性格である．白人兵たちは口ごもりながら英語で話し（ここで日本語の字幕がつく），桃太郎がもう一戦かまえようと迫ったときには跪き，最後は日本人にたいして，「無条件降伏」すること——これは1945年にあったことだ！——に同意するのだ．漫画の最後のコマでは，日本へ戻った若者たち（かわいらしく無垢な小動物たち）が，木から地面に書かれたアメリカ国の地図へ落下傘降下するかっこうをして，神の英雄をまねている．

『桃太郎：海の神兵』は，戦時の日本の敵を映画でもっとも端的に表現した2作品のひとつとして，『支那の夜』——戦争で略奪された中国を舞台に，異民族間の恋愛を題材にしたミュージカル仕立ての映画——とおそらく双璧をなすであろう．

(6) 山口淑子が日本人男性と共演し，中国人女性を演じたその他の映画としては，『白蘭の歌』（1939年），『熱砂の誓い』（1941年），『戦いの街』（1942年）がある．

3「二号研究」と「F研究」

(1) Deborah Shapley, “Nuclear Weapons History: Japan’s Wartime Bomb Projects Revealed,” *Science* 199 (Jan. 13, 1978): 152–57.『サイエンス』誌に引用されたヨーク教授は，1月9日にワシントンDCのナショナル・パブリック・ラジオ（NPR）で放送されたインタビュー番組（Herbert York in a radio interview on “All Things Considered”）でも自分の見解をくり返した．

シャプリーの書いた『サイエンス』誌の記事とメディアの報道は，日本の原爆研究にかんする暴露記事がヨークと初期の核兵器研究・開発史を専門とするMITの歴史学者チャールズ・ワイナー（Charles Weiner）が進めている研究にもとづくものであるかのような印象をあたえた．だがワイナーによれば，そうした研究など存在しなかったのである．シャプリーの記事が主としてもちいているのは，ワイナー教授が1974年に親しい日本人研究者から入手した日本語の公刊資料と，日本人ではない大学院生の作成した大雑把な内容要約および翻訳であった．この資料のことを知ったヨークは，1976年に1度だけワイナーとこの件について話し合った．その後まもなくシャプリーからワイナーに連絡があり，『サイエンス』誌に短い「ニュース・ノート」の寄稿を依頼してきた．これにたいしてワイナーは，自身は日本語資料を調べたわけではないものの，日本の研究がスタートを切ってもいなかったことは明らかであると説明するとともに，このような話はとかく歪曲され，センセーショナルに受け取られる恐れがあるとの懸念を伝えた．このさいワイナーは，シャプリー記者自身の個人的関心に応えるためだけという了解のもとに，原資料のコピーを彼女に提供した．

その後1年以上を経た1978年7月6日になって，ワイナーのもとにシャプリーから電話があり，彼女が原爆計画に関する記事を書きあげ，ワイナーの名前も添えて，『ニューヨーク・タイムズ』『ワシントン・ポスト』の両紙とNPRに送ったと通告してきた．ワイナーは，記事についてのコメントを求められたこともなければ，記事そのものを見せられたこともなかったので，電話で問い合わせてきたジャーナリストたちに，シャプリーやメディアが明らかに意図的に記事のなかに持ちこんだ反日的解釈をはっきりと否定した．ワイナーが指摘したのは，彼がヨークと共同研究したことはないこと，研究報告など存在しないこと，日本の原爆計画には取るに足りない成果しかなかったこと，さらに，計画の存在は日本では何十

年も前から広く知られていることなどであった．これらの指摘はジャーナリストたちに事実上無視され，わずかに『ポスト』紙（同紙第一面の記事の書きだしは「原子時代史を専門とする2人の歴史学者が，第二次大戦時に日本が原爆の開発を試みていたことを示す初の証拠を発見した」というものであった）が，研究計画はたいした成果をあげなかったとするワイナーの発言を引用しただけだった．『タイムズ』も『ポスト』も，誤った記事が出たあとにワイナーが送った抗議の手紙は掲載しなかった．

この経緯についての情報は，チャールズ・ワイナーが提供してくださった．

(2)『サイエンス』誌の記事に添えられたデレク・デ・ソーラ・プライス（Derek de Solla Price）イェール大学教授のコメントはそうした基調のものであった——「第二次大戦中に日本が原爆を手にしようと試みていた事実は，日本に対する原爆の使用をめぐって形成されてきた日米間の道義的・倫理的関係を一変させることになった．従来のストーリーは，アメリカ人が罪を犯したのにたいし，日本人に罪はなく非難の余地はないというものであり，アメリカ人はこの恐るべき新兵器を開発し，当時無力だった日本人を原子によって虐殺したのだとしていた．だが，日本人もこの爆弾を開発しようとしていたという事実が意味するところは，アメリカは，ドイツのみならず日本とも軍拡競争をしていたということである」．日本の原爆研究の国家主義的，そして「道義的」意味についてのプライス教授の関心は，何年も前に（八木江里〔Eri Yagi Shizume〕と連名で）書いた *Bulletin of the Atomic Scientists* 18, no. 9 (Nov. 1962): 29 への投書でも表明されている．

アメリカが日本と軍拡競争をしていたとか，わずかなりともそうした状況の可能性があると考えてもいたとするまことしやかな議論は，米軍のマンハッタン計画責任者であった他ならぬレスリー・R・グローヴズ将軍その人によって否定されている．グローヴズは有名な回想録にこう書いているのだ．

> われわれは戦争中における日本の原子力開発の情報収集について，ほとんど努力しなかった．というのは，日本が核兵器に必要な材料を生産する十分なウランまたはウラン鉱石を持っている可能性はほとんどなく，原子兵器の製造に必要な工業力は日本の能力をはるかに越えていたからである．当時，日本の指導的な原子物理学者を個人的に知っていたバークレーの米国の原子物理学者と話したときも，日本が近い将来に効果的な兵器を生産するのに必要な有能な人物はきわめて少ない，という結論に達した．最後に，われわれが必要とした種類の日本に関する情報の収集は，われわれにとってきわめて困難であった．しかし日本がかなり大きな計画に着手したならば，われわれが連絡をとっていた情報機関から，それについての情報が入手できる，と私は期待した．その場合，われわれはただちに，日本の作業を妨害できるあらゆる措置をとる．——Leslie R. Groves, *Now It Can Be Told: The Story of the Manhattan Project* (New York: Harper, 1962), p. 187〔グローブス『原爆はこうしてつくられた』冨永謙吾・実松譲訳（恒文社，1964），p. 151〕．

1978年の『タイムズ』紙の記事は，「……の文書が明るみに出た」と書きだしており，沈黙を決めこむ日本の陰謀という見方を強く打ちだしているが，その説明には混乱がみられる．記事は，この問題にかんする日本の資料が1970年と1973年のものであることに触れたあとで，べつの箇所では「近年，この時期についての研究を進めているアメリカの研究者によれば，日本の原子物理学者による沈黙の陰謀がきわめて効果的であったために，真実はそれ以後ほとんど隠されたままになっていた．しかし，過去2年〔ママ〕間に日本のさまざまな科学者が行なった報告により，この計画に関するいくつかの情報が明らかになってきた」と記している．前註で指摘したとおり，アメリカ人研究者（おそらくはヨークとワイナー）はもともと日本語で公刊されていた資料を入手したにすぎず，『タイムズ』と『ポスト』の記者から問い合わせを受けたワイナーは，このような解釈をはっきり否定していたのである．しかも以下でみるとおり，日本では1950年代から，原爆計画について広く語られるようになっていた．

本論文は最初は，『サイエンス』誌および新聞による不正確な報道への応答として書かれ，*Bulletin of Concerned Asian Scholars* 10, no. 2 (April–June 1978): 41–54 に発表された．また，筆者が1978年8月11日付の『デイリー読売（英文）』に寄稿した長文の解説，“Japan's Atomic Weapons Research” を参照．おなじ8月11日付の『読売新聞』にはこの記事の抄訳と補足資料が掲載された．

『サイエンス』誌の1978年2月17日号，3月24日号，4月21日号，5月5日号には，元の記事にたいする投書が掲載されている．この論争の経過を簡潔にまとめたものとして，Phillip S. Hughes, “Wartime Fission Research in Japan,” *Social Studies of Science* 10 (Aug. 1980): 345–49 がある．日本側データの誤用に

たいするワイナー教授の批判は，『サイエンス』誌への投書（2 月 17 日号），および Charles Weiner, "Retroactive Saber Rattling?" *Bulletin of the Atomic Scientists* 34 (April 1978): 10–12 をみよ．『ニューヨーク・タイムズ』と『ワシントン・ポスト』両紙にはワイナーの抗議文は掲載されなかったが，両紙から記事を転載し，やはり抗議文が送られた他の新聞（『ロサンゼルス・タイムズ』『ボストン・グローブ』『マイアミ・ヘラルド』）には掲載された．

『サイエンス』誌の記事が引き起こしたもっとも大きな反応として，ジャーナリストのロバート・ウィルコックス（Robert K. Wilcox）の書いた散漫な内容の一般書の出版があった．この本にはプライスの黙示録的な序論が添えられ，陰謀説を予告するタイトル，*Japan's Secret War: Japan's Race against Time to Build Its Own Atomic Bomb*〔日本の秘密の戦争：原爆製造をめざす時間との競争〕が付されていた（New York: Morrow, 1985）．序論のなかでプライス教授は，「いまや私としては，もし戦争がつづき，トルーマンがアメリカの爆弾によって戦いを完全に終わらせる決断を下さなかったら，（カミカゼ小型潜水艇で運ばれた爆弾による）カリフォルニアへの原爆投下が現実のものとなった可能性を避けることはできないのである」(p. 8) と宣言するまでにいたった．彼はまた，朝鮮半島北部における日本の原爆開発活動をめぐるウィルコックスの推測にさらに推測を重ね，日本の活動が戦後のソヴェトの核兵器開発に寄与した可能性があるとまでのべている (p. 9)．ウィルコックスの著作についての私の批判的評価は，*Bulletin of the Atomic Scientists* 43, no. 1 (Aug. –Sep. 1986): 61–62 の書評をみよ．

(3) Chitoshi Yanaga, *Japan Since Perry* (first ed., Hightstown, N. J.: McGraw Hill, 1949), p. 618.

(4) Arnold Kramish, *Atomic Energy in the Soviet Union* (Stanford, Calif.: Stanford University Press, 1959), p. 56.

(5) ヤナガの研究は，英語版として改稿され 1959 年に出版された一般むけの日本軍事史にかんする林三郎の著作に織りこまれている．Saburo Hayashi (in collaboration with Alvin D. Coox), *Kogun, the Japanese Army in the Pacific War* (Quantico, Va.: Marine Corps Association, 1959), pp. 162, 216. 林の研究の日本語版は，日本がまだ占領下にあった時代に出版されたものだが，そこにはこう記されていた――「陸軍統帥部は，ウラニウムの兵器化に関心を持ち，且つ研究は進めていた．しかし "第二次大戦間には，どの国もおそらく原子爆弾を完成し得ないだろう" という原子物理学者らの意見をそのまま信じていた」（林三郎『太平洋戦争陸戦概史』（岩波新書，1951），pp. 261–62）．

東京の戦時原爆研究について簡単に触れたものとしては，John Toland, *The Rising Sun: The Decline and Fall of the Japanese Empire, 1936–1945* (New York: Random House, 1970), p. 795〔トーランド『大日本帝国の興亡』毎日新聞社訳（毎日新聞社，1971）〕がある．これらの活動については，Thomas M. Coffy, *Imperial Tragedy* (New York: World Publishing, 1970)〔コッフィ『日本帝国の悲劇』佐藤剛・木下秀夫訳（時事通信社，1971）〕がかなり頻繁に言及している．索引の「仁科芳雄」の項に挙げられている箇所を参照．『ニュー・ステーツマン』誌（*New Statesman*）の 1977 年 8 月 12 日号は，周知の事実であるかのように京都における戦時原爆研究に言及している (p. 199)．

(6) Chikayoshi Kamatani〔鎌谷親善〕, "The History of Research Organization in Japan," *Japanese Studies in the History of Science* 2 (1963): 63; Tetu Hirosige〔広重徹〕, "Social Conditions for the Researches of Nuclear Physics in Pre–War Japan," ibid.: 87–88. 広重の論文は，Shigeru Nakayama, David L. Swain, and Eri Yagi, eds., *Science and Society in Modern Japan. Selected Historical Sources* (Cambridge, Mass.: MIT Press, 1974; originally Tokyo University Press) に再録されている．広重は 1965 年にやはり英語で発表した論文でも，1943 年ごろから日本の「原子核物理学者は原子爆弾の研究を開始した」という事実に簡単に触れている．Tetu Hirosige, "The Role of the Government in the Development of Science," *Cahiers d'histoire mondiale* 9, no. 2 (1965: special issue on "Society, Science and Technology in Japan"): 335.

(7) The Pacific War Research Society, *The Day Man Lost: Hiroshima, 6 August 1945* (Tokyo: Kodansha International, 1972), とくに pp. 18–49 にあるデータ，および pp. 93–94, 126–27, 183–84, 201–202, 293 を参照．同書の日本語元版は，戦史研究会編『原爆の落ちた日』（文藝春秋社，1972）である．

(8) 鈴木文四郎「仁科芳雄博士と語る」『キング』1950 年新年号（1949 年 12 月刊）：134–43，とくに 138 をみよ．この記事を含め，以下でもちいる資料のいくつかは，テレビマン・ユニオンの倉内均氏が仁科にかんするテレビ番組製作のために集めたものを提供してくださった．

(9) 湯川秀樹・坂田昌一・武谷三男『真理の場に立ちて』（毎日新聞社，1951），pp. 222–27.

(10) Committee for the Compilation of Materials on Damage Caused by the Atomic Bombs in Hiroshima and Nagasaki, *Hiroshima and Nagasaki: The Physical, Medical, and Social Effects of the Atomic Bombings* (New

York: Basic Books, 1981), pp. 5, 503–13, 564, 585〔広島市・長崎市原爆災害誌編集委員会『広島・長崎の原爆災害』（岩波書店，1979）．
(11)　山下信夫「間に合わなかった日本の原爆——出来たようで・出来なかった話」『改造』臨時増刊号（1952 年 11 月）：162–65.
(12)　伊藤庸二他『機密兵器の全貌：わが軍事科学技術の真相と反省 II』（興洋社，1953：復刻版，原書房，1976）．伊藤の残した記録の抜粋が『昭和史の天皇　4』（註（15）参照）の pp. 177–82 に収録されているが，そこには『サイエンス』誌で「暴露された」データが含まれている．
(13)　山本洋一「日本原爆の真相」『大法輪』（1953 年 8 月号）：6–40.
(14)　「誰も知らなかった日本の原爆計画：日本陸海軍原爆研究の全貌」『週刊文春』（1959 年 8 月 10 日号）：11–19.
(15)　読売新聞社編『昭和史の天皇 4』（読売新聞社，1968），pp. 78–229（以下，『昭和史の天皇』と略記）．英語版『原爆の落ちた日』（*The Day Man Lost*）は出典の注記がお粗末だが，その記述は大幅にこの『昭和史の天皇』に拠っている．
(16)　日本科学史学会編『日本科学技術史大系 13　物理科学』（第一法規出版，1970），pp. 441–47（以下，『大系』と略記）．この巻には，『サイエンス』誌で言及されたおもな 4 つの資料のうちの 3 つが「解説」を添えて収録されている．第 4 の資料は，1973 年に発表された広重徹の「科学の社会史」である．ここでは参照できなかったが，明らかにこれは広重が雑誌『自然』に連載した論文を単行本化したものであろう．日本の原爆計画については，同誌の 1972 年 3 月号（pp. 97–98）で取り上げられている．これらの資料については，エドワード・ダウブ（Edward Daub）教授にご教示いただいた．〔『自然』に連載の広重論文は『科学の社会史：近代日本の科学体制』（中央公論社，1973）として単行本化された．当該箇所は，pp. 217–18〕
(17)　木越邦彦「日本の原爆製造実験挫折ノート」『宝石』（1974 年 9 月号）：162–73.
(18)　玉木英彦・岩城正夫『仁科芳雄』（世界伝記文庫 14，国土社，1976）．
(19)　破棄されたと考えられていた日本の戦時原爆研究関係の報告書のいくつかが，1983 年，アーカンソー大学の日本人教授の手によって明るみに出た．新聞報道から判断するかぎり，これらの資料には当時すでに明らかになっていたこと以外の新しい情報は含まれていない．1983 年 8 月 13 日の『読売新聞』（夕刊）の記事「原爆開発の内幕生々しく」を参照．
(20)　前出の註（1）をみよ．
(21)　『大系』，pp. 468–69；『昭和史の天皇』，pp. 172–74．降伏後に日本側からアメリカ占領軍当局に提出された「戦時研究」にかんする報告は，連合国最高司令部（SCAP）経済科学局（ESS）の科学・特別計画班（以前は科学技術課）関係文書として集められ，メリーランド州スートランドの米国立公文書館に収蔵されている．とくに，Record Group 331, Boxes 7416 and 7431 の資料をみよ．

日本の核の潜在能力を懸念するアメリカの迅速な行動は国際的論議を呼ぶこととなった．1945 年 11 月の末に，陸軍省の指令を受けたアメリカ占領軍当局が日本にある 5 基のサイクロトロンを接収・破壊し，日本人研究者を落胆させたばかりか，世界中の科学者たちを憤激させたのである．もちろんこれは，敗戦後の日本の原子力の平和利用にかんする研究を大きく遅らせることになった．この措置は，占領下の日本における原子核研究を制限するために米軍当局が立て続けに発した一連の指令につづくものであった．1945 年 9 月 22 日の指令（SCAPIN 47）は，「ウランからのウラン 235 の分離，ないし他のすべての不安定な放射性元素の分離を目的とする」すべての研究を禁じた．1945 年 10 月 30 日付のワシントンからの命令はこの禁令をあらためて確認すると同時に，そうした研究に従事しているすべての人間の拘留と，原子エネルギー関連のすべての研究施設の接収を命じた．研究者たちが拘留を解かれたのは 12 月なかばのことである．11 月 1 日にまとめられた報告書「日本の科学情報調査」は，はっきりと「敗戦まで日本においては原子エネルギーの解放にかんする進展はほとんどなかった」と結論していた——しかし，サイクロトロンの破壊が激しい怒りを引き起こしたことを受けて，アメリカ陸軍省は，この措置は諜報活動によって得られたある確実な情報にもとづいてなされたものであるとの示唆をおこなった．この問題についてはさらに研究が必要である．以下でみるように，日本の戦時原爆研究においてサイクロトロンはほとんどいかなる役割も果たしていないからである．これについては一般的論評がいくつか，連合国軍最高司令官総司令部統計資料局編のつぎの資料（国立公文書館からマイクロフィルムで入手可能）にある．Supreme Commander for the Allied Powers (Japan), General Headquarters, Statistics and Reports Section, *History of the*

Non-Military Activities of the Occupation of Japan (1952): monograph 54, "Reorganization of Science and Technology in Japan, 1945 – September 1950," pp. 1–5, and p. 1 of the Appendix. また以下も参照. Y. Nishina, "A Japanese Scientist Describes the Destruction of His Cyclotrons," *Bulletin of the Atomic Scientists* 3, no. 6 (June 1947): 145, 167; Groves, *Now It Can Be Told*, pp. 367–72〔グローブス『原爆はこうしてつくられた』pp. 382–89〕; Charles Weiner, "Cyclotrons and Internationalism: Japan, Denmark and the United States, 1935–1945," *Proceedings of the XIVth International Congress ofthe History of Science* (Tokyo, 1975), pp. 353–65, esp. 360–61; Weiner, "Retroactive Saber Rattling?"（註（2）参照）. 原子核関連の日本の活動にかんして続行された調査と管理についての体系的報告は，国務・陸軍・海軍三省調整委員会（State-War-Navy Coordinating Committee）の極秘文書 "SWNCC 52 Series" にあり，「日本における原子核エネルギー研究・開発の管理と査察」(Control and Surveillance of Atomic Nuclear Energy Research and Development in Japan）と題されている.

日本が戦時中におこなった実験をアメリカが隠蔽した事例としてもっとも知られているのは，戦争捕虜にたいしておこなった生体実験，とりわけハルビンを拠点とする極秘の「731 部隊」による実験にかんするものである．アメリカ当局は実験に関与した日本人研究者たちからすべての情報を引き出す見返りに，この残虐行為を隠蔽した．これについては以下を参照．John W. Powell, "Japan's Germ Warfare: The U. S. Cover-Up of a War Crime," *Bulletin of Concerned Asian Scholars* 12, no. 4 (Oct. –Dec. 1980): 2–17; Powell's "Japan's Biological Weapons, 1930–1945: A Hidden Chapter in History," *Bulletin of the Atomic Scientists* (October 1981): 43–53; Peter Williams and David Wallace, *Unit 731: Japan's Secret Biological Warfare in World War II* (New York: Free Press, 1989)．終戦後，ソ連は 731 部隊の何人かの下級隊員にたいする裁判をおこない，その「ハバロフスク裁判」の記録を英語で出版した．*Materials on the Trial of Former Servicemen of the Japanese Army Charged with Manufacturing and Employing Bacteriological Weapons* (Moscow: Foreign Languages Publishing House, 1950)〔ソ連は英語版と併せて，日本語版『細菌戦用兵器ノ準備及ビ使用ノ廉デ起訴サレタ元日本軍軍人ノ事件ニ関スル公判書類』(モスクワ・外国語図書出版所，1950）も出版した．これを改題・複製したものとして『細菌戦部隊ハバロフスク裁判』(海燕書房，1982）および『公判記録・七三一細菌戦部隊』(不二出版，1993）がある――訳者〕

(22) Kamatani, "History of Research Organizations" および Hirosige, "Social Conditions" をみよ．日本の科学史家は新マルクス主義的的枠組みにもとづいて研究する人が多く，科学研究の発展，経済成長段階，そして軍事的要請のあいだの関係にきわめて敏感である．したがって，西欧諸国と比較した第二次大戦以前の日本の研究体制の相対的後進性は，日本の資本主義が相対的に未発達であったことと強く結びつけられることになる．ほかにも要因があるにしても，この後進性と相対的に不利な条件を乗り越えるために，日本は，コストのかかる研究投資によって独自の技術を開発するかわりに，低賃金と「借り物の技術」によって競争力を保とうとしたというのである.

(23) 山本「日本原爆の真相」，pp. 19–20 には，このことを示す戦後の研究者の興味ぶかい発言が，雑誌『自然』の 1953 年 6 月号および科学者へのアンケートの回答から引用されている.

(24) 『昭和史の天皇』，pp. 103–4, 171, 189–90, 219 をみよ．また，木越「日本の原爆」，pp. 164–65.

(25) こんどの戦争が終わるまでに原子兵器ができる見通しについての根本的な悲観論は，日本人の回想のほとんどすべてに共通するものである．たとえば，雑誌『キング』に掲載された仁科のインタビュー（前出の註（8））；湯川他『真理の場に立ちて』，pp. 222, 224；山本「日本原爆の真相」，pp. 23, 33；『週刊文春』(1959 年 8 月 10 日号)；木越「日本の原爆」，pp. 167–68, 171；また，やはり関係者の 1 人である元陸軍将校の鈴木辰三郎の回想記「日本原爆計画」〔東京 12 チャンネル社会教養部編『新編私の昭和史 2：軍靴とどろく時』(学芸書院，1974）所収〕を参照．鈴木の回想は，1972 年 7 月にテレビ番組で放映されたもの.

(26) 1945 年 7 月に完成した有名なスマイス報告は，「われわれの多くは，日本人にはこの兵器を開発し，有効に使用することはできないと確信している」とのべている．Henry DeWolf Smyth, *Atomic Energy for Military Purposes: The Official Report on the Development of the Atomic Bomb under the Auspices of the United States Government 1940–1945* (Princeton, N. J.: Princeton University Press, 1947) p. 224〔スマイス『原子爆弾の完成：スマイス報告』仁科芳雄監修／杉本朝雄・田島英三・川崎榮一訳（岩波書店，1951)〕．また，Arthur Holly Compton, *Atomic Quest: A Personal Narrative* (London: Oxford University Press, 1956), p. 225〔コンプトン『原子の探求』仲晃他訳（法政大学出版局，1959)〕と，前出の註（2）で引用したグローヴズ将軍の記述をみよ.

(27)　Nakayama et al., *Science and Society*, とくに Taketani Mitsuo（武谷三男），Itakura Kiyonobu and Yagi Eri（板倉聖宣・八木江里），Hirosige Tetu（広重徹），Kaneseki Yoshinori（金関義則）の論文をみよ．

(28)　『昭和史の天皇』，pp. 88–89.

(29)　『大系』，p. 443，また Kamatani, "History of Research Organizations," p. 56 を参照.

(30)　Nakayama et al., *Science and Society*, pp. 25–26.

(31)　Ibid., p. 213.

(32)　Taketani Mitsuo（武谷三男）"Methodological Approaches in the Development of the Meson Theory of Yukawa in Japan," in Nakayama et al., *Science and Society*, pp. 24–38. これは最初，1951 年に日本語で発表された．

(33)　Tetu Hirosige, "Studies of History of Physics in Japan," *Japanese Studies in the History of Science* 1（1962）: 28.

(34)　『昭和史の天皇』，pp. 163–71．特高は内務省の管轄下にあった．原爆研究を委託した陸軍にも独自の警察（憲兵隊）があったが，武谷の左翼的傾向は問題にしなかったらしい．

(35)　Kamatani, "History of Research Organizations," とくに pp. 48–57 を参照.

(36)　山本「日本原爆の真相」，p. 23 に引用されている．この雑誌は『軍事と技術』というものであった．このことから，戦時中に核兵器の研究が進められていたことは公然の秘密であったことがうかがわれる．この印象は，竹内および木越のような研究員が気軽に他の科学者たちに助言を求めていることによっても裏づけられる．

(37)　『大系』，p. 442；『読売新聞』（1983 年 8 月 13 日）．『サイエンス』誌では，「仁科は研究の委託元を一本化するよう求めることで，なんとか理研の原爆研究を継続させた」とされているが，この記事自体が，これにつづけて，そうした研究の一本化が実現することはなかったと指摘している．

(38)　David Irving, *The German Atomic Bomb: The History of Nuclear Research in Nazi Germany*（New York: Simon and Schuster, 1967), p. 33. ハーンが道義的苦悩を抱いた様子は，イギリス軍によって抑留されていたドイツの核科学者たちが広島のニュースを知ったときの反応にかんする，近年解禁になった盗聴記録文書にみることができる．Jeremy Bernstein, "The Farm Hall Transcripts: The German Scientists and the Bomb," *New York Review of Books*（Aug. 13, 1992): 47–53〔バーンスタイン「ドイツ人科学者と原爆：1945 年・ファーム・ホール盗聴記録」『みすず』第 381 号（1992 年 12 月号）: 21–43，77〕をみよ．

(39)　『大系』，pp. 441–42.

(40)　山下信夫「間に合わなかった日本の原爆」，pp. 162–63――「戦争のなかば頃に『新青年』に原子爆弾という小説が掲載されたことがあった．爆発物質としてウラニウム 235 を使っている」．

(41)　引用は Kramish, *Atomic Energy in the Soviet Union*, p. 51 から．ドイツの原爆計画についての概説は以下をみよ．Irving, *The German Atomic Bomb;* Bernstein, "*The Farm Hall Transcripts*"〔バーンスタイン，前掲「ドイツ人科学者と原爆：1945 年・ファーム・ホール盗聴記録」〕；Thomas Powers, *Heisenberg's War: The Secret History of the German Bomb*（New York: Knopf, 1993）〔パワーズ『なぜ，ナチスは原爆製造に失敗したか：連合国が最も恐れた男・天才ハイゼンベルクの闘い』全 2 巻，鈴木主税訳（福武書店，1994)〕；Rudolf Peierls, "The Bomb That Never Was," in *New York Review of Books*（April 22, 1993): 6–9（パワーズの本の書評）．

(42)　ペルセウスの話は『ワシントン・ポスト・ナショナル・ウィークリー』（*Washington Post National Weekly*（October 12–18, 1992): 10–11）で報道されたもので，記事には，この正体不明のアメリカ人諜報員の動機は純粋にイデオロギーにもとづくものであり，アメリカは原爆をドイツではなく，ソ連邦にたいして使用するつもりであるとの確信にもとづくものであったとする KGB 将校の発言が引用されている．この将校はまた，「アメリカはウラン爆弾によって社会主義を破壊するだろう」とペルセウスが語っていたことを伝えている．当初，西側がソヴィエトの計画をどのように受けとめたかは，Kramish, *Atomic Energy in the Soviet Union*, chs. 1–8 に描かれている．

(43)　Margaret Gowing, *Britain and Atomic Energy, 1939–1945*（New York: Macmillan, 1964), part I. 引用は p. 85 より．

(44)　標準的な解説は，Richard G. Hewlett and Oscar E. Anderson, Jr., *The New World, 1939/1946*, vol. 1 of *A History of the United States Atomic Energy Commission*（Pennsylvania State University Press, 1962）にある．

(45)　以下の議論はおもに単独の資料としてもっとも詳細な『昭和史の天皇』と『体系』にもとづいている．*The Day Man Lost*（日本語版は『原爆の落ちた日』）にも『昭和史の天皇』から多くの情報が再録されて

いる．『サイエンス』誌の 1978 年の記事は，主として『体系』から選びとったデータに依拠する一方で，(『昭和史の天皇』からの抜粋が『体系』に収録されているにもかかわらず)『昭和史の天皇』を無視しているばかりか，不正確な日付，人物の取り違え，誤訳など，多くの誤りが含まれている．

(46) 『昭和史の天皇』，pp. 78–81（鈴木辰三郎の証言）．べつの説によれば，仁科が問題の検討を陸軍から委託されたのは，1940 年 9 月ごろからであったという；『自然』（1972 年 3 月号）：97〔広重徹『科学の社会史』，p. 217〕．

(47) 『昭和史の天皇』，pp. 177–80（伊藤庸二の記録）．核物理応用研究委員会のメンバーは，理研の長岡半太郎，仁科芳雄，東京帝大の西川正治，嵯峨根遼吉，日野寿一，水島三一郎，大阪帝大の浅田常三郎，菊池正士，東北帝大の渡辺寧，仁科存，東京芝浦電気マツダ支社の田中正道であった．

これについてはあいまいな点が多数あるが，日付についてもいくらかあいまいなところがある．コッフィは（Coffey, *Imperial Tragedy*, pp. 333–38〔コッフィ『日本帝国の悲劇』〕），明らかに浅田常三郎へのインタビューにもとづいて，研究委員会の設置が決定されたのは，1941 年 12 月 17 日のきわめて公式の会合においてであったとし，この会合には，十数名の海軍高級将校と，研究委員となった人のうちの少なくとも 5 人（浅田，嵯峨根，渡辺，菊池，仁科）が出席したとのべている．コッフィは，仁科をかねてより科学の軍事的応用に関心を抱いていた科学者として描き，〔仁科が〕海軍はアフリカでウランを確保できるかもしれないと提案したとさえ記している．コッフィは海軍の研究を「A 計画」と名づけている．*The Day Man Lost*, p. 268〔『原爆の落ちた日』，p. 19〕では「B 研究」とされている．

(48) 『昭和史の天皇』，pp. 180–81.

(49) 木越「日本の原爆」，pp. 164–68.

(50) 『大系』，pp. 442，445；『昭和史の天皇』，pp. 86–88（竹内征の証言）．不可解なことに，『サイエンス』誌はこの重要な日付を，1942 年 12 月ではなく，1940 年 10 月としている．

(51) 『大系』，p. 442；『昭和史の天皇』，p. 85.

(52) 『大系』，p. 446–47；『昭和史の天皇』，pp. 92–93.『サイエンス』誌は，1943 年 3 月 19 日の決定を，仁科が長期的規模の計画を構想し，その実現を望んでいた証拠と解釈している．この解釈は，「瓩」（キログラム）の文字をよく似た「瓲」（トン）とまちがえ，「数百瓩」——これは，熱拡散分離法の予備実験が完了した時点で日本が手にしうると期待されたウランの量を指すと推測される——という記述を「数百瓲」と誤訳としたことによって助長された．もうひとつの原因は，仁科の下した指示についてのメモに「thermal diffusion がうまくゆくかどうかをみるコト．爆発がうまくゆくかは thermal diff と別に parallel に実験で決めるコト」という，どうにでも取れる記述があるためである．なるほど，これは陸軍に委託された公式の計画である以上，仁科が，予備実験の後に事が理想的に進んだ場合のことを語っていると解釈するのも当然のことだろう．しかしながら，日本側の証言から明らかなように，3 月の決定の実際的意味は限定的なものだったのであり，これといった実験が熱拡散（thermal diffusion）分離実験と並行して（parallel に）おこなわれたわけではない．以下でみるように，じっさいには仁科は，ニ号計画をささやかな規模にとどめておくつもりであったらしい．

(53) 『大系』，p. 465.

(54) じっさいには 11 名の技術将校が 1944 年 3 月にニ号研究に配属された．その内訳は，竹内に 5 名，木越に 5 名，そしてウラン鉱石の調査・探索に関連してのちに言及する飯盛里安教授に 1 名であった（『昭和史の天皇』，pp. 99–101）．このとき木越の研究に配属された 1 人であった石渡武彦はじっさいには召集される前からウラン研究に携わっていた．

(55) 『昭和史の天皇』，pp. 101–37．ここには，実験にかんする竹内と木越の証言が収録されている．この実験の経緯を専門的に詳細にまとめたものとして，『体系』，pp. 444–64 に，実験日誌にもとづく竹内の回想記が収録されている．また，木越「日本の原爆」，p. 171 もみよ．

(56) 『昭和史の天皇』，pp. 156–64；木越「日本の原爆」，pp. 172–73.

(57) 『昭和史の天皇』，pp. 141–56．石川鉱山で中学生が勤労動員されたいきさつは，山本「日本原爆の真相」の pp. 26–31 で語られている．日本に運ばれたウラン化合物の量を正確に見積もることは不可能であるが，これについては日本の降伏後にアメリカ軍当局が詳細な調査をおこなっている．ある情報報告には，個数は不明だが，50 キログラムの「ウラン鉱」の箱が満州から東京に送られたとある：Edwin W. Pauley, *Report on Japanese Assets in Manchuria to the President of the United States* (July 1946) p. 152．べつの報告では，200–300 ポンド程度の酸化ウランが海軍によって京都帝国大学の荒勝文策教授のもとに送られたと推計さ

れている；SWNCC 52/17（June 3, 1946）p. 57, in box 120, Record Group 218, National Archives. さらにべつのアメリカ軍の報告によれば，1946 年 8 月の時点で，3,400 ポンドの「ウラン化合物」と 15,200 ポンドの「トリウム化合物」，そして 5,100 トン以上の「トリウムおよびウラン含有鉱石」（主として朝鮮からのブラック・サンド）が日本にあったという；JCS 1380/33（August 14, 1946）: 240, in box 121, Record Group 218, National Archives.

（58）『昭和史の天皇』，pp. 146–48.

（59）Wilcox, *Japan's Secret War,* pp. 102–4, 141–44, 155–60.

（60）『昭和史の天皇』，p. 221．容易に信じがたいことだが，決定的に重要な六フッ化ウラン，つまりフッ化物（fluoride）の "F" を取ったとする解釈もある；『昭和史の天皇』，p. 204.

（61）『昭和史の天皇』，pp. 183–205．1945 年 7 月 21 日の会議に京都帝国大学から出席したのは，荒勝，湯川，小林稔，佐々木申二の 4 人だけであった．湯川は，中立国から入手した資料をもとに「世界の原子力研究」という講演をおこない，そのなかで，いかなる国も近い将来に原子を軍事利用することは不可能であろうとの見通しをあらためてくり返した．

（62）『大系』，p. 468；『昭和史の天皇』，p. 191.

（63）『昭和史の天皇』，pp. 191，201，203，228；『大系』，p. 468.

（64）『昭和史の天皇』，pp. 84，142，145.

（65）『昭和史の天皇』，p. 155；山本「日本原爆の真相」，pp. 18–19．高松宮と三笠宮の役割については『サイエンス』誌でも取り上げられているが，そこでは両宮は天皇の「子息」（sons）とされている．

（66）『昭和史の天皇』，p. 120.

（67）同上，p. 206.

（68）同上，182，173；『大系』，p. 469.

（69）1942–1945 年の研究費はおよそ以下のとおりであった．

日本学術振興会	10,417,000 円
文部省	46,550,000 円
技術院	70,027,000 円
陸　軍	462,166,000 円
海　軍	281,516,000 円

Kamatani, "History of Research Organizations," pp. 58–61;『自然』（1972 年 3 月号）：97–99〔広重徹『科学の社会史』，pp. 216–20〕をみよ．原爆の可能性にかんする陸軍の初期の調査の調整役を務めた鈴木辰三郎は，日本が原爆研究にあてた経費は全部でおよそ 1,000 万円であるとし，その半分はウラン鉱石を捜すのに使われたとのべている；『新編 私の昭和史 2』，pp. 122–23．もっとも高い数値（2,000 万円）を挙げているのは山本洋一だが，山本の記している他の多くのことがらと同様，この金額は信憑性に欠けるように思われる；山本「日本原爆の真相」，pp. 18–19.

アメリカの投じた経費との正確な比較は不可能だが，日本とアメリカの計画の規模の差がどれほど桁違いに大きかったか，その感じを示すことはできる．ごく大ざっぱに戦時中の 1 米ドルが 4 円に相当したとみなすと，日本の 260 万円という経費は 65 万ドルに相当することになる．マンハッタン計画に投じられた 20 億ドルはその 3 千倍以上である．

（70）『昭和史の天皇』，pp. 190–91；『大系』，p. 468．『サイエンス』誌の手にかかるとおなじ引用文がこうあつかわれる——「そこで科学者たちは，この計画はうまく行ってもきわめて長期を要すると見ており，彼らの 1 人がのちにのべているように "この戦争に間に合わなくても，つぎの戦争に間に合えばいいんだ" と考えていたように思われる」．すでに指摘したように，これを語った科学者は，戦時中の一海軍将校の言葉を嘲笑的に引用していたのである．

（71）『大系』，p. 445.

（72）同上，p. 447.

（73）『昭和史の天皇』，pp. 107–108.

（74）同上，pp. 97–99，114；木越「日本の原爆」，pp. 169–70.

（75）『大系』，pp. 442;『昭和史の天皇』，pp. 122，208.

4 造言飛語・不穏落書・特高警察の悪夢

(1) 『大阪パック』は，1941年12月から1942年7月まで，各頁の端にスローガンを掲載した．筆者は1942年8月号は未見．9月号ではこの企画はおこなわれていない．

(2) 森川法達『帝国日本標語集：戦時国策スローガン全記録』(現代書館，1989)．同書は，ひたすら戦時スローガンを列挙した240頁ほどの本で，1頁平均15から20の標語が収められている．

(3) 日本人はアメリカ人よりもずっと定期的に，気の遠くなるような数のスローガンをつくりだした．そして日本人も，すくなくとも愛国的言辞という点では，アメリカ人に引けをとらなかった．しかし，戦時期の日本人の歌は空想的でしばしば歪曲されていたし，日本の戦時映画が大げさな愛国主義の修辞に多くを依存していたというわけでもまったくない．この点では，ハリウッドの凝りすぎたプロパガンダ映画とは鋭い対照をなしている．さまざまな表現方法によるその多様性は際立っている．

(4) いわゆるサムライの時代(12世紀から19世紀なかばまで)，女性と子供を含めた総人口に占める武士階級の割合は，おそらく7パーセントから10パーセントであった．そして兵士は，戦《いくさ》で死ぬよりも，囚われの身となったり取引することのほうが多かった．いずれにしても，1615年以降，大きな戦はなくなり，大方の人は，戦で死んだり自分の主君のために死ぬという考えを忘れてしまった．彼らは「主君」それ自体をもたず，じっさいに1868年に封建体制が打破されるまで天皇など知らぬも同然だった．

(5) 『戦陣訓』は1941年1月に陸軍省が発行し，すべての兵士がそれを持って戦に臨んだが，その第1章第6節にはつぎのような降伏不可の方針を定めている．「防禦又克く攻勢の鋭気を包蔵し，必ず主動の地位を確保せよ．陣地は死すとも敵に委すること勿れ」．

(6) おもな情報報告は，Foreign Morale Analysis Division, Bureau of Overseas Intelligence, Office of War Information, Record Group 208, National Archives, Washington, D. C. で閲覧することができる．日本人の士気が損なわれているという，この外国軍隊士気分析課の結論をみごとに要約したものとして，かつて同課々長の任にあたったアレクサンダー・レイトンが後年公刊した *Human Relations in a Changing World: Observations on the Use of the Social Sciences* (New York: Dutton, 1949) がある．さらに，U. S. Strategic Bombing Survey, *The Effects of Strategic Bombing on Japanese Morale* (Washington, D. C.: Government Printing Office, June 1947) も参照．

(7) 近衛上奏文は，J. W. Dower, *Empire and Aftermath: Yoshida Shigeru and the Japanese Experience, 1878–1954* (Cambridge, Mass.: Council on East Asian Studies, Harvard University, 1979), ch. 7で英訳され，議論されている．

(8) 尾形昭二「終戦の反共的性格」(『日本資本主義講座　戦後日本の政治と経済』(岩波書店，1953) 月報3を参照．なお，真崎勝次『日本はどこへ行く：罠にかかった日本』(実業の世界社，1960)，pp. 42–46も参照．

(9) 外務省編『終戦史録』(新聞月刊社，1952)，pp. 359–60.

(10) ゾルゲ・尾崎スパイ団にかんする優れた論考としては，Chalmers Johnson, *An Instance of Treason: Ozaki Hotsumi and the Sorge Spy Ring* (Stanford, Calif.: Stanford University Press, 1964)〔ジョンソン『尾崎・ゾルゲ事件：その政治学的研究』萩原実訳(弘文堂，1966)〕がある．

(11) Shigemitsu Mamoru, *Japan and Her Destiny: My Struggle for Peace* (New York: Dutton, 1958), pp. 244–45. みすず書房編『現代史資料　ゾルゲ事件』第2巻第2号，p. 128. なお，Johnson, *An Instance of Treason*, pp. 2, 5, 7, 120, 131, 160, 172に加えて，p. 191に収められているふたつめの引用も参照．これは，尾崎側からの瑣末な観察ではなく，まさに彼の希望と期待の核心であった．

(12) 細川護貞『情報天皇に達せず』(磯部書房，1953)，pp. 189, 312–13.

(13) 内務省警保局保安部『特高月報』昭和17年2月分：22. これは，月毎にまとめられた特別高等警察の内部秘密報告で，1930(昭和5)年3月から1944(昭和19)年11月の期間にわたっている(以下，『特高月報』と略記)．〔引用にあたり，旧漢字は常用漢字に改めた．以下同様〕

(14) 同前資料：7–8.

(15) 同前資料：15–16, 22, 28, 35.

(16) 同前資料：37–38.

(17) これら日本共産党の種々の論文は，George M. Beckmann and Genji Okubo, *The Japanese Communist*

Party, 1922–1945（Stanford, Calif.: Stanford University Press, 1969）に採録されている．

（18）ジョージ・ブライトマン他が編纂し，1971 年から 1976 年にかけて刊行された 12 巻のトロツキー選集 Leon Trotsky, *Writings of Leon Trotsky, 1930–31*（New York: Pathfinder Press）, p. 356 を参照．また，*Writings of Leon Trotsky, 1932–33*, p. 291〔『トロツキー著作集　1932–33』上下，上・水谷驍訳，下・湯川順夫訳（柘植書房，1983，1989）〕も参照されたい．

（19）*Writings of Leon Trotsky, 1937–38*, p. 101〔『トロツキー著作集　1937–38』上下，上・古里高志訳，下・初瀬侃訳（柘植書房，1973，1974）〕．

（20）Ibid., p. 106. さらに *Writings of Leon Trotsky, 1932–33*, p. 293 も参照．

（21）毛沢東については，Edgar Snow, *Red Star Over China*（New York: Grove, 1961）, p. 95〔スノウ『中国の赤い星』宇佐美誠次郎訳（筑摩書房，1962）〕に引用がある．なお，以下も参照されたい．Karl Radek, “Japan and International Fascism,” introduction to O. Tanin and E. Yohan, *Militarism and Fascism in Japan*（New York: International Publishers, 1934）〔タニン／ヨハン『近代日本政治史：日本に於けるミリタリズム及びファシズムの発展を通して見た』松原宏・森喜一訳（叢文閣，1936）〕; Tanin and Yohan, *When Japan Goes to War*（New York: International Publishers, 1936）〔タニン／ヨハン『日本のソ聯邦と戦ふ時』外務省調査部訳（1938）〕．また，反共主義の立場に立つ観察者による論評は以下を参照．Russell D. Buhite, *Nelson T. Johnson and American Policy toward China, 1925–1941*（East Lansing: Michigan State University Press, 1968）p. 68; Willis Church Lamont, “What of Postwar Japan?” *Asia*（Oct. 1942）: 575; William C. Johnstone, “Must We Keep Japan Strong?” *Far Eastern Survey*（Nov. 2, 1942）: p. 225.

（22）Institute of Pacific Relations, *Security in the Pacific*（New York: Institute of Pacific Relations, 1945）, pp. 23, 25.

（23）Nobutake Ike, trans., *Japan's Decision for War: Records of the 1941 Policy Conferences*（Stanford, Calif.: Stanford University Press, 1967）, pp. 111–12.

（24）Ibid., pp. 272–74.

（25）外務省編『終戦史録』，p. 357.

（26）細川『情報天皇に達せず』，pp. 250–51. なお，同書，pp. 153–54, 164–67 も参照．

（27）Ronald Dore, *Land Reform in Japan*（London: Oxford University Press, 1959）, p. 22〔ドーア『日本の農地改革』並木正吉・高木径子・蓮見音彦訳（岩波書店，1965）〕; Tadashi Fukutake, *Japanese Rural Society*, trans. Ronald P. Dore（Ithaca, N. Y.: Cornell University Press, 1972）, p. 10〔原書，福武直『日本農村社会論』（東京大学出版会，1964）〕．

（28）Dore, *Land Reform in Japan*, p. 72 も参照．紛争事件の比較統計については，同前書，pp. 78–79 も参照．また，1920 年代と 1930 年代の農村における急進主義を生々しく記述したものとして，『特高月報』昭和 17 年 12 月分：72；同昭和 18 年 12 月分：91–92；同昭和 19 年 11 月分：43–45 を参照．

（29）Dore, *Land Reform in Japan*, pp. 22, 114, and ch. 4.

（30）Frederick S. Hulse, “Some Effects of the War upon Japanese Society,” *Far Eastern Quarterly* 8, no. 1（Nov. 1947）: 22–42.

（31）藤原彰「太平洋戦争」『岩波講座　日本歴史』第 21 巻（岩波書店，1963），pp. 184–185.

（32）『特高月報』昭和 18 年 3 月分：58–63.

（33）U. S. Strategic Bombing Survey, *Effects of Strategic Bombing on Japanese Morale*, p. 112; 同報告の pp. 241–42 も参照．

（34）『特高月報』昭和 19 年 8 月分：5, 15–27.

（35）尾形前掲論文（前記註（8）をみよ）．反体制論者がスターリンを引き合いに出すのはごくまれのようだ．『特高月報』昭和 18 年 8 月分：26.

（36）尾形前掲論文（前記註（8）をみよ）．このような傾向の結果，学徒動員された学生のあいだに「危険思想」が広まるのを防ぐため，特別捜査員が任命された．Jerome B. Cohen, *Japan's Economy in War and Reconstruction*（Minneapolis: University of Minnesota Press, 1949）, p. 324 を参照．

（37）『朝日新聞』1971 年 12 月 6 日．

（38）同前．

（39）U. S. Strategic Bombing Survey, *Effects of Strategic Bombing on Japanese Morale*, p. 248.

（40）引用はすべて本文中に記した当該年月分の『特高月報』に収められている．

（41）奥平康弘『治安維持法』（『現代史資料』第 45 巻，みすず書房，1973），pp. 655–57.

(42) 引用は，藤原「太平洋戦争」，p. 185 による．信夫清三郎『戦後日本政治史 Ｉ』（勁草書房，1965），p. 52 も参照．
(43) U. S. Strategic Bombing Survey, *Effects of Strategic Bombing on Japanese Morale*, p. 249.
(44) Ibid., p. 244.
(45) Ibid., pp. 113, 249.
(46) Hulse, “Some Effects of the War upon Japanese Society,” p. 29. 加えて U. S. Strategic Bombing Survey, *Effects of Atomic Bombs on Hiroshima and Nagasaki* (Washington, D. C.: Government Printing Office, 1946), pp. 20–21 も参照．
(47) 池内一「太平洋戦時流言」『社会学評論』（1951 年 6 月号）：30–42；U. S. Strategic Bombing Survey, *Effects of Strategic Bombing on Japanese Morale*, pp. 249–50.
(48) 『特高月報』昭和 18 年 10 月分：97；同昭和 17 年 4 月分：27；同昭和 17 年 5 月分：25；同昭和 18 年 1 月分：29；同昭和 18 年 10 月分：97 を参照．
(49) 『特高月報』昭和 18 年 9 月分：20–21.
(50) 『特高月報』昭和 18 年 3 月分：19；同昭和 18 年 2 月分：21.
(51) 信夫『戦後日本政治史 Ｉ』，p. 72.
(52) 『特高月報』昭和 19 年 2 月分：16.
(53) 『特高月報』昭和 18 年 12 月分：43；同昭和 18 年 11 月分：34.
(54) 『特高月報』昭和 17 年 1 月分：13.
(55) 『特高月報』昭和 17 年 4 月分：30.
(56) 『特高月報』昭和 17 年 4 月分：30.
(57) 『特高月報』昭和 19 年 6 月分：26.
(58) 『特高月報』昭和 18 年 10 月分：104.
(59) 『特高月報』昭和 18 年 7 月分：33.
(60) 『特高月報』昭和 18 年 3 月分：19．なお，同昭和 17 年 1 月分：11；同昭和 17 年 4 月分：30；同昭和 17 年 10 月分：23；同昭和 18 年 4 月分：29–30 も参照．
(61) 『特高月報』昭和 19 年 10 月分：16.
(62) 『特高月報』昭和 18 年 12 月分：43.
(63) 『特高月報』昭和 18 年 8 月分：28.
(64) 『特高月報』昭和 19 年 8 月分：32．同昭和 18 年 7 月分：29, 30 も参照．
(65) 『特高月報』昭和 17 年 5 月分：25；同昭和 17 年 4 月分：29.
(66) 『特高月報』昭和 19 年 10 月分：15；同昭和 17 年 6 月分：19；同昭和 19 年 10 月分：16.
(67) U. S. Strategic Bombing Survey, *Effects of Strategic Bombing on Japanese Morale*, p. 243 (slightly revised).
(68) 『特高月報』昭和 17 年 5 月分：25．この言辞に若干の変更を加えたものが『特高月報』昭和 18 年 11 月分：39 にみられる．
(69) 『特高月報』昭和 18 年 4 月分：29；同昭和 18 年 3 月分：19；同昭和 18 年 10 月分：102.
(70) 『特高月報』昭和 19 年 7 月分：18．この特殊な事例は，若い違反者が神経症を患っている兆候をうかがわせる．彼が壁に書いた落書が全体として首尾一貫しておらず，「ドチラモマケナ《〔ママ〕》　戦争ガヒドクナレ僕ハイヤ　ヘイタイキライ」などとつづけられているからである．
(71) 『特高月報』昭和 18 年 4 月分：32.
(72) 細川『情報天皇に達せず』，p. 359.
(73) 『特高月報』昭和 18 年 10 月分：102．警察の報告では，すべて日本語で記録されているが，報告に付された註釈によれば，壁の落書はじっさいには英語と日本語が混用されていたらしい．
(74) 『特高月報』昭和 17 年 3 月分：42–45．同昭和 17 年 3 月分：40；同昭和 17 年 5 月分：23；同昭和 17 年 12 月分：39；同昭和 18 年 9 月分：19 も参照．
(75) 『特高月報』昭和 18 年 9 月分：28．同昭和 17 年 6 月分：20；同昭和 18 年 9 月分：26；同昭和 18 年 12 月分：40 も参照．
(76) 『特高月報』昭和 18 年 5 月分：29．同昭和 18 年 12 月分：39 も参照．
(77) 『特高月報』昭和 18 年 5 月分：23.
(78) 『特高月報』昭和 18 年 6 月分：31.

(79) 『特高月報』昭和 18 年 12 月分：39.
(80) 『特高月報』昭和 17 年 5 月分：23.
(81) 『特高月報』昭和 17 年 5 月分：25.
(82) 『特高月報』昭和 17 年 8 月分：179.
(83) 『特高月報』昭和 17 年 1 月分：10；同昭和 18 年 8 月分：26；同昭和 17 年 5 月分：22；同昭和 19 年 2 月分：14.
(84) 『特高月報』昭和 17 年 1 月分：10；同昭和 18 年 4 月分：30.
(85) 池内「太平洋戦争中の戦時流言」, p. 39（表 4）を参照.
(86) 『特高月報』昭和 18 年 4 月分：30.
(87) 『特高月報』昭和 17 年 1 月分：10. 同昭和 16 年 12 月分：30 もみよ.
(88) 藤原「太平洋戦争」, p. 185.
(89) 『特高月報』を網羅的とみることはできないが, 1943 年には合計で 162 の不敬および不穏事件が列挙されており, このうち 85 件が不敬事件関係であった. この月報の復刻版（1944 年 11 月で完結）で簡単に閲覧することのできる 1944 年の 7 カ月間では, この数字はそれぞれ 71 件および 40 件である. 米国戦略爆撃調査団は 1944 年の公式報告を引用している（*Effects of Strategic Bombing on Japanese Morale*, p. 245）が, 同報告は 1943 年 9 月から 1944 年 2 月の期間における民衆の批判激化を強調し, きわめて深刻な事件としてつぎのような数字を挙げている.

	不敬		反戦および反軍		その他	
	件数	逮捕	件数	逮捕	件数	逮捕
1943 年 2 月–1943 年 8 月	39	22	30	5	61	11
1943 年 9 月–1944 年 2 月	48	38	32	12	23	7
計	87	60	62	17	84	18

(90) 『特高月報』昭和 17 年 10 月分：23.
(91) 『特高月報』昭和 18 年 10 月分：98.
(92) 『特高月報』昭和 18 年 9 月分：19.
(93) 『特高月報』昭和 18 年 9 月分：26.
(94) ただの「人間」ではないかという言辞は,『特高月報』昭和 17 年 5 月分：21；同昭和 18 年 5 月分：27–28. さらにめずらしく, 興味をひく表現が『特高月報』昭和 19 年 2 月分：17；同昭和 18 年 10 月分：98；同昭和 18 年 12 月分：42；同昭和 17 年 1 月分：11；同昭和 16 年 12 月分, p. 29 などにみられる.
(95) 『特高月報』昭和 19 年 2 月分, p. 6；同昭和 19 年 8 月分：32.「天ちゃん」という呼称は, この時代を生きた日本人がしばしばもちいたもの.
(96) 『特高月報』昭和 18 年 9 月分：24.
(97) 『特高月報』昭和 17 年 9 月分：31.
(98) 『特高月報』昭和 17 年 1 月分：11；同昭和 17 年 8 月分：179；同昭和 17 年 12 月分：38；同昭和 18 年 2 月分：20.
(99) 『特高月報』昭和 17 年 4 月分：27.
(100) 『特高月報』昭和 18 年 8 月分：27.
(101) 『特高月報』昭和 18 年 12 月分：42.
(102) 『特高月報』昭和 18 年 3 月分：16.
(103) 『特高月報』昭和 18 年 9 月分：24.
(104) 『特高月報』昭和 17 年 10 月分：24；同昭和 18 年 3 月分：17.
(105) 『特高月報』昭和 18 年 1 月分：29；同昭和 18 年 9 月分：24.
(106) 『特高月報』昭和 18 年 12 月分：40–41.
(107) 『特高月報』昭和 18 年 12 月分：42.
(108) 『特高月報』昭和 17 年 4 月分：28；同昭和 17 年 9 月分：31；同昭和 18 年 3 月分：13–14；同昭和 18 年 9 月分：21；同昭和 18 年 12 月分：41 も参照.
(109) 『特高月報』昭和 18 年 10 月分：105, 97.

（110） 『特高月報』昭和 18 年 6 月分：28.

（111） 『特高月報』昭和 18 年 12 月分：41. 家永三郎は，日本軍人でさえ死にぎわに「天皇陛下バンザイ」などと一人も言ったことがないという，日本の有名な脱走兵「トビン」〔スマトラの駐屯部隊から脱走してインドネシアに潜入し，現地の人びとにたいへん人気のあった「歴戦の勇士」と伝えられる〕のエピソードを引用している（『太平洋戦争』（岩波書店，1968），p. 246 を参照）. 戦場の体験を生き抜いた日本人がひそかにのべるのは，たいていの日本人が自分の家族，わけても母親のことを口にしながら死んでいったということである.

（112） 『特高月報』昭和 18 年 8 月分：28.

（113） 『特高月報』昭和 17 年 5 月分：19–20.

（114） 信夫『戦後日本政治史 Ⅰ』，p. 72；家永『太平洋戦争』，p. 253.

（115） 家永『太平洋戦争』，p. 247.

（116） 信夫『戦後日本政治史 Ⅰ』，p. 72.

（117） 同前.

（118） 同前.

（119） 同前.

（120） 『特高月報』昭和 16 年 12 月分：29.

（121） 『特高月報』昭和 17 年 4 月分：28.

（122） 同前.

（123） 『特高月報』昭和 17 年 6 月分：18. これらの侮蔑的言辞には，反ユダヤ思想がときおり現われる. たとえば，『特高月報』昭和 17 年 1 月分：11；U. S. Strategic Bombing Survey, *Effects of Strategic Bombing on Japanese Morale*, p. 240 を参照.

（124） 『特高月報』昭和 17 年 10 月分：24.

（125） 『特高月報』昭和 18 年 3 月分：17.

（126） 『特高月報』昭和 18 年 5 月分：27–28.

（127） 『特高月報』昭和 19 年 2 月分：15. U. S. Strategic Bombing Survey, *Effects of Strategic Bombing on Japanese Morale*, p. 245 を参照.

（128） この問題にかんする論稿として以下を参照. Kazuko Tsurumi in *Social Change and the Individual: Japan before and after Defeat in World War II*（Princeton: Princeton University Press, 1970）; U. S. Strategic Bombing Survey, *Summary Report*（Pacific War）（Washington, D. C.: Government Printing Office, 1946）, p. 21.

（129） ある報告がのべているように，大衆はそれまで問題にされなかったことを問題にしはじめた. すなわち，「戦争指導者たちの責任であり，そして，それは間接的に，現在の戦況に対する天皇の責任である. ……この「聖戦」は軍国主義者と資本家の私的な戦争であるとの論陣をはり，資本家や軍需工場の経営者への怨嗟を極端に表現することによって階級闘争を唱道する事件が数多く存在する」という状況を呈したのである（U. S. Strategic Bombing Survey, *Effects of Strategic Bombing on Japanese Morale*, p. 245）.

（130） 外務省編『終戦史録』，p. 357.

（131） 細川『情報天皇に達せず』，pp. 73–74；外務省編『終戦史録』，p. 291. 細川については，Dower, *Empire and Aftermath*, pp. 289–90 を，さらに，このような革命の恐怖が実体化しているように保守層の眼に映っていく様子については，ibid., pp. 292–303 を参照.

5 占領下の日本とアジアにおける冷戦

（1） 日本人が野蛮だという言及にかんしては以下をみよ. “Today Has Been a Historical One: Harry S. Truman's Diary of the Potsdam Conference”（introduced by Eduard Mark）, *Diplomatic History* 4（Summer 1980）: 324; Robert H. Ferrell, ed., *Off the Record: The Private Papers of Harry S. Truman*（New York: Harper and Row, 1980）, pp. 55–56.「野獣を相手にし」なければならないというトルーマンの論評は，1945 年 8 月 11 日付書簡にあり，以下に引用されている. Barton J. Bernstein, “The Atomic Bomb and American Foreign Policy: The Route to Hiroshima,” in Barton J. Bernstein, ed., *The Atomic Bomb: The Critical Issues*（Boston: Little, Brown, 1976）, p. 113. 日本の都市部にたいする低空からの焼夷弾爆撃は 1945 年 3 月 9 日から 10 日の東京大空襲にはじまり，原爆投下にいたるまでには 60 を超える都市に拡大されていた.

(2)　初期の文献解題では以下のものが優れている．Robert E. Ward and Frank Joseph Shulman, eds., *The Allied Occupation of Japan, 1945–1952: An Annotated Bibliography of Western Language Materials* (Chicago: American Library Association, 1974)．シュルマンは 1978 年にマッカーサー記念館で開催された会議のために以下の文献リストも作成している．"Doctoral Dissertations on the Allied Occupation of Japan, 1945–1952." 1980 年代前半の時点で刊行されている基本文献のもっと簡潔なリストについては以下を参照のこと．John W. Dower, *Japanese History and Culture from Ancient to Modern Times: Seven Basic Bibliographies* (New York: Markus Wiener Publishing, 1986), pp. 199–222.

占領にかんする日本語および英語の研究についての歴史方法論的な評価については以下を参照．John W. Dower, "Occupied Japan as History and Occupation History as Politics," *Journal of Asian Studies* 234 (Feb. 1975): 485–504; Carol Gluck, "Entangling Illusions: Japanese and American Views of the Occupation," in Warren I. Cohen, ed., *New Frontiers in American–East Asian Relations: Essays Presented to Dorothy Borg* (New York: Columbia University Press, 1983), pp. 163–236. また，Harry Wray and Hilary Conroy, eds., *Japan Examined: Perspectives on Modern Japanese History* (Honolulu: University of Hawaii Press, 1983), pp. 331–63 に収められたダワー，エドウィン・O・ライシャワー，竹前栄治，袖井林二郎の短い論文に目を通せば，今日この分野にさまざまな解釈の存在していることがわかる．

占領について初期の影響力の強い見解のなかでも注目に値するものとして以下を参照．Edwin O. Reischauer, *The United States and Japan* (Cambridge, Mass.: Harvard University Press, 1st ed., 1950) の各版．Kazuo Kawai, *Japan's American Interlude* (Chicago: University of Chicago Press, 1960); Frederick S. Dunn, *Peacemaking and the Settlement with Japan* (Princeton: Princeton University Press, 1960); Robert E. Ward, "Reflection on the Allied Occupation and Planned Political Change in Japan," in Robert E. Ward, ed., *Political Development in Modern Japan* (Princeton: Princeton University Press, 1968).

筆者自身も初期の著作で，もっと広範な注釈付きで，ここで言及されている修正主義的なテーマのいくつかについて詳述している．以下を参照．*Empire and Aftermath: Yoshida Shigeru and the Japanese Experience, 1878–1954* (Cambridge, Mass.: Council on East Asian Studies, Harvard University, 1979), pp. 305–492.〔ダワー『吉田茂とその時代』大窪愿二訳（中公文庫，1991）〕；"The Eye of the Beholder: Background Notes on the U. S.–Japan Military Relationship," *Bulletin of Concerned Asian Scholars* 2 (October 1969): 15–31; "Occupied Japan and the American Lake, 1945–1950," in Edward Friedman and Mark Selden, eds., *America's Asia: Dissenting Essays on Asian–American Relations* (New York: Pantheon, 1974), pp. 146–206; "The Superdomino in Postwar Asia: Japan In and Out of The Pentagon Papers," in Noam Chomsky and Howard Zinn, eds., The Senator Gravel Edition of the *Pentagon Papers*, vol. 5 (Boston: Beacon Press, 1972), pp. 101–42. ハワード・ションバーガーも公文書および私文書を広範に活用して一連の修正主義的な論文を著し，アメリカの意思決定と冷戦という文脈で占領について解明している．なかでも以下の論文を参照のこと．"Zaibatsu Dissolution and the American Restoration of Japan," *Bulletin of Concerned Asian Scholars* 5 (Sept. 1973): 16–31; "The Japan Lobby in American Diplomacy, 1947–1952," *Pacific Historical Review* 46 (Aug. 1977): 327–59; "American Labor's Cold War in Occupied Japan," *Diplomatic History* 5 (Summer 1979): 249–72; "General William Draper, the 80th Congress, and the Origins of Japan's Reverse Course," paper presented to the International Conference on the Occupation of Japan, Amherst College, August 1980; "The General and the Presidency: Douglas MacArthur and the Election of 1948," *Wisconsin Magazine of History* 57 (Spring 1974): 201–19; "U. S. Policy in Postwar Japan: The Retreat from Liberalism," *Science and Society* 46 (Spring 1982): 39–59; "John Foster Dulles and the China Question in the Making of the Japanese Peace Treaty," in Thomas W. Burkman, ed., *The Occupation of Japan: The International Context* (Norfolk, Va.: MacArthur Memorial, 1982), pp. 229–54. これらの論文の大半に他の論文を加えて，占領にかんする「伝記的歴史」が 1 冊の著書にまとめられた．*Aftermath of Empire: Americans and the Remaking of Japan, 1945–1952* (Kent, Ohio: Kent State University Press, 1989)〔ションバーガー『占領　1945–1952』宮崎章訳（時事通信社，1994）〕.

日本および戦後のアジアにたいするアメリカの経済計画における広範な地域的アプローチの台頭にかんする詳細な分析は以下を参照のこと．William Borden, *Pacific Alliance: United States Foreign Economic Policy and Japanese Trade Recovery, 1947–1955* (Madison: University of Wisconsin Press, 1984); Michael Schaller, *The American Occupation of Japan: The Origins of the Cold War in Asia* (New York: Oxford University Press, 1985). シャラーの著作は，朝鮮戦争以前の，日本と東南アジアの経済を統合しようという提案について鋭

く分析した以下の論文を発展させてさらにくわしく論じたもの．“Securing the Great Crescent: Occupied Japan and the Origins of Containment in Southeast Asia,” *Journal of American History* 69（Sept. 1982）: 392–414.

アメリカ国内では，占領期の日本にかんする研究の主要な発表の場は，ヴァージニア州ノーフォークのマッカーサー記念館主催のシンポジウムだった．シンポジウムの議事録は以下のものが公刊されている．*The Occupation of Japan and Its Legacy to the Postwar World*（1975）; *The Occupation of Japan: Impact of Legal Reform*（1977）; *The Occupation of Japan: Economic Policy and Reform*（1978）; *The Occupation of Japan: Education and Social Reform*（1980）; *The Occupation of Japan: The International Context*（1982）. 占領下の日本および占領下のドイツにかんする1977年の会議の議事録については以下を参照．Robert Wolfe, ed., *Americans as Proconsuls: United States Military Government in Germany and Japan, 1944–1952*（Carbondale: Southern Illinois University Press, 1984）.

（3） 戦後の最初の10年におけるアメリカのアジア他地域にたいする政策の研究で，日本に重点を置いた本論文を補完してくれる重要な英語文献は以下を参照．Akira Iriye〔入江昭〕*The Cold War in Asia: A Historical Introduction*（Englewood Cliffs, N. J.: Prentice-Hall, 1974）; Yōnosuke Nagai〔永井陽之助〕and Akira Iriye, eds., *The Origins of the Cold War in Asia*（New York: Columbia University Press and University of Tokyo Press, 1977）; Bruce Cumings, “Introduction: The Course of Korean–American Relations, 1943–1953,” in Cumings, ed., *Child of Conflict: The Korean–American Relationship, 1943–1953*（Seattle: University of Washington Press, 1983）, pp. 3–55; idem, *The Origins of the Korean War: Liberation and the Emergence of Separate Regimes, 1945–1947*（Princeton: Princeton University Press, 1984）〔カミングス『朝鮮戦争の起源：解放と南北分断体制の出現　1945–1947』鄭敬謨訳（シアレヒム社［影書房発売］，1989）〕; 同著者の “The Origins and Development of the Northeast Asian Political Economy: Industrial Sectors, Produce Cycles, and Political Consequences,” *International Organization* 38（Winter 1984）: 1–40; William Whitney Stueck, Jr., *The Road to Confrontation: American Policy Toward China and Korea, 1947–1950*（New York: Columbia University Press, 1981）; Dorothy Borg and Waldo Heinrichs, eds., *Uncertain Years: Chinese–American Relations, 1947–1950*（New York: Columbia University Press, 1980）; Robert M. Blum, *Drawing the Line: The Origins of the American Containment Policy in East Asia*（New York: W. W. Norton, 1982）; Nancy Bernkopf Tucker, *Patterns in the Dust: Chinese–American Relations and the Recognition Controversy, 1949–1950*（New York: Columbia University Press, 1983）; Robert J. McMahon, *Colonialism and Cold War: The United States and the Struggle for Indonesian Independence, 1945–1949*（Ithaca: Cornell University Press, 1981）. 1981年に刊行された *The Japanese Journal of American Studies* の創刊号は，1冊丸ごと “United States Policy toward East Asia: 1945–1950” を特集した．

（4） アメリカの同盟国間の占領政策をめぐる意見の不一致（と一致）についてもっとも簡潔にまとめているのは，以下の初期の公文書である．U. S. Department of State, *The Far Eastern Commission: A Study in International Cooperation, 1945–1952*（Washington, D. C.: D. O. S. Publication 5138, 1953）. 1982年にはニュージーランド政府が（1800頁近くにおよぶ）膨大な関連資料集を *Documents on New Zealand External Relations*（edited by Robin Kay）の第2巻として公刊した．副題は The Surrender and Occupation of Japan（日本の降伏と占領）となっていた．占領下の日本にたいするイギリスの態度は以下でくわしく分析されている．Roger W. Buckley, *Occupation Diplomacy: Britain, the United States, and Japan, 1945–1952*（Cambridge: Cambridge University Press, 1982）. オーストラリアの立場は以下の比較的初期の研究で分析されている．Richard N. Rosecrance, *Australian Diplomacy and Japan, 1945–1951*（Cambridge: Cambridge University Press, 1962）. 註の（2）で取りあげたマッカーサー記念館主催の第5回シンポジウム（1982）の公刊された議事録には，占領の国際的側面にかんする研究論文が多く掲載されている．

日本の外務省は占領にかんする公文書を選択的に公開する政策をとっているが，研究者が日本の官僚機構に分散して保存されている基本的な一次資料を閲覧することは依然として困難をきわめる．内外の占領研究者が日本政府にたいしてもっと資料を公開し，手続きを簡素化するように1980年と83年の2度にわたって要望書を提出したが，いまだに形ばかりの回答しか得られていない．多くの資料がマイクロフィルムのかたちで公開されているが，大半は研究者にとってほとんど関心のもてないものである．この時期にかんするソ連の公文書は今後もっと公開されるものとみられ，将来，重要な分野で研究成果の修正に役立つはずだが，これまでのところ占領研究にはまったく影響をおよぼしていない．コロンビア大学に所蔵されているウェリントン・クー文書（Wellington Koo papers）のような数少ない例外を除いて，中国内部の

記録も研究者には公開されていない．

(5)　ケナンとラスクについては以下を参照．Committee on International Relations, House of Representatives, *Selected Executive Session Hearings of the Committee, 1943–50*, vol. 8（United States Policy in the Far East, part 2）, pp. 160, 512. おなじ問題にかんするディーン・アチソンの見解について，同文書，p. 242 と比較のこと．語り草になっているように，ルイス・ジョンソンが政策の足並みの揃わないことを公然と非難したのは 1949 年 6 月 10 日のこと．この日，国防総省はかの有名な「NSC 48」というかたちでアジア政策にかんして強硬路線を採用している．統合参謀本部の公式記録である *The History of the Joint Chiefs of Staff*（Wilmington, Del.: Michael Glazier, 1979）の第 2 巻，Kenneth W. Condit, *The Joint Chiefs of Staff and National Policy, 1947–1949*, p. 516 を参照．また，以下も参照．U. S. Department of Defense, *United States–Vietnam Relations, 1945–1967*, vol. 8, pp. 217–18.

(6)　降伏前の計画については以下をみよ．U. S. Department of State, *Foreign Relations of the United States*, 1944, vol. 5, pp. 1186–1289, および同 1945, vol. 6, p. 497 ff.（以下，この刊行物は *FRUS* と略記）．日本にかんする降伏前の計画の大半を起草した国務省グループの中心人物ヒュー・ボートンは，このテーマにかんして示唆に富む以下の論文を書いている．"Preparation for the Occupation of Japan," *Journal of Asian Studies* 25（Feb. 1966）: 203–12; *American Presurrender Planning for Postwar Japan*（New York: Occasional Papers of the East Asian Institute, Columbia University, 1967）.

戦後のアメリカ軍基地にかんする公けの論議の一部については以下に簡潔にまとめられている．J. W. Dower, "Occupied Japan and the American Lake". このテーマにかんする公文書についてはつぎに紹介されている．Melvyn P. Leffler, "The American Conception of National Security and the Beginnings of the Cold War, 1945–48," *American Historical Review* 89（April 1984）, esp. pp. 349–56. 歌のタイトルは以下に記述がある．Colin Shindler, *Hollywood Goes to War: Films and American Society, 1939–1952*（Boston: Routledge and Kegan Paul, 1979）, p. 35.

(7)　アメリカの単独管理によるものの，名目上は「連合国による」占領の公式政策は以下で説明されている．State-War-Navy Coordinating Committee（SWNCC）150/2（"United States Initial Post-Defeat Policy Relating to Japan"）, 12 August 1945; *FRUS* 1945, vol. 6, pp. 609–12. アメリカ以外の国の参加は最終的には在ワシントンの極東委員会と，アメリカ，中国，ソ連，英連邦の四代表からなる在東京の対日理事会という形態をとった．いずれも管理機構ではなかった．

(8)　*FRUS* の 1945 年の巻の多くで，これらの問題にページが割かれている．ソ連が東欧におけるみずからの地位と日本・太平洋におけるアメリカの勢力圏を等価にみようと試みたことは，駐モスクワ・アメリカ大使であったアベレル・ハリマンの電文中にもっとも強く表われている．トルーマン大統領は回顧録のなかで本質的に穏健なソ連の姿勢を認めている．*Memoir: Years of Decision*（New York: Signet, 1955）, esp. p. 490.

(9)　「中継基地」にかんしては以下をみよ．Harold Issacs, *No Peace for Asia*（Cambridge, Mass.: MIT Press, 1947, rep. 1967）, pp. 39, 119. 以下をみよ．Mark Gayn, *Japan Diary*（New York: William Sloan Associates, 1948）, pp. 42（diary entry for Dec. 20, 1945）, 119（February 21, 1946）, 212（May 10, 1946）, 237–40（May 27, 1946）; James Forrestal, *The Forrestal Diaries*, edited by Walter Millis（New York: Viking, 1951）, p. 56（May 1945）; *FRUS* 1946, vol. 6, pp. 285–86, 301–304, 337–39（for the *place d'armes* memo and related discussion）. 日本を反ソ軍事基地ないし同盟国として利用することにかんするその他の数多くのアメリカの声明については，マイケル・シャラーが *The American Occupation of Japan*〔シャラー『アメリカによる日本占領』〕の第 3 章で紹介している．なかでも目を引くのは，マッカーサー元帥とエドウィン・A・ロック大統領特使との会談の報告，および D・R・ジェンキンズ財務省特使の手になる 1946 年 2 月の東京発の報告である．

(10)　ルーズヴェルトとチャーチルは 1941 年 8 月の大西洋憲章のなかで枢軸国の将来の武装解除についてあいまいに言及している．また，1943 年 1 月 7 日の議会演説でルーズヴェルトは，ドイツ，イタリア，そして日本の「武装を解除し，2 度と軍備をもたせてはならない」と宣言した．この宣言は多くの評論家によって引用されている．以下を参照．William C. Johnstone, *The Future of Japan*（New York: Oxford University Press, 1945）, p. 31. バンデンバーグ上院議員の演説については 1945 年 1 月 11 日付の『ニューヨーク・タイムズ』を参照のこと．アメリカの政策が「恒久的な」日本の武装解除を目指していたのかどうかは，たしかにあいまいさが残る．しかし，1945 年 7 月 26 日のポツダム宣言には，日本軍は「完全に武装解除される」とのべられており，また，8 月 12 日付の SWNCC 150/2 は，「恒久的かつ完全な日本の武装解除と民主化を実現すること」がアメリカの政策であると宣言している．修正のうえで 8 月 29 日にマ

ッカーサーに送付され，9 月 22 日に公表された指令にも「日本は完全に武装を解かれ，民主化される」とある．*FRUS* 1945, vol. 6, pp. 552, 610 をみよ．また，以下も参照．Government Section, Supreme Commander for the Allied Power, *Political Reorientation of Japan, September 1945 to September 1948* (Washington, D. C.: U. S. Government Printing Office, 1949), vol. 2, pp. 423–24, 431.

(11) SWNCC およびボートン＝ブレークスリーのグループについては，前出註（6）の引用，および以下の考察を参照．Akira Iriye, *Power and Culture: The Japanese–American War, 1941–1945* (Cambridge, Mass.: Harvard University Press, 1982), SWNCC（後の SANACC）の基本文書は以下のタイトル名で 32 巻のマイクロフィルムで閲覧できる．SWNCC (State-War-Navy Coordinating Committee)/ SANACC (State-Army-Navy-Air Force Coordinating Committee) Case File, 1944–1949 (Wilmington, Del.: Scholarly Resources, 1977).

(12)「ローゼンフェルド大統領」と呼ぶマッカーサーの癖は，元帥の秘書官だったフォービオン・バワーズによる追想のなかの，関連性のない文脈でくわしく紹介されている．"The Late General MacArthur, Warts and All," *Esquire* (Jan. 1967): 90 ff. 初期の非軍事化および民主化政策については，種々の公式記録が詳述している．もっともよく知られているのは，マッカーサー司令部が叙述篇と資料篇の 2 巻にまとめた貴重な文献で，1949 年に以下のタイトルで刊行されている．*Political Reorientation of Japan, September 1945 to September 1948.* 国務省当局者の手になる 2 冊の本が占領期間中に政府機関以外の発行所から刊行されている．Edwin M. Martin, *The Allied Occupation of Japan* (New York: American Institute of Pacific Relations, 1948); Robert A. Fearey, *The Occupation of Japan, Second Phase: 1948–50* (New York: Macmillan, for the International Secretariat, Institute of Pacific Relations, 1950). 1950 年から 1952 年前半の占領終了までのあいだにも，マッカーサーのスタッフは見落とされがちだが有益な公式記録を残しており，最終的には占領の具体的な側面をあつかった 55 巻の論稿集にまとめられた．このシリーズは，以下の総合タイトルで米国立公文書館から刊行されたマイクロフィルムのかたちで利用できる．*History of the Non-Military Activities of the Occupation of Japan.* 補償と非軍事化の軍事的側面についてはつぎの忘れられた 1 冊がある．*MacArthur in Japan: The Occupation: Military Phase*, "Volume 1 Supplement" of *Reports of General MacArthur* (Washington, D. C.: U. S. Government Printing Office, 1966).

以下の公的機関以外による研究も，占領政策の個別具体的な側面にかんして有益である．Richard Minear, *Victor's Justice: The Tokyo War Crimes Trial* (Princeton: Princeton University Press, 1971)〔マイニア『勝者の裁き：戦争裁判・戦争責任とは何か』安藤仁介訳（福村出版，1985)〕; Phillip R. Piccigallo, *The Japanese on Trial: Allied War Crimes Operations in the East, 1945–1951* (Austin: University of Texas Press, 1972); Hans H. Baerwald, *The Purge of Japanese Leaders under the Occupation* (Berkeley: University of California Publications in Political Science, 8, 1959)〔ベアワルド『指導者追放：占領下日本政治史の一断面』袖井林二郎訳（勁草書房，1970)〕; Meirion and Susie Harries, *Sheathing the Sword: The Demilitarization of Postwar Japan* (New York: Oxford University Press, 1987); Ronald Dore, *Land Reform in Japan* (New York: Oxford University Press, 1959)〔ドーア『日本の農地改革』並木正吉・高木径子・蓮見音彦訳（岩波書店，1965)〕; Eleanor Hadley, *Antitrust in Japan* (Princeton: Princeton University Press, 1970)〔ハドレー『日本財閥の解体と再編成』小原敬士・有賀美智子訳（東洋経済新報社，1973)〕; Eleanor Hadley, "Zaibatsu" and "Zaibatsu Dissolution," *Encyclopedia of Japan* (Tokyo: Kōdansha, 1983), vol. 8, pp. 361–66; T. A. Bisson, *Zaibatsu Dissolution in Japan* (Berkeley: University of California Press, 1954); Chitoshi Yanaga, *Big Business in Japanese Politics* (New Haven, Conn.: Yale University Press, 1982); Martin Bronfenbrenner, "Occupation-Period Economy (1945–1952)," *Encyclopedia of Japan*, vol. 2, pp. 154–58; Miriam Farley, *Aspects of Japan's Labor Problems* (New York: Institute of Pacific Relations, 1950); Joe B. Moore, *Japanese Workers and the Struggle for Power, 1945–1947* (Madison: University of Wisconsin Press, 1983); Solomon Levine, *Industrial Relations in Postwar Japan* (Champaign: University of Illinois Press, 1953); Solomon Levine, "Labor," *Encyclopedia of Japan*, vol. 4, pp. 343–49; John M. Maki, transl. and ed., *Japan's Commission on the Constitution: The Final Report* (Seattle: University of Washington Press, 1980); Theodore Cohen, *Remaking Japan: The American Occupation as New Deal*, ed. Herbert Passin (New York: Free Press, 1987); Justin Williams, Sr., *Japan's Political Revolution under MacArthur: A Participant's Account* (Athens: University of Georgia Press, 1979)〔パッシン『マッカーサーの政治改革』市雄貴・星健一訳（朝日新聞社，1989)〕; Alfred C. Oppler, *Legal Reform in Occupied Japan: A Participant Looks Back* (Princeton: Princeton University Press, 1976)〔オプラー『日本占領と法制改革：GHQ 担当者の回顧』納谷広美・内藤頼博・高地茂世訳（日本評論社，

1990)〕; "Legal Reforms in Japan during the Allied Occupation," Special reprint volume of *Washington Law Review* (1977); 高柳賢三・大友一郎・田中英夫編著『日本国憲法制定の過程』全2巻（有斐閣，1972）．第1巻には，1945年12月から46年2月末までの期間の，マイロ・E・ラウエルの論文から取った憲法改正にかんする英語の基本文献が収められている．; Kurt Steiner, *Local Government in Japan* (Stanford, Calif.: Stanford University Press, 1965); Robert Ward and Yoshikazu Sakamoto, eds., *Democratizing Japan: The Allied Occupation* (Honolulu: University of Hawaii Press, 1987)〔坂本義和，R・ウォード編『日本占領の研究』（東京大学出版会，1987）〕．

戦前から戦後への日本の政治経済の連続性にかんする事例研究については以下を参照のこと．J. W. Dower, *Empire and Aftermath*; Johnson, *MITI and the Japanese Miracle*〔ジョンソン『通産省と日本の奇跡』矢野俊比古訳（ティビーエス・ブリタニカ）〕; Andrew Gordon, *The Evolution of Labor Relations in Japan: Heavy Industry, 1853–1955* (Cambridge, Mass.: Council on East Asian Studies, Harvard University, 1985); Sheldon M. Garon, "The Imperial Bureaucracy and Labor Policy in Postwar Japan," *Journal of Asian Studies* 43 (May 1984): 441–57. また，Dower, "The Useful War," *Daedalus* (Summer 1990), reprinted in Carol Gluck and Stephen R. Graubard, eds., *Showa: The Japan of Hirohito* (New York: W. W. Norton, 1992)〔本書第1章「役に立った戦争」〕も参照のこと．

(13)　軍参謀の連続性については，秦郁彦『史録・日本再軍備』（文藝春秋，1976）にもっともよくまとめられている．英語の文献では，海軍の旧軍人温存について下記がよく資料にあたっている．James E. Auer, *The Postwar Rearmament of Japanese Maritime Forces, 1945–71* (New York: Praeger, 1973)〔アワー『よみがえる日本海軍』上下，妹尾作太郎訳（時事通信社，1972）〕．占領軍のG2における「服部派」にかんしては，Dower, *Empire and Aftermath*, p. 387 をみよ．

近年，日本でかなりの注目を集めている「731部隊」についての基本的な分析は，ジョン・W・パウエルのふたつの論文が英語で読める．John W. Powell, "Japan's Germ Warfare: The U. S. Cover-up of a War Crime," *Bulletin of Concerned Asian Scholars* 12 (Oct.–Dec. 1980): 2–17, and "Japan's Biological Weapons: 1930–1945," *Bulletin of Atomic Scientists* 37 (Oct. 1981): 45–53. 実験の結果にかんする技術情報を提供することと引き替えに，占領軍当局は戦争捕虜の殺人実験に関与した日本人科学者と将校を訴追しないことに同意したと，パウエルは断定している．731部隊の下士官の一部は1945年8月に満州に侵攻したロシア軍に捕えられ，いわゆるハバロフスク裁判にかけられた．裁判の結果は1949年に公表され，1950年には大部の英語の要約も刊行されている（*Materials on the Trial of Former Servicemen of the Japanese Army Charged with Manufacturing and Employing Bacteriological Weapons* (Foreign Languages Publishing House, Moscow)）．朝鮮戦争中にアメリカは細菌戦の実験をしていると共産主義者が非難したとき，七三一部隊長だった石井四郎が積極的にアメリカに協力しているともいわれた．

何十万人もの日本人捕虜がソ連によって抑留され，虐待され，教化されたことは，1947年から49年にかけての時期に広く伝えられ，一般によく知られている．だが，中国と東南アジアにおいて日本兵が抑留され，そして頻繁に反共軍事行動に配置されたことには，あまり注意が向けられていない．この空白を埋めてくれるのがつぎの文献だ．Donald G. Gillin with Charles Etter, "Staying On: Japanese Soldiers and Civilians in China, 1945–1949," *Journal of Asian Studies* 42 (May 1983): 497–518. イギリス管理下の東南アジアにおける1947年当時の日本人捕虜については以下をみよ．*FRUS* 1947, vol. 6, pp. 192–93, 255–56.

(14)　憲法第九条の起源についてもっとも注意ぶかく調査，言及しているのは，以下の論文．Theodore McNally, "The Renunciation of War in Japanese Constitution," *Political Science Quarterly* 77 (Sept. 1962): 350–78; もっと新しい考察（日本語と英語の両方）については以下を参照せよ．『法律時事』51 (May 1979): 178–81, 256–60; マクナリーの論評は，1980年5月3日付の『デイリー・ヨミウリ（英文読売）』に掲載されている．非武装条約の草案については以下をみよ．*FRUS* 1946, vol. 8, pp. 150–55, 227–28 (G. B.), 236 (China), 253–54, 326–32, 348–49, 356, 376.「帝国軍隊解体・復員に関する条約案」は6月22日に公表され，24日に極東委員会に提出された．アメリカは1947年に入るまで長期の非武装条約を支持しつづけているが（*FRUS* 1947, vol. 6, pp. 237, 450–53, 478–79），盛夏のころまでにはまったく問題にならなくなった．つぎのソフトな冷戦政策の項でのべるように，ジョージ・ケナンらが占領政策の見直しを提起したのである．

(15)　沖縄と琉球諸島については以下を参照せよ．James F. Schnabel, *The Joint Chiefs of Staff and National Policy, 1945–1947*, vol. 1 of *The History of the Joint Chiefs of Staff* (Wilmington, Del.: Michael Glazier, 1979), p. 335; Condit, *The Joint Chiefs of Staff and National Policy*, p. 495 (on JCS 1619/24 of September 1947) and ch. 9

(on the "Broiler," "Halfmoon," and "Fleetwood" plans); *FRUS* 1947, vol. 6, pp. 495–96, 537–43.

(16) マッカーサーの発言については，*Political Reorientation of Japan*, vol. 2, pp. 756, 765–66 を参照せよ．講和条約をめぐる論議については *FRUS* 1947, vol. 6. がくわしく記録している．「単独講和」の考え方にかんしては，前掲，476–77, 479–85. また，*Department of State Bulletin*, August 24, 1947, p. 395 を参照のこと．

(17) 1947 年の日本のイニシアティブについては種々の日本語文献が言及している．なかでも，貴重な「部内関係者」の手になるのが，以下の文献である．西村熊雄『日本外交史 27　サンフランシスコ平和条約』鹿島研究所出版会，1971．英語の文献は，以下をみよ．Martin Weinstein, *Japan's Postwar Defense Policy, 1947–1968* (New York: Columbia University Press, 1971), ch. 2. 天皇の役割をはじめて明らかにしたのは，月刊誌『世界』1979 年 4 月号に掲載された進藤榮一の論文〔「分割された領土」〕である．また，日本の占領研究の「長老」的存在である竹前栄治らは，沖縄と 1945 年以後の日本の「半分断」状態に注意を喚起している．

(18) マッカーサーの安全保障問題にかんする発言は，*FRUS* の各巻，および米国立公文書館近代軍事史課所蔵の統合参謀本部ファイルに非常に長大な記録が残されている．統合参謀本部にかんする多くの基本資料は，14 巻のマイクロフィルムのかたちで利用可能である．*Records of the Joint Chiefs of Staff, part 2, 1946–1953, The Far East* (Frederick, Md.: University Publications of America, 1980).「太平洋のスイス」発言については，1949 年 3 月 2 日付の『ニューヨーク・タイムズ』を見よ．付言すれば，この言葉はインタビューのなかの発言であり，そのインタビューでマッカーサーは太平洋の島嶼連鎖からなるアジアの防衛ラインを提唱している．内容は 1950 年 1 月 12 日にアチソン国務長官が発表したものと酷似しており，フィリピン，琉球諸島，日本，そしてアリューシャン列島を結ぶものだが，台湾と朝鮮を考慮に入れていない．

(19) PPS 10 は以下に収められている．*FRUS* 1947, vol. 6, pp. 537–43. PPS 10 から NSC 13 へ移行する節目の政策文書となった 1948 年 3 月 25 日付の PPS 28 も参照のこと．*FRUS* 1948, vol. 6, pp. 691–719.

(20) NSC 13 は以下に再録されている．*FRUS* 1948, vol. 6, pp. 775–81. このシリーズで重要な文書は，NSC 13 (1948 年 6 月 2 日付)，NSC 13/1 (1948 年 9 月 24 日付)，そして NSC 13/2 (48 年 10 月 7 日付，2 日後にトルーマン大統領が承認)，そして NSC 13/3 (1949 年 5 月 6 日付) である．

(21)「マーティン・プラン」については，*FRUS* 1947, vol. 6, pp. 184–86 を見よ．この省内プランが，国務省の 1947 年 7 月 22 日付 SWNCC 381 になったが，軍部は 10 月 9 日付の SWNCC 384 で甘すぎると批判した．同書，pp. 265–66, 302–304.

(22)『日本経済均衡のための実現可能なプログラム』と題する連合国最高司令部 (SCAP) の研究報告が，1947 年 3 月 27 日に軍当局へ送付されている．*SCAP Records* (メリーランド州スートランドにある米国立公文書館) RG 331, Box 6670. こうした内部の研究報告と勧告の込み入った系譜のなかで，この報告書は 1947 年 10 月のいわゆる「グリーンブック」(『日本経済均衡の可能性』) に，さらに最終的には影響力のあった 1948 年 11 月の「ブルーブック」(『日本経済自立のためのプログラム』) へと発展した．*SCAP Records*, RG 331, Boxes 7689, 7692, 8361 を見よ．アチソンの有名な「工場」演説のテキストは以下の付録として収められている．Joseph M. Jones, *The Fifteen Weeks* (New York: Harcourt Brace and World, 1955).

初期の復興計画にかんするくわしい資料にもとづく研究は以下を見よ．Borden, *Pacific Alliance*, ch. 2; Schaller, "Securing the Great Crescent" and *The American Occupation of Japan*; Schonberger, "General William Draper, the 80th Congress, and the Origins of Japan's Reverse Course"; そして，Foreign Trade volume (Monograph 50) in *SCAP's History of the Non-Military Activities of the Occupation of Japan*.

(23) 沖縄の重要な位置づけは暗号名「半月《ハーフムーン》」という秘密戦略にくわしく記されている．ドレーパーは 1948 年 5 月 17 日の「極東における日本の重要な位置」(MacArthur Memorial Collection) と題する演説で飛行場問題に言及した．「イデオロギー上の敵」という言い方は，1947 年 4 月 29 日付の JCS 1769 にみられる．*FRUS* 1947, vol. 1, p. 745. また，Schaller, *The American Occupation of Japan*, pp. 90, 104 も参照のこと．ロイヤルの「日本の限定的再軍備」と題する 1948 年 5 月 18 日付の重要かつ長文のメモは，1948 年 10 月 25 日付の JCS 1380/48 にある．以下を参照．JCS archives, RG 218 (Geographic File 1946–47), Box 127. それ以降の，1948 年 12 月 23 日にマッカーサーのスタッフによって提出された日本再軍備への反対意見は，1949 年 1 月 6 日付の JCS 1380/54 にみられる．アイケルバーガーの悪名高い 1948 年の発言は河合一雄論文に引用されている．*Pacific Affairs* (June 1950): 119.「猿」発言にかんしては，以下を参照せよ．Jay Luvaas, ed., *Dear Miss Em: General Eichelberger's War in the Pacific, 1942–1945* (Westport, Conn.: Greenwood Press, 1972), pp. 8–9.

(24) 1949 年初頭からの対日経済政策の研究にとって，デトロイト公共図書館所蔵の「ジョセフ・ドッジ文書」は主要な資料である．これに先立って決定的な重要性をもつ「逆コース」推進経済使節団については基本文献で言及されているが，この使節団を率いていたのが，クリフォード・ストライク（1947 年 2 月の「ストライク報告」と 1948 年 2 月の「海外顧問団報告」を作成，いずれも賠償の軽減を呼びかけている），パーシー・ジョンストン（1948 年 4 月の「ジョンストン報告」を作成），そして，ラルフ・ヤング（1948 年 6 月に経済の安定と固定為替相場を勧告）である．NSC 13 の履行が進展していなかったことにかんしては以下を見よ．*FRUS* 1949, vol. 7, pp. 724–27, 754, 808–12, 815. また，JCS 1380/59 of February 10, 1949 in RG 218 (1946–47), Box 122 も参照のこと．

(25) この点について，ケナンは非常に明快である．George F. Kennan, *Memoirs 1925–1980* (Boston: Little, Brown, 1967), ch. 16 をみよ．

(26) Central Intelligence Agency, "The Strategic Importance of the Far East to the US and the USSR" (May 4, 1949), *Modern Military Records*, National Archives; "The Position of the U. S. with Respect to Asia" (NSC 48/1), reprinted in Thomas H. Etzold and John Lewis Gaddis, eds., *Containment: Documents on American Policy and Strategy, 1945–1950* (New York: Columbia University Press, 1978), pp. 252–69.

(27) ソ連の反応は，*Soviet Press Translations* 4 (1949), pp. 615–16 を参照せよ．アメリカ対日協議会にかんする主要論文として，Schonberger, "The Japan Lobby in American Diplomacy, 1947–1952"（前出の註（2）を参照）を挙げえよう．経済力集中排除にかんしては，ハドレー（前出の註（12））の著作，とりわけ以下を参照．Hadley, *Antitrust in Japan*, pp. 166, 172, 174, 180.

(28) 「共栄圏」という言いまわしのみごとな復活については，以下を参照．Schaller, *The American Occupation of Japan*, pp. 145, 179–80, 201, 205.

(29) NSC 49 (June 15, 1949) および NSC 49/1 (Sept. 30, 1949) は，以下に再録されている．Etzold and Gaddis, *Containment*, pp. 231–36. また，JCS 1380/75 (Nov. 30, 1949) については，RG 218 (1946–47), Box 127 をみよ．

(30) Dean Acheson, *Present at the Creation: My Years in the State Department* (New York: W. W. Norton, 1969), pp. 355–58.

(31) 軍の立場は，NSC 49, JCS 1380/75, JCS 1380/77 (Dec. 10, 1949), そして NSC 60 (Dec. 7, 1949) に示されている．アチソンの電文については，*FRUS* 1949, vol. 7, pp. 736–37 をみよ．同文書 pp. 724–29 には，二国間条約，在日米軍基地，そして最終的な日本の再軍備にたいする国務省の支持が簡潔にまとめられている．NSC 49 にたいするマッカーサーの 1950 年 1 月の反応は，*FRUS* 1950, vol. 6, p. 1110 にみられる．オマー・ブラッドレーの声明は 1950 年 2 月 7 日付『ニューヨーク・タイムズ』に掲載されている．ドッジの国家諮問委員会での発言については以下をみよ．"Appropriations" file, Box 1, *Joseph Dodge Papers 1950*. 下院歳出委員会の報告書（1950 年 1 月 16 日）は，日本の大蔵省所蔵のドッジ文書にある．長期におよんだ官僚主義的手詰まり状態の解消については以下を参照．*FRUS* 1950, vol. 6, pp. 1278–82 (JCS 1380/89 of Aug. 18, 1950); 1282–88 (the State Department response)；1293–96 (the joint Defense-State memo of September 7 to the president). この手詰まりに正式に終止符を打ったのが 1950 年 9 月 8 日付の NSC 60/1 で，これによりトルーマン大統領は日本との講和条約締結の交渉を進めるよう政府に指示を出している．

(32) 日本側の動きについては以下を参照せよ．Dower, *Empire and Aftermath*〔ダワー『吉田茂とその時代』〕; 西村『サンフランシスコ平和条約』; Michael M. Yoshitsu, *Japan and the Sun Francisco Peace Settlement* (New York: Columbia University Press, 1982)〔ヨシツ『日本が独立した日』宮里政玄・草野厚訳（講談社，1984）〕; Takeshi Igarashi（五十嵐武士）, "Peace–Making and Party Politics: The Formation of the Domestic Foreign Policy System in Postwar Japan," *Journal of Japanese Studies* 11 (Summer 1985): 323–56.

(33) NSC 48/1 (Dec. 23, 1949) および NSC 48/2 (Dec. 30, 1949) は，Etzold and Gaddis, pp. 252–76 に採録されている．ケナンの見解は 1949 年 10 月に示されたもので，以下に引用されている．Cumings, *Child of Conflict*, p. 23. また pp. 26, 35–37 も参照のこと．

(34) NSC 48/1 の初期の草案は以下に引用されている．Cumings, *Child of Conflict*, p. 36. シャラー，ボーデンとも，三極政策について豊富な資料にもとづいて微細に記録しているが，つぎが簡潔にして要を得ている．Schaller, "Securing the Great Crescent," とくに，この連携関係におけるヨーロッパ側の重要性と「ドル不足」という世界的な問題については，p. 398 ff を見よ．日本「帝国を南に」再度拡大するというケナンの発言は，つぎに引用されている．Cumings, "The Origins and Development of the Northeast Asian Economy,"

p. 18. 台湾の国民党政権が旧日本軍人を利用するいきさつは，秦『史録・日本再軍備』pp. 162–65 で言及されている．

(35) ボーヒーズと 1950 年前半の活発な動きについては，以下を参照．Schaller, *The American Occupation of Japan*, pp. 213–33; また，Borden, *Pacific Alliance*, pp. 124–42.「特別円ファンド」については，*FRUS* 1950, vol. 6, pp. 1223–27 をみよ．

(36) のちに日本の統計的品質管理の「父」と称されることになるデミングは，日本科学技術連盟の招きで工業統計学を教えるために 1949 年に来日し，1950 年 7 月に東京で第 1 回のセミナーを 8 日にわたって開催した（220 人の技術者が参加）．はからずも 2 週間前に朝鮮戦争が勃発して，軍事関連の大量生産と急速な産業復興への関心が高まっており，言ってみれば「デミング法」がすんなり受け入れられる土壌ができていた．占領政策の内政面における「逆コース」の様相については，以下を参照のこと．Dower, *Empire and Aftermath*, pp. 332–33 (the purge and depurge), 338–41 (labor policy), 365–66 (the "Red Purge").

(37) Central Intelligence Agency, "Feasibility of Japanese Rearmament in Association with the United States" (April 20, 1951), *FRUS* 1951, vol. 6, pt. 1, pp. 993–1001.

(38) *FRUS* 1951, vol. 6, pt. 1, pp. 1258–59 (Chairman of the JCS to Secretary of Defense, July 17, 1951); 同文書 1432–36 (JCS to Secretary of Defense, Dec. 12, 1951) を参照せよ．リッジウェーについては，同文書 pp. 1451–53 (Dec. 20, 1951) を参照．

(39) Dower, *Empire and Aftermath*, esp. pp. 369–400 を参照．

(40) 日本と中国封じ込めにかんしては以下を参照．Ibid., pp. 400–14; Schonberger, "John Foster Dulles and the China Question in the Making of the Japanese Peace Treaty"; and Yōko Yasuhara〔安原洋子〕, "Myth of Free Trade: COCOM and CHINCOM, 1945–1952" (Ph. D. Diss., University of Wisconsin at Madison, 1984). この問題にかんする資料は以下に数多く収められている．*FRUS* 1951, vol. 6, pt. 1, and *FRUS* 1952–1954, vol. 14.

(41)「米日経済協力」政策については以下を参照せよ．Borden, *Pacific Alliance*, pp. 143–65, and Dower, *Empire and Aftermath*, pp. 415–36. 日本経済に恩恵をもたらすものとしての賠償にかんしては，*FRUS* 1951, vol. 6, pt. 1, pp. 1315–16 を参照．

(42)「天佑」（保守派のあいだでよく使われる表現）にかんしては，Dower, *Empire and Aftermath*, p. 316 を参照のこと．また，調達の具体的な数字については，Borden, *Pacific Alliance*, p. 230 を参照のこと．

6 吉田茂の史的評価

(1) 高坂正堯『宰相吉田茂』（中央公論社，1968）；猪木正道『評伝吉田茂』全 3 巻（読売新聞社，1978–1981）．本論文で提示した論点の多くは，以下の拙著でより詳細にのべている．J. W. Dower, *Empire and Aftermath: Yoshida Shigeru and the Japanese Experience, 1978–1954* (Cambridge, Mass.: Council on East Asian Studies, Harvard University, 1979).〔ダワー『吉田茂とその時代』大窪愿二訳（TBS ブリタニカ，1981；中公文庫，1991）〕

『アサヒ・イブニング・ニューズ』に 3 回シリーズで掲載されたジョン・W・ダワー "Shigeru Yoshida in the Eye of Westerners"（1981 年 11 月 20，27 日，12 月 4 日）も参照．この論文は最初に「英米同時代人から見た吉田茂」として『文藝春秋』（1981 年 9 月号）：212–222 に掲載された．ここで引用したアメリカ人の典型的な論評は Department of State, *Foreign Relations of the United States*, 1950, vol. 6, p. 1271; *Foreign Relations of the United States*, 1951, vol. 6, pt. 1. pp. 832, 1389–93, 1420 にみることができる（以下，同外交文書集は *FRUS* と略記）．

吉田の強い影響力が持続したことについては 1960 年代からよく強調されてきたが，「吉田ドクトリン」という表現は比較的新しい．おそらく最初に「吉田ドクトリン」が使われたのは Kenneth Pyle, "Nakasone's Grand Design," *Journal of Japanese Studies* 13, no. 2 (Summer 1987): 246–47 においてだろう．おなじ号の T. J. Pempel, "Unbundling 'Japan Inc.'" pp. 276–77 も参照．

(2) ノーマンによる論評は外務大臣への省内覚書に出ている．この覚書はオタワのカナダ政府外交文書館で閲覧できるが，筆者は大窪愿二から提供を受けた．ノーマンの 1948 年 4 月 13 日の覚書第 110 号と 1949 年 1 月 8 日の覚書第 11 号を参照．東畑にかんしては猪木『評伝吉田茂』第 3 巻，pp. 327–328 を参照．

(3) 引退した外交官の月例会で，かつての同僚による吉田についての回想が数年間定期的におこなわれ，内輪の会報『霞関会会報』に 1967 年 10 月から 1971 年 4 月にかけて掲載された．

(4)　真崎立「故吉田茂さんを偲ぶ」『霞関会会報』no. 271: 14.

(5)　『日本経済新聞』（1975 年 11 月 19 日）；猪木『評伝吉田茂』第 3 巻，p. 61.

(6)　吉田から岳父・牧野伸顕宛の 1921 年 6 月 10 日付の書簡．国会図書館憲政資料室所蔵「牧野伸顕関連文書」所収.

(7)　1921 年に「曲学阿民」が使われたことについては同前資料参照．南原繁への攻撃にかんしては，遠山茂樹編『資料戦後 20 年史』第 6 巻（日本評論社，1966），p. 100 を参照．「曲学阿世」の中国の出典と吉田の文字のまちがいについては Dower, *Empire and Aftermath*, p. 508, no. 43 を参照.

(8)　本書の第 4 章「造言飛語，不穏落書，特高警察の悪夢」を参照.

(9)　天皇護持の重要性については，マッカーサー指揮下の南西太平洋軍司令部による心理分析報告書で強調されている．これについては，アメリカのスタンフォード大学フーバー研究所（The Hoover Institution, Stanford University）所蔵のボナ・フェラーズ（Bonner Fellers）元心理戦部門指揮官の報告書を参照．ある資料によれば，1945 年 8 月 29 日，占領を開始するために横浜へ向かう途上にあったマッカーサーは，沖縄に立ち寄り，そこで副官たちにたいして，政策のすべては「天皇と帝国政府の機関をつうじて実施されなければならない」と明言した．Fraizer Hunt, *The Untold Story of Douglas MacArthur* [1954] (New York: Signet, 1964), p. 360.

(10)　吉田と連合国最高司令官との英文往復書簡は国立公文書館（メリーランド州スートランド（Suitland））のレコード・グループ 331（RG 331），民政局（Government Section）文書の興味ぶかいファイルに収められている．「マッカーサー，ホイットニーと首相とのあいだに交わされた往復書簡（“Correspondence between MacArthur, Whitney and Prime Minister”）」(Box 2974)，「ホイットニー准将と歴代首相とのあいだに交わされた往復書簡　(“Correspondence between General Whitney and Prime Ministers”)」(Box 2974)，「首相［1946–1951］(“Prime Minister [1946–1951]”)」(Box 2993)．吉田からマッカーサー宛の他の書簡（いつも「親愛なる司令官閣下」と呼びかけていた）は，ヴァージニア州ノーフォーク（Norfolk）のマッカーサー記念館（The MacArthur Memorial）に保管されている．レコード・グループ 10（RG 10）「VIP ファイル：吉田茂」(“VIP File: Yoshida, Shigeru”）を参照.

(11)　*FRUS* 1951, vol. 6, pt. 1, p. 783.

(12)　性急な再軍備にたいする民意，法制上また経済上の制約を強調することは，1953 年 10 月にワシントンで開かれた「池田＝ロバートソン会談」でとくに力をこめておこなわれた．Dower, *Empire and Aftermath*, pp. 449–63 を参照．吉田保守政権は，性急な再軍備にたいする世論と当時の不安定な経済への逆効果を恐れ，憲法上の制約を，彼らの「引き延ばし」政策を支持するものとして受け入れたとみてよいだろう.

(13)　*FRUS* 1951, vol. 6, pt. 1, pp. 821–22, 1235, 1269–70.　このコインのもうひとつの面は，吉田はおろか，他の責任ある高官のだれも，琉球は日本の完全なる平等な一部であると，真剣にアメリカを説得しようとしなかったという事実である．実際，日本政府は 1947 年の片山内閣以来，主権回復を早めるためなら沖縄を取引に使うことに積極的な姿勢を示した.

(14)　*FRUS* 1951, vol. 6, pp. 1166–71, 1262–64, 1271.

(15)　*FRUS* 1951, vol. 6, pt. 1, p. 828.

(16)　ダレスとラスクの発言については，U. S. House of Representatives, Committee on Foreign Affairs, *Selected Executive Session Hearings of the Committee, 1951–56*, vol. 17 (“U. S. Policy in the Far East”), pt. 1, p. 46 を参照．上院，下院双方でおこなわれたこの率直な委員会討議の内容は現在機密解除となっているが，講和問題の研究者たちには無視されがちだ．ハーターによる論評は，U. S. Senate, Committee on Foreign Affairs, Treaty of Mutual Cooperation and Security with Japan, 86th Congress, 2nd Session (June 7, 1960), p. 27; 同文書，pp. 11–12, 30–31 を参照.

(17)　*FRUS* 1951, vol. 6, pt. 1, pp. 1438–39. 同上書，pp. 827–28 も参照.

(18)　同前書，pp. 1045, 1050, 1052, 1162, 1242, 1344.　吉田のサンフランシスコでのスピーチについては，William J. Sebald with Russell Brines, *With MacArthur in Japan: A Personal History of the Occupation* (New York: W. W. Norton, 1965), pp. 278–79 を参照．また，吉田の側近であった白洲次郎と安藤良雄による『昭和経済史への証言』（毎日新聞社，1966），第 3 巻，pp. 409–10 を参照.

(19)　中国問題と「吉田書簡」全般にかんしては，Dower, *Empire and Aftermath*, pp. 400–14; Howard Schonberger, “Peacemaking in Asia: The United States, Great Britain, and the Japanese Decision to Recognize Nationalist China, 1951–52,” *Diplomatic History* 10, no 1 (Winter 1986): 54–73; プリンストン大学が所蔵する

「ジョン・フォスター・ダレス文書」オーラル・ヒストリー部門（the oral history portion of the John Foster Dulles papers at Princeton University）にあるウィリアム・シーボルトへのインタビューの興味ぶかい記述（日記の抜粋も含む）を参照.

ここで引用したイギリス側の吉田評は，同国外務省の 1952 年 1 月 28 日および 2 月 4 日付文書に表われる（Foreign Office documents, FO 371/FJ10310）．筆者はこの文書をハワード・ションバーガーより提供された．ハーバート・モリソン外相は，アメリカ，日本，中国をめぐる紛糾にかんするイギリスの不満を議会で表明している．これについては，*Parliamentary Debates, House of Commons,* Fifth Series, vol. 496, p. 946ff.（Feb. 26, 1952）を参照.

(20) U. S. House of Representatives, Committee on Foreign Affairs, *Selected Executive Session Hearings of the Committee,* vol. 17, pt. 1, p. 43; *FRUS* 1951, vol. 6, pt. 1, pp. 1146–47.

(21) 池田＝ロバートソン会談と吉田の訪米にかんする基本的な文書は，東京の大蔵省資料館にある「鈴木源吾文書」に収められているが，一般には公開されていない．ココム（対共産圏輸出統制委員会）とチンコム（対中国輸出統制委員会）のもとでの輸出統制については，Yōko Yasuhara（安原洋子），“Japan, Communist China, and Export Controls in Asia, 1948–52,” *Diplomatic History* 10, no 1（Winter 1986）: 75–89; 加藤洋子『アメリカの世界戦略とココム，1945–1992』（有信堂，1992）; Gunnar Adler-Karlsson, *Western Economic Warfare 1947–1967: A Case Study in Foreign Economic Policy,* vol. 9 in *Acta Universitatis Stockholmiensis, Stockholm Economic Studies,* New Series（Stockholm: University of Stockholm, 1968）, esp. pp. 6–8 and ch. 16 on CHINCOM; Haruhiro Fukui（福井治弘）, *Party in Power: The Japanese Liberal–Democrats and Policymaking*（Berkeley, Calif.: University of California Press, 1970）, pp. 228–30. じっさい，日本と中華人民共和国との貿易は進展はしたが，厳しい制約のもとに置かれていた.

(22) State Department to SCAP（U. S. POLAD）, February 23, 1952; Box 6800, National Archives（Md.: Suitland）. この文書にかんしては加藤洋子に謝意を表する.

(23) 本書の「*10* 日米関係における恐怖と偏見」を参照.

7 日本人画家と原爆

(1) 日本放送協会編『劫火を見た：市民の手で原爆の絵を』（日本放送出版協会，1975）．（*Unforgettable Fire: Pictures Drawn by Atomic Bomb Survivors*（New York: Pantheon, 1981））

(2) 『はだしのゲン』．原作の連載は晶文社によって単行本化され，モノクロ印刷の複数巻で出版された．そのなかから 600 ページ以上が英語に翻訳され，New Society Publishers（Philadelphia）から 3 巻本として出版された．英語版のタイトルは以下のとおりである．*Barefoot Gen: A Cartoon Story of Hiroshima, Barefoot Gen: The Day After,* そして *Barefoot Gen: Life After the Bomb.* 中沢は 1980 年に簡略だが劇的な『はだしのゲン』カラー版も出版している.

木下のアニメ映画『ピカドン』は 1978–79 年に複数の国際的な賞を受賞し，1983 年に東京のダイナミックセラーズ社から出版される本の土台となった．日本でも屈指の児童書画家として知られる丸木俊は 1980 年に『広島のピカ』を刊行．この作品は数カ国語に翻訳され，英語版（おなじタイトルで）は Lothrop, Lee Shepard Books（New York, 1981）から出版された.

(3) 丸木夫妻の主要なパネル作品（アウシュヴィッツ，南京虐殺，沖縄戦，水銀に汚染された水俣など，原爆以外のテーマの作品を含む）の原色の複製については，John W. Dower and John Junkerman, eds., *The Hiroshima Murals: The Art of Iri Maruki and Toshi Maruki*（広島壁画：丸木位里と丸木俊の芸術）（New York: Kodansha International, 1986）を参照のこと．ダワーとユンカーマンの共同制作による丸木夫妻についてのドキュメンタリー映画，*Hellfire: A Journey from Hiroshima*（地獄の火：広島からの旅立ち）は First Run Films（New York）で利用可能である．この映画は，芸術家夫妻が広島と長崎にたいする先入観（と，しばしばそれにともなう被害者意識）を超えて，日本の残虐行為を含めた 20 世紀の残虐行為と破壊というさらに大きな文脈で原爆体験を捉えようとする様子を描いている.

8 ふたつの文化における人種，言語，戦争

(1) この試論は，拙著『容赦なき戦争：太平洋戦争における人種差別』（平凡社ライブラリー，2001，旧『人

種偏見：太平洋戦争に見る日米摩擦の底流』（TBS ブリタニカ，1986））〔原著，*War Without Mercy: Race and Power in the Pacific War* (New York: Pantheon, 1986)〕で詳細に論じたテーマのいくつかを要約したものである．本稿では，比較の見地から，人種差別的言辞に焦点を絞った．

(2)　“Answer to Japan,” p. 20. この報告書は，アメリカのスタンフォード大学フーヴァー研究所の文書資料のなかにある．たとえば，以下を参照．“Bonner Frank Fellers Collection,” Boxes 1 and 15; “UA Army Forces in the Pacific, Psychological Warfare Branch,” Box 1.

(3)　典拠は火野の 1942 年の著作「バタアン半島総攻撃　東岸部隊」．比島派遣軍報道部『比島戦記』（文藝春秋社，1943）所収，p. 106．引用は，Haruko Taya Cook, “Voices from the Front: Japanese War Literature, 1937–1945,” unpublished M. A. theses in Asian Studies, University of California, Berkeley, 1984, pp. 59–60 による．火野は多くの点で，本稿のはじめのほうで引用したアーニー・パイルの日本版とみることができる．火野もパイルも，それぞれの国の人びとの戦争解釈に非常に大きな影響力をもっていたし，敵と遭遇したとき肚の底から感じる同様の人種的嫌悪という点で 2 人が照応していることも明らかである．

(4)　これらの引用，および結論部分の簡単な言及については，本書第 9 章で取りあげる現代の人種差別的な慣用表現にかんする註で，さらにくわしく論じる．

10 日米関係における恐怖と偏見

(1)　Joseph A. Schumpeter, *Capitalism, Socialism, and Democracy* (New York: Harper and Row, 1942)〔シュムペーター『資本主義・社会主義・民主主義』全 3 巻，中山伊知郎・東畑精一訳（東洋経済新報社，1951, 1952)〕．

(2)　Clyde Prestowitz, *Trading Places: How America Is Giving Future to Japan* (Basic Books, 1988)〔プレストウィッツ『日米逆転：成功と衰退の軌跡』国弘正雄訳（ダイヤモンド社，1988)〕．さらに以下を参照．Robert C. Christopher, *The Japanese Mind* (New York: Ballantine, 1984), p. 309〔クリストファー『ジャパニーズ・マインド』徳山二郎訳（講談社，1983)．なお同書では，第一部は「謎めく日本民族」〕; Thomas McGraw, ed., *America Versus Japan* (Cambridge, Mass.: Harvard Business School, 1987)〔マクロー『アメリカ対日本：日米経済の比較研究』東苑忠俊・金子三郎訳（ティビーエス・ブリタニカ，1987)〕; *Sydney Morning Herald* (Aug. 13, 1987); *New York Times* (April 5, 1987); George Packard, “The Coming U. S. -Japan Crisis,” *Foreign Affairs* 66 (Winter 1987/88): 364; Lester Thurow, “The Whole World Has That Tired, Run-Down Feeling,” *Washington Post Weekly* (Aug. 10, 1987)．プレストウィッツについては，*Times* (April 13, 1987) を参照せよ．

(3)　安倍晋太郎については，*Business Week* (April 20, 1987): 37 を参照せよ．*Newsweek,* international edition (April 13, 1987); Haruhiro Fukui, “Too Many Captains in Japan's Internationalization,” *Journal of Japanese Studies* 13, no. 2 (Summer 1987): 359–81.

(4)　チャーマーズ・ジョンソンによる以下の 3 つの論文を参照．“How to Think about Economic Competition from Japan,” *Journal of Japanese Studies* 13, no. 2 (Summer 1987): 420; “The Japanese Political Economy: A Crisis in Theory,” *Ethics and International Affairs* 2 (1988): 79–97. 加えて，ジョンソンの広く引用されている研究書，*MITI and the Japanese Miracle* (Stanford, Calif.: Stanford University Press, 1982)〔ジョンソン『通産省と日本の奇跡』矢野俊比古訳（TBS ブリタニカ，1982)〕をみよ．さらに以下も参照．Ronald Dore, *Flexible Rigidities: Industrial Policy and Structural Adjustment in the Japanese Economy, 1970–1980* (London: Althone Press, 1987); Daniel Okimoto, “Outside Trading: Coping with Japanese Industrial Organization,” *Journal of Japanese Studies* 13, no. 2 (Summer 1987): 383–414, esp. 396–97; また，*The Atlantic* (Sept. 1987): 22–32 に掲載されたジェームズ・ファロウズの論文も参照．

(5)　*Forbes* (Sept. 21, 1987): 32–34.

(6)　Robert L. Heilbroner, “The Coming Meltdown of Traditional Capitalism,” *Ethics and International Affairs* 2 (1988): 63–77 を比較されたい．

(7)　*Fortune* (March 30, 1987); *Newsweek*, International edition (April 13, 1987); *New York Times* (July 27, 1987). ドラッカーについては *Financial Review* (Australia; Sept. 10 1987) を，また，バブル経済については Christopher Wood, *The Bubble Economy: Japan's Extraordinary Speculative Boom of the 80's and the Dramatic Bust of the 90's* (New York: Atlantic Monthly Press, 1992)〔ウッド『バブルエコノミー：日本経済・衰退か

再生か』植山周一郎訳（共同通信社，1992）〕を参照.

(8) Robert Gilpin, *The Political Economy of International Relations* (Princeton: Princeton University Press, 1987)〔ギルピン『世界システムの政治経済学：国際関係の諸段階』佐藤誠三郎・竹内透監修，大蔵省世界システム研究会訳（東洋経済新報社，1990）〕; C. Fred Bergsten, "Economic Imbalances and World Politics," *Foreign Affairs* 65, no. 3 (Spring 1987): 770–94, esp. 773–74.

(9) Nakatani Iwao（中谷巖）, "Walking the Tightrope," *Look Japan* (Jan. 1988): 11–13.

(10) この主題については，*New York Times* (Oct. 23, 24, 1988) に掲載された記事を参照.

(11) 猪木正道の見解は，*Sydney Morning Herald* (Aug. 13, 1987) に引用されている．ブラウンについては，*US/Japan Economic Agenda* (a newsletter issued by the Carnegie Council on Ethics and International Affairs, New York), vol. 6 (July 1987) をみよ．バースタインが1988年に発表した著作はサイモン・アンド・シャスター（Simon and Schuster）社から出版され，ダイレクトメールによる高価な販売促進がおこなわれた．引用は，その黙示録的な「まえがき」から.

(12) Brown, *US/Japan Economic Agenda*.

(13) Amaya Naohiro（天谷直弘）, "America in Decline?" *Look Japan* (May 1988): 4–6; "From Superrich to Superpower," *Time* (July 4, 1988): 28–31.

(14) "Wake Up, America," special issue of *Business Week* (Nov. 16, 1987)．以下の記事および論稿をも参照．"Can America Compete?" special issue of *Business Week* (April 20, 1987); Bergsten, "Economic Imbalances and World Politics," pp. 771 and 781–82.

(15) Ronald Dore, *Taking Japan Seriously: A Confucian Perspective on Leading Economic Issue* (Stanford, Calif.: Stanford University Press, 1987);「日本崇拝」("Japanolatry") なる語は，同書の p. 85 に登場する.

(16) 『ウォール・ストリート・ジャーナル』(*Wall Street Journal*) 紙の記事は，ジェームズ・ファロウズの "Playing by Different Rules," *Atlantic* (Sept. 1987): 29; *Forbes* (Sept. 21, 1987) で引用されている．ライシャワー発言は，Packard, "The Coming U. S. -Japan Crisis," p. 350 を参照.

(17) James Fallows, "Gradgrind's Heirs," *Atlantic* (March 1987): 16–24. 現代の日本社会にかんする広範な批評は以下をみよ．Gavan McCormack and Yoshio Sugimoto（杉本良夫）, eds., *Democracy in Contemporary Japan* (Armonk, N. Y.: M. E. Sharpe, 1986); Rokurō Hidaka（日高六郎）, *The Price of Affluence: Dilemmas of Contemporary Japan* (New York: Kōdansha International, 1984).

(18) Fallows, "Gradgrind's Heirs." 利根川のノーベル賞受賞と独創性の問題については，"Japan Asks Why Scientists Go West to Thrive," *New York Times* (Nov. 8, 1987) を参照.

(19) 本書所収の「ふたつの文化における人種，言語，戦争」および拙著 *War Without Mercy: Race and Power in the Pacific War*, New York: Pantheon, 1986（『人種偏見：太平洋戦争に見る日米摩擦の底流』猿谷要監修，斎藤元一訳，ティビーエス・ブリタニカ，1986，のち『容赦なき戦争：太平洋戦争における人種差別』平凡社ライブラリー，2001）を参照.

(20) Michael Crichton, *Rising Sun* (New York: Ballantine, 1992), p. 371〔クライトン『ライジング・サン』酒井昭伸訳（早川文庫，1993）〕．クライトンが描く賢明な警官と新米警官という2人の主人公はどちらも白人だが，鳴り物入りのハリウッド映画に仕立てなおされた『ライジング・サン』では，際立った人種差別的効果として，新米警官にアフリカ系アメリカ人をあてている――彼はまだ白人から学ぶ立場だが，1人のアメリカ人として，また，同僚の「人間」として認められ，他の有色人である日本人とは同一視されていない．第二次大戦期のハリウッドで作られた戦争映画でこれと類似するものが，いわゆる多民族小隊（multiethnic platoon）である．同隊に所属するアメリカ人は多様な人種的および宗教的背景をもち――もっとも，アジア系アメリカ人が含まれることはほとんどないが――共通の目的を抱く同志として結集していた．クライトンの，個性をもった「アメリカ人」という対比は，没個性的で非人間化された日本人と対極をなすものであり，本質的には，日系アメリカ人を「アメリカ人」のアイデンティティから排除した第二次大戦時の紋切り型の表現方法にならうものでもあった．『ライジング・サン』では，日系アメリカ人と日本人はほとんど区別がつかず，アメリカとのあくどい貿易戦争では日本側に積極的に貢献している．アメリカの西部防衛司令部司令官であったジョン・デ・ウィット将軍は，真珠湾のあと「ジャップはジャップだ」という立場から日系アメリカ人を監禁するよう煽動してそれに成功したが，その彼ならば（日系アメリカ人を「アメリカ人」のアイデンティティから排除するような表現方法を）歓迎したことであろう.

(21) バーグステンについては，*Time* (April 13, 1987) をみよ．欧州共同体の駐ワシントン大使であるロイ・

デンマン卿（Sir Roy Denman）は，この「角材でぶん殴る」という考え方をはっきりと批判しているが，その発言については，*New York Times*（Jan. 17, 1988）を参照.

（22） Marvin Kalb and Bernard Kalb, *Kissinger*（New York: Little, Brown, 1974）, p. 255〔カルブ／カルブ『キッシンジャーの道』上下，高田正純訳（徳間書店，1974，1975）〕. 以下の論稿に引用されている．Kenneth B. Pyle, “In Pursuit of a Grand Design: Nakasone Betwixt the Past and Present,” *Journal of Japanese Studies* 13, no. 2（Summer 1987）: 248.

（23） アイアコッカについては David Halberstam, *The Reckoning*（New York: William Morrow, 1986）p. 511〔ハルバースタム『覇者の驕り：自動車・男たちの産業史』上下，高橋伯夫訳（日本放送出版協会，1987）〕を，またシンガポールの一件については Dower, *War Without Mercy*, p. 100 を参照.

（24） 糠澤については，*New York Times*（April 5, 1987）を参照．Lee Iacocca, *Iacocca: An Autobiography*（New York: Bantam, 1984）, p. 317〔アイアコッカ『アイアコッカ：わが闘魂の経営』徳間孝夫訳（ダイヤモンド社，1985）〕; Karel G. van Wolferen, “The Japan Problem,” *Foreign Affairs* 65（Winter 1986/87）: 288–303, esp. 301.

（25） William J. Blackfield, “A War Within: The Making of Know Your Enemy: Japan,” *Sight and Sound International Film Quarterly* 50, no. 2（Spring 1983）: 133.

（26） ボールの論評は *New York Times*（June 25, 1972）に掲載され，パイルによる前出の “In Pursuit of a Grand Design,” p. 248 に引用されている．ハロルド・ブラウン（Harold Brown）については，本稿の註（11）と（12）をみよ.

（27） イアン・ブルマ（Ian Buruma）は “A New Japanese Nationalism,” *New York Times Magazine*（April12, 1987）に，日本における「ネオ＝ナチ」的傾向について，いささか誇張した論評を掲載している．日本の軍国主義にかんしては，アメリカ側で以下のように多くの懸念が表明されている．Packard, “The Coming U. S. -Japan Crisis,” pp. 353, 356–57; *Forbes*（Jan. 26, 1987）: 32–33; *World Press Review*（Nov. 1987）: 47; Christopher, *The Japanese Mind*, ch. 14; Henry Scott Stokes, “Lost Samurai: The Withered Soul of Postwar Japan,” *Harper's*（Oct. 1986）: 55–63. 1991 年 12 月 2 日付の『ニューヨーク・タイムズ』紙は，カレル・ヴァン・ウォルフレン（Karel van Wolferen）の「経済の真珠湾《パール・ハーバー》か？」（“An Economic Pearl Harbor?”）と題する異例の長文特集記事を掲載した.

（28） 「権力への渇望」（“Yen for Power”）は，1990 年 1 月 22 日付『ニュー・リパブリック』誌に掲載された画期的な巻頭記事《カヴァー・ストーリー》であった．また，「あなたの会社買います」（“A Yen for Your Company”）は 1988 年 7 月の『ヴェンチャー』（*Venture*）誌に掲載された巻頭記事であり，そのなかに「あなた買います」（“I Have a Yen for You”）という表現が登場している．「ニューヨーク買います」（“A Yen for New York”）は，『ニューヨーク』（*New York*）誌 1989 年 1 月 16 日号の巻頭記事.

（29） Peter N. Dale, *The Myth of Japanese Uniqueness*（New York: St. Martin's, 1986）.「相違性の弁証法」（“dialectics of difference”）はデイルの用語法．その他の “日本人論” 批判としては以下を参照．Ross Mouer and Yoshio Sugimoto, *Images of Japanese Society: A Study in the Structure of Social Reality*（London: Kegan Paul, 1986）; Harumi Befu, “Internationalization of Japan and Nihon Bunkaron,” in Hiroshi Manari and Harumi Befu, eds., *The Challenge of Japan's Internationalization: Organization and Culture*（New York: Kōdansha International, 1983）, pp. 232–66.

（30） *Wall Street Journal*（Nov. 19, 1982）; Robert E. Cole and Donald R. Denkins, Jr., “Racial Factors in the Employment Patterns of Japanese Auto Firms in America,” *California Management Review* 31, no. 1（Fall 1988）: 9–22. 故我妻洋氏がおこなった人種差別調査によれば，日本人はアメリカの白人並みに，他のアジア人を含めた有色人種をもっとも好ましくない隣人ならびに同僚と位置づけ拒否していることが明らかとなった（『日本人とアメリカ人ここが大違い：貿易摩擦の底にひそむ誤解と偏見』（ネスコ，1985）p. 246）.

（31） この報告書は，Dower, *War Without Mercy*, pp. 262–90 で分析されている.

著者略歴

(John W. Dower 1938-)

アマースト大学卒業後，ハーヴァード大学で博士号取得．現在　マサチューセッツ工科大学教授．歴史学．著書 ***Empire and Aftermath: Yoshida Shigeru and the Japanese Experience, 1878-1954,*** 1979（『吉田茂とその時代』上下，中公文庫，1991），***War Without Mercy: Race and Power in the Pacific War,*** 1986（『容赦なき戦争：太平洋戦争における人種差別』平凡社ライブラリー，2001），***Embracing Defeat: Japan in the Wake of World War II,*** 1999（『敗北を抱きしめて：第二次大戦後の日本人』上下，岩波書店，増補版，2004）他多数．

監訳者略歴

明田川融〈あけたがわ・とおる〉1963年生まれ．法政大学で博士号取得．政治学．現在　工学院大学，東京女子大学，東邦大学，法政大学，立教大学，流通経済大学の非常勤講師．著書『日米行政協定の政治史：日米地位協定研究序説』（法政大学出版局，1999）『安保条約の論理：その生成と展開』（柏書房，1999，共著）『各国間地位協定の適用に関する比較論考察』（内外出版，2003，共著）『沖縄基地問題の歴史：非武の島，戦の島』（みすず書房，2008）．訳書 ジョン・ハーシー『ヒロシマ　増補版』（法政大学出版局，2003，共訳）．

ジョン・W・ダワー

昭 和

戦争と平和の日本

明田川融 監訳

2010年 2月15日 印刷
2010年 2月25日 発行

発行所 株式会社 みすず書房
〒113-0033 東京都文京区本郷5丁目32-21
電話 03-3814-0131(営業) 03-3815-9181(編集)
http://www.msz.co.jp

本文印刷所 シナノ印刷
扉・表紙・カバー印刷所 栗田印刷
製本所 誠製本

Printed in Japan
ISBN 978-4-622-07517-2
[しょうわ]